»Wir lebten und schliefen zwischen den Toten«

Erinnerung ist gut, weil sie das Maß des Erkennbaren vergrößert. Aber es ist besonders zu achten darauf, daß sie nie das Furchtbare ausschließt. Sie mag es anders fassen, als es in seiner schrecklichen Gegenwart erschien, anders, aber nicht weniger grausam, nicht erträglicher, nicht weniger sinnlos, schneidend, bitter, und nicht zufrieden, weil es vorüber ist, nichts ist je vorüber.
Der eigentliche Wert der Erinnerung besteht in dieser Einsicht, daß nichts vorüber ist.

Elias Canetti

Ernst Kaiser, Michael Knorn

»Wir lebten und schliefen zwischen den Toten«

Rüstungsproduktion, Zwangsarbeit und Vernichtung in den Frankfurter Adlerwerken

2., durchgesehene Auflage 1996

Campus Verlag
Frankfurt/New York

Ernst Kaiser, geb. 1957, Sozialpädagoge
Michael Knorn, geb. 1949, Lehrer

Lektorat: Cordula Tollmien, Hann. Münden

Aus technischen Gründen mußte auf die korrekte Schreibweise polnischer Namen verzichtet werden.

Die Deutsche Bibliothek – CIP-Einheitsaufnahme

Kaiser, Ernst:
"Wir lebten und schliefen zwischen den Toten" :
Rüstungsproduktion, Zwangsarbeit und Vernichtung in den
Frankfurter Adlerwerken / Ernst Kaiser ; Michael Knorn. – 2.,
durchges. Aufl. – Frankfurt/Main; New York: Campus Verl.,
1996
ISBN 3-593-35545-0
NE: Knorn, Michael:

2., durchgesehene Auflage 1996

Umschlaggestaltung: Atelier Warminski, Büdingen
Umschlagabbildung: Von den Gleisanlagen der Adlerwerke führte der
Weg der Todkranken nach Bergen-Belsen (Foto: Barbara Aumüller, Frankfurt am Main 1990)
Satz: AlphaBet Text und Satz, Frankfurt am Main
Druck und Bindung: Druck Partner Rübelmann, Hemsbach
Gedruckt auf säurefreiem und chlorfrei gebleichtem Papier.
Printed in Germany

Vorwort

Auch fünfzig Jahre nach Ende des Dritten Reiches ist in Deutschland das Ringen um angemessenes Erinnern an den nationalsozialistischen Massenmord nicht beendet. Bei näherer Betrachtung offenbaren sich auffällige Unschärfen im historischen Bewußtsein vieler Deutscher, wenn es um den Nationalsozialismus und seine Folgen geht. Dabei sind die zahlreichen Lücken im kollektiven historischen Gedächtnis der Deutschen nichts anderes als Symptome eben dieser Folgen; denn der nationalsozialistische Völkermord hinterließ eine traumatische Belastung des nationalen Selbstverständnisses.

Wie bei psychischen Traumata üblich, reagierten viele Deutsche mit Abwehr, Leugnung, Verdrängung der eigenen Geschichte, verstärkt durch Flucht in einen hektischen Wiederaufbau. Die weitverbreitete Weigerung, sich mit der eigenen Rolle während jener zwölf ewigen Jahre kritisch auseinanderzusetzen, führte häufig zu einem nachgängig vorgenommenen Rollenwechsel: man war nicht Täter, Mitläufer, Profiteur oder Dulder, sondern selbst Opfer nationalsozialistischen Terrors gewesen und damit gänzlich frei von Verantwortung für Verbrechen des Dritten Reiches.

Die Bezeichnung »Nationalsozialisten« wurde und wird seither so verwendet, als seien Nationalsozialisten keine Deutschen, sondern Invasoren gewesen, die Deutschland besetzt und Deutsche unterdrückt hätten. Der bis 1945 verwendete aktive Begriff des Opfers erfuhr nach Kriegsende unter der Hand eine semantische Umwandlung in einen bis in unsere Gegenwart wirkenden passiven Opferbegriff.

Das daraus entwickelte historische Gedächtnis mußte zwangsläufig unscharf, dumpf, beschönigend bleiben. Unbestimmte Inhalte des Gedenkens neigen zu verharmlosenden Verallgemeinerungen der zu gedenkenden Ereignisse und erleichtern das Trauern in sozialer Scheinharmonie. In diesem Zusammenhang sind Betroffenheitsbekundungen nichts anderes als subtile Formen der Abwehr. Es ist leichter, Scham zu beteuern, als sich mit Ursachen und Folgen nationalsozialistischer Verbrechen eingehend auseinanderzusetzen.

Wer jedoch Erinnerung und Gedenken glaubwürdig gestalten möchte, muß eine möglichst präzise Beschreibung der zu gedenkenden Ereignisse anstreben – das einzige, was man für die Opfer des Tausendjährigen Reiches noch tun kann. Dazu ist es nicht notwendig, eines jener bekannten Konzentrations- oder Vernichtungslager an abgelegener Stelle zu suchen. Es genügt, im näheren Umfeld zu forschen, um festzustellen, wie greifbar nah eine immer noch gegenwärtige Vergangenheit ist – aber auch, wie groß die Lücken ihrer Erfassung geblieben sind: bis heute gibt es keine annähernd zuverlässige Übersicht über den in Frankfurt am Main »arisierten« Grundbesitz (von Deutschland ganz zu schweigen).

Die zahlreichen fünfzigjährigen Firmenjubiläen in den letzten zehn Jahren haben für kurze Zeit ein Schlaglicht auf diesen Umstand geworfen. Aber auch Banken, Großbetriebe, Konzerne und Versicherungen, die auf ein ehrwürdiges Alter zurückblicken, haben ihre Verstrickungen in die Politik des Nationalsozialismus nur ausnahmsweise öffentlich eingestanden. Wo dies dennoch geschah, war es selten die ganze Wahrheit. Sie muß – sofern dies überhaupt noch möglich ist – in mühevoller Kleinarbeit aus Archiven, Bibliotheken, Aufzeichnungen und Berichten von Zeitzeugen mosaikartig zusammengetragen werden.

Ernst Kaiser und Michael Knorn haben diese schwierige Rekonstruktionsarbeit auf sich genommen und in achtjähriger Forschung die wechselvolle Geschichte der Adlerwerke AG in Frankfurt am Main dokumentiert. Ans Tageslicht gelangten dabei die Vorgänge im KZ-Außenlager der Adlerwerke (Deckname: Katzbach) im Herzen Frankfurts. In diesem mit Abstand schrecklichsten der 28 frühen Konzentrations- und KZ-Außenlager im damaligen Volksstaat Hessen und der preußischen Provinz Hessen-Nassau wurde »Vernichtung durch Arbeit« besonders grausam betrieben.

Aber auch die von den Autoren aufgedeckte Nachkriegsgeschichte ist von hohem dokumentarischen Wert: die »Exterritorialisierung« von Naziverbrechen wird von ihnen genau belegt und damit Ursachen und Auswirkungen der eingangs erwähnten Lücken im historischen Gedächtnis vieler Deutscher verdeutlicht. Die Forderung, wonach aufrichtiges Erinnern – das Gegenteil von unverbindlichem, verschleierndem Gedenken – präziser Inhalte und konkreter Orte bedarf, wird von Ernst Kaiser und Michael Knorn mit ihrer Untersuchung eines der düstersten Kapitel Frankfurter Stadtgeschichte beispielhaft erfüllt.

Februar 1996

Salomon Korn
Gedenkstättenbeauftragter
des Zentralrats der Juden in Deutschland

Inhalt

Einleitung zur zweiten Auflage

Die Adlerwerke galten als das »wohl bekannteste und symbolträchtigste Frankfurter Unternehmen«.[1] Beim Blättern in der Literatur zur Werksgeschichte ist festzustellen, daß die Produktpalette der identitätsstiftenden »Marke von Weltrang«[2] auf Fahrräder, Schreibmaschinen und Automobile der »guten alten Zeit« beschränkt wird. Daß die Adlerwerke durch die »Arisierung« benachbarter Firmengrundstücke ihre Rüstungskapazitäten erweiterten und zum größten Hersteller von Schützenpanzerfahrgestellen in Europa avancierten, ist dagegen nicht Thema einer Veröffentlichung zur Unternehmensgeschichte geworden. In den Blick gerieten auch nicht die Auswirkungen der Nazifizierung auf die Belegschaft und der ab 1942 rasant steigende Einsatz ziviler ausländischer ZwangsarbeiterInnen und Kriegsgefangener, der im Zugriff auf das von der SS feilgebotene KZ-Arbeitskräftereservoir in der Schlußphase des Totalen Krieges kulminierte. Das KZ-Außenlager Frankfurt/Adlerwerke, Decknamen »Katzbach«, blieb, wie in der deutschen Industrie üblich, in der Firmenchronik unerwähnt, und selbst die städtische Historiographie beachtete Frankfurt am Main als einen Knotenpunkt im Netzwerk der Konzentrationslager entweder gar nicht oder allenfalls am Rande. Diese nahezu komplette Amnesie war wesentliches Motiv für ein 1985 vor dem Hintergrund neonazistischer Aktivitäten im Gallusviertel begonnenes Schülerprojekt, das nach zwei Jahren gemeinsamer Recherchen von den Autoren mit dem Ziel fortgesetzt wurde, sich »der Präzisierung und den Details zuzuwenden, um sie zu einer ›Gestalt‹ zusammenfügen zu können, zu einem Gesamtbild, das – wenn schon keine Erklärung – doch wenigstens eine umfassende Beschreibung dessen wäre, was sich ereignet hat.«[3] Doch erst als wir 1990 in Warschau mehreren »Katzbach«-Überlebenden gegenübersaßen, konnten wir die Verläßlichkeit unserer bisherigen Recherchen überprüfen. Klar wurde auch, wie wichtig es für die Überlebenden war, daß ihr Schicksal in Frankfurt historisches Wissen wird.

Bereits die Lebensverhältnisse der Kriegsgefangenen und insbesondere der »Ostarbeiter« in ausschließlicher Obhut der Adlerwerke waren katastrophal und menschenverachtend. Diese Beschreibungskategorien versagen jedoch vor dem Ausmaß der Zerstörung menschlicher Existenz im Lager »Katzbach« – ein Reich

---

1 Rödel, 1992.
2 Vgl. Frankfurt-Lexikon, 1989, S.12.
3 Raul Hilberg in: Lanzmann, 1986, S.99.

zwischen Leben und Tod, wie der Titel des Buches, ein Resümee des französischen Häftlings René Kern deutlich macht.

Von über 1600 Häftlingen verschiedener Nationalität und Religion, überwiegend Polen aus dem Warschauer Aufstand, die zwischen August 1944 und März 1945 aus den Konzentrationslagern Natzweiler, Dachau, Buchenwald, Auschwitz-Jawischowitz und Neuengamme in die Adlerwerke verschleppt worden waren, starben unmittelbar in Frankfurt am Main 528 Häftlinge. Darüber hinaus wurden 245 Häftlinge nach dem Verschleiß ihrer Arbeitskraft »ausgemustert« und in das Konzentrationslager Dachau und das faktische Sterbelager Vaihingen abtransportiert. So zynisch die Verwendung des Begriffs »Arbeitslager« war, so wenig aussagekräftig umschreibt der Begriff »Evakuierung« die Auflösung des Lagers. Hunderte starben bei ihrem Abtransport in das Konzentrationslager Bergen-Belsen und bei einem Todesmarsch Richtung Buchenwald durch Mord und Entkräftung.

Das Prinzip »Vernichtung durch Arbeit« stellte in der Rüstungsproduktion ein Paradoxon dar, war doch die politische Ökonomie des KZ auf »grandiose Verschwendung« menschlicher Arbeitskraft ausgerichtet, während die ökonomische Rationalität der Rüstungsindustrie den Erhalt angelernter KZ-Arbeitskräfte nahelegte. Als gesicherte Erkenntnis kann gelten, daß auf dieser Argumentationsebene seitens der Industrie – entsprechendes Interesse vorausgesetzt – begrenzte Handlungsspielräume bestanden, die für den von der SS intendierten Vernichtungskreislauf von aufschiebender Wirkung sein konnten und die sich eher vergrößert haben dürften, wenn sich der Ort des Geschehens wie in den Adlerwerken direkt in den Fabrikhallen befand.

Aus der vorliegenden Untersuchung ergibt sich weder das Bild eines KZ als Archipels inmitten des Betriebes noch einer Betriebsleitung als bloßer Zaungast seines Terrors. Vielmehr waren in einem sieben Monate währenden, keineswegs geradlinigen Prozeß der Entwicklung mörderischer Lebens- und Arbeitsbedingungen auf Firmenseite eine Vielzahl von Mitwirkenden verschiedenster Ebenen involviert. Was arbeitsteilig in den Tatbestand der »Vernichtung durch Arbeit« mündete, kann durch übergreifende Intentionen der SS nicht ausreichend erklärt werden. Das von der Anpassung an die Ideologie der Vernichtung bis zur Zuwendung an die Opfer reichende Handlungsfeld der Betriebsangehörigen ist zwar in der Dimension persönlicher Verantwortung am ehesten faßbar, verweist jedoch immer wieder auf das mehrschichtige perspektivische Kalkül, auf dem die Einstellung des Unternehmens gegenüber den Häftlingen letztlich basierte. Das Interesse der Forschung gilt insbesondere auch der Frage, ob in der letzten Kriegsphase längerfristige Unternehmensplanungen kurzfristige Produktionsziele überformten und für die Dynamik des Prozesses und sein Resultat – die Vernichtung – mit ausschlaggebend waren.

Zum roten Faden dieser Untersuchung wurden deshalb die Entwicklung und Brüche der Firmenpolitik sowie ihre daraus ableitbaren wechselnden Prioritäten, das vertraglich vereinbarte Zusammenwirken zwischen dem Leitungspersonal der SS und der Adlerwerke als auch deren konkrete Umsetzung durch die Lager-SS und die zuständigen Betriebsabteilungen.

Daß sich die arbeitsteilige Täterschaft nach 1945 im juristischen Nichts auflöste, aber auch einer historischen »Aufarbeitung« vorwiegend mit Desinteresse begegnet wurde, ist als Symptom erklärungsbedürftig wie das Lager selbst.

»Katzbach« ist ein Beispiel für die aus dem Blick geratene Komplexität der NS-Vernichtungspolitik. Man kann aber auch im Hinblick auf die Bewertung der Akteure eine Unstimmigkeit im öffentlichen Gedächtnis entdecken. So wie der damalige Generaldirektor der Adlerwerke gehörte Oskar Schindler zu den rund 700 Industriellen, die für den Häftlingseinsatz in einem KZ-Außenlager verantwortlich waren. Beide lebten nach dem Krieg in Frankfurt, beide wurden mit dem Bundesverdienstkreuz ausgezeichnet. Im übrigen hatten das KZ-Außenkommando Brünnlitz und das KZ Außenkommando Frankfurt/Adlerwerke etwa die gleiche Belegzahl und die gleiche Zeitdauer. Gehören nicht Schindler – ein Vorwurf an alle, die passiv blieben – und der Vorstand der Adlerwerke, ein Beispiel dafür, welche Konsequenz die indifferente Haltung der Industrie gegenüber den Häftlingen haben konnte, in eine Geschichtsstunde?

Methodische Probleme und Quellenlage

Der Erforschung der Firmengeschichte, die bisher nur Gegenstand architekturhistorischer oder automobil-typengeschichtlicher Untersuchungen war, sind enge Grenzen gesetzt. Das Archiv der Adlerwerke ist aufgrund des häufigen Besitzerwechsels in erheblichem Umfang verlorengegangen, und Restbestände wurden bis in die heutigen Tage verschleudert und vernichtet – so die noch komplett vorhandene »Fremdarbeiter«-Kartei, ohne Rücksicht darauf, daß Anfragen ehemaliger ZwangsarbeiterInnen wegen Rentenausfallzeiten dadurch nicht mehr zu beantworten sind. Eine direkte Einsicht in die unternehmerische Entscheidungsbildung sowie die innerbetrieblichen Direktiven und Details waren aus diesem Grund, aber auch wegen der ebenfalls vernichteten Aktenbestände der Dresdner Bank, nicht möglich. Rückschlüsse aus internem Schriftgut erlaubten nur wenige erhaltene Betriebsmitteilungen, die uns der Betriebsrat aus dem Privatbesitz ehemaliger Werksangehöriger zur Verfügung stellte. Schließlich ergab sich der Glücksfall, daß uns die Privatsammlung eines ehemaligen

Abteilungsleiters mit der Bitte um Anonymisierung übergeben wurde. Wichtige Aspekte beispielsweise der Auslandstätigkeit der Adlerwerke, der betrieblichen Lohn- und Sozialpolitik, der Entwicklung der Produktions- und Arbeitsverfahren, der »Betriebsgemeinschaft« und innerbetrieblichen Herrschaft können deshalb nur am Rande skizziert werden; andere Aspekte, denen wir bei der Charakterisierung der Zwangsarbeit Bedeutung beimessen, etwa die Heranziehung von dienstverpflichteten Frauen oder rassisch Verfolgten, können wohl nicht mehr erforscht werden.

Eine kritische Betrachtung der Geschäftspolitik im »Dritten Reich« und der Probleme der Rüstungsproduktion im Zweiten Weltkrieg kann sich im wesentlichen nur auf externe Aktenüberlieferungen bei Behörden und Körperschaften unterschiedlichster Provenienz im In- und Ausland stützen. Methodisch hilfreich bei der Quellensuche, aber auch wichtig für den Interpretationsrahmen, waren die seit Mitte der achtziger Jahre publizierten wirtschaftshistorischen Dokumentationen zur Rolle der Dresdner Bank und der Automobilindustrie jener Jahre. Anhaltspunkte für die historische Rekonstruktion gaben die Aussagen und Niederschriften der Vorstandsmitglieder zur strukturellen Firmenentwicklung in den Spruchkammer- oder Strafermittlungsverfahren nach dem Krieg, die wegen ihres apologetischen Charakters systematisch anhand der Quellenbefunde überprüft, relativiert und daraufhin neu gewichtet und ergänzt werden mußten.

Es ist die Ausübung des Terrors gegen ausländische wie opponierende deutsche ArbeiterInnen, nicht zuletzt auch gegen benachbarte Firmen in jüdischem Besitz, die ihren Niederschlag in den Akten der Gestapo, der Sondergerichte, der Untersuchungshaftanstalten, der Wiedergutmachungsbehörden und der Konzentrationslager fand. Obwohl aus dem Koordinatensystem der Verfolger geschrieben, geben sie Einblick in Formen von Widerstand und Verweigerung. Die Vollständigkeit der vorhandenen Archivalien konnte am Ende unserer Recherchen durch die Datenbank des Hauptstaatsarchivs Wiesbaden überprüft werden.

Als historische Quellen zur Geschichte des KZ-Außenlagers dienten an erster Stelle Berichte von Überlebenden. Es handelt sich um eine Reihe von Narrativinterviews und Korrespondenzen mit den Autoren. Die Erinnerung ist stets bereits eine Form der Verarbeitung. Bei einigen Gesprächen macht sich die lange zeitliche Distanz in der Konzentration auf wenige unvergeßliche Episoden bemerkbar. Vier Häftlinge gaben dagegen eine zusammenfassende Darstellung: Max Loock in seinem 1946 verfaßten Bericht an den Betriebsrat der Adlerwerke, Jozef Marcinkowski unter dem Pseudonym Mustafa in einer literarischen Form der Aufarbeitung und Dr. Ryszard Kojer und Zygmunt Kaczmarski, die ihren gemeinsamen Bericht auf Tagebuchnotizen aus dem Lager stützen konnten.

Erkenntnisse über Einzelgeschehnisse und Fakten wurden überwiegend aus den Ermittlungsakten der Kriminalpolizei und der Staatsanwaltschaften sowie des amerikanischen Geheimdienstes entnommen. Ihre Aussagefähigkeit ist durch Kenntnisstand und Erkenntnisinteresse der Ermittlungsbehörden begrenzt. Letzteres gilt auch für eine weitere Nachkriegsquelle, die Spruchkammerakten. In der Regel waren die Kammern außerstande, gerichtliche oder staatsanwaltliche Untersuchungen zu führen und daher allein auf Zeugenvernehmungen angewiesen. Aus dieser Unzulänglichkeit entwickelte sich die Strategie, sich mittels entlastender Aussagen, sogenannter »Persilscheine«, aus der Verantwortung zu stehlen. Dies war umso aussichtsreicher, je später der Zeitpunkt der in der Öffentlichkeit immer unpopulärer werdenden Verfahren war, konnte man doch auf Zeugen zurückgreifen, die ihre Verfahren bereits mit dem Prädikat »nicht betroffen« oder »entlastet« abgeschlossen hatten. Die Kritik an einer allzu bürokratischen Entnazifizierungspraxis und die Veränderungen der politischen Großwetterlage führten zu Amnestien, Berufungen, Heruntergruppierungen, schließlich zur Einstellung der Verfahren. Aus den Akten der Spruchkammer- und Ermittlungsverfahren wurde der Belastete grundsätzlich nur in anonymisierter Form zitiert, es sei denn, es handelte sich um Personen der Zeitgeschichte.

Dokumente und Daten zur Lagergeschichte mußten verstreut aus zahlreichen in- und ausländischen Archiven zusammengetragen werden. Die potentielle Hauptquelle, der Internationale Suchdienst in Arolsen, stellte nur Auskünfte über einzelne Häftlinge zur Verfügung. Mit seit 1985 wechselnden Begründungen, zuletzt aufgrund seines nichtwissenschaftlichen Auftrages, verweigerte der ITS Arolsen trotz der Vorlage von über einem halben Dutzend Häftlingsvollmachten jegliche Einsicht in die Lagerdokumente. Es ist grotesk, daß dieser zentrale Aktenbestand zur Erforschung der KZs erst dann zugänglich sein soll, wenn sich der Auftrag des Suchdienstes durch den Tod der ehemaligen Häftlinge erledigt hat.

Dank

Zu danken ist zuallererst den Zeitzeugen, vor allem Heinz Aber, Andrzej Branecki, Josef Jozwiak (†), Wladyslaw Jarocki, Jerzy Kamasinski (†), Henryk Kamasinski (†), René Kern, Ryszard Kojer, Kajetan Kosinski, Jan Kozlowski, Stanislaw Madej, Heinz Meyer, Ryszard Olek und Kazimierz Wlodarczyk, die durch ihre Bereitschaft, unsere Fragen zu beantworten, ihr nach der Befreiung mühsam wiederaufgebautes seelisches Gleichgewicht gefährdeten.

Wir danken sehr herzlich Alexandra, Anja, Christine, Daniela, Michael und Jens, die unser Projekt mitgetragen haben und deren Motivation und Fragestellungen für uns wichtige Anregungen waren.

Gedankt werden soll an dieser Stelle auch den MitarbeiterInnen zahlreicher Institutionen und Archive, die uns bei dieser Arbeit beraten und unterstützt haben, insbesondere auch dem Jugendwerk der AWO sowie dem Betriebsrat der Frankfurter Triumph-Adler AG und seinem ehemaligen Vorsitzenden Lothar Reininger.

Sehr zu Dank verpflichtet sind wir Herrn Dr. Volker Eichler vom Hessischen Hauptstaatsarchiv, dessen geduldige Hilfsbereitschaft gegenüber unserer Arbeit eine wesentliche Voraussetzung ihrer Fertigstellung wurde, sowie Herrn Dr. Peter Koppenhöfer von der Gedenkstätteninitiative des KZ-Außenlagers Mannheim-Sandhofen, der uns seine Kontakte zu Überlebenden in Warschau zur Verfügung stellte. Wir danken der großen Zahl von ÜbersetzerInnen unserer Korrespondenzen; allen voran Dorota Marszal sowie Anita und Dieter Mittag, die wesentliche Quellen dieses Buches ins Deutsche übersetzt haben. Cordula Tollmien danken wir für die kritische Durchsicht und die Lektorierung der Endfassung des Manuskripts.

Die Erstveröffentlichung 1994 konnte gesichert werden durch die engagierte Kooperationsbereitschaft des »Ost/Westeuropäischen Kulturzentrums Palais Jalta«. Die Finanzierung der Drucklegung ermöglichten die Speyer'sche Hochschulstiftung, die Hans-Böckler-Stiftung und gemeinsam mit der Hessischen Landeszentrale für politische Bildung das Institut für Stadtgeschichte der Stadt Frankfurt am Main.

Daß die Neuauflage – mit Ergänzungen zur Wirkungsgeschichte des Buches – preisreduziert erscheinen kann, ist das Verdienst des Vereins »Leben und Arbeiten im Gallus und Griesheim«. Besonders gefreut haben wir uns auch über die Bereitschaft von Herrn Dr. Salomon Korn, diese Ausgabe mit Gedanken über die Verkürzungen in der Erinnerungskultur zu eröffnen.

Frankfurt am Main, Februar 1996

I.

Zur Vorgeschichte: Die Adlerwerke 1889–1943

1. Die Rüstungstradition des Automobilunternehmens

Was heute pittoresk anmutet, darüber hatten deutsche Radfahrschwadronen in beiden Weltkriegen wenig zu lachen: das Adler-Militärrad, bei Bedarf auch mit Gewehrhalterung ausgestattet. Es spielte eine konstituierende Rolle für die 1889 mit 600 Beschäftigten in Betrieb gehende Fabrik im Frankfurter Gallusviertel. Nicht das Heer, sondern Firmengründer Heinrich Kleyer hatte »grundlegend und epochemachend« das Velociped bei der preußischen Militärverwaltung zunächst für den Ordonnanzdienst eingeführt und damit neben Herrensport und Kleingewerbe eine tragende Absatzsäule für das damals noch technisch unausgereifte und wenig gefragte Luxusgut geschaffen.[1] Auch der nächste Meilenstein in der Firmengeschichte, die Umwandlung der Kleyer-Fahrradwerke in die »Adler-Fahrradwerke vormals Heinrich Kleyer AG« im Jahre 1895 hatte ein militärisches Vorspiel: die Einbeziehung des Fahrrades in den Heeres-Felddienst und das »wachsende Interesse« der Militärbehörden »aller Länder« an dem neuen Fortbewegungsmittel, was die letzten Zweifel der Banken an der aufstrebenden Fahrradindustrie zerstreuen half.[2]

Nach der Jahrhundertwende verlagerte das größte Fahrradunternehmen des deutschen Kaiserreiches, das mittlerweile nebenher auch Schreibmaschinen herstellte, seinen Fabrikationsschwerpunkt auf den Autobau und tilgte 1907 das »Fahrrad« aus dem Firmenschriftzug. Die »Adlerwerke vormals Heinrich Kleyer AG« wurden eine der großen repräsentativen und technisch-innovativen Marken mit »Weltgeltung« auf dem zivilen deutschen Pkw-Markt, den sie 1914 zu etwa einem Fünftel beherrschten.[3] Insbesondere ihre Lastkraftwagen standen ab 1908 in den Manöverdiensten des Heeres – sie wurden in der 3- und 4-Tonner-Version zum wichtigsten Erzeugnis der Adlerwerke im Ersten Weltkrieg.[4] Mit der Produktion von Lkw, Torpedo- und Munitionsteilen, Flugzeugmotoren und dem Getriebe für den ersten deutschen Kampfpanzer »A7V« avancierte Adler zwischen 1914 und 1918 zu Frankfurts größtem Rüstungsbetrieb – mit den

---

1 Kleyer, 1917, S.28. Heinrich Kleyer (1853-1932) hatte seit 1880 mit dem Handel englischer und selbstkonstruirter Hoch- und Niederräder Produktions-Know-how und Kapital für die eigenständige Fabrikationsaufnahme akkumuliert. Über den späteren Einsatz der Adler-Militärräder im 1. Weltkrieg berichten Rauck u.a., 1979, S.91 u. S.94. Selbst im 2. Weltkrieg lieferten die AW noch nebenbei Fahrräder an die Wehrmacht, BA-MA, RW21-19/6.

2 Zitiert aus AW, GB 1894/95; siehe Seyfert, 1912, S.39 u. S.41.

3 Siehe Fersen, 1968, S.11-26; Frankenberg, 1969, div.; sowie Oswald, 1981, S.17.

4 Ellis/Bishop, 1977, S.135; Oswald, 1981, S.115f.

besten Erträgen seit Firmengründung und branchenüberdurchschnittlichen Dividenden.[5] Obwohl weder der Wunsch nach Erweiterung des deutschen Zollgebietes in Erfüllung ging, noch ein gemeinsamer Coup mit der Adam Opel AG zur Einverleibung der unter Zwangsverwaltung stehenden englischen Dunlop Gummi AG in Hanau gelang, blieb dem Unternehmen nach dem verlorenen Krieg immerhin das 1916 mit den Kriegsgewinnen vollständig erworbene Fabrikanwesen der »AEG-Lahmeyerwerke« erhalten: das Werk II.[6]

Der Erste Weltkrieg wurde nicht nur im Fertigungssortiment und, da Heinrich Kleyer während des Krieges Vorsitzender des Vereins Deutscher Motorfahrzeugindustrieller war,[7] in rüstungsbürokratischer Hinsicht zum Erfahrungsfeld für die Adlerwerke, sondern aufgrund 8000 erforderlicher Arbeitskräfte auch bei der Eingliederung Hunderter von dienstverpflichteten Frauen und Kriegsgefangenen. Die Kriegsgefangenen waren in einem städtischen Lager in der Mainzer Landstraße und in werkseigenen Lagern untergebracht. In der Mainzer Landstraße war der Krankenbestand hoch, und von den Wachhabenden wurde ein »strenges Regiment« geführt – »zum Mindesten« waren »5 cbm Luftraum pro Gefangenen vorgeschrieben«.[8]

Die Novemberrevolution brachte die vom Deutschen Metallarbeiter-Verband (DMV) als rückständig-brutal gebrandmarkten innerbetrieblichen Herrschaftsformen des »Systems Kleyer«[9] zu Fall. Und in der Inflationszeit, in der das dem Werk II vis a vis gelegene Werk III erworben wurde und Adler aufgrund der

---

5 Die Rüstungspalette im 1. Weltkrieg ist dokumentiert bei Schmitt, 1926, S.20; Seherr-Thoss, 1974, S.62; Elsass, 1918, S.50; Heinze, 1980, S.88f.; Eckermann, 1986, S.55f.; ferner HStAWi, 405/3773; sowie HBDAG, 1918/19. Zur Geschäftsentwicklung siehe HBDAG, Ausgaben 1914/15-1919/20; sowie AW, GB 1913/14-1917/18. Die AW-Dividende (25%) lag 1917 um 4% höher als die Durchschnittsdividende (21%) der Kfz-Industrie, siehe Kirchberg, 1978, S.101.

6 Zu den allgemeinen Kriegszielen vgl. die Ausführungen zur eng mit den AW verwobenen Handelskammer Ffm bei Forstmann, 1976, S.193. Zur traditionell den AW verbundenen Dunlop AG siehe FZ Nr. 113 v. 24.4.1918; sowie AW, GB 1916/17. Zum Erwerb des Geländes der AEG-Lahmeyerwerke, dessen erste Hälfte 1913 angekauft worden war, siehe AW, GB 1915/16.

7 Kleyer war Vorsitzender des VDMI von 1913 bis 1919 (Seherr-Thoss, 1974, S.25), womit ihm während des 1. Weltkrieges die Produktionslenkung der gesamten Automobilindustrie als einem maßgeblichen Kriegsfertigungszweig unterstand, vgl. Weger, 1976, S.21f.; vgl. Baudis/Nussbaum, 1978, S.294; ferner »Deutschland im Ersten Weltkrieg«, 1969, S.312.

8 Zur Beschäftigung der Kriegsgefangenen bei Adler und zu deren Unterbringung auf dem Werksgelände siehe Schr. Handelskammer Ffm an den RP Wiesbaden v. 8.1.1916, StdAFfm, IHK 1118; vgl. DMV, GB 1915, S.15, IGMA. Heinrich Kleyer avancierte für die Handelskammer Ffm zum Finanzexperten auf dem Gebiet des Kriegsgefangeneneinsatzes, StdAFfm, IHK 1118. Zu dessen Umständen zitiert aus: Bericht des Magistrates über Kriegsmaßnahmen 1915, S.XXXIff.; sowie Schr. Inspektion der Kriegsgefangenenlager an die Handelskammer Ffm v. 9.11.1915, StdAFfm, IHK 1118.

9 Zitiert nach: DMV, GB 1911, S.43, IGMA.

billigen Handarbeit mit 10 000 Werksangehörigen den Beschäftigungszenit der Firmengeschichte erreichte, gewannen radikalisierte Arbeiterschichten unter KPD-Einfluß vorübergehend die Oberhand.[10] Nach Massenentlassungen Ende 1923 erfolgten erste Rationalisierungsmaßnahmen mit dem Übergang vom Werkstattsystem zur Gruppenarbeit sowie mit der Einführung der wissenschaftlichen Betriebsführung und des Zeitakkordes.[11] 1926 begann Hand in Hand mit der Modernisierung der Fabrikanlagen und des Maschinenparks die Aufnahme der Fließarbeit unter Verwendung von Montagebändern, so daß die Produktivität bis 1929 gegenüber der Vorkriegszeit mehr als verdoppelt, und die Jahreskapazität auf 15 000 Kfz ausgelegt werden konnte.[12] Adler blieb jedoch, wie die deutsche Automobilindustrie insgesamt, einer klassen- und qualitätsorientierten Produktionspolitik mit großer Typenvielfalt und mit nahezu unvermindert hohem 60prozentigen Facharbeiteranteil verhaftet, was im Wechselspiel mit mangelnder Kaufkraft und hoher steuerlicher Belastung für Pkw-Halter in Deutschland zu Absatzproblemen und dementsprechenden Überkapazitäten führte.[13] So mußte die durch die Versailler Beschränkungen unterbrochene Rüstungsproduktion zur besseren Auslastung reaktiviert werden. Als ab 1927 die Reichswehr Versuche mit geländegängigen Pkw auf handelsüblichen Fahrgestellen in die Wege leitete, waren die Adlerwerke als erste Autofabrik mit Fahrwerken des »Adler-Favorit« zur Stelle.[14] Und das Vorzeigemodell der Rationalisierung, der »Adler Standard 6«, diente, mit Panzerattrappen-Aufbauten versehen, ab 1930 den noch verbotenen deutschen Panzertruppen als Übungsfahrzeug.[15]

Durch die Umwandlung der nicht refinanzierbaren Rationalisierungskredite in Aktienkapital wurde die Darmstädter Nationalbank (Danatbank) zur Hauptaktionärin der Adlerwerke. Während sich die Konkurrenz in der Weimarer

---

10 Zur Eskalation kam es anläßlich einer »Hungerdemonstration« im Anschluß an eine Arbeitsniederlegung im Oktober 1923, als 3 Arbeiter von der Polizei erschossen und 11 weitere verletzt wurden, woraufhin die KPD zum Frankfurter Generalstreik aufrief. Die AW reagierten mit der fristlosen Kündigung der gesamten Belegschaft. Zum Werk III: Die Werksbezeichnung dafür war ursprünglich Werk IV, da als Werk III zunächst Kantinenräume gegenüber dem Werk I galten. Wir übernehmen die sich im 2. Weltkrieg herauskristallisierende Werksbezeichnung.

11 Siehe Rundschr. der Direktion an die ausgesperrte Belegschaft v. 8.12.1923, PS-AW, JCH-23/24; zur Rationalisierung der AW insgesamt siehe: Hauser, 1926/27; Prachtl, 1926; und insbesondere Ehrhardt, 1930.

12 1911 produzierten 1750 Adler-Arbeiter 2078 Kfz, 1929 dagegen 3126 Arbeiter 8244 Kfz. Die produzierten Kfz pro Arbeiter stiegen dementsprechend von 1,19 auf 2,64 – der erwirtschaftete Umsatz pro Arbeiter von 11 400 RM (1911) auf 22 713 RM (1929), errechnet nach Unterlagen des DMV, IGMA; sowie PS-AW. Die Jahreskapazität erwähnt Jurthe, 1931, S.603.

13 Vgl. z.B. Kugler, 1987, S.339.

14 Spielberger, 1979, S.55.

15 Zu den Panzerattrappen, von denen einige Dutzend gebaut wurden, siehe Spielberger, 1974, S.37f. u. S.113; sowie Oswald, 1981, S.121.

Republik durch Firmenzusammenschlüsse rettete, spekulierte die Danatbank auf einen einzigen großen deutschen Autotrust, der sich jedoch nicht realisieren ließ.[16] Die Aktien-Sperrminorität ging an die deutsch-englisch-amerikanischen Schröder-Banken, die eine Fusion ebenfalls ablehnten, weil sie der »Ambi-Budd Presswerk GmbH« für US-amerikanische Ganzstahlkarosserien die ersten Abnahmegarantien in Deutschland bei den Adlerwerken verschafft hatten und deshalb keinen Einflußverlust duldeten.[17] Aus diesen Gründen blieb Adler in der Weltwirtschaftskrise auf sich alleine gestellt. 1931 zählte man nach drastischem Stellenabbau zeitweise nur noch 1300 Beschäftigte, die Produktion sank auf 4800 Kfz, und 1932 mußte der Lkw-Bau im Rahmen einer Vertriebsgemeinschaft an die Büssing-NAG abgetreten werden.[18] Wegen der »großen militärischen Bedeutung« des Kraftfahrzeugbaus forderten die Adlerwerke (und andere Autofirmen) staatliche Absatzförderung für den zivilen Markt und lieferten von 1932 an auf dem Chassis des »Adler Standard 6« insgesamt rund 2100 Kübelsitzwagen an die Reichswehr sowie weitere Fahrgestelle für deren erstes gepanzertes Fahrzeug, einen leichten Panzerspähwagen, der noch in den Feldzügen der Wehrmacht im Zweiten Weltkrieg zum Einsatz kam.[19]

---

16 Das Herzstück dieser schließlich von der Deutschen Bank durchkreuzten Pläne der Danatbank waren die AW, an denen die Danatbank 51% des Aktienkapitals (12,5 Mio. RM) hielt, was etwa ein Drittel ihres gesamten Effektenbestandes von 32 Mio. RM umfaßte, siehe Tagebuch des Staatssekretärs Hans Schäffer v. 9.7.1931, Institut für Zeitgeschichte, ED 93. Vgl. zu den Auseinandersetzungen der Großbanken um den Autotrust Roth, 1987, S.81.

17 Schr. Wirtschaftsamt an den Magistrat v. 12.11.1931, StdAFfm, MA 4520/10. Die Schröder-Gruppe umfasste die John Henry Schröder-Bank in London, die John Henry Schröder Banking Corporation in New York sowie die J.H. Stein Bank in Köln, vgl. Leonidow, 1947. Sie waren Finanzgeber der Ambi-Budd GmbH in Berlin, die schließlich von den AW aus den europäischen Karosseriemarkt eroberte, siehe Deutsches Literaturarchiv Marbach, Nachlaß Frank Arnau; Stöhr, 1983, div.; Becker, 1979, S.77-79; Magazin der Wirtschaft Nr. 13 v. 1.4.1926, S.408f.

18 Weiterer Stellenabbau war 1931 vorgesehen, siehe Schr. Wirtschaftsamt an den OB v. 28.8.1931, StdAFfm, MA 4520/10. Wie schlecht es um Adler stand, zeigte sich im Juni 1931, als man der Daimler-Benz AG zu 40% des Aktienkurses vergeblich die Firmenübernahme anbot, DBAG, Kissel-I/3. Zur Abgabe des Lkw-Baus an die ebenfalls von der Danatbank kontrollierte Büssing-NAG siehe FZ Nr. 517 v. 13.7.1932; vgl. Hoehne, 1936, S.61; sowie Hagemeier, 1931, S.33.

19 Zitiert aus dem Schr. des Reichsverbandes der Automobilindustrie, in dessen Vorstand Adler vertreten war, an Reichskanzler von Papen v. 16.8.1932, BAK, R2/23439. Von den Kübelwagen wurden bis 1935 199 Stück mit der Typenbezeichnung 12 N-RW und 1898 Stück vom Typ 12 N-3G gebaut, Spielberger, 1979, S.55. Der Kübelwagen-Anteil an der Gesamt-Kfz-Produktion der AW in diesem Zeitraum betrug nur rund 4%, was den Kompensationscharakter verdeutlicht, Fertigungsstatistik Automobile insgesamt, PS-AW, AA-K. Für die gepanzerten Fahrzeuge lieferte Daimler-Benz die Aufbauten. Es handelte sich um das Reichswehr-Kfz Nr. 13, Maschinengewehrkraftwagen (147 Stück) sowie Nr. 14, Funkkraftwagen (40 Stück), Spielberger, 1979, S.226; siehe auch Foss, 1978, S.101.

2. Die Unternehmensleitung

Vor 1933 zeigte sich das Unternehmen am sozialpolitischen Ausgleich interessiert, und seine Belegschaft gehörte zu fast 100% der Gewerkschaft an. Stellvertretender Aufsichtsratsvorsitzender hinter dem nur noch repräsentierenden Vorsitzenden Heinrich Kleyer, der 1932 starb, war der Geschäftsinhaber der Danatbank, Jakob Goldschmidt, der sich 1930/31 für eine Regierungsbeteiligung der SPD ausgesprochen hatte.[20] Den Nationalsozialisten galt Goldschmidt als die Inkarnation des »Juden mit der weißen Weste«, und die Adlerwerke prangerte man deshalb als »unter dem Einfluß eines jüdischen Bankgewaltigen« stehendes Unternehmen an.[21] Goldschmidts Versuche, die Adlerwerke 1932 bei den Nationalsozialisten u.a. durch Inserate im »Völkischen Beobachter« »rückzuversichern«, mißlangen.[22] Es kam zu heftigen Auseinandersetzungen, in deren Verlauf die Adlerwerke zwei lokale Parteigrößen aus ihren Diensten entließen, und sich im Gegenzug innerhalb der NSDAP Boykottstimmung gegen Adler-Fabrikate breitmachte.[23]

Durch den Zusammenbruch der Danatbank in der Bankenkrise 1931 und ihre Fusion mit der Dresdner Bank 1932 ging die dominierende Rolle bei Adler auf die bis 1937 unter Reichseinfluß stehende Dresdner Bank über. Jakob Goldschmidt und andere mit ihm verbundene jüdische Aufsichtsratsmitglieder wie etwa Dr. Walter Sobernheim, Präsidiumsmitglied des Reichsverbandes der deutschen Industrie, wurden 1933 sofort vom Aufsichtsrat suspendiert und gingen 1933/34 in die Emigration.[24] Die Adlerwerke betonten die »arische Abstammung« ihrer Vorstandsmitglieder, holten u.a. die Nazi-Förderer Carl Köttgen und Friedrich Flick in den Aufsichtsrat und galten nun als »deutsches Unternehmen«.[25]

---

20 Von den Adler-Arbeitern waren 1929 97,3% gewerkschaftlich organisiert, DMV, Die deutsche Automobilindustrie Ende 1929, Stuttgart 1930, S.20, IGMA. Zu Goldschmidt siehe OMGUS, 1986, S.XIVf.

21 »Goldschmidt und die Adlerwerke«, Völkischer Beobachter v. 24./25.1.1932.

22 Turner, 1985, S.507, Anm. 101. Im Gespräch mit Reichskanzler Brüning am 20.11.1930 verneinte Staatssekretär Hans Schäffer, daß Goldschmidt die NSDAP bereits bei der »Naziwahl« im September 1930 zur »Rückversicherung« unterstützt hätte, Wandel, 1974, S.327.

23 HStAWi, 520/F, Ernst Hagemeier.

24 Neebe, 1981, S.183 u. S.194; Biographisches Handbuch, 1980, S.233 u. S.706f.

25 Schr. AW an die IHK Ffm v. 27.5.1933 sowie Schr. des Gauwirtschaftsberaters an die Kreisleitung der NS-Hago v. 26.11.1935, HStAWi, 483/10957, fol.4 u. fol.7. Zu Dr. Carl Köttgen, der als Vorsitzender der Vereinigung Deutscher Arbeitgeberverbände gemeinsam mit Gustav Krupp im Juni 1933 zur Adolf-Hitler-Spende der Deutschen Wirtschaft aufrief (Faksimile bei Kühnrich, 1983, S.97), vgl. Kurzbiographie im Anhang. Friedrich Flick, geb.

Problematisch im Rahmen dieser »Umstrukturierung« war nur die Person von Generaldirektor und Betriebsführer Ernst Hagemeier. Goldschmidt hatte ihn 1927 vom Direktorium der Wintershall AG zunächst in die Industrieabteilung der Danatbank geholt und von dort aus als Vorstandsvorsitzenden 1929 bei Adler lanciert.[26] Hagemeier wurde deshalb vor und nach 1933 immer wieder als »Judenknecht« denunziert. Nur durch seinen Eintritt in die NSDAP am 1.5.1933 und in zahlreiche Parteiuntergliederungen war es ihm, so der Behördenvertreter der Adlerwerke nach 1945, überhaupt »möglich gewesen, einen zwangsweisen Wechsel in der Leitung der Adlerwerke zu verhindern«.[27] Seine Ernennung zum Führer der Wirtschaftsgruppe Fahrzeugindustrie im Mai 1934 verschaffte ihm weitere Reputation, hatte er doch offiziell die Mitgliedsfirmen »im Sinne des nationalsozialistischen Staates zu führen und zu fördern«.[28] Trotz dieser exponierten Stellung stand er keineswegs »in der vordersten Reihe der Hitler treu ergebenen Großindustriellen«, wie sein ehemaliger Werbechef nach dem Krieg mutmaßte.[29] Hinter den Kulissen entbrannten Mitte der dreißiger Jahre um Hagemeiers Positionen harte Machtkämpfe, in denen das Mißtrauen der Parteikreise gegen ihn geschürt wurde.[30] Hagemeier reagierte auf die Attacken mit neuen Beweisen seiner politischen Zuverlässigkeit. Nachdem Anfang 1936 das parteiamtliche »Frankfurter Volksblatt« tagelang über die »kriminellen Machenschaften« von Jakob Goldschmidt in der Weimarer Republik berichtet und abschließend die »endgültige Liquidation der Judenfrage« verlangt hatte, leisteten die bis dahin zurückhaltenden Adlerwerke fortan regelmäßige Unterstützung

10.7.1883, hatte die NSDAP bereits vor 1933 mit Geldspenden unterstützt und wurde nach 1933 u.a. Mitgl. des »Freundeskreises des Reichsführers SS«. 1937 schied er aus dem Aufsichtsrat wieder aus, vermutlich wegen §86 des 1937 neugefaßten Gesetzes über die Aktiengesellschaften, der die Anzahl der erlaubten Aufsichtsratsposten beschränkte.

26 Der Ausstieg Hagemeiers, geb. 27.7.1888, aus Deutschlands größtem Kalikonzern ging vermutlich auf Differenzen mit dessen Direktor August Rosterg zurück, weil Hagemeier sich für die Interessen der Aktionäre (wahrscheinlich die Danatbank) »zu weit engagiert« hatte, siehe Schr. Arnold Rechberg an Fritz Rechberg v. 5.7.1925, BAK, NL49, fol.8. Hagemeier blieb zumindest bis 1942 im Aufsichtsrat der Wintershall AG vertreten, siehe »Wer leitet ?«, 1942, S.327.

27 Eidesstattliche Erklärung des kaufmännischen Direktors und Behördenvertreters der AW, Reinhard L., o.D. (1947), S.5, HStAWi, 520/F, Ernst Hagemeier, Anlage Nr. 1. Hagemeier hatte die NSDAP-Mitgl.-Nr. 3474496, BDC, Partei-Personalbogen Hagemeier; vgl. Spruchkammerurteil gegen Hagemeier v. 21.4.1948, AGFfm, HRB/386, fol.145ff. Er trat außerdem folgenden Parteiuntergliederungen bei: DAF, NSV, NSKK, deutsche Jägerschaft und RLB, ebd., fol.146.

28 Wirtschaftsgruppe Fahrzeugindustrie, 1935, S.4.

29 Arnau, 1972, S.145.

30 Chefkonstrukteur und Vorstandskollege Gustav Röhr beispielsweise intrigierte wegen eines Lizenzstreites bei der Gestapo, Schr. Röhrs an Direktor Jakob Werlin von der Daimler-Benz AG v. 23.1.1937, DBAG, Werlin/3.

durch großformatige Inserate.[31] Hintergrund war, daß das Organ der Gauleitung zuvor in einem ganzseitigen Artikel den Vorstandskollegen Ritter von Georg gefeiert hatte, und beides zusammengenommen zielte eindeutig auf die Ablösung des Generaldirektors.[32]

Georg gehörte zu den Vorzeige-Nazis, die ab 1933 zum Management und Aufsichtsrat der Adlerwerke gehörten. Nicht etwa Betriebsführer Hagemeier, sondern Georg repräsentierte den Vorstand 1934/35 bei Betriebsappellen mit Gauleiter Jakob Sprenger, DAF-Führer Robert Ley und anderer Parteiprominenz. Er war Parteimitglied seit 1.5.1933 und hatte eine mit dem höchsten deutschen Kriegsorden »Pour le mérite« geschmückte »ruhmreiche« Vergangenheit als U-Boot-Kommandant im Ersten Weltkrieg sowie als Freikorps-Bataillonsführer zu Revolutionszeiten hinter sich. Ferner gehörte er, obwohl erst später zum SS-Obersturmführer befördert, dem Frankfurter SS-Offizierskorps an.[33] Im Rahmen des Vorstandes war er als stellvertretendes Mitglied für den Verkauf zuständig und trat hierbei »stets für die Belange der SS« ein.[34] Verwandt war er mit Kurt Freiherr von Schröder, der ihm diese Position bei Adler verschafft hatte.[35] Schröder wiederum war die neue Gallionsfigur des nazifizierten und »arisierten« Automobilunternehmens. Er war Mitinhaber der J.H.Stein-Bank in Köln und als solcher seit 1929 im Aufsichtsrat vertreten, um dort für die Interessen der Gruppe der Schröder-Banken alias der Ambi-Budd Presswerk GmbH zu votieren. Sein Kreditinstitut war auf diesem Weg zur zweiten Hausbank der Adlerwerke neben der Danatbank bzw. dann der Dresdner Bank geworden. Seit Ende 1931 war Schröder im Freundeskreis der Wirtschaft für die NSDAP führend tätig gewesen und hatte sich bei Reichspräsident von Hindenburg für die Ernennung Hitlers zum Reichskanzler eingesetzt. Am 4.1.1933 hatte Schröder in seinem Kölner Bankhaus die entscheidende Zusammenkunft Hitlers mit von Papen arrangiert, die als Geburtsstunde des »Dritten Reiches« in die Geschichte einging. Nach 1933 wirkte er an führender Stelle im berüchtigten

---

31 FVB Nr. 2 v. 3.1.1936, Nr. 3 v. 4.1.1936 u. Nr. 4 v. 5.1.1936; siehe die Jahrgänge 1934 bis 1939 des FVB.

32 »Ritter von Georg, Kommandant von ›U 101‹«, FVB Nr. 158 v. 13.6.1935.

33 Carl-Siegfried Ritter von Georg, geb. 27.8.1886, gehörte dem Vorstand von 1933 bis 1937 an, AW, GB. Seine NSDAP-Mitgl.-Nr. lautete 3279693, seine SS-Nr.: (ab Januar 1938) 291154, BDC, SS-Akten Georg. Zu seinen Auszeichnungen im 1. Weltkrieg vgl. Herzog, 1968, S.144f. Weitere Angaben zu Georg finden sich in der eidesstattlichen Erklärung Generaldirektor Hagemeiers zu seiner SS-Mitgliedschaft vor den amerikanischen Ermittlungsbehörden v. 26.3.1947, ISC Maryland, XE092319, fol.65ff.

34 Schr. SS-Oberabschnitt Fulda-Werra an den Chef des SS-Hauptamtes in Berlin v. 5.7.1937, BDC, SS-Akten Georg.

35 Schr. Daimler-Benz-Verkaufsstelle Hamburg an Direktor Wilhelm Kissel v. 29.11.1933, DBAG, Kissel/XI, 1. Zu Schröder siehe auch Kurzbiographie im Anhang.

»Freundeskreis des Reichsführers SS« und rief die darin vertretenen Wirtschaftskreise alljährlich zu Spenden für »besondere Aufgaben« auf.[36] Die Beträge von jährlich etwa einer Million Reichsmark sammelte er auf einem Konto der Stein-Bank, um sie dann auf ein Sonderkonto der Dresdner Bank zu überweisen, wo sie an Himmler zur Auszahlung kamen. Schröder stand sowohl Hitler als auch Himmler nahe und wurde 1943 zum SS-Brigadeführer befördert.[37]

Doch nicht der beziehungsreiche »SS-Baron«, sondern der Leiter der Münchener Zweigniederlassung der Adlerwerke, Waldemar Meyer, protegierte Ernst Hagemeier 1933 als ein weiteres Stück »Vergangenheitsbewältigung« in die SS. Die Filiale hatte, von Goldschmidt ebenfalls als Rückversicherungsaktion gedacht, schon vor der Machtübernahme die NSDAP gefördert und verschiedene SS-Dienststellen in ansehnlichem Umfang beliefert und großzügig unterstützt und war nach 1933 ein Vorposten der Adlerwerke gegenüber der Partei, dem Nationalsozialistischen Kraftfahr-Korps (NSKK) sowie der SS geworden.[38] Ihre aggressiven Konkurrenzkämpfe um Parteiaufträge beschied selbst der rüde NSKK-Chef Adolf Hühnlein als »unfein«.[39] Filialleiter Dr. Waldemar Meyer gehörte der NSDAP und der SS schon seit Oktober 1932 an. 1933 wurde er zum SS-Motorgruppenstaffelführer und zum Chef des gesamten Kraftfahrwesens des SS-Oberabschnittes Süd ernannt.[40] Er rühmte sich seiner »guten Beziehungen« zum Reichsführer SS und war befreundet mit dem Führer des SS-Oberabschnittes Süd, SS-Gruppenführer und NSDAP-Reichstagsmitglied Heinrich Schmauser, dem Reichswehr-Kontaktmann der SS, der 1934 durch seine Beteiligung an der Hinrichtung von SA-Chef Röhm erstmals von sich Reden machte.[41]

---

36 Schröders führende Rolle in Himmlers Freundeskreis ist ausführlich untersucht bei Vogelsang, 1972.

37 BDC, SS-Akten von Schröder; vgl. BAK, NS19/876.

38 Zur Förderung der NS-Bewegung vor und nach 1933 durch die Adler-Filiale München siehe die Angaben im Lebenslauf des Filialleiters Dr. Waldemar Meyer v. 29.8.1941 und dessen Notiz v. 6.4.1943, BDC, SS-Akten Meyer. Vgl. dessen Korrespondenzen mit dem NSKK nach 1933, BAK, NS24. Zu Goldschmidts Intentionen vgl. Stehle, 1989, S.302.

39 Handschr. Vermerk Adolf Hühnleins auf einem Anschr. der Adler-Filiale München v. 5.6.1936. Die Filiale hatte eruiert, daß Hühnlein einen Pkw der Marke »DKW« gekauft hatte und avisierte unter Hinweis, daß »die Zeit inzwischen vollkommenere Automobile hervorgebracht« hätte, ihren Vertreter, BAK, NS24/vorl.122.

40 Meyer, geb. 20.8.1884, hatte die SS-Nr. 71018 sowie die NSDAP-Mitgl.-Nr. 1343806, BDC, SS-Akten Meyer. Meyer war eine schillernde Figur. Er war nicht wie alle SS-Führer aus der Kirche ausgetreten, sondern bekannte sich als evangelischer Christ und kritisierte die nationalsozialistische Kirchenpolitik, siehe Stehle, 1989, S.300. Er wurde 1938 Verkaufsdirektor der AW in Berlin, wo er 1939 als »Sonderberater« die Beziehungen der AW zu den oberen Parteikreisen pflegen sollte, Schr. Meyers an Hagemeier v. 24.11.1939, BDC, SS-Personalakte Meyer. Meyer wurde 1942 Mitgl. eines SS-Sonderkommandos, das Kunstschätze in Rußland raubte. Ausgestellt wurden diese vor »ausgewählten Besuchern«, und zwar in der Berliner Adler-Filiale !, siehe Stehle, 1989, S.303; sowie Klee, 1991, S.41.

Durch diese Verbindung wurde Hagemeier im Herbst 1933 pro forma als »Berater für automobiltechnische Fragen« in den Führungsstab von Schmauser berufen. 1934 trat er in die SS ein, und 1935 wurde er zum SS-Untersturmführer befördert.[42]

Als Georg hiervon Kenntnis erhielt, denunzierte er Hagemeier bei der SS, weil dieser etliche jüdische Angestellte im Ausland weiterbeschäftigte, was aufgrund der Exportorientierung und der Auslandslizenzen der Adlerwerke aus geschäftlichen Gründen geboten war und zu diesem Zeitpunkt noch durch das Reichswirtschaftsministerium gedeckt wurde. Eigenen Angaben zufolge wegen »Nichtbeteiligung am [SS-]Dienst und Verkehrs mit Juden« wurde Ernst Hagemeier daraufhin vom SS-Gericht München mit Wirkung zum 1.2.1937 aus der SS »entlassen«.[43] Doch endete die Geschichte nicht mit der erhofften Demontage Hagemeiers als Generaldirektor, vielmehr mußte stattdessen Georg den Hut im Vorstand nehmen.[44] Georgs Mentor, SS-Brigadeführer Schröder, rückte nach dem Tod des Aufsichtsratsvorsitzenden Dr. Ernst Busemann im Oktober 1939 zum stellvertretenden Aufsichtsratsvorsitzenden auf. Zu seiner erweiterten Kompetenz gehörte die Bestellung und Abberufung der Vorstandsmitglieder.[45]

---

41 Zitiert nach: Stehle, 1989, S.300; siehe die eidesstattliche Erklärung Generaldirektor Hagemeiers v. 26.3.1947 (Anm. 33), fol.65ff. Zu Ernst Heinrich Schmauser, geb. 18.1.1890, siehe Höhne, o.J., S.120; sowie BDC, SS-Personalakte Schmauser. Schmauser machte später Karriere als SS-Obergruppenführer und General der Polizei und wurde Höherer SS- und Polizeiführer im SS-Oberabschnitt Schlesien. In dieser Funktion besichtigte er 1942 mit Himmler den Betrieb der Krematorien in Auschwitz und war im Januar 1945 für die katastrophale Evakuierung des KZ Auschwitz verantwortlich, vgl. Höß, 1981, S.147 u. S.181f. Das SS-Wachkommando in Auschwitz war u.a. mit Adler-Pkw ausgestattet, und ganz in der Nähe in Kattowitz befand sich die einzige nach Kriegsausbruch zusätzlich errichtete Adler-Filiale, vgl. Sobanski, 1980, S.45.

42 Eine konkrete Tätigkeit war mit dem Berater-Titel angeblich nicht verbunden, eidesstattliche Erklärung Generaldirektor Hagemeiers v. 26.3.1947 (Anm. 33), fol.65f.; vgl. Spruchkammerurteil gegen Hagemeier v. 21.4.1948, AGFfm, HRB/386, fol.146; sowie Dienstalterslisten der SS, 1934-1936. Hagemeier hatte die SS-Nr. 122171.

43 Eidesstattliche Erklärung Generaldirektor Hagemeiers v. 26.3.1947 (Anm. 33), fol.66; vgl. Dienstaltersliste der SS, 1937, S.345. 1937 erfolgten nicht weniger als 7960 Entlassungen aus der SS, da Himmler alles, was »Konjunkur« war, wieder aus der SS herausdrängen wollte, vgl. Buchheim, 1967, S.314. Bis 1939 blieb Hagemeier förderndes Mitgl. der SS.

44 Georg wechselte wenig später in das Direktorium der Metallgesellschaft AG über und hatte 1938 postwendend ein eigenes SS-Disziplinarverfahren am Hals, Grund: »Vorwurf der Judenfreundlichkeit und üble Nachrede über Gauleiter Sprenger«, Metallgesellschaft, GB 1936/37; BDC, SS-Personalakten Georg. Im Herbst 1939 endete daraufhin auch seine Kurzkarriere bei der Metallgesellschaft AG, siehe Metallgesellschaft, GB 1938/39.

45 AW, GB 1939. Mit der Wahl zum stv. Aufsichtsratsvorsitzenden gelangte Schröder automatisch in den Aufsichtsratsausschuß der AW. Zu dessen Funktionen vgl. Beschluß des Aufsichtsratsausschusses Schröder/Goetz zur Bestellung der Vorstandsmitglieder Sörensen und Romberg v. 28.4.1942, AGFfm, HRB/386, fol.21. Obwohl ihr Aktienpaket irgendwann zwischen 1936 und 1943 abgestoßen wurde, blieb Schröders Bankhaus J.H.Stein auch weiterhin die 2.

Kurz darauf, im Dezember 1939, schenkten die Adlerwerke dem Persönlichen Stab des Reichsführers SS drei Adler-Wagen nach Wahl, und Heinrich Himmler ließ Generaldirektor Hagemeier für das »Entgegenkommen« seinen Dank überbringen.[46]

Weniger glimpflich als im eigenen Haus konnte Hagemeier sich auf der verbandspolitischen Bühne aus der Affäre ziehen. Zwar blieben die massiven Intrigen des Hitler-Intimus und Daimler-Benz-Vorstandsmitgliedes Jakob Werlin, der jede Denunziation Hagemeiers bis hinauf zum Obersalzberg kolportierte, um an seiner Stelle selbst zum Führer der Wirtschaftsgruppe Fahrzeugindustrie ernannt zu werden, lange Zeit wirkungslos.[47] Hagemeier genoß nämlich den vollen Rückhalt des Reichswirtschaftsministeriums unter Hjalmar Schacht und konnte sich sogar in seiner öffentlichen Rede auf der Internationalen Automobilausstellung in Berlin 1936 vorsichtige Kritik an Hitlers Volkswagenplänen leisten.[48] Aber als Schacht Ende 1937 vor dem Hintergrund der Auseinandersetzung mit Görings Vierjahresplanbehörde demissionierte, war es dringend geboten, aus der Schußlinie zu treten.[49] Während seiner Amtszeit als Wirtschaftsgruppenführer hatte Hagemeier die Behörde, die jetzt den Autarkiekurs der NS-Wirtschaftspolitik und das Reichswirtschaftsministerium dominierte, verschiedentlich vor den Kopf gestoßen, weshalb Göring den Stand der Adlerwerke auf den Berliner Automobilausstellungen mied.[50] Hagemeier trat deshalb Anfang 1938 als Leiter der Wirtschaftsgruppe Fahrzeugindustrie zurück und rückte für die Dauer des Zweiten Weltkrieges in ihr zweites Glied, den Beirat.[51]

Hausbank der AW, HBDAG, Ausgaben 1943 u. 1949.

46 Schr. des Persönlichen Stabes Reichsführer SS an Waldemar Meyer v. 16.12.1939, BAK, NS19/568.

47 Umfangreich dokumentiert in DBAG, Werlin/3.

48 Hagemeier dankte auf dem Begrüßungsabend der Industrie am 18.2.1936 zunächst den »planvollen, zielklaren Maßnahmen der nationalsozialistischen Regierung«, durch die die Automobilindustrie zu einem Wirtschaftsfaktor herangewachsen wäre, »wie ihn noch vor wenigen Jahren die kühnsten Hoffnungen nicht voraussehen konnten«. Gleichzeitig warnte er in Anspielung auf das VW-Projekt vor »falschen Urteilen über ihre gegenwärtige finanzielle Lage und Ertragsfähigkeit und über die Aufwendungen, welche die Lösung der ihr gestellten Aufgaben bedingen«. Mit »der Erfüllung der laufenden Aufgaben« müsse »eine innerliche Gesundung und finanzielle Konsolidierung verknüpft« sein. Er schloß: »Möge es unseren gemeinsamen Bemühungen gelingen, das Vertrauen des Führers zu rechtfertigen und die uns gestellten Aufgaben in seinem Geiste zu meistern. Damit statten wir den schönsten Dank dafür ab, daß aus einer in katastrophalem Niedergang befindlichen Industrie ein Eckstein des neuen Wirtschaftsgebäudes erstanden ist.«, Hagemeier, 1936, S.25f.

49 Schacht hatte Werlins Aufforderung nach Entlassung Hagemeiers noch im Frühjahr zurückgewiesen, Schr. RWM Hjalmar Schacht an Werlin v. 16.3.1937, DBAG, Werlin/3.

50 Hagemeier hatte eine Beteiligung der Automobilindustrie am Aufbau der Buna-Produktion und der Reichswerke Hermann Göring abgelehnt, HStAWi, 520/F, Ernst Hagemeier; vgl. Brunn, 1972, S.244.

51 Siehe die Protokolle der Beiratssitzungen, BAP, 31.05/9088.

Nach diesem Reputationsverlust suchte der Generaldirektor Anschluß an eine andere Machtsäule im NS-Staat: die Wehrmacht. Bereits sein Entlassungsgesuch als Wirtschaftsgruppenführer begründete er, um sein Gesicht gegenüber dem neuen Reichswirtschaftsminister Funk zu wahren, damit, daß »durch neue wehrwirtschaftliche Aufgaben mein Arbeitsgebiet bei den Adlerwerken einen Umfang angenommen hat, daß sich das Amt des Betriebsführers der Adlerwerke und das Amt des Leiters der Wirtschaftsgruppe Fahrzeugindustrie in einer Person nicht mehr vereinigen lässt, ohne einen dieser Aufgabenkreise zu beeinträchtigen«.[52] Insgesamt sechs Wehrwirtschaftsführer waren während des Zweiten Weltkrieges an der Spitze der Adlerwerke tätig – Hagemeier und Basson[53] vom Vorstand, sowie Busemann, Schröder, Schlosser und Haverbeck vom Aufsichtsrat.[54] Für Hagemeier war die Aufnahme in das Wehrwirtschaftsführer-Korps nicht einfach gewesen.[55] Seine Ernennung auf Vorschlag des OKW im Mai 1939 hatte im zweiten Anlauf der Fürsprache von Gauleiter Jakob Sprenger bedurft, was wohl auch Hagemeier eine Erklärung über seine rückhaltlose Unterstützung des nationalsozialistischen Staates abverlangte.[56] Der Generaldirektor wurde auch dadurch kein Anhänger des Nationalsozialismus, doch tat er alles, um seine Machtposition in den Adlerwerken zu erhalten. Die ideologischen Kleingeister in den regionalen Parteigliederungen, die während des Krieges gegenüber den

---

52 Schr. Hagemeiers an RWM Walther Funk v. 4.3.1938, BAP, RWM/9087, fol.240. Wie tief Hagemeiers Stern im RWM zu diesem Zeitpunkt gesunken war, zeigte die Entlassungsurkunde. Den Textentwurf: »Für die während der vierjährigen Dauer Ihrer verantwortlichen Tätigkeit als Leiter der Wirtschaftsgruppe Fahrzeugindustrie geleisteten außerordentlich wertvollen Dienste spreche ich meinen besonderen Dank und meine Anerkennung aus, Heil Hitler !« – ließ Funk wie folgt zusammenstreichen und am 14.4.1938 an Hagemeier absenden: »Für die während Ihrer Tätigkeit als Leiter der Wirtschaftsgruppe Fahrzeugindustrie geleisteten Dienste spreche ich Ihnen meinen Dank aus, Heil Hitler !«, ebd., fol.241.

53 Otto Basson, geb. 27.9.1878, war im Oktober 1934 von der Firma Hanomag zu Adler gekommen. Er war bis zu seinem Tod am 11.1.1945 ordentliches Vorstandsmitgl. und hinter Hagemeier stv. Betriebsführer. Obwohl er kein Parteimitgl. war und lediglich dem NSKK, der NSV, dem RBdT sowie dem RLB angehörte, hätte die DAF-Kreisleitung Ffm lieber ihn als Betriebsführer gesehen, weil er sowohl »sozialpolitisch als auch weltanschaulich in Ordnung« sei, Vermerk v. 8.12.1941, HStAWi, 483/10489, fol.17. Zu seiner Funktion als Wehrwirtschaftsführer siehe Reichsbetriebskarte der AW v. 15.3.1944, BAK, R3/2010, 0675/0001.

54 Sichc Kurzbiographic im Anhang.

55 Siehe zum gesamten Vorgang HStAWi, 520/F, Ernst Hagemeier.

56 Volkmann, 1979, S.290, angegeben bei Rossmann, 1987, S.32. Demnach wurde eine solche Erklärung von jedem Wehrwirtschaftsführer gefordert. Im Völkischen Beobachter v. 16.12.1937 war zu lesen, daß sich die ernannten Wehrwirtschaftsführer »im besonderen Maße zu einem Treueverhältnis zum Staat und zur Wehrmacht« verpflichtet hätten, zitiert nach: Siegfried, 1986, S.226. Zweifel daran hegt heute der Teves-Chronist Jörg Eckermann, für den der Titel des Wehrwirtschaftsführers »den Ausgezeichneten zu nichts verpflichtete, nach außen hin aber ungetrübte Harmonie zwischen Partei und Industriebossen vortäuschte«, Eckermann, 1986, S.203.

dringend benötigten Rüstungsmanagern ins Hintertreffen gerieten, gegen dessen Ende aber als Durchhaltefanatiker zunehmend Oberwasser bekamen, konnte er jedoch nicht abschütteln.[57] So waren erneute persönliche Angriffe und der später für viele Zwangsarbeiter so verhängnisvolle Kurs einer grenzenlos opportunistischen Geschäftspolitik lange vorprogrammiert.

Hagemeier war kein »Getriebener«, sondern hatte sich selbst in Zugzwang gebracht, indem er im Laufe des »Dritten Reiches« sein privates Schicksal mit dem wirtschaftlichen der Adlerwerke und dem der Dresdner Bank immer enger verknüpfte.[58] Die letzte Generalversammlung während des Krieges im Jahre 1943 sah ihn als Hauptaktionär mit einem Aktienpaket im Nennwert von 4,2 Mio. RM, womit er den zweitgrößten Stimmenanteil mit 30% der Aktionärsstimmen besaß.[59] Die Dresdner Bank war 1943 die zweitgrößte Aktionärin der Adlerwerke, verfügte allerdings durch Vertretung von Aktiendepots über die meisten, nämlich 48% der Aktionärsstimmen, und kontrollierte den Aufsichtsrat.[60] Nach dem Machtantritt der Nationalsozialisten hatte die Dresdner Bank einen derartigen »Kapitalhunger« entwickelt, daß sie selbst im Vergleich zur Deutschen Bank geradezu plump und skrupellos ihre Geschäfte mit den Verbrechen der Nazis verband. »Kein anderes führendes Kreditinstitut«, so das niederschmetternde Urteil des amerikanischen OMGUS-Berichtes nach dem Krieg, »identifizierte sich so vollständig mit den Zielen der NSDAP, der Nazi-Regierung und der SS, und keine andere Bank schlug aus ihren politischen Beziehungen so rücksichtslos Profit«.[61] Aufgrund ihrer stets »prompten Erledigung« von SS-Kapitalbedarf war die Dresdner Bank das bevorzugte Kredithaus der SS und galt in der Partei und ihr nahestehenden Kreisen auch als die »SS-Bank«.[62] Sie beteiligte sich nicht nur an den wirtschaftlichen Unternehmungen der SS, war mit nicht weniger als sieben Vertretern im »Freundeskreis des Reichsführers SS«

57 Hagemeier wurde als ein »typischer Großindustrieller« ohne »Einsatz für die Volksgemeinschaft« eingeschätzt, Sozialpolitische Beurteilung durch die DAF-Gauwaltung Hessen-Nassau/Kreiswaltung Groß-Frankfurt v. 8.12.1941, HStAWi, 483/10965.

58 Hagemeier war gemeinsam mit Fritz Rechberg Großaktionär und stv. Aufsichtsratsvorsitzender der Hersfelder Benno Schilde Maschinenbau AG (HBDAG, Ausgabe 1936, S.5549), die seit der Rationalisierung Lackieranlagen an die AW lieferte, siehe Jurthe, 1931, S.601ff.; vgl. Degussa Firmenarchiv, PCA 10392. Die Dresdner Bank, deren Aufsichtsratsvorsitzender Carl Goetz mit Fritz Rechberg befreundet war, hatte Hagemeier zwischen 1934 und 1936 den Erwerb eines Adler-Aktienpaketes von nominal 2,85 Mio. RM zugestanden, siehe PS-AW, JCH-35/36.

59 Aktionärsstimmliste zur ordentlichen Hauptversammlung am 16.6.1943, AGFfm, HRB/386, fol.66.

60 Ebd.

61 OMGUS, 1986, S.201f.

62 Aussage von Himmlers Adjudanten Karl Wolff vor dem IMT Nürnberg v. 20.4.1947, Nbg. Dok. NI-6025.

präsent, führte ein Bankenkonsortium an zur Finanzierung des Projektes I.G. Auschwitz, sondern stellte ab 1941/42 auch einen Rationalisierungsexperten für das spätere SS-Wirtschafts-Verwaltungshauptamt (SS-WVHA), der Zentrale der Konzentrationslager.[63] Die Dresdner Bank stellte von 1939 bis Kriegsende mit ihrer »grauen Eminenz« Carl Goetz[64] den Aufsichtsratsvorsitzenden der Adlerwerke, der gemeinsam mit SS-Brigadeführer Schröder die Personalia des Vorstandes kontrollierte, und war daneben stets mit dem jeweiligen Direktor ihrer Frankfurter Bankenfiliale (nach Ludwig Deutsch folgte 1938 Dr. Hanns Deuß und danach 1942 Otto Rienecker) im Aufsichtsrat vertreten.[65] Darüber hinaus war sie engstens verflochten mit der im Aufsichtsrat ebenfalls präsenten Degussa AG, vertreten ab 1939 durch Generaldirektor Hermann Schlosser, der zugleich auch Verwaltungsratsmitglied der Deutschen Gesellschaft für Schädlingsbekämpfung mbH Frankfurt war.[66] Insbesondere der Umstand, daß Ernst Hagemeier während des Zweiten Weltkrieges von Carl Goetz zum Vorsitzenden des Landesausschusses der Dresdner Bank für Hessen und Frankfurt berufen wurde, läßt auf ein kooperatives Verhältnis schließen.[67] Doch verzichtete die Dresdner Bank darauf, Hagemeier in die erste Reihe ihres Aufsichtsrates zu kooptieren, und die Adlerwerke, vor 1939 einer ihrer größten Debitoren im Frankfurter Raum, nahmen während des Krieges keine Kredite der Berliner Großbank in Anspruch.[68] Der offensichtlich nach größerer Autonomie strebende Hagemeier war auf eine regionale Wirtschaftsgröße zurechtgestutzt worden und für höhere Aufgaben in der NS-Wirtschaft nicht mehr repräsentativ genug.[69]

Damit ließ es sich jedoch – fast – auf allen beteiligten Seiten einvernehmlich und gut leben. Generaldirektor Hagemeier konnte während des Krieges als Landesausschußvorsitzender der Dresdner Bank, die eine herausragende Rolle bei der Finanzierung praktisch aller Rüstungsbereiche spielte, nützliche Beraterdienste für Rüstungskredite leisten.[70] Während des Krieges war er Beiratsmit-

---

63 OMGUS, 1986, S.LIIf.

64 Carl Goetz, geb. 12.6.1885, war bis 1936 Vorstandsvorsitzender, danach Vorsitzender des Aufsichtsrates sowie des Arbeitsausschusses der Dresdner Bank und galt als einer der herausragenden Finanzexperten des »Dritten Reiches«. Goetz wurde anstelle des verstorbenen Dr. Ernst Busemann Ende 1939 Aufsichtsratsvorsitzender der AW, siehe Kurzbiographie im Anhang.

65 Vgl. Anm. 45; AW, GB 1933-1942.

66 Ebd.; vgl. dazu die Überkreuzverflechtungen zwischen den Vertretern der Dresdner Bank und der Degussa in den Kurzbiographien im Anhang.

67 Dresdner Bank, GB 1939, S.9.

68 Aufstellung der Dresdner Bank-Filiale Ffm über ihre größten Debitoren ab 1934 v. 10.10.1945, BAK, Z45F-2-49/3.

69 Entsprechende Hinweise finden sich in HStAWi, 520/F, Ernst Hagemeier.

70 In der Geschäftsordnung für die Landesausschüsse der Dresdner Bank (Stand 1936) hieß es u.a.: »Der Vorstand der Bank kann die Landes-Ausschüsse zu Gutachten über die Angemes-

glied der Frankfurter IHK[71] und im Rahmen der Selbstverwaltungsorganisation der Rüstungswirtschaft ab 1942 Bezirksbeauftragter des Hauptausschusses Kraftfahrzeuge im Bereich der Rüstungsinspektion XIIa (Rhein-Main, Hessen-Nassau) sowie XIIb (Moselland mit Luxemburg sowie Westmark mit Lothringen).[72] Zugleich fungierte er als Bezirksobmann der Fachschaft Eisen- und Metallindustrie für den Gau Hessen-Nassau.[73] Auch in diesen Funktionen hatte Hagemeier jedoch nur noch regionalen Einfluß, und kein Adlervertreter bekam zunächst eine wirklich zentrale Position in Speers Rüstungsorganisation.[74] Dies war eine Folge der zumindest bis 1942 relativ geringen rüstungswirtschaftlichen Bedeutung der Adlerwerke im Zweiten Weltkrieg.

3. Expansion durch »Arisierung«

Nachdem die Adlerwerke auf dem Höhepunkt der Weltwirtschaftskrise an den Rand des Bankrotts geraten waren, konnten ab 1933 dank der nationalsozialistischen Motorisierungspolitik insbesondere durch Steuerbefreiungsmaßnahmen die Fertigungskapazitäten allmählich ausgelastet werden.[75] Bereits 1935 war das Volumen mit einer Jahresproduktion von weit über 22 000 Kfz ausgeschöpft.[76]

---

senheit gewährter oder zu gewährender Kredite heranziehen. [...] Hat der Vorsitzende Bedenken wegen des Weiterbestehens bereits gewährter Kredite, so wird er sowohl der Direktion der betreffenden Filiale als auch gleichzeitig dem Vorstand in Berlin hiervon Kenntnis geben.«, BAP, Film-Nr. 43040, AN 3470690-692.

71 Frankfurter Adreßbuch v. 1942.

72 In diesem Rahmen oblag ihm die Betreuung der in diesen RüIn vertretenen Firmen des HA Kraftfahrzeuge bzw. ab Ende 1944 der Hauptgruppe Kraftfahrzeuge im HA Panzer und Fahrzeuge. Diese umfaßte Ende 1944 alleine im Gau Hessen-Nassau mehr als 25 Firmen in 8 Sonderausschüssen, BAK, R13IV/28, fol.13; R3/289, Heft 1; R3/3174; R13IV/11; u. R3/288.

73 BAK, R13IV/28, fol.13.

74 Die AW stellten mit Werksdirektor Hermann Friedrich den Arbeitsausschußvorsitzenden für Zgkw- und Schützenpanzergetriebe im Sonderausschuß Getriebe beim HA Panzerwagen und Zugmaschinen sowie mit Rosleff Sörensen den Bezirksbeauftragten dieses HA bei der RüIn Wiesbaden, BAK, R3/288, fol.44ff.; sowie BAP, Film-Nr. 1740, AN 721893, 721917, 721937 u. 721983. Die Hauptfunktion Sörensens wurde allerdings die Leitung des Arbeitsausschusses 3to-Zgkw, siehe weiter unten. Erst nach dem Krieg wurde 1949 Walter Rohland, allmächtiger Vorsitzender des HA Panzerwagen und Zugmaschinen, von Hagemeier in den Aufsichtsrat der AW berufen, siehe Rohland, 1978, S.172.

75 Vgl. hierzu den ungeduldigen Aufruf von Generaldirektor Hagemeier zur Ergreifung entsprechender Maßnahmen an die NS-Regierung in der Aprilausgabe 1933 der Deutschen Motor-Zeitschrift, Hagemeier, 1933, S.72.

76 Nachdem die Produktion 1932 auf 5500, 1933 auf 9800 und 1934 auf 13 400 Kfz gestiegen war, ordnete Generaldirektor Hagemeier bereits Anfang März 1935 »eine gewaltige Erweite-

Die Adlerwerke entwickelten sich während der NS-Zeit zu einem der vier marktbeherrschenden Unternehmen der florierenden deutschen Pkw-Industrie. Doch die Grenzen eines mittleren Großunternehmens mit einem 1933 zum Ausgleich der Riesenverluste von 25 auf 15 Mio. RM herabgesetzten Aktienkapital und mangelnden territorialen Ausdehnungsmöglichkeiten auf dem knappen Frankfurter Boden waren allenthalben zu spüren.[77] Nur durch Konzentration der Unternehmenskräfte auf eine der Konjunkturlage angepaßte flexible Typenpolitik (Kleinwagen »Trumpf Junior« ab 1934) konnte man den drei großen Automobilkonzernen Pkw-Marktanteile zwischen 7-10% abtrotzen und den dritten und vierten Rang abwechselnd mit der Daimler-Benz AG, hinter der Adam Opel AG und der Auto-Union AG, behaupten.[78] Als Hitler im Herbst 1936 den Hoffnungen auf eine Beteiligung am Bau des Volkswagens eine Absage erteilte, mußte langfristig eine Alternative zum Kleinwagengeschäft gefunden werden.[79] Der 1937 in Bau gehende 2,5 Liter Adler-Stromlinienwagen bzw. »Autobahnwagen« war als Antwort auf die »billigen Großserienwagen der kommenden Jahre« gedacht und stand als Mittelklassewagen auch mit der aktuellen Exportorientierung der Adlerwerke im Einklang.[80]

Die für deutsche Verhältnisse hochrationalisierte Automobilindustrie spielte eine Schlüsselrolle in der Arbeitsbeschaffungs- und Aufrüstungspolitik Hitlers. Ihre Exporte wurden zwecks Devisenbeschaffung des Reiches gefördert und die für die Produktion erforderlichen Rohstoffe kontingentiert, wobei die Wehrmacht außerhalb der Industrie zum wichtigsten Bedarfsträger erklärt wurde. Damit wurden ab 1936 im Zusammenhang mit dem Vierjahresplan der Kfz-Binnenmarkt gedrosselt und die freien Marktkräfte außer Kraft gesetzt.[81] Im harten

---

rung, wenn nicht Verdoppelung der Produktion« an, siehe Aktennotiz der dem Degussa-Konzern angehörigen und auf die Erweiterung der Härterei spekulierenden Durferrit-GmbH v. 1.3.1935, Degussa Firmenarchiv, PCA 20047. Die Fertigung stieg 1935 auf 22 300 Kfz an und hielt sich auf diesem Niveau bis 1939, siehe Automobilfertigung insgesamt, PS-AW, AA-A.

77 Dem Kapitalschnitt folgte erst 1942 wieder eine Erhöhung des Aktienkapitals auf 18 Mio. RM. Zum Expansionsproblem siehe »Adler-Auto zur Kapazitätsfrage«, Berliner Tageblatt Nr. 428 v. 9.9.1936; sowie »Kapazität und Absatz der Autoindustrie. Stellungnahme von Adler Kleyer«, Kölnische Zeitung Nr. 459/460 v. 10.9.1936.

78 Tatsachen und Zahlen aus der Kraftverkehrswirtschaft, 1934/35/36/37 u. 1948.

79 Daimler-Benz-Vorstandsmitgl. Jakob Werlin unterrichtete Hitler im Oktober 1936 vom Interesse der AW, sich gemeinsam mit der Auto-Union am Bau der VW-Versuchswagen zu beteiligen, was Hitler ablehnte, siehe Schr. Werlins an Direktor Kissel v. 28.10.1936, DBAG, Kissel-VII/5, abgedruckt bei Pohl u.a., 1986, S.239f.

80 Adler-Kundenpost 3(1939)2. Von 57 000 exportierten Pkw im Jahre 1937 entfielen auf die AW etwa 10%, DBAG, Kissel-IV/15. Darüber hinaus vergaben die AW an französische, dänische, englische und belgische Autofirmen Nachbaulizenzen für ihre Fahrzeuge, siehe u.a. »Ein Jahrhundert Automobiltechnik«, 1986, div.

81 Siehe die Pkw-Absatzentwicklung insbesondere ab 1938, BAK, R13IV/vorl.3; vgl. Roth, 1990, S.84f.; Kirchberg, 1969, S.131.

Konkurrenzkampf der Automobilunternehmen rückte zunehmend das Werben um die Gunst der Wehrmachts-Beschaffungsämter in den Vordergrund. Die Adlerwerke hatten dabei zunächst keine schlechte Ausgangsposition. Generaldirektor Hagemeier hatte nicht nur die Details der Exportförderung ausgearbeitet und war Vorsitzender der Exportgemeinschaft deutscher Automobilfabriken, sondern er hatte als Leiter der Wirtschaftsgruppe Fahrzeugindustrie auch direkten Einfluß auf die Eingliederung der Kfz-Industrie in das Rüstungsprogramm.[82] Ein von ihm zu diesem Zweck ausgearbeiteter Vorschlag zur Typenverminderung der zivilen Pkw scheiterte allerdings am Widerstand von Daimler-Benz.[83]

Trotz der Wiederherstellung der Wehrhoheit in der entmilitarisierten Zone im Frühjahr 1936 blieben jedoch den Adlerwerken wie auch anderen »Westfirmen« in Grenznähe Wehrmachtsaufträge zunächst versagt. Die Stadt protestierte, »weil in Frankfurt immer noch über 30 000 Erwerbslose sind, während in anderen Städten mit Rüstungsindustrie die Arbeitslosenziffern erheblich stärker gesunken sind [sic]«.[84] Ende 1936 war der Bann für das industrielle Aushängeschild und den neben den I.G. Farben größten Arbeitgeber der Mainmetropole gebrochen. Bis 1940 liefen annähernd 6000 Adler-Kübelsitzwagen und -Militärlieferwagen vom Band; 1937 erging der Heeresauftrag »HK 300« zur Entwicklung eines Eintonner-Zugkraftwagens (1to-Zgkw); 1938 wurde die Lizenzproduktion des gleichen Gerätetyps von der Firma Demag einschließlich ihrer Variorex-Getriebe sowie die Fertigung von Granatenaufschlagzündern begonnen.[85] 1938, als die Firma mit 97 Mio. RM den größten Umsatz der Firmengeschichte (bis 1945) verzeichnete und einschließlich ihrer 13 Zweigniederlassungen 7570 Beschäftigte zählte, erfolgte die Ernennung zum »Wehrwirtschaftsbetrieb«.[86] Doch nicht nur diese Weichenstellung und eine vorsichtige Investitionspolitik bewogen die Adlerwerke, Offerten des Heeres und des Reichsluftfahrt-

---

82 Zu Hagemeiers Exportförderungsvorschläge siehe Brunn, 1972, S.205-208. Die Ziele der Exportgemeinschaft umriß Hagemeier im Schr. als Leiter der Wirtschaftsgruppe Fahrzeugindustrie an den Direktor der Auto-Union, Richard Bruhn, v. 9.11.1936, StAD, Auto-Union/831, fol.42-45.

83 StAD, Auto-Union/3836, dokumentiert bei Kirchberg, 1969, S.126f.

84 Schr. des Verkehrs- und Wirtschaftsamtes an den Frankfurter Interessenvertreter in Berlin, Ministerialrat Hans Werner von Zengen, v. 15.4.1936, StdAFfm, MA 4520/33. Das Schreiben befindet sich in den Akten der von den AW 1934 aufgekauften Gerner-Werke.

85 Der Kübelwagen (4294 Stck. 1936-1940) war ein Abkömmling des »Adler Diplomat« mit der Firmenbezeichnung 3 Gd bzw. 3 Gs und wurde im 2. Weltkrieg als Mannschaftswagen, Nachrichten-Kfz und Zugmittel für leichte Geschütze eingesetzt. Der Lieferwagen mit der Typenbezeichnung W 61 bzw. W 61 K (1408 Stck. 1937-1939) kam hauptsächlich als Krankenwagen zum Einsatz, Automobilfertigung 1936-1940 aufgeschlüsselt nach Typen, PS-AW, AA-A; sowie Oswald, 1981, S.121; ferner Aufstellung der AW über die monatlichen Produktionsstückzahlen 1939-1945 v. 18.6.1945, NA, RG243/77.a.16.

86 AW, GB 1938, S.10; Reichsbetriebskarte der AW v. 15.3.1944, BAK, R3/2010, 0675/0001.

ministeriums für die Errichtung von Zugkraftwagen- und Flugzeugmotorenproduktionsstätten in Nord- und Süddeutschland abzulehnen.[87] Als ausschlaggebend erwies sich vor allem die bis heute völlig unbekannte Lösung des Kapazitätsproblems vor Ort durch »Arisierung«.

In der Fahrzeugindustrie insgesamt spielte die »Arisierung« jüdischer Betriebe mangels geeigneter Objekte nur eine geringe Rolle.[88] Anders lag der Fall bei den Adlerwerken, deren Werke I und II durch ein 20 000 qm großes Zwischengelände voneinander getrennt und dadurch an einem organischen Zusammenwachsen gehindert waren.[89] An diesem Grundstück, nicht an den darauf ansässigen vier jüdischen Kleinunternehmen, war man äußerst interessiert. Das Einfallstor für diesbezügliche Maßnahmen bildete die 1933 beginnende »schleichende« Judenverfolgung in der Wirtschaft, in der bis 1938 »Arisierungen« noch nicht durch förmliche Enteignung, sondern mit pseudolegalen Mitteln auf Privatbasis erzwungen wurden.[90] Die Gauwirtschaftsberater der NSDAP spielten hierbei durch die Anlegung von Firmendossiers, durch gezielte Einschaltung von Justiz und Gestapo bei geringsten Steuer- oder Devisenvergehen sowie durch die Vermittlung von Kaufinteressenten eine zentrale Rolle.[91] Eine günstige Ausgangslage für die Adlerwerke, war doch Gauwirtschaftsberater Karl Eckardt, einer der übelsten und einflußreichsten Nazis in Hessen-Nassau, zugleich auch leitender Angestellter der Adlerwerke mit wachsenden Ambitionen.[92] Hinzu kam, daß die »besonders um Arisierung bemühte« Dresdner Bank in die Grundstücks»arisierungen« weit mehr involviert war, als sich dies aus der Zustimmungspflicht des Aufsichtsrates für den Neuerwerb von Liegenschaften ohnehin ergab.[93]

Als Präzedenzfall bot sich die seit 1885 ortsansässige »Flesch-Werke AG für Gerbstoff-Fabrikation und chemische Produkte Ffm«, eine der ältesten Firmen

87 Die Angebote der Wehrmacht sind dokumentiert in HStAWi, 520/F, Ernst Hagemeier; vgl. zu diesen Wehrmachtsbestrebungen allgemein Thomas, 1966, S.136.

88 Genschel, 1966, S.212.

89 Es handelte sich dabei um das Flurstück Nr. 201.

90 Genschel, 1966, S.103 u. S.136; vgl. Barkai, 1988, S.65 u. S.74.

91 Ebd. Da jüdische Unternehmer je nach Weitsicht bereits ab 1932/33 Vermögensanteile ins Ausland transferierten, kamen sie automatisch mit den bestehenden Devisenrestriktionen in Konflikt, OMGUS, 1986, S.XLf.

92 Zu Eckardt siehe Kurzbiographie im Anhang; vgl. u.a. »Dokumente zur Geschichte der Frankfurter Juden«, 1963, S.443f.

93 Genschel, 1966. S.153; siehe AW, Satzung 1938, § 12,. S.5. Die Dresdner Bank-Filiale Frankfurt finanzierte in den Jahren 1934-1939 etliche »Arisierungen«, siehe OMGUS, 1986, S.324, Anm. 135. »Unter Leitung von Carl Goetz war die Dresdner Bank mit ihren Zweigstellen und Filialen sowohl in Deutschland als auch in allen besetzten Ländern Europas die Hauptagentur für die zwangsweise ›Arisierung‹ von Unternehmen in jüdischem Besitz«, ebd., S.212. Sie richtete ab 1937/38 eine »Arisierungsabteilung« ein, noch bevor sich alle anderen Banken aus Rücksicht auf das Auslandsgeschäft dazu trauten, ebd., S.XLIIf.

des Frankfurter Industrieviertels, an.[94] Sie war Eigentümerin eines 5388 qm umfassenden Fabrikgrundstückes und produzierte für eine Konzern-OHG, in deren Händen sowohl Aktienbesitz als auch Geschäftsführung der AG lagen.[95] Ihre Gesellschafter waren Firmengründer Carl Flesch jr. und dessen Sohn Herbert, der Vorstand der AG.[96] Aufgrund eines Kreditvertrages aus dem Jahre 1926 war der Aktienbesitz im Nennwert von ca. 1 Mio. RM auf einem Treuhänderkonto der Dresdner Bank verpfändet, unter deren Führung ein Bankenkonsortium, dem auch die Londoner Schröder-Bank angehörte, Gläubigerin war. Wie Herbert Flesch nach dem Krieg beteuerte, waren »die ursprünglich mehr als 3 Mio. RM betragenden Forderungen der ausländischen Banken und der Dresdner Bank auf etwas über 800 000 RM zurückgeführt«, seien nicht fällig gewesen, und hätten bei seiner weiteren Betätigung »ohne Pfänderverwertung abgedeckt werden können«.[97] Doch genau daran wurde er erfolgreich gehindert. Nachdem aufgrund einer gezielten Denunziation der Prokuristen der Flesch-Werke AG bei der Zollfahndungsstelle Herbert Flesch im Mai 1933 der Auslandspaß entzogen und er Ende September 1933 wegen »Devisenvergehens« von der Gestapo verhaftet und in zehnmonatige Untersuchungshaft genommen worden war, kündigten die beiden Hausbanken der Adlerwerke im Januar 1934 den Kredit.[98] Da während seiner Haft der Treuhänder der Arbeit, die Gestapo, alle maßgebenden Stellen der NSDAP und insbesondere Gauwirtschaftsberater Karl Eckardt schärfsten Druck auf ihn ausübten, durch Abtretung der Aktien und Ausscheiden aus dem Unternehmen die Flesch-Werke AG zu »arisieren«, erhob Herbert Flesch nach dem Krieg den Vorwurf, die Dresdner Bank habe sich in die »Arisierungsabsichten der Parteistellen einspannen lassen«.[99]

---

94 Zur Firmengeschichte siehe Rödel, 1984, S.428.

95 Es handelte sich um die Grundstücke Kleyerstraße Nr. 39 / Weilburger Straße Nr. 46. Die OHG trug den Namen »OHG Farb- und Gerbstoffwerke Carl Flesch jr. Ffm«.

96 Siehe zur Firmenstruktur HStAWi, 519/D, 5383/38. Carl Flesch jr. wurde am 27.6.1860 geboren und verstarb am 12.12.1935. Herbert Flesch wurde am 31.8.1890 geboren, Jüdisches Museum Ffm, Personen- und Firmenkartei.

97 Urteil der I. Restitutionskammer des LG Koblenz v. 23.5.1951, S.7., HStAWi, 519/A, Ffm 4374, fol.44.

98 Ebd., S.6, fol.43.

99 Ebd., S.6f., fol.43f. Dem widersprach das LG mit der Behauptung, daß allgemein bekannt sei, »daß gerade die angesehenen Privatbanken, in deren Leitung sich damals noch viele Juden befanden, sich gegenüber wirtschaftlichen Arisierungsbestrebungen der Parteistellen im Interesse ihres Rufes und ihrer ausländischen Verbindungen sehr widerstandsfähig zeigten«, ebd., S.15, fol.52. Doch darin irrte man: »Es gab keine andere deutsche Bank, die diese Vermögen [jüdische] so skrupellos in ihren Besitz brachte wie die Dresdner Bank«, OMGUS, 1986, S.210. Die Klage auf Aktienrückerstattung von Herbert Flesch wurde abgewiesen mit der Begründung, daß das Vorgehen der Dresdner Bank durch den Kreditvertrag legitimiert gewesen sei. Es kam zu weiteren Verfahren vor dem LG Wiesbaden, AZ: 8a 0 (Entsch.) 47/70, sowie dem Bundesgerichtshof, AZ: IX ZR 113/72.

Wer wen im Dreiecksverhältnis zwischen Parteistellen, Dresdner Bank und Adlerwerken instrumentalisierte, läßt sich aufgrund der Herbert Flesch damals weitgehend unbekannten engen personellen Verflechtungen heute nicht mehr eindeutig rekonstruieren. So handelte es sich bei dem Treuhänder der Arbeit, SS-Standartenführer F.J. Schwarz, um einen ehemaligen Direktor der Dresdner Bank, mit dem ihr aktueller Direktor und spätere Adler-Aufsichtsrat Dr. Hanns Deuß, Parteimitglied seit 1.5.1933 mit »recht guten Beziehungen zu wichtigen Personen in der Partei und in der Regierung«, in Sachen Flesch Kontakt hielt.[100] Aus gutem Grund: Deuß hatte Flesch vor seiner Verhaftung die Gleichschaltung der OHG und der AG »angeraten«. Nun wurde im gleichen Sinne Vater Carl Flesch jr. – wahrscheinlich mit dem Versprechen auf Haftentlassung des Sohnes – dazu gezwungen, den Ausschluß Herbert Fleschs aus der OHG zu beantragen. Damit korrespondierend setzte Schwarz einen gewissen Walter Kempe als Treuhandverwalter bei der Flesch-Werke AG ein.[101] Kempe beschaffte Herbert Flesch nach der Haftentlassung den entzogenen Auslandspaß wieder, um ihn prompt wegen »Landesverrates« anzuzeigen. Nur durch unverzügliche Emigration entging er dem Schicksal seines Chefchemikers, der für drei Monate in das KZ Esterwegen verschleppt wurde.[102] Aus dem Pariser Exil mußte Herbert Flesch tatenlos mitansehen, wie er Anfang April 1935 von der OHG ausgeschlossen wurde und wie man schließlich am 1.7.1935 auch seinen greisen Vater ausschaltete, indem die OHG liquidiert wurde und ihre Geschäfte auf die AG übergingen.[103] Kurz darauf, im Dezember 1935, verstarb Carl Flesch jr.

Walter Kempe war Parteigenosse der ersten Stunde und vor seiner »Treuhand«-Tätigkeit bei der Flesch-Werke AG Prokurist bei den Adlerwerken (!) gewesen.[104] Nach der Emigration von Herbert Flesch und der Zerschlagung des Konzerns hatte er als Vorstand der Flesch-Werke AG freie Hand für die Transaktion. Der Anlagewert des Grundstückes wurde von 115 000 auf 80 000 RM abgeschrieben, und am 5.5.1936 schlossen die Adlerwerke den ersten Kaufvertrag quasi mit sich selbst.[105] Herbert Flesch versuchte aus dem Exil vergeblich

---

100 Zitiert aus dem Verhör Kurt Freiherr von Schröders vor dem IMT Nürnberg v. 24.11.1945, Nbg. Dok. NID-6394. Zu Deuß siehe ferner Kurzbiographie im Anhang. Zu Schwarz, der 1935 verstarb, siehe Urteil der I. Restitutionskammer des LG Koblenz v. 23.5.1951, S.6, HStAWi, 519/A, Ffm 4374, fol.43.

101 Ebd. Walter Kempe, geb. 13.11.1894 in Völpe, war Mitgl. der NSDAP seit 1.5.1933 mit der Nr. 1821398, HStAWi, 649/Walter Kempe.

102 Urteil der I. Restitutionskammer des LG Koblenz v. 23.5.1951, S.6, HStAWi, 519/A, Ffm 4374, fol.43.

103 HStAWi, 519/D, 5383/38.

104 HBDAG, Ausgabe 1933, S.4764.

105 Zur Abschreibung siehe die Bilanz der Flesch-Werke AG für das Geschäftsjahr 1936, in: Deutscher Reichsanzeiger und Preußischer Staatsanzeiger Nr. 93 v. 24.4.1937. Der Kaufver-

beim Repräsentanten der Schröder-Bank in Deutschland, Gustav Wilhelm von Mallinckrodt, zu intervenieren, doch auch hier geriet er an einen Adler-Aufsichtsrat.[106] Parallel zur Ausbürgerung Fleschs wurde am 8.4.1937 die Aktienversteigerung angekündigt, um auch das restliche Firmenvermögen, eine Dependance in Oberlahnstein, zu »arisieren«.[107] Am 10.9.1937 erklärte die Dresdner Bank die Flesch-Werke AG für Bankrott und versteigerte die Aktien an ihre Tochtergesellschaft Hardy & Co., die sie weiterveräußerte an den Thüringschen Gauamtsleiter der NSDAP, Staatsrat Otto Eberhardt, sowie an ihren Aufsichtsratsvorsitzenden Carl Goetz, dem künftigen Aufsichtsratsvorsitzenden der Adlerwerke. Schließlich gingen die Aktien über in den Besitz der Zschimmer & Schwarz Chemische Fabrik und Gerbstoffwerk Oberlahnstein AG.

Das Beispiel »Flesch« erhöhte natürlich die »freiwillige« Verkaufsbereitschaft bei den anderen Firmen, so bei der »OHG Erste Frankfurter Malzfabrik Matthias & Salomon«. Sie war seit 1889, ebensolange wie die Adlerwerke selbst, im Gallus ansässig und besaß mit insgesamt 8102 qm den größten Grundbesitz im Planquadrat.[108] Kauf und Auflassung erfolgten am 11.6.1936, der Grundbucheintrag zugunsten Adler erging am 24.7.1936. Alleininhaber der OHG war Benno Salomon, der danach in die USA emigrierte und dort am 22.12.1939 im Alter von 77 Jahren verstarb. Seine in New York lebenden Söhne, der Arzt und Chemiker Prof. Dr. Kurt Salomon sowie der Jurist Dr. Henry Salomon, stellten nach dem Krieg Rückerstattungsantrag, was vor der Wiedergutmachungskammer des Frankfurter Landgerichtes 1951, im Gegensatz zum Fall Flesch, wenigstens zum Vergleich führte. Zusätzlich zum 1936 gezahlten Kaufpreis von 330000 RM hatten die Adlerwerke 75 000 DM zu zahlen.[109] Der Einigung vorausgegangen war ein harter Schlagabtausch über die Sachverhalte des Verkaufsvorganges im Jahre 1936 und die Höhe des tatsächlichen Verkehrswertes.

---

trag mit Adler ist nicht überliefert, jedoch nachgewiesen in HStAWi, 519/A, Ffm 3821. Auch die AW widersprachen nach dem Krieg erfolgreich den Rückerstattungsforderungen – mit der eiskalten Begründung, daß man »niemals in irgendeiner geschäftlichen Beziehung« zu Herbert Flesch gestanden, sondern von der AG das Grundstück erworben hätte, siehe Schr. der AW v. 11.10.1950 u. 21.1.1952 an das Amt für Vermögenskontrolle, ebd., fol.11. Wenn schon, dann müsse Rückerstattungsanspruch »gegen die vermeintlichen Entzieher des Aktienbesitzes« angemeldet werden, ebd., fol.33.

106 Siehe Kurzbiographie im Anhang.

107 Deutscher Reichsanzeiger Nr. 84 v. 14.4.1937, Ausbürgerungsliste Nr. 11.

108 Zur Firmengeschichte siehe Rödel, 1984, S.520. Der OHG gehörten die Grundstücke Kleyerstraße Nr. 25, auf der das Malzfabrikgebäude stand, und die Grundstücke Weilburger Straße Nr. 40 sowie Kleyerstraße Nr. 27-31, die einschließlich Fabrik- und Bürogebäude an die Ford-Vertretung »F.K. Mettenheimer & Co.« weitervermietet waren. Zur Mettenheimer & Co. siehe HStAWi, 519/V, 2027/488.

109 Verhandlungsprotokoll der 3. Wiedergutmachungskammer beim LG Ffm v. 12.1.1951, HStAWi, 519/A, Ffm 1730.

Von den Adlerwerken heftig bestritten wurde dabei folgende eidesstattliche Versicherung von Dr. Henry Salomon: »Die Verhandlungen fanden in den Räumen der Adlerwerke statt. Anwesend waren für die Adlerwerke u.a. Herr Generaldirektor Hagemeier [...]. Ich selbst begleitete meinen Vater. Ich war damals sein Generalbevollmächtigter in Vermögensangelegenheiten und Prokurist der Firma Erste Frankfurter Malzfabrik Matthias und Salomon. Während dieser Verhandlungen erklärte Herr Hagemeier u.a.: ›Sie wissen, wir haben ja auch andere Möglichkeiten, den Verkauf durchzusetzen.‹«[110] In Anbetracht des Schicksals der Familie Flesch eine deutliche Drohung. Benno Salomon willigte ohne Umschweife in den Kaufvertrag ein, noch bevor am 14.7.1936 der Grundbucheintrag des Flesch-Geländes zugunsten Adler erfolgte. Der weit unter Wert gezahlte Kaufpreis reichte gerade zur Tilgung einer auf dem Anwesen lastenden Grundschuld.

Am 30.4.1937 schlossen die Adlerwerke den dritten Kaufvertrag. Es handelte sich um die Werkzeugmaschinen-Großhandlung und Reparaturwerkstätte »Schack & Co.«, deren Grundstücke eine Fläche von 6081 qm einnahmen, wovon weit über die Hälfte bebaut waren. Alleineigentümer der Firma war Nathan Schack.[111] Im Rückerstattungsverfahren wurde 1951 mit seinen Erben ein Vergleich geschlossen, der die Adlerwerke zur Nachzahlung von 160 000 DM verpflichtete.[112] Der Kaufpreis von 700 000 RM wurde zwar bezüglich der Sachwerte, was auch Maschinen und Fabrikanlagen einschloß, als angemessen eingeschätzt. Da jedoch der Verkauf einer Firmenaufgabe gleichkam, war er ideell viel zu niedrig. Nathan Schack hatte sich verpflichten müssen, bis zum 31.12.1937 das Firmengelände zu räumen. Anfang 1938 versuchte er, in der Hanauer Landstraße noch einmal Fuß zu fassen, mußte aber nach einigen Monaten Büro- und Lagerräume wieder aufgeben. Die Firma Schack & Co. wurde abgewickelt und im Handelsregister gelöscht. Nathan Schack emigrierte in die Schweiz.[113]

Anfang 1938 residierten die Adlerwerke in der Kleyerstraße bereits durchgehend von Nummer 11 bis 63. Zwischen den Werken I und II verblieb jedoch noch

---

110 Ebd., fol.40.

111 Es handelte sich um die Grundstücke Kleyerstraße Nr. 33-37 sowie Weilburger Straße Nr. 44. Nathan Schack verstarb am 17.5.1950 in der Schweiz, sein Geburtsdatum konnte nicht ermittelt werden. Den Kaufvertrag seitens der AW wickelte u.a. der Sohn des Firmengründers, Erwin Kleyer, geb. 3.7.1888, Parteimitgl. seit 1.5.1933 (Nr. 2396980, HStAWi, 483/10965), stv. Vorstandsmitgl. und ab 1938 Mitgl. des Aufsichtsrates, ab. Eine Abschrift des Kaufvertrages ist enthalten in HStAWi, 519/A, Ffm 3715.

112 Vergleichsverfahren vor der 4. Wiedergutmachungskammer beim LG Ffm v. 28.5.1951, HStAWi, 519/A, Ffm 3715.

113 HStAWi, 519/D, 3137/41.

das Anwesen Schwalbacher Straße Nr. 2, das eine Fläche von 1620 qm umfaßte. Eigentümerin war die »OHG Eduard Groedel«, eine Großhandlung für tierische Rohstoffe – der schwierigste Fall für die Adlerwerke. Firmengründer Eduard Groedel hatte die Grundstücke 1896 erworben und etwa im Jahre 1900 Geschäftsräume, Büro und Lagerhaus darauf errichtet. Inhaber der Firma waren seine Söhne Max und Ludwig Groedel,[114] die sich mit Erweiterungsplänen für das Lagerhaus trugen und deshalb den Adler-»Offerten« trotzten.

Unter den 20 000 Juden, die während der Novemberprogrome 1938 in die KZs abgeführt wurden, befanden sich vorwiegend Kapitalbesitzer, die damit zur Unterschrift unter »Arisierungsverträge« gezwungen werden sollten.[115] Auch Ludwig Groedel (sein Bruder Max befand sich zufällig im Ausland) wurde am 10.11.1938 von der Gestapo in Schutzhaft genommen und in das KZ Buchenwald verschleppt. Schon am Nachmittag desselben Tages schuf man in der Schwalbacher Straße »Fakten«:

»Das dem Lagerhaus der Firma Groedel gegenüber liegende Fabriktor der Adlerwerke war in den Nachmittagsstunden des 10. November 1938 geschlossen. Man konnte aber bemerken, daß aus dem danebenliegenden Personaleingang ständig beobachtet wurde. Als sich nach etlicher Zeit dem Hause eine Anzahl halbwüchsiger Burschen näherte und Steine nach den Fenstern warf, vertrieb sie Herr Hahn [der Bürovorsteher der Firma Groedel]. Es war dies das Fanal für die auf der Lauer stehenden Arbeiter der Adlerwerke, die in großer Anzahl aus dem nun geöffneten Fabriktor herausgesprungen kamen, um ihrerseits das Zerstörungswerk zu beginnen. Einige ältere Arbeiter schlugen Herrn Hahn zu Boden, so daß er in das Haus flüchten mußte. Im Nu waren die Büroräume voll von Arbeitern, die den Inhalt der Schränke und Pulte auf den Boden warfen und zerstörten. Es waren viele junge Leute dabei, die vor dem tagtäglich auf den Sportplatz neben dem Lagerhaus geführt wurden und dabei antisemitische Lieder sangen. Ein Teil der Eindringlinge lief in das oberste Stockwerk und legte dort Brand. Die da aufgestapelten Lagervorräte – Tierhaare – kamen bald in Brand und die alarmierte Feuerwehr spritzte mit dünnem Strahl auf das brennende Dach vom gegenüberliegenden Gebäude der Adlerwerke. Als

114 Zur Firmengeschichte siehe HStAWi, 519/A, Ffm 2395.

115 Genschel, 1966, S.200. Einer von ihnen war Fred Adler, Mitbesitzer des größten jüdischen Betriebes im Gau Hessen-Nassau, der Schuhfabrik I. & C.A. Schneider, einer Nachbarfabrik der AW in der Mainzer Landstraße, deren so betriebene »Arisierung« durch Kredite der Dresdner Bank finanziert, und als deren neuer Generaldirektor Adler-Mitarbeiter und Gauwirtschaftsberater Karl Eckardt eingesetzt wurde. Zu diesen Vorgängen siehe OMGUS, Dresdner-Bank-Report, Exhibit No. 82, HSG; »Schuhfabrik I. & C.A. Schneider, Frankfurt, in arischen Besitz überführt. Gauwirtschaftsberater Karl Eckardt hat die Leitung«, FVB Nr. 318 v. 20.11.1938; »Wie in Frankfurt ›arisiert‹ wurde«, FR Nr. 26 v. 26.10.1945.

zuviel brennende Haarbüschel in der Luft herumflogen und man um die Gebäude der Adlerwerke fürchtete, wurde der Brand gelöscht. Die Arbeiter und Angestellten der Firma Groedel hatten beim Überfall kaum Zeit, mit ihren eigenen Sachen ins Freie zu flüchten. Der Kassenschrank mußte offen bleiben. Das Lagerhaus war bis unters Dach mit Rohstoffen gefüllt, die durch den Brand und das Löschwasser mehr oder minder beschädigt wurden.«[116]

Bürovorsteher Hahn wurde anschließend auf das Gauhaus der NSDAP bestellt, wo man ihm erklärte, »daß der Verkauf der Grundstücke nur an die Adlerwerke vorm. Heinrich Kleyer AG erfolgen dürfe«. Für ihn war »ohne Zweifel, daß nur durch Betreiben der Adlerwerke« dieser Zwang seitens der Partei auf die Firma Groedel ausgeübt wurde.[117] Zwei Monate nach seiner Verschleppung wurde Ludwig Groedel aus Buchenwald entlassen – eine Art »Arisierungsurlaub«: Vorbedingung für seine Freilassung nämlich war die sofortige Auswanderung und Verkaufseinwilligung, denn er wurde »aus dem Konzentrationslager entlassen, um den Verkauf des Grundstückes an Antragsgegnerin [die Adlerwerke] vorzunehmen.« Als Ludwig Groedel daraufhin immer noch zögerte, bedeuteten ihm die Vertreter der Adlerwerke, daß »er wüßte, welche Maßnahmen man gegen ihn treffen könnte, wenn er nicht verkaufe«.[118] Eine ungeheuerliche Drohung, konnte doch damit nur die erneute Verschleppung ins KZ gemeint sein, was bedeutete, daß Adler entweder hierauf Einfluß besaß oder dies zumindest vorgab. Ein Vertreter der Dresdner Bank schaltete sich als »Vermittler« ein,[119] und am 30.3.1939 hatten die Adlerwerke ihr Ziel erreicht. Die stellvertretenden Vorstandsmitglieder Franz Gessner und Rudolf Reining schritten zum Kaufvertrag.[120] Ihnen und dem Vermittler der Dresdner Bank gegenüber saß, wie Hermann Hahn mitfühlend berichtete, ein Mann, »der körperlich heruntergekommen und als Jude entrechtet und diskriminiert war und aus Angst um neue Gefahren den Mund nicht auftun konnte«.[121] Die Herren

---

116 Schr. des ehemaligen Bürovorstehers der OHG Eduard Groedel, Hermann Hahn, an das Amt für Vermögenskontrolle und Wiedergutmachung Ffm v. 4.7.1950, HStAWi, 519/A, Ffm 2395, fol. 14f. Hermann Hahn berichtet hier von sich in der dritten Person, da er nach dem Krieg die Erben von Max Groedel im Rückerstattungsverfahren gegen die Adlerwerke vertrat und gleichzeitig als wichtigster Zeuge auftrat.

117 Ebd., fol.13.

118 Rückerstattungsantrag von Ludwig Groedel v. 15.12.1948, HStAWi, 519/A, Ffm 2395, fol.26.

119 HStAWi, 519/A, Ffm 2395, fol.14.

120 Abschrift des Kaufvertrages v. 30.3.1939 in HStAWi, 519/A, Ffm 2395. Franz Gessner, geb. 7.3.1892, gehörte dem Vorstand als stv. Mitgl. von 1938 bis 1945 an. Er war Mitgl. der NSDAP seit 1.5.1933 mit der Nr. 2360518 sowie der DAF und des NSV, HStAWi, 483/10965. Rudolf Reining, geb. 28.1.1877, gehörte dem Vorstand als stv. Mitgl. von 1938 bis zu seinem Tod am 1.10.1941 an. Über Mitgliedschaften in Parteiorganisationen ist nichts bekannt.

121 Schr. Hermann Hahn an das Amt fur Vermögenskontrolle und Wiedergutmachung Ffm v. 4.7.1950, HStAWi, 519/A, Ffm 2395, fol.14.

zahlten den Einheitswert in Höhe von 64 100 RM, was lediglich einen Teil des Verkehrswertes ausmachte, und wovon die Gebrüder keinen Pfennig sahen. Am 31.3.1939, einen Tag nach Vertragsabschluß, mußte Ludwig Groedel Deutschland verlassen. Er emigrierte nach London zu seinem Bruder Max. Der Grundbucheintrag zugunsten der Adlerwerke erfolgte am 24.8.1939. Am 21.9.1939 zahlten sie den Kaufbetrag auf die Auswanderungssperrkonten von Max und Ludwig Groedel bei der Dresdner Bank in Frankfurt ein.[122] Als »Wiedergutmachung« zahlten die Adlerwerke nach dem Krieg 100 000 DM an Ludwig Groedel und die Erben von Max Groedel.[123]

Die aufgrund der inzwischen erlassenen Verordnungen genehmigungs- und abgabepflichtige »Arisierung« der Groedel OHG bedurfte der Anhörung und Empfehlung durch die IHK, deren Frankfurter Vizepräsident Dr. Ernst Busemann bis zu seinem Tod im Oktober 1939 Aufsichtsratsvorsitzender der Adlerwerke und stellvertretender Aufsichtsratsvorsitzender der Dresdner Bank war,[124] sowie insbesondere des Einverständnisses von Gauwirtschaftsberater Karl Ekkardt. Als offizielle Begründung verwiesen die Adlerwerke auf die dadurch vollzogene »Abrundung des Fabrikgeländes«.[125] Grundbesitz und bebaute Flächen waren insgesamt um 22% bzw. 11% gewachsen.[126] Der Mann, dem sie dies maßgeblich zu verdanken hatten, Karl Eckardt, wurde am 29.4.1939 in den Aufsichtsrat gewählt.[127] Als Gegenleistung warf Eckardt sein Gewicht als Ratsherr der Stadt Frankfurt in die Waagschale, die daraufhin den südlich der Kleyerstraße liegenden Teil der Schwalbacher Straße kostenfrei in das Fabrikgelände integrieren ließ.[128] Auf dem »arisierten« Gelände erfolgte 1940 in der nach einem Kriegsschiff benannten »Hessenhalle« die Neuauflage der Torpedoteilefertigung aus dem Ersten Weltkrieg, und hier begann im Juli 1941 mit der

122 Siehe Reichsfluchtsteuerbescheid an Ludwig Groedel v. 22.3.1939, HStAWi, 519/D, 5753/38, fol.11; Mitteilungen der Dresdner Bank Ffm v. 31.3.1947 u. 28.4.1947 an das Amt für Vermögenskontrolle, HStAWi, 519/V, 3102/1144.

123 Protokoll des Vergleichs vor der Widergutmachungskammer Ffm v. 9.8.1951, HStAWi, 519/A, Ffm 2395, fol.48.

124 Zu Busemann siehe Kurzbiographie im Anhang; vgl. Genschel, 1966, S.157.

125 Zitiert aus dem Kaufvertrag, vgl. Anm. 120.

126 Der Grundbesitz der Frankfurter Fabrikationsstätten Werk I-III vergrößerte sich durch die »Arisierungs«-Käufe von 98 000 auf 118 000 qm, ihre bebauten Flächen wuchsen von 74 000 auf 82 000 qm, siehe HBDAG, Ausgaben 1935/36/37 u. 1949; sowie HStAWi, 519/A, Ffm 2395, 4374, 3715 u. 1730. Im März 1944 wurden amtlich exakt 119 310 qm Grundfläche sowie 83 947 qm bebaute Fläche registriert, Reichsbetriebskarte v. 15.3.1944, BAK, R3/2010, 0675/0001.

127 Siehe Deutscher Reichsanzeiger und Preußischer Staatsanzeiger Nr. 101 v. 4.5.1939.

128 Dies geht hervor aus dem Vortrag des Liegenschaftsamtes an die Stadtverordnetenversammlung v. 17.3.1952, StdAFfm, MA 3413/148, Bd. 1.

Errichtung eines Barackenlagers für »Westarbeiter« das Kapitel Zwangsarbeit in der Firmengeschichte der Adlerwerke.[129]

4. Disziplinierung und Sozialintegration der Arbeiterschaft

In den Adlerwerken herrsche ein »korrektes Verhältnis«[130] zwischen Belegschaft und Werksleitung, gab 1929 die »Volksstimme« die Einschätzung des sozialdemokratischen Betriebsrats wieder. Auch während des Massenabbaus von Arbeitskräften mitten in der Weltwirtschaftskrise nahm dieser gegenüber der Firmenleitung die Haltung aufgeklärter Wirtschaftsfachleute ein.[131] Radikale Einflüsse, von welcher Seite auch immer, duldete man nicht. So kündigte die Betriebsleitung anläßlich der Betriebsratswahl 1931 dem Kandidaten der Revolutionären Gewerkschafts-Opposition (RGO), und ebenso 1932 anläßlich einer Offensive der Nationalsozialistischen Betriebszellenorganisation (NSBO) deren Führungsduo auf Gauebene, den Meistern der Adlerwerke, Ludwig Wagner und Wilhelm Becker, wegen »politischer Umtriebe«.[132] Seine größte Bewährungsprobe erfuhr der »Burgfrieden« in der »organisationsstärksten Autofabrik Deutschlands«,[133] als nach mehreren Kündigungswellen und Arbeitszeitverkür-

---

129 Aktennotiz RüKo Ffm v. 11.7.1941, BA-MA, RW21-19/8.

130 »Von Laufband, Bohrer und Montage. Eindrücke von einer Besichtigung der Adlerwerke«, VS v. 14.5.1929.

131 Man folgte der Theorie Rudolf Hilferdings vom »Übergang zum organisierten Kapitalismus«, indem man die Konzentration in der Autoindustrie unterstützte. Entsprechend dem Leitgedanken von Fritz Tarnow, der Wirtschaft die Mittel zu sichern, die sie nach der kapitalistischen Wirtschaftstechnik braucht, akzeptierte man trotz Kündigungen und Steigerung der Arbeitsintensität Rationalisierung und Bandfabrikation ebenso wie die Bildung stiller Reserven. Für die Absatzkrise wurden in erster Linie die Nazis verantwortlich gemacht, da sich die politischen und wirtschaftlichen Verhältnisse nicht in einer vernünftigen Weise entwickelten, während den AW bescheinigt wurde, »gesund« zu sein. Demgegenüber erzwang eine Gruppe von Angestellten eine Überprüfung der Bilanzen durch das Arbeitsgericht. Vgl. Wortmeldung Karl Scheld, DMV-Protokoll der Reichskonferenz d. i. d. Autoindustrie Beschäftigten v. 23.2.1930, IGMA; sowie VS v. 31.7.1930, 4.6.1931, 14.4.1932, 27.8.1932 u. 11.10.1932; vgl. auch Arbeiterzeitung v. 4.6.1930.

132 Siehe u. a. FVB Nr. 239 v. 10.10.1933; vgl. Anm. 23. Wagner wurde DAF-Kreisbetriebszellenobmann und Frankfurter Ratsherr, Becker DAF-Gaubetriebszellenobmann und NSDAP-Reichstagsabgeordneter. 1931 hatte die Betriebszelle der NSBO noch nicht gewagt, eine Liste aufzustellen. Die »Freien Gewerkschaften« hatten alle Mandate erhalten, die RGO rund 5%, aber kein Mandat, Höchster Kreisblatt v. 26.3.1931; Arbeiterzeitung v. 13.3.1931.

133 Wickham, 1980, S.38; vgl. Anm. 20. Der Eintritt in den Betrieb war – ähnlich den »closed

zungen die Firma Ende 1932 einen Antrag auf 15% Lohnabbau stellte. Eine überwältigende Mehrheit der Arbeiter verlangte den Streik, doch konnte sich der geschwächte DMV[134] auf die fehlende Mehrheit für einen formellen Streikbeschluß berufen und auf das Kampfmittel der »passiven Resistenz« zurückziehen.[135] Im Vorfeld der Betriebsratswahlen im Frühjahr 1933 attackierte die NSBO mit antikapitalistischer Rhetorik das »gute Einvernehmen zwischen Direktion und roten Arbeiterverrätern« und rief dazu auf: »Macht Schluß mit diesen Burschen, weg mit den Verbrechern und Handlangern eines jüdischen Bank- und Börsenkapitalismus!«[136] Der Nazifizierung an der Werksspitze folgte dann zwar der Sieg der NSBO im Angestelltenrat, doch konnten sich die Sozialdemokraten gegenüber den auftrumpfenden Nazis unter den Arbeitern noch behaupten.[137] Nach dem Einsetzen einer zweiten Terrorwelle, die nun besonders die Gewerkschaften traf, wurde der Prozeß der Gleichschaltung begünstigt durch die erzieherische Angst vor der jahrelangen Arbeitslosigkeit.[138] Am 2.5.1933 wurde das Frankfurter Gewerkschaftshaus besetzt, die Adler-Betriebsräte in »Schutzhaft« genommen, wenig später der Betriebsrat durch die NSBO-Betriebszelle übernommen und politische Gegner entlassen.[139]

Das »Gesetz zur Ordnung der nationalen Arbeit« vom 20.1.1934 liquidierte

---

shops« britischer trade unions – an die Mitgliedschaft im DMV gebunden, vgl. PA, Karl Sieben, G/1987.

134 Infolge zahlreicher Betriebsstillegungen und Entlassungen bildeten arbeitslose Metallarbeiter die mit Abstand größte Gruppe der Arbeitslosen in Ffm. Allein 1932 verringerte sich die Mitgliederzahl des DMV um 17,3%, Jahr- u. Handbuch des DMV, 1932, IGMA; vgl. VS v. 30.8.1932.

135 Damit konnten lediglich Härten für einen Teil der Arbeiter abgemildert werden. Die AW hatten den Lohnabbau nach einer Notverordnung der Regierung Papen v. 5.9.1932 als »gefährdeter Betrieb« beantragt. Der Schlichter genehmigte für die Lohnarbeiter 11% und für die Akkordarbeiter 12%. Zwar stimmten 800 Arbeiter für eine Ablehnung des Lohndiktats, doch wären für einen Streikbeschluß 1200 bis 1300 Stimmen notwendig gewesen, VS v. 18.11.1932; vgl. FZ v. 19.11.1932.

136 Zwei Flugblätter der NSBO-Gaubetriebszellenleitung, PS-AW, JCH-33/34.

137 Im Angestelltenrat erhielt der AfA-Bund 2, die NSBO 5 Mandate. 1 Mandat ging an den deutschnationalen DHV. Im Arbeiterrat gingen 10 Mandante an den DMV und 3 an die NSBO, FZ v. 29.3.1933.

138 Vgl. Mason, 1978, S.316; PA, Karl Sieben, Karl Meyer, Paul Schuster, G/1987. Mit dem »Gesetz über Betriebsvertretungen und über wirtschaftliche Vereinigungen« v. 4.4.1933 konnten Beschäftigte bei dem »Verdacht staatsfeindlicher Betätigung« entlassen werden.

139 Karl Scheld (46), BR-Vorsitzender, Arbeitervertreter im AW-Aufsichtsrat u. SPD-Stadtverordneter sowie Karl Kaffenberger (47), BR-Mitgl. und SPD-Distriktvorsitzender im Gallus, wurden aus dem Betrieb heraus verhaftet und 6 Wochen in der sogenannten »Perlenfabrik«, einem »wilden KZ«, festgehalten. Es folgte langjährige Arbeitslosigkeit, PA, Ria B., G/1986; sowie FR v. 10.5.1946. Weitere BR-Mitgl. wurden zum Rücktritt gezwungen, HStAWi, 520/F, Sch. Eine Reihe von Gewerkschaftern wurde entlassen, PA, Karl Sieben u. Paul Schuster, G/1987; HStAWi, 520/F, R. u. 520/F, Sch.

endgültig die letzten Reste von Arbeiterrepräsentanz und verschaffte den Unternehmern uneingeschränkte innerbetriebliche Verfügungsgewalt durch die Verankerung des Führerprinzips in die Betriebsverfassung. Die am 1.10.1934 in Kraft tretende Betriebsordnung der Adlerwerke verpflichtete die Angehörigen der Betriebsgemeinschaft, innerhalb und außerhalb des Betriebes nationalsozialistische Gesinnung zu zeigen und der Deutschen Arbeitsfront (DAF) beizutreten.[140] Ein Netz innerbetrieblicher Basisorganisationen sollte das Vakuum, das die Arbeiterbewegung hinterlassen hatte, füllen.[141] Der direkten Überwachung diente die Errichtung des Block- und Zellensystems in den Werkstätten. Einen Hinweis auf die Stimmung in der Belegschaft zwei Jahre nach der »Machtergreifung« kann allenfalls ein passives Mißtrauensvotum geben: 40% ungültige Stimmen sollen bei den Vertrauensratswahlen im Mai 1935 – den letzten, die überhaupt stattfanden – abgegeben worden sein.[142] Eine schwere Schlappe für die DAF, die in zahlreichen Betriebsappellen nicht müde geworden war, ihren Anspruch als Interessenvertretung des »Volksganzen« gegenüber dem Betriebsführer zu betonen.[143] Da für die DAF faktisch Mitgliedszwang bestand, kann

---

140 AW, Betriebsordnung v. 27.9.1934. Für den Erlaß der Betriebsverfassung war ausschließlich der Betriebsführer zuständig, vgl. Spohn, 1982, S.163. Zwar übergaben die AW der DAF nicht wie gewünscht die Personalbteilung bzw. das Gefolgschaftsamt, aber man übernahm die laufenden Kosten der NSBO- und DAF-Betriebsgruppen, siehe Ermittlung von Betriebsgemeinkostenzuschlägen und deren Angabe durch die Betriebsbuchhaltung, o.D., PS-AW, AA-B.

141 Es handelte sich um den Werksturm, der komplett in die SA übernommen wurde, die Werkschar, die Werksfrauengruppe, die Werkskapelle, die Werksportgemeinschaft, den NSKK-Sturm sowie das wichtigste Instrument der DAF zur Stärkung des »Leistungswillens«, das Amt »Kraft durch Freude«, zuständig für jährliche Betriebsfahrten unter dem Motto »Freuet Euch des Lebens«.

142 »Deutschland-Berichte der Sopade«, 1935, S.546f. Ein Versuch der KPD, 1934 illegale Zellen in den AW zu bilden, scheiterte, HStAWi, 518/674 u. 518/2282; siehe hierzu auch Mausbach-Bromberger, 1976, S.99, S.106, S.126 u. S.129; sowie Schwert, 1983, S.104ff. Von der Fortexistenz einer antinazistischen Gesinnungsgemeinschaft in seiner Abteilung, dem Modellbau, berichtet Paul Schuster. Er hielt Kontakt mit Frankfurter Gewerkschaftern im Schweizer Exil und transportierte mit seiner Frau illegale Materialien, PA, Paul Schuster, G/1986/87; Schuster, 1983, S.166.

143 Die Serie der Betriebsappelle begann am 9.10.1933 mit einer Betriebsbesichtigung der Gaubetriebszellenleitung in Anwesenheit von Reichsstatthalter Sprenger, FVB v. 10.10.1933. Robert Ley, der Führer der DAF, kam am 11.12.1934 zu einer Werkfeier, FVB v. 12.12.1934. An der Lohngestaltung durfte die DAF nicht mitwirken. Diese lag bei den staatlich eingesetzten »Reichstreuhändern der Arbeit«, Dr. Carl Lüer, zeitweilig 1934 im Aufsichtsrat der AW vertreten, und später bis 1935 F.J. Schwarz von der Dresdner Bank. Die Strategie der DAF zielte auf Leistungssteigerung durch »die Rationalisierung der ›Betriebsgemeinschaft‹ insgesamt«, Siegel, 1989, S.117. In den ersten Monaten nach der »Machtergreifung« versuchte sich die NSBO der AW auf dem Gebiet der Arbeitszeitermittlung noch mit dem Argument zu profilieren, »Reduzierungen der ohnehin schon zu kurzen Akkordzeiten« hätten große »Unruhe unter der Arbeiterschaft« nach sich gezogen, Stellungnahme der NSBO-Betriebszelle in

über die innerbetriebliche Basis der Nazis nur die Anzahl der Parteimitglieder Auskunft geben, die der Hauptbetriebsobmann – nach der Konsolidierung des Regimes ab 1935 – auf rund 1000, also mindestens ein Siebtel der Belegschaft, schätzte.[144] Die nach der Ernennung zum »Wehrwirtschaftsbetrieb« im Juli 1939 erlassene neue Betriebsordnung akzentuierte insbesondere den Akkordlohn, das Verhalten bei der Arbeit, die sozialen Einrichtungen und die Berufserziehung: Veränderungen der betrieblichen und sozialen Existenzbedingungen, auf die sich an dieser Stelle nur Schlaglichter werfen lassen.[145]

Zur Vergrößerung der bereits 1935 ausgelasteten Kapazitäten stieg ab 1936 die Maschinenausstattung rasant, so daß 1938 »technischer Höchststand« der Betriebsanlagen gemeldet werden konnte.[146] Insbesondere von der Ausweitung und Perfektionierung der Fließfertigung nach 1936 und den ihnen entsprechenden neuen Lohnformen – später wesentliche Voraussetzung für den Großeinsatz ausländischer ZwangsarbeiterInnen – gingen sozialdisziplinierende Effekte aus.[147] Begleitet waren diese technischen und arbeitsorganisatorischen Maßnahmen von überproportionalen Investitionen in »werkseigene Wohlfahrtspflege« und »freiwillige soziale Leistungen«.[148] Damit versuchte man die dementsprechenden Erkenntnisse der wissenschaftlichen Betriebsführung umzusetzen, deren Notwendigkeit man schon in der Rationalisierungszeit in den zwanziger Jahren erkannt hatte. Neben der Erhöhung der stagnierenden Produktivität ging es darum, Arbeitskräfte an den Betrieb zu binden bzw. anzulocken.[149] Durch die Rüstungskonjunktur war in der Branche ein außerordentlicher Facharbeitermangel entstanden, der im zuständigen Wehrwirtschaftsbezirk Kassel 1938 zu »Locklöhnen«, zur Abnahme der Arbeitsdisziplin und zur Nivellierung von

---

einem Schr. der NSDAP-Kreisgeschäftsführung an OB Krebs v. 25.7.1933, StdtAFfm, MA 4529/19.

144 HStAWi, 520/DZ, S. u. 483/700b. Willi S., Pg. seit 1931, SS-Oberscharführer, wurde 1938 zum Hauptbetriebsobmann bestellt. Die »rechte Hand des Betriebsführers« wurde von der Spruchkammer 1948 zu 2 Jahren Arbeitslager verurteilt.

145 AW, Betriebsordnung v. 12.7.1939. Daneben galt die Tarifordnung f. d. Eisen-, Metall- u. Elektroindustrie v. 25.4.1938. NA, RG338/000-12-534.

146 »Innere Stärkung bei Adler-Kleyer«, FZ Nr. 199 v. 20.4.1938.

147 Vgl. Hachtmann, 1989, S.82.

148 Die Aufwendungen stiegen von 0,2 Mio. RM im Jahre 1936 auf 1,7 Mio. RM im Jahre 1939, siehe AW, GB. In der Automobilindustrie insgesamt verdreifachten sich die Sozialleistungen in den ersten 6 Jahren der NS-Herrschaft, vgl. Hachtmann, 1989, S.260. Die Aufnahme des Betriebssportes 1936, die Einrichtung einer Werkskantine und langfristige Baudarlehen an Gefolgschaftsangehörige ab 1938, der Aufbau eines Sporthauses 1939, das betriebliche Vorschlagswesen ab 1943 und die Eröffnung eines Gefolgschaftsheimes 1944 markierten Eckpfeiler betrieblicher Sozialpolitik. Der Kontaktpflege mit den Einberufenen diente ab Kriegsbeginn die monatliche »Adler-Feldpost«; vgl. »Ein Stück praktischer Sozialpolitik«, Die Deutsche Volkswirtschaft Nr. 29 v. Oktober 1941.

149 Vgl. Ehrhardt, 1930, S.94f.; vgl. jedoch auch die Einschätzung von Roth, Anm. 159.

Fach- und Hilfsarbeiterlöhnen führte.[150] Aufgrund des leergefegten Arbeitsmarktes mußte man auf ungelernte oder weniger qualifizierte Kräfte zurückgreifen, was es erforderlich machte, »die fachliche Tüchtigkeit der Gefolgschaft durch Schulung und Ausbildung zu fördern«.[151] Dies führte zu Umschichtungen innerhalb der Arbeiterschaft und bot betrieblich-soziale Aufstiegsmöglichkeiten.

Besondere Aufmerksamkeit widmeten die Adlerwerke in Zusammenarbeit mit der DAF der Berufsausbildung, wofür sie von 1938 bis 1942 alljährlich das »Leistungsabzeichen für vorbildliche Berufserziehung« erhielten.[152] Voraussetzung dafür war der militärisch-ideologische Drill, den die Adlerwerke mit der Förderung der Motorisierung zur Erhöhung der Wehrkraft verknüpft sehen wollten. Mit Erfolg rief Betriebsführer Hagemeier 1938 insbesondere die »jüngeren« Gefolgschaftsmitglieder zum Eintritt in den werkseigenen NSKK-Sturm auf: mehr als 200 Lehrlinge konnten geschlossen in die Motor-HJ überführt werden.[153] Das wichtigste Ausbildungsziel bestand jedoch darin, »den Stamm der Facharbeiter in den Lehrlingen weiter[zu]bauen«.[154] Die Arbeiterschaft bestand 1937 nach Bekunden des traditionsbewußten Betriebes weiterhin zu über 60% aus »erstklassigen Facharbeitern«.[155] Die betrieblichen Aufstiegsmöglichkeiten führten neben den Sozialleistungen und relativ hohen Löhnen (der jährliche Durchschnittsverdienst stieg bei gleichzeitigem Anstieg der Arbeitsstunden von 1932 bis 1938 um 15%) zu einer außerordentlichen Werkstreue.[156]

---

150 Vierteljahresberichte der Wehrwirtschafts-Inspektion Kassel Ende 1938 und Anfang 1939, BA-MA, RW19/44 u. 59.

151 AW, GB 1938, S.10.

152 Die Anzahl der gewerblichen Lehrlinge der AW, in deren Werkshallen auch die »Reichsberufswettkämpfe« der Frankfurter Metall-Lehrlinge stattfanden, wurde von 123 im Jahre 1933 auf 345 im Jahre 1938 fast verdreifacht und machte ca. 8% der Arbeiterschaft aus, PS-AW, AA-B.

153 Aufruf von Betriebsführer Hagemeier an die Gefolgschaft v. 12.12.1938, PS-AW, JCH-37/38; »Die Bewegung nimmt den Nachwuchs in Obhut. Technische Lehrlinge wurden erstmals geschlossen in die Motor-HJ überführt.«, FVB Nr. 342 v. 14.12.1938.

154 »Hundert Lehrlinge bei Adler eingestellt. Feierliche Einführung und Verpflichtung«, FVB Nr. 105 v. 17.4.1934.

155 AW, GB 1937, S.10.

156 Die vergleichsweise hohe durchschnittliche Dienstzeit von 11 Jahren bei Angestellten und 10 Jahren bei Arbeitern weist auf den hohen Anteil von Stammbelegschaft in den AW, ebd. Die Entwicklung der in den Bilanzen nicht näher aufgeschlüsselten Gesamtaufwendungen für Löhne und Gehälter zeigt einen Anstieg des jährlichen Durchschnittsverdienstes pro Werksangehörigen von 2529 RM im Jahre 1932 auf 2914 RM im Jahre 1938, errechnet nach AW, GB. Gesamtentwicklung Durchschnittsverdienste: 1933 = 1989 RM, 1934 = 2383 RM, 1935 = 2754 RM, 1936 = 2699 RM, 1937 = 2753 RM. Dies entsprach jedoch weniger als der Hälfte des im gleichen Zeitraum erwirtschafteten Umsatz-Zuwachses pro Kopf von 9265 RM auf 12 853 RM um 39%, der jedoch ab 1935 stagnierte, errechnet nach ebd.; sowie PS-AW, AA-U. Über das Jahr 1938 hinaus können keine verläßlichen Angaben gemacht werden, da ab 1939 in den GB nicht mehr die Anzahl der Werksangehörigen und ab 1942 auch nicht mehr die

Der Aufstieg in die Stammbelegschaft war der Entwicklung eines »Elitedenkens«, zumal in der propagandistisch herausgehobenen Automobilindustrie, förderlich, was später bei Übernahme der Vorgesetztenrolle im Ausländereinsatz gezielt von der Werksleitung angesprochen wurde. Der Aufstieg der deutschen Arbeiter in der Betriebshierarchie wirkte entsolidarisierend, die Drohung einer Aufkündigung der Unabkömmlichkeit (uk-Stellung) für den Wehrdienst äußerst disziplinierend.

Der Doppelcharakter betrieblicher Sozialpolitik, d. h. Leistungsstimulation auf der einen und Disziplinierung auf der anderen Seite, zeigte sich insbesondere im Zusammenwirken von »Gesundheitsfürsorge« und »Sozialer Betriebsarbeit«. Eine Betriebsfürsorgerin betreute ab 1939 die wachsende Zahl weiblicher Gefolgschaftsmitglieder und wenig später die dienstverpflichteten Frauen, über deren hohen Krankenstand und mangelnde »Arbeitsmoral« die Rüstungsinspektion Kassel allgemein klagte.[157] Die bei Adler ab 1939 eingeführte Institution des Betriebsarztes erlaubte in Verbindung mit der Krankenordnung der Betriebskrankenkasse die Überwachung der Krankheitsziffern, insbesondere durch den »Krankenbesuch«.[158]

Im Unterschied zu einigen anderen Automobilfabriken blieben Streikbewegungen auch während des Rüstungsbooms und damit einhergehender konjunkturell bedingter Konzessionsbereitschaft aus.[159] Die Kontroll- und Verfolgungsinstanzen des NS-Staates wurden von 1936 an erheblich ausgebaut und perfektioniert, und ihre Zusammenarbeit mit den Betrieben durch die zentrale Instanz des Abwehrbeauftragten koordiniert.[160] Die »Strategie des präventiven Terrors«

Lohn- und Gehaltssummen als eigenständiger Posten aufgeführt wurden. Ein Maschinenschlosser bei Adler verdiente 1940 wöchentlich 54 RM, HStAWi, 461/17537.

157 Jahresrückblick der RüIn Kassel 1940, S.80, BA-MA, RW20-9/20.

158 AW, Satzung und Krankenordnung d. Betriebskrankenkasse v. 28.12.1936. Im Krieg zeigte sich, daß Firmen mit derartigem Instrumentarium »die Krankheitsziffern wesentlich unter dem Durchschnitt gleichartiger Betriebe halten können«, Jahresrückblick der RüIn Kassel 1940, S.79, BA-MA, RW20-9/20.

159 Zu Arbeitsniederlegungen kam es im April 1935 bei den Wandererwerken, im Juli 1935 bei der Auto-Union, vgl. Kubisch, 1984, S.23. Schließlich gab es im Juli 1936 im Karosseriebau der Rüsselsheimer Opelwerke einen Streik, vgl. Mausbach-Bromberger, 1976, S.107. Diesem Streik wurde durch die Gestapo erhebliche politische Bedeutung beigemessen; er sorgte für harsche Kritik der Berliner Zentrale an der Staatspolizeistelle Ffm, da sie es unterlassen hatte, »durch ein Netz von Vertrauensleuten im Werk rechtzeitig von der Stimmung, der Streikabsicht und über die Personen der Drahtzieher« Informationen zu sammeln, siehe Abteilungsleiterbesprechung der Gestapo in Berlin am 16.1.1937, DADW, AN 2313. Roth sieht im Streik bei Opel den Anlaß für großangelegte sozialpolitische Integrationsmanöver in der Automobilindustrie, Roth, 1987, S.150.

160 Die Position des Abwehrbeauftragten wurde in den AW ab 1937 von Dr. jur. Franz Engelmann eingenommen. Zur Person und Tätigkeit des Abwehrbeauftragten siehe ausführlich Kap.II.4, Staatliche und betriebliche Repression.

war darauf gerichtet, möglichst jeden Widerstand schon im Keim zu ersticken, wozu Listen aller politisch unzuverlässigen ArbeiterInnen ebenso wie der Einsatz einer unbekannten Zahl von V-Leuten dienten.[161] Kritische Äußerungen im Kollegenkreis führten mehrfach zu Verhaftungen und Entlassungen.[162] Größter Erfolg der Gestapo war die Zerschlagung der illegalen Neuformation einer freigewerkschaftlichen Gruppe. Sie stand in konspirativem Kontakt zu den im Schweizer Exil lebenden Frankfurter Gewerkschaftsfunktionären,[163] verteilte die »Sozialistische Aktion« sowie die als Kleingärtnerzeitung getarnte Gewerkschaftszeitung »Der Funke«, hielt Verbindung mit Gleichgesinnten in den Opel-Werken in Rüsselsheim und sammelte unter den Kollegen für die Verteidigung der Spanischen Republik.[164] Im März 1938 wurden die Arbeiter Georg Bender und Otto Meyer verhaftet; es folgten eine Reihe weiterer Verhaftungen.[165] Der Volksgerichtshof wertete die illegale Gewerkschaftsarbeit wegen ihres Kontakts mit dem Exil als »besonders gefährliche Art staatsfeindlichen Betreibens« und verurteilte Georg Bender zu acht, Otto Meyer zu vier Jahren Zuchthaus. Noch vor Kriegsbeginn hatte die Gestapo damit die Verbindungen zum illegalen Widerstand zerschlagen.[166]

Bereits im Sommer 1938 war das Arbeitsrecht weitgehend in Strafrecht verwandelt worden und wurde nun durch die totale Kontrolle des Arbeitsplatzwechsels, die Aufhebung der Arbeitszeitbegrenzung für Männer und weitere Dienstverpflichtungen weiter verschärft. Bereits vor dem rapiden Schrumpfen der Stammbelegschaft infolge der Einziehungen zur Wehrmacht änderten sich die innerbetrieblichen Sozialbeziehungen drastisch.[167] Ab 1940 hatten die Be-

161 Mason, 1982, S.19. Die AW gehörten in die Kategorie der »gefährdeten« Betriebe, vgl. Kaschule, 1991, S.92ff. Wie der stv. Abwehrbeauftragte Berthold S. angab, wurde ein »großer Spitzelstab« eingesetzt, HStAWi, 520/DZ, S.

162 Vgl. die Verhaftung und Entlassung v. Johann B.(1935), HStAWi, 461/7742; Friedrich K.(1934), HStAWi, 409/4, Nr. 3505 u. HStAWi, 461/7737.

163 Es handelte sich um die Gruppe um Anton Döring und August Faatz, die wegen ihrer Vorbereitung des bewaffneten Widerstandes in Frankfurt flüchten mußten, vgl. Lutz, 1978, S.172ff.; Beier, 1985, S.402 u. S.412.

164 Abschrift der Anklageschrift in HStAWi, 518; vgl. auch HStAWi, 483/739b u. 461/17276.

165 Unter den Verhafteten befand sich auch Ernst Schmidt, der sich nach Angaben der Gestapo einen Tag nach seiner Verhaftung in seiner Zelle im Polizeigefängnis erhängt haben soll, HStAWi, 483. Die Verhaftungen von 1938 zogen weitere Denunziationen nach sich, vgl. HStAWi, 461/7855. Geleitet wurden die Verhöre durch den berüchtigten Gestapobeamten Ludwig Datz, der nach 1945 mit 2 Jahren und 4 Monaten Zuchthaus bestraft wurde.

166 Öffentl. Sitzung des Volksgerichtshofs, 2. Senat, v. 14.10.1938, HStAWi, 520/DZ, D. 1939 wurde Karl Baum, der zur Widerstandsgruppe um Julius Nees und Anton Breitinger (KPD) gehörte, verhaftet, weil er seine Kollegen in den AW auf französische Nachrichtensendungen hingewiesen hatte. Mangels Beweise freigesprochen, wurde er 1941, diesmal wegen »Hochverrat«, erneut verhaftet und bis 1945 ins Zuchthaus gesperrt, HStAWi, 483/7185 u. 461/8125.

167 Vgl. Hachtmann, 1989, S.83. Daß bereits mit der Ernennung zum »Wehrwirtschaftsbetrieb«

triebsführer zwecks Aufrechterhaltung der Arbeitsdisziplin ein weit gefächertes Instrumentarium an der Hand. Hierzu gehörte die Streichung der Feiertagsbezahlung bei unentschuldigtem Fehlen, die Anrechnung von Fehlzeiten auf den tariflichen Urlaub, die Verhängung von Geldbußen, bis hin zur Verhängung von Gefängnisstrafen und Einweisung in das Arbeitserziehungslager (AEL) oder gar KZ.[168] Die offen terroristische Dimension der Repression betraf zwar nur eine kleine Minderheit der deutschen Arbeiter, zielte jedoch »in ihrer Unkalkulierbarkeit auf die Einschüchterung der Gesamtheit der Industriearbeiter«.[169]

Die Artikulation moralischer Empörung, und nicht konspirativ organisierter Widerstand war in den Adlerwerken Anlaß genug für den Zugriff der Gestapo.[170] Zu einer Verhaftungsserie kam es ab März 1942 durch jahrelanges Falschspiel eines Lockspitzels in der Mechanischen Werkstatt sowie in der Schnittmacherei und Montage. Im März und April wurden zunächst insgesamt sieben Arbeiter wegen »kommunistischer Hetzpropaganda« und »defätistischer Äußerungen« verhaftet.[171] Anläßlich der Verhaftung von zwölf weiteren Gefolgschaftsmitgliedern (fünf Frauen, sieben Männer, darunter ein belgischer Zivilarbeiter) im Januar 1943, entwarf das Reichssicherheitshauptamt (RSHA) eine Lagebeurteilung, derzufolge die Verhafteten »innerhalb der Adlerwerke eine illegale Zelle gebildet und bei jeder sich bietenden Gelegenheit unter Verwendung abgehörter ausländischer Rundfunknachrichten im kommunistischen und defaitistischen Sinn politisiert hatten«.[172] Kurz darauf wurde ein weiterer Arbeiter festgenommen.[173] Den Erfolgsmeldungen zum Trotz lieferten die Spitzelprotokolle keine Beweise für eine Untergrundorganisation. Die Verhafteten wurden vor dem Sondergericht in Kassel angeklagt, in einem Wehrwirtschaftsbetrieb »fortgesetzt und teilweise gemeinschaftlich öffentlich den Willen des deutschen Volkes zur wehrhaften Selbstbehauptung zu lähmen und zu zersetzen gesucht zu haben«, bzw. »mit Arbeitskameraden von ihrem staatsfeindlichen Standpunkt aus die Kriegsanordnungen und Kriegsereignisse diskutiert, die Siegesaussichten des

---

ab 1938 der Zutritt nur noch in den zugewiesenen Arbeits- oder Benutzungsräumen möglich war, hatte ebenso wie die Pflicht zur Geheimhaltung der Fabrikationsaufgaben wesentlichen Einfluß auf die soziale Kommunikation, siehe Mitteilung des Betriebsführers v. 20.5.1938, BRTA; PA, Heinrich Ickstadt, G/1987; AW, Betriebsordnung v. 12.7.1939.

168 Vgl. Hachtmann, 1989, S.300.

169 Ebd., S.223.

170 Anderslautende Einschätzungen, so z.B. bei Ulrich, 1983, S.170; Keval, 1988, S.208, können u.E. nicht bestätigt werden.

171 Meldung des RSHA Nr. 9 v. 2O.3.1942 u. Nr. 10 v. 23.4.1942, BAK, R58/2O2. Sichtlich nervös reagierte man auf jedes kleine Zeichen von Widerstand – selbst auf eine Abortanschrift: »Es kommt die Zeit, wo Du gerächt wirst! Verräter des Proletariats!«, ebd.

172 Meldung des RSHA Nr. 2 v. 15.1.1943, BAK, R58/209.

173 Meldung des RSHA Nr. 4 v. 12.2.1943, ebd.

nationalsozialistischen Deutschlands, vor allem im Kampf gegen das bolschewistische Russland, in Zweifel gestellt und auch sonst gehetzt« zu haben.[174] Die Angeklagten wurden dem Urheber bzw. der Urheberin der Denunziationen niemals gegenübergestellt.[175] »Geständnisse« wurden unter Schlägen durch den Gestapo-Kriminalsekretär Georg Biehl erpreßt.[176] Nur nach Verurteilung zu einer Freiheitstrafe war man vor ihm relativ sicher, da er Haftentlassene sofort in »Schutzhaft« nehmen ließ bzw. ins KZ einwies.[177]

Der Arbeiter Albert Strien (66 Jahre), ehemals SPD-Wähler, wurde wegen »Vorbereitung eines hochverräterischen Unternehmens« zu drei Jahren Zuchthaus verurteilt. Ein minderschwerer Fall wurde nicht angenommen, »weil die Straftat während des Krieges in einem kriegswichtigen Betriebe erfolgt ist.« Das gleiche Urteil wurde über den Schmied Franz Dalbert (44) gefällt, dem die Mitgliedschaft in der RGO und Sympathien für die KPD nachgesagt wurden. Bei dem Arbeiter Bernhard Gottschalk (41), früher dem DMV angehörend, und dem Schmied Johann Bangert (66), früher Mitglied der Zentrumspartei, erkannte das Sondergericht wegen Vergehens gegen das Heimtückegesetz auf drei Jahre Gefängnis. Der Schlosser Jakob Diener (42) wurde zu 16 Monaten Gefängnis verurteilt.[178] Vier dienstverpflichtete Frauen, Auguste Voelker (37), Ottilie Müller (21), Erna Weckler (18) und Berta Müller (39) wurden nach viermonatiger Untersuchungshaft wegen »Vorbereitung eines hochverräterischen Unternehmens und Zersetzung der Wehrmacht« zu Gefängnisstrafen zwischen ein und eineinhalb Jahren verurteilt.[179]

Gegen vier weitere Arbeiter, die zur Aussageerpressung alle aufs Schwerste mißhandelt worden waren, wurde die Eröffnung eines Verfahrens durch das Sondergericht abgelehnt. Der Werkzeugschleifer Heinrich Heil (44) blieb auf Geheiß der Gestapo ein Jahr in Haft. Der Kontrolleur Walter Müller (49) erlitt eine sechsmonatige Haft im Keller des Polizeigefängnisses. Walter Müller, der

---

174 Zitiert aus der Urteilsschrift des OLG Kassel v. 2.7.1942 u. der Anklageschrift des Generalstaatsanwalts am OLG Kassel v. 19.4.1943, HStAWi, 52O/DZ, B.

175 Die Gestapo hatte den/die Denunziant(en/in) nicht bloßgestellt. Es war deshalb unmöglich, nach 1945 in einem Indizienverfahren zuverlässig zu klären, welche(r) Betriebsangehörige(n) sich für den Spitzeldienst hergegeben hatte(n), HStAWi, 520/F, G. u. S.

176 Georg Biehl, ein ehemaliger Schupobeamter aus Ffm Griesheim, wurde 1947 zu einer 10jährigen Arbeitslagersühne verurteilt. Nach 3 1/2 Jahren wurde die Reststrafe zur Bewährung ausgesetzt, vgl. Diamant, 1988, S.315.

177 Vgl. Weyrauch, 1992, S.47.

178 Sitzung des Strafsenats des OLG Kassel v. 19.6.1942, HStAWi, 518/326.

179 Anklageschrift v. 19.4.1943, HStAWi, 520/DZ, B.; vgl. auch Mausbach-Bromberger, 1976, S.203ff. Neben der Antikriegshaltung der Verhafteten waren kritische Bemerkungen über die Behandlung der AusländerInnen, das sogenannte »Eiserne Sparen« und über die Funktion der Betriebsärzte für die Urteile ausschlaggebend. Als Beweismaterial diente auch ein Spottvers über die Versorgungslage.

bis zum Zeitpunkt seiner Verhaftung 32 Jahre in den Adlerwerken gearbeitet hatte, durfte nicht mehr an seinen Arbeitsplatz zurückkehren.[180] Der Werkzeugmacher Karl Knauf (44) wurde am 9.7.1943 in das KZ Dachau eingeliefert und starb am 31.10.1943 im SS-Arbeitslager Friedrichshafen.[181] Der dienstverpflichtete Mechaniker Wilhelm Latsch (58), vor 1933 in der SPD organisiert, wurde durch die Gestapo am 15.7.1943 in das KZ Dachau überstellt und starb dort am 12.4.1944.[182]

Verhaftungen erfolgten auch aufgrund von Denunziationen durch überzeugte Nationalsozialisten. Anfang 1942 wurde der Meister der Hausdruckerei, Robert Möhring (56), Opfer einer Denunziation aus seiner Werkstatt.[183] Ebenso aufgrund einer Denunziation wurde der dienstverpflichtete Hilfsmonteur Hans Brenner am 4.3.1944 verhaftet und der »Wehrkraftzersetzung« angeklagt.[184] Unmittelbar vor Kriegsende wurde das frühere SPD-Mitglied Wilhelm Pauli (66) von »Kollegen« beim Blockwart denunziert, weil er festgestellt hatte, daß der Krieg nicht mehr zu gewinnen sei. Das Sondergericht verurteilte ihn im März 1945 zu zehn Monaten Gefängnis. Wilhelm Pauli wurde zusammen mit über tausend Gefangenen in einen zugenagelten Güterwagen gepfercht und erst nach einer zweiwöchigen Odyssee halb verhungert und erfroren in Bamberg ausgeladen. Nach weiteren acht Tagen endete der Transport im Zuchthaus Straubing, wo er von den Amerikanern befreit wurde. Wilhelm Pauli starb kurz darauf an Entkräftung.[185]

---

180 Ebd.

181 Ebd.; sowie HStAWi, 409/3 u. 48; HStAWi, 518/691; ferner KZGDa, Alphabetische Häftlingskartei.

182 Sitzung des Strafsenats des OLG Kassel v. 19.6.1942, HStAWi, 518/326; sowie HStAWi, 483/743 u. 409/3; ferner Mausbach-Bromberger, 1976, S.249.

183 Das Urteil des Sondergerichts lautete wegen Vergehens gegen das Heimtückegesetz auf 9 Monate Gefängnis, HStAWi, 461/8516.

184 HStAWi, 461/9492.

185 HStAWi, 52O/F, Sch.; vgl. »Sechs Verräter in Freiheit«, FR v. 5.9.1946.

5. Der Aufstieg zum größten Schützenpanzerhersteller

Zwar lieferten die Adlerwerke vor Kriegsausbruch im Vergleich mit der übrigen deutschen Automobilindustrie einen überdurchschnittlichen Anteil ihrer Produktion an die Wehrmacht (1939: 29%), doch brachten die Kriegsjahre selbst zunächst außergewöhnliche Geschäftseinbußen mit sich.[186] Während der Gesamtumsatz der Kraftfahrzeugindustrie von 1938 bis 1942 um 36% anstieg, mußte Adler im gleichen Zeitraum einen Rückgang von 45% hinnehmen.[187]

Bei Kriegsbeginn hatte Adler die Zivilfertigung in Erwartung bereits avisierter Mobilmachungsaufträge für ihre Kübel- und Militärlieferwagen eingestellt. Diese Aufträge wurden jedoch aufgrund der rüstungswirtschaftlichen Lage nicht erteilt.[188] Der Überfall auf Polen konnte aus den Beständen der Wehrmacht geführt werden, und während des Frankreichfeldzuges wurde der Rüstungsschwerpunkt auf die Munitions- und Waffenproduktion verlagert. Der Kfz-Bedarf der Wehrmacht ließ sich zu 60% aus requiriertem Privatbesitz und der Kriegsbeute decken, so daß die Pkw-Fertigung zunehmend an Bedeutung verlor und lediglich die Lkw-Produktion stieg.[189] Das stark typenverringerte Kriegsprogramm der Kfz-Industrie sah die Adlerwerke nicht mehr vor und gestand lediglich ein Auslaufprogramm für deren Automobil-Zivilfertigung bis 1941 zu.[190] Aufgrund knapper Rohstoffe und Arbeitskräfte sowie zur Vermeidung von Einschränkungen des Verbrauchsgütersektors beschränkte sich die »friedensähnliche Kriegswirtschaft« bis Ende 1941 auf Rüstungsschwerpunkte ohne Fertigungstiefe, die auf die jeweiligen taktischen Erfordernisse begrenzter »Blitzkriege« abhoben. Da sich die Kriegszielvorgaben Hitlers jedoch permanent änderten, erfolgten mehr als zehn Rüstungsprogramme mit modifizierten

186 Umsatz 1939, PS-AW, JCH-39/40. Der Wehrmachtsumsatz der gesamten Kfz-Industrie betrug dagegen 1939 (August) nur 14%, Niederschr. über die Beiratssitzung der Wirtschaftsgruppe Fahrzeugindustrie v. 27.11.1942, BAP, 3105/9088, fol.152.

187 Der Umsatz der Kfz-Industrie stieg von 2,5 Mrd. RM (1938) auf 3,4 Mrd. RM (1942), ebd., fol.151. Dagegen gestaltete sich die Umsatzentwicklung der AW (Umsätze 1880-1951, PS-AW, AA-U) in Mio. RM wie folgt: 1938=97, 1939=88, 1940=50, 1941=49, 1942=54, 1943=84, 1944=60.

188 BA-MA, RW20-9/23; vgl. Eichholtz, Bd. I, 1984, S.103; sowie Schell, 1963, S.217; ferner Leeb, 1958, S.33. Es wurden zwar einige Hundert Adler-Militärkraftfahrzeuge auch noch 1940 produziert, jedoch offensichtlich in Erfüllung von Vorkriegsaufträgen.

189 Weyres von Levetzow, 1975, S.72f. Ab 1943 wurden schließlich nur noch VW-Kübelwagen gebaut.

190 Kirchberg, 1969, S.139ff.

Dringlichkeitsrangordnungen und Drosselungsvorgaben, so daß sich bisweilen »starke Lähmungserscheinungen bei der Industrie« bemerkbar machten.[191] Im Sommer 1940 lag der Schwerpunkt auf dem Marineunternehmen »Seelöwe«, der geplanten Invasion in England, im Herbst 1940 begannen bei gleichbleibender Bedeutung der Marinerüstung die Aufmarschpläne des Heeres für den Fall »Barbarossa«, dem Krieg gegen die Sowjetunion, und ein Jahr später wurde unter der Annahme des sicheren Sieges das »Göring«-Luftwaffenprogramm mit interkontinentalen langfristigen Kriegszielen aufgelegt. Flugzeugmotoren und Panzer für die luftunterstützten »Schnellen Truppen« des Blitzkriegskonzeptes sowie Schiffsmotoren boten unter diesen Vorzeichen die sicherste Auslastung der zu drei Fünftel zur Disposition gestellten Kapazitäten der Kraftfahrzeugindustrie.[192]

Diese Entwicklung war an den Adlerwerken nicht nur aufgrund der früheren betriebswirtschaftlichen Weichenstellungen (Aufgabe der Lkw-Produktion) und betrieblicher Gegebenheiten (Panzerbau war nicht möglich) vorbeigegangen, sondern blieb auch durch die gesteigerten Verteilungskämpfe irreversibel blokkiert. Bereits ein weitblickender Wiedereinstiegsversuch der Adlerwerke in die lukrative Flugzeugmotorenfertigung war keineswegs nur am mangelnden »staatlichen Bedarf« gescheitert.[193] Nachdem man nämlich seit 1927 die Flugzeugmotorenentwicklung wieder angekurbelt hatte, waren 1934 mit dem Erwerb der Frankfurter Flugzeugbaufirma Max Gerner GmbH ehrgeizige Pläne für ein Adler-Kampfflugzeug entstanden, doch platzte das Projekt nach 31 fertiggestellten »Schul- und Sportflugzeugen«, weil Chefkonstrukteur Gustav Röhr im Herbst 1935 mitsamt seinem Mitarbeiterstab von Daimler-Benz abgeworben wurde.[194] Auch eine Kurskorrektur am Kfz-Kriegsprogramm, was bereits Ausdruck des Einflußverlustes durch den von Daimler-Benz-Vorstandsmitglied Jakob Werlin erzwungenen Rücktritt Hagemeiers als Leiter der Wirtschaftsgruppe Fahrzeugindustrie war, fand beim größten Automobil-Rüstungskonzern kein Gefallen. Als Adler später, im Juni 1941, den Generalbevollmächtigten für das Kraftfahrzeugwesen, Adolf von Schell, doch noch für die Zuteilung eines

191 Aktenvermerk des Wirtschaftsrüstungsamtes v. 18.11.1940, zitiert nach: Eichholtz, Bd. I, 1984, S.215.

192 Kirchberg, 1969, S.138; Leeb, 1958, S.33; Eichholtz, Bd. II, 1985, S.11.

193 Zitiert aus AW, 1970, S.57.

194 Zu den frühen Aktivitäten der AW siehe Heinze, 1980, S.91. Zur Kampfflugzeugentwicklung unter Röhr siehe Schr. Staatspolizeistelle Wiesbaden an das Gestapa Berlin v. 15.10.1934, BDC, Personalakte Gustav Röhr, fol.24. Damit im Zusammenhang stand ganz offensichtlich, daß die AW am 1.1.1934 die Flugzeugbaufirma Gerner eingegliedert und ab 1934 insgesamt 31 Ganzstahlflugzeuge »G II R« gebaut haben, siehe Kens/Nowarra, 1977, S.487. Nach Roth (1987, S.199) wurde Röhr im September 1935 Oberleiter der Pkw-Entwicklungsabteilung bei Daimler-Benz. Damit hörte schlagartig die Produktion des »G II R« bei Adler auf.

3-Tonner-Lastkraftwagens gewann, stellte Daimler-Benz fieberhafte Überlegungen an, wie man den General dazu bewegen könnte, »seine Zusage zurückzunehmen« – mit Erfolg.[195]

Die Adlerwerke wurden nicht nur aus der Kraftfahrzeugindustrie herausgedrängt und von deren prosperierenden Kriegsfertigungszweigen ferngehalten, sondern darüber hinaus in die wegen ihrer Halbkettenkonstruktion technisch komplizierte Zugkraftwagenfertigung gezwungen, die rüstungswirtschaftlich 1939/40 von marginaler Bedeutung war und bezeichnenderweise in der Rüstungsproduktion bei Daimler eine »Lückenbüßer«funktion einnahm.[196] Da die vom Heer 1937 in Auftrag gegebene Eigenentwicklung »HK 300« über einige Prototypen nicht hinauskam, war man außerdem auf den Nachbau des 1to-Zgkw-Fahrgestelles von Demag verwiesen – ein wenig prestigeträchtiges und wegen der Lizenzabgaben auch wenig einträgliches Unternehmen, für das man überdies, da Adler keine eigene Karosseriefertigung hatte, mit Aufbautenfirmen kooperieren mußte. Auch ein gegenüber 1938 mehr als verzehnfachter Ausstoß an 1to-Zgkw und deren Variorex-Getriebe konnte deshalb zusammen mit einer verdoppelten Produktion an Granatenzündern die Drosselung der Zivilfertigung und den Ausfall der Militärkraftfahrzeuge nicht kompensieren. Die Entlassung und Einberufung von etwa 1150 Arbeitern (ein Viertel der Arbeiterschaft) bis Ende 1939 war die Folge.[197] Damit waren vor allem die Vorkriegsbemühungen der Adlerwerke um Zuwachs an knappen Facharbeitern in Frage gestellt – und dies vor dem bedrohlichen Hintergrund, daß die Industrie im Wehrwirtschaftsbezirk Kassel seit Frühjahr 1939 mit »teilweise rabulistischer Selbsthilfe« miteinander um Fachkräfte rang, und ausgerechnet die schärfste nach dem Krieg zu erwartende Kleinwagenkonkurrenz, nämlich das im Aufbau begriffene Volkswagenwerk, seine »locklohnmäßige Abwerbung« bis in diesen Raum ausgedehnt hatte.[198]

---

195 Schr. Oberbaurat Fritz Schmidt an Direktor Wilhelm Kissel v. 6.6.1941, DBAG, Kissel-XI/1. Später gewann die hinter Daimler-Benz stehende Deutsche Bank an Einfluß bei Adler. 1943 hielt sie ein Aktienkapital von 2 Mio. RM und immerhin 14% Aktionärsstimmen, womit nachvollzogen wurde, daß wesentliche Lizenzgeberfirmen der Adler-Rüstungsproduktion wie Demag, Maybach-Motorenbau und Zahnradfabrik Friedrichshafen engstens mit der Deutschen Bank verflochten waren, siehe Aktionärsstimmliste von 1943, AGFfm, HRB/386; OMGUS, 1985, S.131; Eichholtz, 1984 u. 1985, div. Mit den restlichen Lizenzgeberfirmen der Adler-Rüstungsproduktion, der C. Lorenz sowie Hanomag, war wiederum die Dresdner Bank verflochten, ebd.; sowie OMGUS, 1986, div.

196 Roth, 1987, S.279. Die Produktionsentwicklung aller Zugkraftwagenkategorien der Wehrmacht betrug in Stück: 1940=3200, 1941=7500, 1942=10700, 1943=37400, siehe Wagenführ, 1954, S.182.

197 Aufstellung der AW über die durchschnittlichen monatlichen Belegschaftszahlen und Gesamtarbeitsstunden 1939-1945 v. 18.6.1945, NA, RG243/77a.16.

198 Wirtschaftsbericht der Wehrwirtschafts-Inspektion IX v. 9.3.1939, BA-MA, RW19/59,

Mit Blick auf das bald erwartete Kriegsende sowie den Beginn der VW-Massenfertigung und der dadurch gegebenen Notwendigkeit einer forcierten Neuausrichtung der Produktionspolitik, so die Interpretation der Berliner Börsen-Zeitung, wurden nun Investitionen eingefroren und vermehrt Rücklagen gebildet, was sich im übrigen während des gesamten Kriegsverlaufes fortsetzte.[199] Gleichzeitig bemühten sich die Adlerwerke um momentan kriegswichtige, kapazitätsauslastende Rüstungsproduktion, um einen weiteren Aderlaß ihrer Arbeiterschaft zu verhindern und die Facharbeiter durch uk-Stellungen vor Einberufung oder Betriebsumsetzung zu schützen. Das Rüstungskommando Frankfurt und die bis Oktober 1942 zuständige Rüstungsinspektion Kassel (danach Rüstungsinspektion Wiesbaden) unterstützten die Adlerwerke dabei ausdrücklich, indem sie die Firma mit einer Palette dringlicher Waffen- und Munitionsaufträge für alle Wehrmachtteile eindeckten – selbst Sprenggranaten und schwere Bomben waren vorgesehen.[200] Eine zwar nicht unrentable,[201] aber unproduktive und in viele Kleinteile-Fertigungen zersplitterte Kriegsproduktion war die Folge, deren Umsatzhöhe mitten im Krieg sogar unter das Vorkriegsniveau sank, aber bereits im Herbst 1940 erlaubte, mit der Anforderung von 550 deutschen Facharbeitskräften in die Offensive zu gehen.[202] Eine hochkarätige Auskämm-

---

fol.126. Daß sich die Geschäftsführer der Volkswagen GmbH, Dr. Bodo Lafferentz und Dr. Ferdinand Porsche, 1940/41 auch noch anschickten, das stv. Vorstandsmitgl. Rosleff Sörensen als Planungsleiter für das »Traktorenwerk Waldbröhl« oder eine Tätigkeit im Volkswagenwerk selbst abzuwerben, war nur ein weiterer, allerdings wegen der Bedeutung Sörensens höchst beunruhigender Fingerzeig, siehe Eidesstattliche Erklärung des damaligen Einkaufsleiters des Volkswagenwerkes, Theo Targa, v. 11.7.1946, HStAWi, 520/F, Rosleff Sörensen.

199 Berliner Börsen-Zeitung Nr. 239 v. 24.5.1941. Die Investitionen der AW in den letzten drei Vorkriegsjahren 1936-1938 betrugen insgesamt 11,1 Mio. RM und sanken im Zeitraum von 1939-1941 auf 6,1 Mio. RM. Da ab 1942 keine aussagekräftige Bilanz mehr vorliegt, kann das Investitionsgebahren über 1941 hinaus nicht verfolgt werden, AW, GB 1936-1941. Siehe zur »ausgezeichnete[n] geldliche[n] Lage des Unternehmens« auch Deutsche Bergwerks-Zeitung Nr. 126 v. 2.6.1942; vgl. Berliner Börsen-Zeitung Nr. 384 v. 19.8.1941; sowie Kölnische Zeitung Nr. 418/19 v. 19.8.1941.

200 Vermerk der RüIn Kassel v. 25.10.1939, BA-MA, RW20-9/23.

201 Der in den Bilanzen ausgewiesene Reingewinn des Unternehmens für die Kriegsperiode 1939-1944 war gegenüber den letzten 6 Vorkriegsjahren keineswegs gesunken, sondern um 257% gestiegen, und zwar von 2,8 Mio. RM auf 10 Mio. RM. Da der Bilanzgewinn lediglich eine Restgröße des tatsächlichen Gewinns einer AG darstellt, läßt dies allerdings weder auf gestiegene Gewinne im Vergleich zur Vorkriegszeit noch auf ihre wirkliche Höhe schließen. Fast verdoppelte Ertragssteuern während des Krieges lassen aber vermuten, daß trotz sinkender Umsätze die AW wesentlich besser verdienten als zu Friedenszeiten. Die Höhe der tatsächlichen Kriegsgewinne der AW wurde selbst in den wegen ihres Verteidigungscharakters mit Vorsicht zu genießenden Spruchkammerakten des Vorstandsvorsitzenden auf immerhin 42,6 Mio. RM steuerpflichtigen und 21,7 Mio. RM Reingewinn für den Zeitraum von 1939-1944 beziffert, AW, GB 1939-1943; Jahresabschluß 1944; HStAWi, 520/F, Ernst Hagemeier.

202 Der Jahresumsatz 1940 betrug insgesamt 49,9 Mio. RM, wovon 28,5 Mio. RM (=57%) auf die Zivilfertigung entfielen und 21,4 Mio. RM (=42,9%) auf die Produktion von Kriegsgeräten,

Kommission des für die Arbeitskräftezuteilung zuständigen Landesarbeitsamtes Frankfurt durchschaute die Strategie und entlarvte die Angaben peinlicherweise als »nicht in allen Punkten zuverlässig«. Man wies der Firma nach, daß sie zur Fundierung ihrer Arbeitskräfteanforderungen absichtlich statt 60 nur 54 Stunden arbeite, über innerbetriebliche Ausgleichsmöglichkeiten verfüge und sich mit der Fertigung von Maschinengewehrteilen »übernommen [habe], wofür sie betrieblich ungeeignet« sei; im übrigen sei zu prüfen, »inwieweit Transport-Kolonnen durch Gefangene bzw. ausländische Arbeiter ersetzt werden« könnten.[203]

Letzteres konnte für Adler keine echte Alternative sein, da ein Ausländereinsatz lediglich Hilfskräfte in Aussicht stellte. Zum Erhalt der Facharbeiterschaft mußte aber die Kriegsfertigung weiter ausgedehnt und dabei den schwankenden Prioritäten angepaßt werden, wofür aber die Personaldecke insgesamt zu kurz war. Zwar versprach der für 1942 in Aussicht gestellte Nachbau des Olvar-Getriebes der Zahnradfabrik Friedrichshafen für den Kampfpanzer »Tiger I«[204] höchste Dringlichkeitsstufe, und wegen der Notwendigkeit handwerklicher Einzelanfertigung infolge zahlreicher Konstruktionsänderungen war er ein Reservat für ausschließlich deutsche Fachkräfte.[205] Doch unklar war, wie die lediglich mit auslaufender Automobilfertigung und dem 1to-Zgkw belegten, brachliegenden Kapazitäten der Fahrgestell- und Motorenabteilung ausgelastet werden sollten, wofür schließlich der Nachbau von »HL 42«-Zgkw-Motoren von der Firma Maybach sowie des 3to-Zgkw-Fahrgestelles von Hanomag ins Auge gefaßt wurden. Hier war wegen des hohen Rationalisierungsstandes der Einsatz ungelernter Arbeitskräfte möglich.

Für den im März 1941 geplanten Produktionsanlauf des 3to-Zgkw-Fahrgestelles erwog man daher »durch Umstellung verschiedener Arbeitsgänge die Einschaltung von Gefangenen«, womit man auch zivile Ausländer meinte. Auch der Hinweis der Adlerwerke auf die produktionshemmenden »Abwehrauflagen« änderte nichts mehr an der Tatsache, »daß nur durch den Einsatz von ausländischen Zivilarbeitern der erhebliche Fehlbedarf« an Arbeitskräften ausgeglichen werden konnte.[206] Deshalb verzögerte sich der Fertigungsbeginn der 3to-Zugmaschine schließlich so lange, bis u.a. die Produktion von Geschoßhülsen und

---

deren Umsatzhöhe 1939 noch bei 25,3 Mio. RM gelegen hatte, PS-AW, JCH-39/40. Zum Fertigungsprogramm siehe NA, RG243/77.a.16.

203 KTB des RüKo Ffm, Anlage 6, Aktennotiz v. 20.9.1940, BA-MA, RW21-19/4.

204 Der »Tiger« sollte die Überlegenheit des sowjetischen »T 34« brechen und Hitler glaubte, daß damit »alle Panzer der anderen erledigt« seien, »Adolf Hitler«, 1980, S.275.

205 Vgl. Niederschrift über eine spätere Rüstungsbesprechung bei den AW am 25.2.1943, BA-MA, RW21-19/14.

206 Aktenvermerk des RüKo Ffm über eine Besprechung bei den AW v. 17.1.1941, BA-MA, RW21-19/6.

Maschinengewehrteilen per Amtsentscheid des Heereswaffenamtes gestoppt wurde, die in diesen Fertigungen gebundenen Facharbeiter herübergezogen werden konnten, und im Juli/August 1941 die ersten 132 französischen Zivilarbeiter zur Verfügung standen, deren Zahl sich im September auf 252 erhöhte.[207] Durch den Bau von Unterkunftsbaracken und eigenen Anwerbungsaktivitäten bei der Firma Peugeot in Paris[208] stellten die Adlerwerke ihren guten Willen gegenüber dem Landesarbeitsamt unter Beweis. Dies wurde für den im Herbst 1941 vorgesehenen Fertigungsbeginn der Maybach-Motoren mit der Genehmigung weiterer 600 ausländischer Arbeitskräfte und mit der Zubilligung honoriert, von diesen 250 mit deutschen Arbeitern aus anderen Betrieben tauschen zu dürfen, was zumindest den weiter fortgeschrittenen Belegschaftsabbau seit Ende 1939 ausgeglichen hätte.[209] Doch infolge der veränderten Rüstungsprioritäten standen die erforderlichen Pittler-Werkzeugmaschinen nicht rechtzeitig zur Verfügung, der Produktionseinstieg bis Ende des Jahres wurde durch Gußschwierigkeiten sowie Materialengpässe verpaßt, und die Ausländerbeschäftigung stagnierte. Das Sammelsurium im Fertigungsprogramm war 1941 weiter gewachsen und durch die schwierigen Umrüstungen noch ineffizienter geworden, so daß der Umsatz der Adlerwerke, gegenüber 1938 um fast die Hälfte reduziert, auf den Tiefpunkt von 49 Mio. RM angelangte.

Mit der deutschen Niederlage vor Moskau und der sowjetischen Gegenoffensive im Winter 1941/42 war die »Blitzkriegsstrategie« gescheitert. Unter dem neuen Reichsminister für Bewaffnung und Munition, Albert Speer (ab September 1943: Reichsminister für Rüstung und Kriegsproduktion), begann die totale Erfassung aller Wirtschaftskapazitäten; die Produktionsleitung wurde an die »Selbstverantwortungsorgane« der Industrie übergeben. Im März 1942 verbot Hitler sämtliche Forschungsarbeiten der Kfz-Industrie für den Frieden, womit auch die Nachkriegsplanungen der Adlerwerke in weite Ferne rückten.[210] Verlangt war eine neue Geschäftspolitik. Der Betrieb wurde erst jetzt ganz »auf die

---

207 Belegschaftszahlen und Gesamtarbeitsstunden 1939-1945 (Anm. 197); sowie Aufstellung der AW über die monatlichen Produktionsstückzahlen 1939-1945 v. 18.6.1945, NA, RG243/77.a.16.

208 Es handelte sich um einen Zeitpunkt, wo »Firmen, die sich selbst in Frankreich [...] um die Anwerbung der ausländischen Arbeitskräfte bemühten, eher zum Ziel kamen, als solche, die lediglich auf dem üblichen Weg« Anträge stellten, Notiz der RüIn Kassel im Jahresrückblick 1941, BA-MA, RW20-9/21. Als die ersten Franzosen die Arbeit bei Adler aufnahmen, war dem höchstwahrscheinlich ein Besuch des Generaldirektors bei der Firma Peugeot in Paris vorausgegangen, mit der die AW im Zugkraftwagensektor kooperierten, ISC Maryland, XE092319, fol.29. Ab Ende Juli 1941 griffen die AW dann auch überlasteten französischen Firmen bei der Bearbeitung von Zgkw-Ersatzteilen unter die Arme, siehe BA-MA, RW24/3.

209 KTB des RüKo Ffm v. 9.10.1941, BA-MA, RW21-19/9.

210 Boelcke, 1969, S.86.

Erfordernisse der Kriegswirtschaft« umgestellt und das mittlerweile auch für den Erhalt der Stammbelegschaft kontraproduktive Fertigungschaos zugunsten eines klaren Rüstungsprofils mit Schwerpunkt auf den Halbketten-Fertigungszweig weiter »entrümpelt«. Rechnet man nur die Zugmaschinen, hatte die Wehrmacht von November 1941 bis März 1942 ein Drittel der gesamten deutschen Jahresproduktion von 1941 verloren,[211] und zur Vorbereitung der Sommeroffensive stand daher die Heeresrüstung im Mittelpunkt. Zur Wahrung einer gewissen Flexibilität behielten die Adlerwerke auch Torpedomaschinen für die Marine (2%) sowie Bordfunkgeräte für die Luftwaffe (1%) im Fertigungsprogramm bei, bestritten aber den Umsatz hauptsächlich mit allen Getrieben für den »Tiger I und II« (10%), Ersatzteilen und Reparatur (16%) sowie mit dem Zugkraftwagensektor (65%).[212] 1942 begann man mit der Fertigung der Maybach-Motoren und verzeichnete zugleich wesentliche Produktionssteigerungen bei 1to-Zgkw und 3to-Zgkw, Gleisketten sowie Variorex-Getrieben. Adler hielt damit bereits beträchtliche Produktionsanteile an Deutschlands steigender Zgkw-Gesamtfertigung.[213] Die Kriegsentwicklung sorgte für eine so stürmische Nachfrage, daß keine Zeit für Umrüstungen auf Neuentwicklungen blieb. Trotz Hitlers Auftrag für die Entwicklung eines leichten Wehrmachtsschleppers 1942 und einer umfangreichen und ehrgeizigen Tätigkeit ihres Ingenieurstabes blieben die Adlerwerke ausschließlich auf Lizenzfertigung angewiesen.[214] Der verantwortliche technische Direktor Rosleff Sörensen wurde in den ordentlichen Vorstand berufen[215] und übernahm zugleich die Leitung des Arbeitsausschusses für 3to-Zgkw und mittlere Schützenpanzerwagen beim Sonderausschuß Zugkraftwagen. Der Sonderausschuß unterstand zunächst dem Hauptausschuß Panzer und wurde ab Herbst 1943 zum Hauptausschuß Kraftfahrzeuge überstellt.[216] Sörensen, zuvor Produktionsleiter bei Ford in Köln und von der Volkswagen GmbH heißumworbener Experte amerikanischer Massenfertigungsverfahren,[217]

---

211 Eichholtz, Bd. II, 1985, S.43.

212 Aufstellung der AW über die Umsatzverteilung 1944 v. 20.6.1945, NA, RG243/77.a.16.

213 Siehe Tabelle Produktionsanteile wichtiger Adler-Heeresgeräte im 2. Weltkrieg im Anhang.

214 Vgl. zum Zusammenhang zwischen kriegswichtiger Bedeutung und fehlender Typenverminderung bei den Zugmaschinen: Pesch, 1988, S.148. Zu den Verflechtungen der Adler-Aktionäre mit den Lizenzgeberfirmen siehe Anm. 195.

215 Dem ordentlichen Vorstand gehörten danach Ernst Hagemeier, Otto Basson sowie Rosleff Sörensen an, dem stv. Vorstand Franz Gessner und Dr. Gotthard Romberg (Hagemeiers Schwiegersohn), der den verstorbenen Rudolf Reining (Anm. 120) ersetzt hatte. Romberg, geb. 8.5.1900, verstarb am 11.1.1945, demselben Todestag von Otto Basson. Über die Todesursache der beiden und ihre Nachfolger im Vorstand ist nichts bekannt.

216 BAP, Film-Nr. 1740, AN 721939. Aktennotiz zur Übergabe des Sonderausschusses Zgkw an den HA Kfz v. 28.9.1943, BAK, R3/288, fol.44ff.

217 Sörensen, geb. 13.4.1895, war Däne und kam ebenso wie Basson, mit dem er zusammen die Technische Direktion bildete, nicht aus den eigenen Adler-Reihen. Er gehörte dem Adler-Vor-

führte den Arbeitsausschuß bis 1944 zu beachtlichen Rationalisierungserfolgen.[218] Dies geschah nicht in erster Linie aus Kostengründen, sondern zur Verminderung des Rohstoffbedarfes und zur Eingliederung einer Heerschar von ZwangsarbeiterInnen in den Produktionsprozeß.[219]

Anfang des Jahres 1942 forderten die Adlerwerke beim Landesarbeitsamt erneut 600 deutsche Fachkräfte an, doch wurden lediglich 600 ausländische Arbeitskräfte genehmigt. Danach stand definitiv fest, daß deutsche Fachkräfte nur noch in geringer Anzahl und ausschließlich für die Fertigung der »Tiger«-Getriebe zu erhalten waren.[220] Hinzu kam, daß auch der »Schlüsselkräfte«-Erlaß von Anfang 1942 eine weitere Reduktion der deutschen Belegschaft durch Einberufungen nicht verhindern konnte, so daß die Adlerwerke im Mai 1942 für die geplante Ausweitung des Zugkraftwagen- und »Tiger«programms einen »zusätzlichen Arbeitskräftebedarf von 2500 meist ausländischen Arbeitern« errechneten. Dieser Kurswechsel in der Ausländerbeschäftigung hatte jedoch einen verblüffend stabilisierenden Effekt auf die Stammbelegschaft, denn wie das Rüstungskommando Frankfurt feststellte, häuften sich die »Anträge der Firmen auf Umwandlung von Fachkräften in Schlüsselkräfte [...] mit der vollberechtigten Begründung, daß bei dem ungewöhnlichen Anwachsen des Einsatzes von Ausländern aller Art die wenigen verbleibenden Fachkräfte als unentbehrliches Anlernpersonal aufrücken.«[221] Ende Oktober 1942 fiel der neuzugeordneten Rüstungsinspektion Wiesbaden auf, »daß die Firma durch die Aktion ›Rü 42‹ Arbeitskräfte in solcher Menge erhielt, daß ihr der Einsatz in dem

---

stand als stv. Mitgl. von 1938 bis 1941 sowie als ordentliches Mitgl. von 1942 bis Kriegsende an. Vor seiner Tätigkeit bei Adler war Sörensen 12 Jahre lang Produktionschef und Betriebsdirektor der Ford Motor Co. in Berlin und Köln gewesen. Nicht zuletzt durch jährliche Instruktionskurse bei der Ford Motor Co. in Detroit, die er in dieser Zeit genoß, war Sörensen mit amerikanischen Produktionsmethoden bestens vertraut. Sörensen, von 1938 bis 1941 Mitgl. der dänischen NSDAP, war ferner Mitgl. des NSFK, der DAF, des NSBDT, der Deutschen Jägerschaft sowie des RLB, HStAWi, 520/F, Rosleff Sörensen; ferner Rosellen, 1986, S.30f., S.42, S.61, S.114 u. S.157; zu den Bemühungen von VW siehe Anm. 198.

218 Bei den mittleren SPW wurden bis 1944 15,5% an Fertigungszeit, 5,7% an Eisen und Stahl sowie 18,7% an Nichteisen-Metallen eingespart, siehe »Gute Erfolge durch Rationalisierung, Leistungsvergleich und Erfahrungsaustausch«, Nachrichten des RMfRuK Nr. 47 v. 18.10.1944, BAK, R13IV/24, fol.42a.

219 Die Wehrmacht zahlte zwar die vollen Selbstkosten und Gewinnspannen, die den Zgkw-Firmen bei der Fertigung entstanden. Doch die allgemeine Umstellung auf Fest- und Gruppenpreise ab 1942, die bei feststehenden Preisen für die Rüstungsgüter jede Verbilligung der Produktionskosten zum einträglichen Geschäft machte und vor Gewinnabschöpfung sicherte, unterblieb in diesem Rüstungszweig. Zur Entwicklung der Preisermittlung für Rüstungsgüter im 2. Weltkrieg siehe Eichholtz, Bd. II, 1985, S.513-520; und insbesondere in Bezug auf die Wirtschaftsgruppe Fahrzeugindustrie Roth, 1987, S.255. Zur Sonderentwicklung in der Zugkraftwagenfertigung siehe HStAWi, 520/F, Ernst Hagemeier.

220 KTB des RüKo Ffm v. 14.2.1942 u. 17.3.1942, BA-MA, RW21-19/10.

221 KTB des RüKo Ffm v. Mai 1942, BA-MA, RW 21-19/11.

diesbezügl. Programm gar nicht so ohne weiteres möglich war.«[222] Die Zahl der bei Adler beschäftigten Ausländer einschließlich der Kriegsgefangenen war bis zu diesem Zeitpunkt von ursprünglich 252 im September 1941 auf 606 im Mai 1942, 930 im Juli 1942 und 1324 im Oktober 1942 gestiegen und wurde bis November 1942 noch einmal um 819 auf 2143 Arbeitskräfte erhöht. Ihr Einsatz erfolgte zu 92-98% im Zugkraftwagensektor und zu 2% in der Torpedomaschinenfertigung.[223] 1942 hatten die Adlerwerke mit einem leichten Umsatzplus gegenüber dem Vorjahr von 49 auf 54 Mio. RM die Talsohle durchschritten.

Bereits Anfang 1941 hatten die Adlerwerke mit geringen Monatsstückzahlen die Produktion des Fahrgestells für den leichten Schützenpanzerwagen (einer geringfügig abgewandelten Variante des 1to-Zgkw-Fahrgestells) aufgenommen, dessen gepanzerte Aufbauten von verschiedenen Stahlbaufirmen gefertigt wurden. Anfang September 1942 legte Rüstungsminister Speer Hitler das »Programm 2« für die Zugkraftwagenfertigung vor, das zur Steigerung der Produktion gepanzerter Fahrzeuge die Ablösung der 1to-Zgkw und 3to-Zgkw durch den »Raupenschlepper Ost« sowie Opel-Dreitonner-Lkw mit Ansteckraupen vorsah, und ihre Umrüstung zum leichten bzw. mittleren Schützenpanzerwagen in die Wege leitete. Die von den Generälen hochgeschätzten Schützenpanzerwagen bzw. »Panzergrenadierwagen« waren die meistgenutzten Panzerfahrzeuge der Wehrmacht und zählten zur Kategorie der »leichten Panzer«. Ihr Bedarf stieg im Sog des »Adolf-Hitler-Panzerprogramms«, mit dem nach der Niederlage bei Stalingrad im Januar 1943 die Initiative an der Ostfront zurückgewonnen werden sollte.[224] Dies führte zu enormen Produktionssteigerungen: Die Adlerwerke nahmen die Fertigung des mittleren Schützenpanzerwagen-Fahrgestells (einer leicht abgewandelten Variante des 3to-Zgkw-Fahrgestells) mit 1120 Stück auf und vervierfachten den Ausstoß der leichten Kategorie auf 1300 Stück, so daß

---

222 Notiz der RüIn Wiesbaden v. 31.10.1942, BA-MA, RW20-12/13, fol.30f. Inwieweit sich hierin Carl Goetz' Mitarbeit als Finanzberater im Arbeitsstab des befreundeten Generalbevollmächtigten für den Arbeitseinsatz, Fritz Sauckel, fruchtbar niederschlug, mag dahingestellt bleiben. Goetz wohnte auch den Verhandlungen Sauckels mit dem französischen Ministerpräsidenten Laval bei, Nbg. Dok. Sauckel-10, Affidavit von Carl Goetz v. 20.3.1946, StAN, KV Prozesse IMT/U7.

223 Belegschaftszahlen und Gesamtarbeitsstunden 1939-1945 (Anm. 197); sowie Zusammenstellung über den Arbeitseinsatz im Sonderausschuß Zugkraftwagen v. 30.4.1943 u. 31.5.1943, BAK, R41/240, fol.10 u. fol.31; ferner Aufschlüsselung der Beschäftigten nach Wirtschaftszweigen im Industriebericht der AW für die RGI v. 30.9.1943 u. 31.1.1944, BAK, R13III/319, Heft 11 u. 321, Heft 12.

224 Boelcke, 1969, S.180f; Eichholtz, Bd. II, 1985, S.43. u. S.122. Die Schützenpanzerwagen waren ursprünglich zum Transport der Schützen der Panzerverbände gedacht, wurden jedoch mit mehr als 20 Varianten gebaut und je nach Verwendungszweck mit Raketen, Maschinengewehren, Panzerabwehrkanonen, Granatwerfer, Sturmkanonen, Flugzeugabwehrkanonen, Minen- oder Flammenwerfern bestückt, siehe Spielberger, 1984, S.116.

sie 26% bzw. 45% des gesamten deutschen Jahresausstoßes 1943 bestritten. Weit über den eigenen Bedarf hinaus produzierte man insbesondere auch 6150 dazugehörige Maybach-Motoren, mehr als die Hälfte der deutschen Jahresproduktion. Im Verlauf des Jahres 1943 stiegen die Adlerwerke nicht nur zum größten Beschäftigungsbetrieb der Zugkraftwagenindustrie, sondern auch zum größten Hersteller von Schützenpanzerfahrgestellen in Europa auf.[225]

Die Steigerung der Kriegsproduktion korrelierte mit einem durchschnittlichen Ausländerbeschäftigungsstand von 898 im Jahre 1942 und 2030 Arbeitskräften im Jahre 1943.[226] Ein Blick auf die von Adler angeführte Zugkraftwagenindustrie im April 1943 zeigt zwar, daß die Adlerwerke mit 34% die zweitniedrigste Beschäftigungsquote an Zwangsarbeitern und Kriegsgefangenen unter den zehn eingeschalteten Betrieben hatten.[227] Aber: In den Rüstungsbetrieben des Rüstungsinspektionsbezirkes Kassel beispielsweise, dem Frankfurt bis Oktober 1942 angehört hatte, waren im September 1942 durchschnittlich nur halb soviele Zwangsarbeiter tätig wie bei Adler.[228] In Frankfurt beschäftigten die Adlerwerke 1943 das drittgrößte Zwangsarbeiterheer nach den I.G. Farben und den Vereinigten Deutschen Metallwerken.[229] Und letztlich muß auch in der Zugkraftwagenindustrie differenziert werden. Von den bei ihr im April 1943 insgesamt 11 072 beschäftigten Zwangsarbeitern war jeder sechste bei Adler in Frankfurt.[230] Die Firma zählte im Jahre 1943 mit insgesamt mehr als 7600 Beschäftigten so viele Werksangehörige wie seit dem Ersten Weltkrieg und der Inflationszeit nicht mehr.[231] Und ohne die durch Einführung der Bandmontage und Vereinfachung der Arbeitsverfahren verbesserte arbeitsorganisatorische und fertigungstechnische Eingliederung der Zwangsarbeiter wäre auch der enorme Umsatzsprung zwischen 1942 und 1943 von 54 auf 85 Mio. RM nicht zu

---

225 Soll- und Ist-Vergleich der Montagefirmen vom März bis Dezember 1943, BAK, R3/3195.

226 Belegschaftszahlen und Gesamtarbeitsstunden 1939-1945 (Anm. 197).

227 Der Durchschnitt lag bei 45%, errechnet nach Zusammenstellung über den Arbeitseinsatz in dem Sonderausschuß Pz.IV, Zugkraftwagenfertigung, Hauptausschuß »Panzerwagen und Zugmaschinen« v. 30.4.1943, BAK, R41/240, fol.10; vgl. Kubisch, 1986, S.31.

228 Und zwar 13,1% gegenüber 23,1% bei Adler im gleichen Monat, Bericht der Prüfungskommission im Wehrkreis IX an den RMfBuM v. 9.9.1942, BA-MA, RW20-9/12, fol.47f.; Belegschaftszahlen und Gesamtarbeitsstunden 1939-1945 (Anm. 197).

229 Vgl. HStAWi, 483/7705 u. 7328.

230 Siehe Anm. 227.

231 Einschließlich der Angestellten waren zum 30.9.1943 im Frankfurter Hauptwerk 6471 Beschäftigte für die AW tätig, Industriebericht der AW für die RGI v. 30.9.1943, BAK, R13III/319, Heft 11. Hinzu kamen bereits 1942, vor dem Boom, 990 Arbeiter und Angestellte in den Zweigniederlassungen der Firma, Mitteilung der AW v. 28.5.1942 an das Amtsgericht, AGFfm, HRB/386. Die Gesamtbelegschaft umfaßte 1943 weit über 7600 Personen. Zwangsarbeiter und Kriegsgefangene wurden zumindest auch in den Filialen Berlin, Hannover und Hamburg eingesetzt, HStAWi, 520/F, H.; ferner »Das nationalsozialistische Lagersystem«, 1990, S.81 u. S.468.

erwirtschaften gewesen.[232] Mit dem vierthöchsten Umsatzergebnis in der bisherigen Firmengeschichte ging man in das Jahr 1944, in dem der Rüstungsausstoß des NS-Staates seinen Höhepunkt erreichte, und in dem Hitler den Schützenpanzerwagen eine wachsende taktische Bedeutung zur Verstärkung der Panzerdivisionen zuwies.[233]

---

232 Der Produktivitätsschub des Jahres 1943 bestand darin, daß mit der Steigerung der durchschnittlichen Zahl der beschäftigten Arbeiter gegenüber dem Vorjahr um 27,5% eine Erhöhung des geleisteten Arbeitsstundenpensums von 38,2% und eine Vermehrung des Umsatzes von 57% einherging, berechnet nach: Belegschaftszahlen und Gesamtarbeitsstunden 1939-1945 (Anm. 197); sowie PS-AW, AA-U. Die »innere Stärkung« konnte damit fortgesetzt werden: Der Rücklagenfonds wurde von 3,5 Mio. RM im Jahre 1938 auf 10 Mio. RM im Jahre 1943 aufgestockt. Im gleichen Zeitraum stiegen die Wertpapiere und Bankguthaben der Firma von 1,2 Mio. RM auf 7,6 Mio. RM. Aber auch die Aktionäre erlebten die beste Periode seit dem 1. Weltkrieg. Von 1939 bis 1943 wurden an sie jährlich 0,9 Mio. RM Dividende, insgesamt 4,5 Mio. RM, ausgeschüttet, AW, GB 1938-1943. Am Ende des Krieges war gleichwohl ein Vermögen in Höhe von 350% des im Zuge der Dividendenabgabeverordnung 1942 auf 18 Mio. RM erhöhten Grundkapitals angehäuft, mithin 63 Mio. RM, siehe »Vorläufig kein Automobilbau bei den Adlerwerken«, FR v. 26.5.1951.

233 Siehe Besprechung Hitlers mit Generalmajor Thomale am 29.12.1944, »Hitlers Lagebesprechungen«, 1962, S.778. So forderte Hitler im November 1944 den sofortigen Serienanlauf des mittleren Schützenpanzerwagens mit dem Aufbau der Panzerabwehrkanone »Pak40«, was er im Dezember 1944 »als eine der besten technischen Lösungen des Krieges« bezeichnete, BAK, R3/1510, fol.91.

II.

Produktionsfaktor Zwangsarbeit

1. Anzahl und Zusammensetzung

Am 21.9.1942 arbeiteten insgesamt 804 AusländerInnen (53 Frauen und 751 Männer) bei Adler. Dabei handelte es sich um 53 Frauen und 428 Männer aus der Sowjetunion, 117 sowjetische Kriegsgefangene, 108 Franzosen, 10 Wallonen, 51 Flamen sowie 27 Menschen sonstiger Nationalitäten. Rund ein halbes Jahr später waren schon 1727 Personen (318 Frauen und 1409 Männer) im Einsatz: 164 Russinnen, 258 Russen, 123 sowjetische Kriegsgefangene, 137 Ukrainerinnen, 354 Ukrainer, eine Weißruthenierin, 17 Weißruthenen, 16 Französinnen und 602 Franzosen, 7 Wallonen, 22 Flamen, 26 Sonstige.[1]

Die Zahl der Arbeitskräfte aus der Sowjetunion war verdoppelt, die der Franzosen nahezu vervierfacht worden. In absoluten Zahlen wuchs das Gesamtkontingent nach einem weiteren halben Jahr, am Stichtag des 30.9.1943, auf 2154 AusländerInnen (461 Frauen, 1468 Männer und 225 Kriegsgefangene). Bis zum 31.1.1944 fiel ihre Gesamtzahl erstmals auf 1941 (463 Frauen, 1226 Männer und 252 Kriegsgefangene) ab.[2]

Der nach den Kriterien »Rasse« und »Volkstumszugehörigkeit« zwischen »West- und Ostarbeitern« sowie Kriegsgefangenen etablierten Hierarchie entsprach eine abgestufte Diskriminierung mit starkem Gefälle. Französische ZivilarbeiterInnen rangierten bei den »Westarbeitern« vor denen aus anderen westlichen Ländern (Belgien, Holland). Ganz unten standen die ArbeiterInnen aus der Sowjetunion (mit ihnen seit dem Sommer 1943 auch die italienischen Militärinternierten), wobei gewisse Abstufungen zwischen Ukrainern und Russen auf der einen, Zivilarbeitern und Kriegsgefangenen auf der anderen Seite feststellbar sind.[3]

Im folgenden Text wird der Begriff ZwangsarbeiterInnen allgemein für die ausländischen Frauen und Männer im Arbeitseinsatz gebraucht, denn: »Alle Ausländer, seien sie freiwillig, unter ökonomischem Druck oder unter Einsatz physischer Gewalt gekommen, mußten mittel- und längerfristig durch Zwangsmaßnahmen auf ihren Arbeitsstellen gehalten und zur Arbeitsleistung gezwungen werden.«[4]

---

1 Auflistungen der Gauverwaltung Hessen-Nassau, Hauptstelle Arbeitseinsatz, Stichtag 21.9.1942 u. 1.4.1943, HStAWi, 483/705 u. 483/7327-28. Belgier wurden in Flamen und Wallonen getrennt.

2 Industriebericht der AW f. d. RGI v. 30.9.1943 u. 31.1.1944, BAK, R13III/319, Heft 11 u. R13III/321, Heft 12.

3 Vgl. Herbert, 1986, S.36.

4 Kaienburg, 1989, S.171.

»Ostarbeiter«

An die Ausbeutung der Arbeitskraft von SowjetbürgerInnen in Deutschland war aus sicherheits- und volkstumspolitischen Bedenken zunächst nicht gedacht worden. Ein Erfolg der »Blitzkriegskonzeption« hätte eine frühzeitige Demobilisierung mit entsprechender Entlastung des Arbeitskräftebedarfs bedeutet. Doch nach deren Scheitern ordnete Hitler am 31.10.1941 an, »daß auch die Arbeitskraft der russischen Kriegsgefangenen durch ihren Großeinsatz für die Bedürfnisse der Kriegswirtschaft weitgehend auszunutzen ist.«[5] Sowjetische ZivilarbeiterInnen sollten angeworben werden, aber prinzipiell wie Kriegsgefangene behandelt werden.

Fritz Sauckel wurde im März 1942 zum »Generalbevollmächtigten für den Arbeitseinsatz« (GBA) ernannt, um Aushebung und Einsatz von zivilen ZwangsarbeiterInnen im Rahmen der vom Reichsminister für Bewaffnung und Munition, Albert Speer, durchgeführten Reorganisation der Kriegswirtschaft, effektiver zu gestalten.[6]

Durch die Einziehung auch von Rüstungsarbeitern verschärfte sich seit dem Spätherbst 1942 das Arbeitskräftedefizit in Deutschland drastisch; im ersten Halbjahr 1943 fehlten der deutschen Kriegswirtschaft etwa 1,5 Millionen Arbeitskräfte. Zwar stieg die Zahl der zwischen November 1942 und Ende Dezember 1943 in Deutschland beschäftigten sowjetischen ZivilarbeiterInnen von 1,1 auf 1,8 Millionen Menschen,[7] doch schrumpften die Rekrutierungsmöglichkeiten durch den kontinuierlichen Rückzug der deutschen Armeen immer einschneidender zusammen; gleichzeitig nahm der Widerstandswille der sowjetischen Bevölkerung gegen die »Anwerbungen« stark zu. Um das ständig wachsende Aufbringungssoll zu erfüllen, wurden die ArbeiterInnen durch eine Kombination von Versprechungen über nutzbringende und lohnende Arbeit (höhere Löhne und

---

5 Zitiert nach: Herbert, 1985, S.141. Als diese Grundsatzentscheidung fiel, erreichte das Massensterben unter den russischen Kriegsgefangenen gerade seinen Höhepunkt. Etwa 60% der 1941 gemachten Gefangenen kamen um, bevor der Arbeitseinsatz überhaupt organisiert werden konnte. Von den 3,3 Mio. Gefangenen des Jahres 1941 arbeiteten Ende Januar 1942 knapp 148 000 in der deutschen Wirtschaft, Ende Oktober waren es 487 000. Bis Kriegsende wurden es nie mehr als 631 000 (August 1944) – 11% der Gesamtzahl von 5,7 Mio., Streit, 1981, S.190.

6 Sauckel erhielt die Vollmacht zur Aushebung aller noch verfügbaren Arbeitskräfte im Großdeutschen Reich einschließlich des Protektorats sowie im Generalgouvernement und in den besetzten Gebieten. Diese Aufgabe war vorher von der Geschäftsgruppe »Arbeitseinsatz« in der Organisation des »Beauftragten für den Vierjahresplan«, H. Göring, wahrgenommen worden, Handbuch für die Dienststellen des Generalbevollmächtigten, S.22-26, zitiert nach: Pfahlmann, 1968, S.17.

7 Ebd., S.256.

Überweisungsmöglichkeiten in die Heimat), sozialem Druck (Schließung von Betrieben, Entzug der Lebensmittelkarten, Beschlagnahmung von Nahrungsmitteln) und brutalem Terror (Razzien, Prügelstrafen, Androhung der Erschießung, das Niederbrennen von Höfen und Dörfern) zwangsrekrutiert. Das Durchschnittsalter der Deportierten lag bei etwa 20 Jahren, viele von ihnen waren aber erheblich jünger: auch 15- und 16jährige wurden zum Arbeitseinsatz nach Deutschland verschleppt.[8]

Görings Richtlinien vom 7.11.1941 für die Behandlung der sowjetischen Arbeitskräfte waren der »zugespitzte Ausdruck des Herrschaftskompromisses vom Herbst 1941: Arbeitseinsatz der Russen: ja – dafür aber maximale Ausbeutung, denkbar schlechte Behandlung und Ernährung, Todesstrafe auch bei geringen Vergehen.«[9] Ganz auf dieser Linie erließ Himmlers Reichssicherheitshauptamt (RSHA) am 2.2.1942 die berüchtigten »Ostarbeitererlasse«, einen vollständigen Ausdruck »der Umsetzung der rassistischen Unterscheidung von ›Herrenmenschen‹ und ›Untermenschen‹ in die Praxis des Arbeitseinsatzes.«[10] Begründet damit, daß sich das »Rechtsempfinden deutschen Blutes [...] nicht auf Fremdvölkische übertragen« lasse, standen »Ostarbeiter« außerhalb der deutschen Sozial- und Arbeitsordnung und auch außerhalb der Betriebsgemeinschaft; sie unterstanden weder dem allgemeinen Tarifschutz noch der deutschen Arbeitsgerichtsbarkeit. Es wurde ausschließlich das Prinzip Arbeitsverdienst gegen Arbeitsleistung angewandt. Arbeitsschutzrechtliche Bestimmungen wie die Arbeitszeitordnung, Jugendarbeitsschutz oder Mutterschutzgesetz galten nicht.[11] Die Entgeltbemessung sah nur »äußerst niedrige Nettolöhne« vor.[12] Als

---

8 Vgl. Herbert, 1985, S.157ff.

9 Ebd., S.143. Görings Leitlinien für die Behandlung: »Die deutschen Facharbeiter gehören in die Rüstung; Schippen und Steineklopfen ist nicht ihre Aufgabe, dafür ist der Russe da. [...] Keine Berührung mit deutscher Bevölkerung, vor allem keine Solidarität. Deutscher Arbeiter ist grundsätzlich Vorgesetzter der Russen. [...] Ernährung Sache des Vierjahresplanes. Schaffung eigener Kost (Katzen, Pferde usw.), Kleidung, Unterbringung, Verpflegung etwas besser als zu Hause, wo Leute zum Teil in Erdhöhlen wohnten. [...] Aufsicht: Wehrmachtsangehörige während der Arbeit, aber auch deutsche Arbeiter, die hilfspolizeiliche Funktionen wahrzunehmen haben. [...] Die Strafskala kennt zwischen Ernährungsbeschränkung und standrechtlicher Exekution keine weiteren Stufen.«, zitiert nach: Herbert, 1985, S.142.

10 Herbert, 1986, S.28. »Schon bei Hinweisen auf ›Disziplinwidrigkeit‹, ›kriminelle Verfehlungen‹ und Geschlechtsverkehr mit Deutschen war nach diesen Bestimmungen ›nur mit harten Maßnahmen, d.h. Einweisung in ein Konzentrationslager oder Sonderbehandlung‹ vorzugehen – ›Sonderbehandlung‹ war bei den Nationalsozialisten der bürokratische Begriff für Hinrichtung ohne formelles Urteil. Ein Arbeitseinsatz wurde zunächst in ›Kolonnen‹ gestattet, die Barackenlager für sowjetische Zivilarbeiter, offiziell ›Ostarbeiter‹ genannt, waren mit Stacheldraht zu umzäunen, es bestand Ausgehverbot und Prügelstrafen waren den Wachmannschaften ausdrücklich erlaubt. Für alle ›Ostarbeiter‹ war das Tragen eines Abzeichens (›OST‹) obligatorisch.«, ebd.

11 Küppers/Bannier, 1943, S.31f., S.45 u. S.59 (Zitat S.45).

noch folgenschwerer erwies sich die Maxime: »Der Russe ist genügsam, daher leicht und ohne schwerwiegenden Einbruch in unsere Ernährungsbilanz zu ernähren«.[13] Schon nach wenigen Monaten war der Gesundheitszustand der »Ostarbeiter« so katastrophal, daß die Kriegswirtschaft wegen des daraus resultierenden niedrigen Produktivitätsniveaus Kritik übte.[14]

Da sich das bedenkenlose Primat rassistischer Zerrbilder als Hindernis einer dringend erforderlichen leistungsorientierten Behandlung erwies, war ein politischer Kurswechsel zwingend erforderlich geworden. In der »Verordnung über die Einsatzbedingungen der Ostarbeiter« vom 30.6.1942 wurden vor allem die Ernährungs- und Lohnfrage neu geregelt, und Anfang 1943, wenn auch nur zögerlich und inkonsequent, wurde eine Kampagne zur Verbesserung der Arbeits- und Lebensbedingungen eingeleitet.[15] Wie sehr der Ausländereinsatz durch die vom Kriegsverlauf diktierten tiefgreifenden Widersprüche gekennzeichnet war, zeigt sich daran, daß das Reichspropagandaministerium gemeinsam mit dem RSHA im April 1943 mit einem »Merkblatt über die allgemeinen Grundsätze für die Behandlung der im Reich tätigen ausländischen Arbeitskräfte« nunmehr selbst für das Korrektiv sorgte, indem man paradoxerweise nun gegen die eigenen Thesen vom russischen »Untermenschen« zu Felde zog.[16]

Zwar wurden die Ernährungssätze erhöht, die Anlernung ermöglicht, Ausgangsregelungen und Arbeitsbedingungen erleichtert, doch blieben gleichzeitig alle diskriminierenden Vorschriften der Sicherheitsbehörden in Kraft, und das Strafsystem wurde sogar noch weiter verschärft.[17] Die ursprünglich auf zwei Jahre begrenzte Dauer des Beschäftigungsverhältnisses wurde im März 1944 einfach um ein weiteres Jahr verlängert.

Zur Steigerung der Leistungsmotivation erhöhte sich das Einkommen bei

---

12 Die im Januar 1942 eingeführte Entlohnung unterstellte, »daß die sowjetischen Arbeiter im Grundsatz den gleichen Lohn erhielten wie die deutschen, der dann soweit heruntergesteuert wurde, daß nicht mehr als etwa 50 RM im Monat verdient würden, wovon noch Verpflegung und Unterkunft zu bezahlen waren, so daß den Ostarbeitern tatsächlich nichts übrig blieb«, Herbert, 1985, S.171f. Eine Verbesserung der Lebensführung war bei diesem System auch durch Höchstleistungen nicht zu erzielen, demzufolge fehlte jeder finanzielle Leistungsanreiz, vgl. Küppers/Bannier, 1943, S. 34.

13 Göring auf einer Besprechung am 7.11.1941, BA-MA, RW20-9/9.

14 RGI an RMEL v. 5.3.42, Eichholtz, Bd. II, 1985, S.215f.; vgl. Herbert, 1985, S.171f.

15 Eine prinzipiell beschlossene bessere Ernährung kollidierte erst einmal mit der Anfang 1943 durchgesetzten Senkung der Lebensmittelrationen der deutschen Bevölkerung. Um den alten Abstand zu wahren, wurde auch die Versorgung der »Ostarbeiter« gekürzt. Erst als im Oktober 1943 die alte Höhe der Rationen für Deutsche wieder eingeführt wurde, konnten auch die Sätze für die sowjetischen ZwangsarbeiterInnen geringfügig, um etwa 10%, gesteigert werden, vgl. Herbert, 1985, S.238.

16 Ebd., S.243ff.

17 Herbert, 1986, S.35; Herbert, 1985, S.178.

vermehrtem Arbeitsverdienst progressiv, doch blieb der Effekt durch Besteuerung und Verpflegungssätze denkbar gering.[18] Einzigartig war auch die Lohnzahlung: Die »Ostarbeiter« durften keine Entgeltabrechnung in Händen halten, sondern erhielten lediglich den für sie errechneten Barbetrag.[19] Faktisch konnten die »Ostarbeiter« von ihrem Lohn außer geringfügigen nichtrationierten Genuß- und Lebensmitteln nichts kaufen.[20] Da es keine Zeitlohngarantie gab, konnten in den zerbombten Betrieben die Löhne problemlos drastisch reduziert werden, wenn keine volle Arbeitsleistung mehr möglich war. Im Fall der Erkrankung wurde kein Lohn gezahlt, sondern nur Unterkunft und Verpflegung gestellt, wobei es belanglos war, ob es sich um einen allgemeinen Krankheitsfall oder um einen Betriebsunfall handelte.[21] Dringend benötigte zusätzliche Lebensmittel waren nur noch durch erhöhten Arbeitseinsatz, z.B. mit einer Schwerst- bzw. Langarbeiterzulage erhältlich.[22] Unübersehbar zeigte die körperliche Verfassung der »Ostarbeiter«, daß eine Reproduktion ihrer Arbeitskraft mit dem Entgelt der Betriebe praktisch ausgeschlossen war.

Als Ende Mai 1942 in großem Umfang »Ostarbeiter« der Frankfurter Rüstungsindustrie zugewiesen wurden, machte das Rüstungskommando »zwar wenige, geschulte Facharbeiter, jedoch eine erhebliche Anzahl recht leistungs-

---

18 Legt man z.B. die Entgelttabelle v. April 1943 zugrunde, standen dem Bruttomonatslohn eines deutschen Arbeiters von 138 – 142,50 RM lediglich 96 RM für »Ostarbeiter« gegenüber, StdAFfm, MA 7741, Bd. 1. Selbst dieser gekürzte Lohn wurde nicht ausgezahlt. Effektiv blieben nur noch 51 RM übrig, da außerdem einheitlich 1,50 RM als Tagessatz für Unterkunft und Verpflegung einbehalten wurden, und zwar gleichgültig, ob gearbeitet wurde oder nicht, Eichholtz, Bd. II, 1985, S.46. Zulagen durften grundsätzlich nur in Verbindung mit der Arbeitsleistung (z.B. Erschwernis- und Schmutzzulagen) gezahlt werden. Erst ab dem Frühjahr 1944 gab es Zuschläge für Mehrarbeit, Sonntags- und Feiertagsarbeit oder Nachtarbeit, ebd., S.43; vgl. Pfahlmann, 1968, S.164. Ausschließlich an das Reich floß die sogenannte »Ostarbeiterabgabe«, eine Steuer, die die Unternehmer abzuführen hatten, um zu verhindern, daß die sowjetischen Arbeiter so billig würden, daß sie deutschen Arbeitern vorgezogen würden. Im Zuge der Neuregelung der Einsatzbedingungen wurden die »Ostarbeiter« ab dem 1.4.1944 lohnsteuerpflichtig, ebd., S.166.

19 Küppers/Bannier, 1943, S.39.

20 »In den höheren Lohnlagen« sollten die Barbeträge außerdem nach Möglichkeit verzinslich gespart und die Sparbeträge in die Heimat überwiesen werden. Das Sparen geschah in Form von Sparmarken, die in eine vom Betrieb aufbewahrte »Ostarbeiter«-Sparkarte geklebt wurden, ebd., S.49f.

21 Bis zur relativen »Besserstellung« der »Ostarbeiter« im Frühjahr 1944 galt dies auch für den Lohnausfall für Unterbrechungen der Arbeit durch Luftangriffe, ebd., S.32 u. S.46.

22 Die reichseinheitliche Differenzierung der Lebensmittelrationen war noch komplizierter und noch stärker abgestuft als das Lohnsystem.»Die Differenzierung in den Rationen von Schwerst-, Schwerarbeitern und sogenannten Normalverbrauchern wurde ergänzt durch die Unterschiede zwischen den Zuteilungen an nichtsowjetische ausländische Zivilarbeiter, die nach Quantität den Rationen der Deutschen gleichkamen, an nichtsowjetische Kriegsgefangene und an sowjetische Kriegsgefangene und ›Ostarbeiter‹.«, Eichholtz, Bd. II, 1985, S.269.

fähiger und anstelliger Arbeitskräfte unter den Russen« aus.[23] Allerdings häuften sich nach kurzer Zeit die Klagen über die Konsequenzen der »Richtlinien« Görings und der »Ostarbeitererlasse« Himmlers: »Nach einwandfreien Feststellungen sind die freigeworbenen Zivilarbeiter in gut ernährtem Zustand und durchweg arbeitswillig bei den Betrieben eingetroffen. Mangels besonderer Anordnungen für die Unterbringung und Verpflegung wurden diese Arbeitskräfte entgegen der ihnen gemachten Zusicherungen sofort hinter Stacheldraht gesetzt und wie Kriegsgefangene beköstigt. Außerdem wurde ihnen vom Lohn nach den ergangenen Bestimmungen [...] so erhebliche Abzüge gemacht, daß sie in einzelnen Fällen unter Berücksichtigung der zu zahlenden Vergütung für Unterkunft und Verpflegung nicht nur nichts übrig hatten, sondern auch noch kleinere Beträge zuzahlen mußten. Außerdem waren unter der unzureichenden Ernährung einzelne Arbeitskräfte, die durchaus arbeitswillig gekommen waren, entkräftet zusammengebrochen« – lautete die Kritik der Rüstungsinspektion Kassel.[24] Bezüglich der Behandlung der »Ostarbeiter« wurde seitens der Staatspolizeileitstellen keine einheitliche Auffassung vertreten. Als ausgesprochen scharfmacherisch konnte die Frankfurter Gestapo gelten, die die Empfehlung aussprach, »die Ostarbeiter zwar ausreichend zu verpflegen, im übrigen aber doch als ›Vieh‹ anzusehen.«[25] Es dauerte ein Jahr, bis nach der Entscheidung für den »Russeneinsatz« die Ernährungsfrage zumindest auf der Ebene der Erlasse und Anordnungen geklärt war.[26]

In den Adlerwerken traten beträchtliche Probleme bei der Ernährung, Bekleidung, Behandlung, Unterbringung und Entlohnung der »Ostarbeiter« auf. In den Nachkriegsverfahren wurden diese Mißstände teilweise als »Unzulänglichkeiten« der Anfangsphase mit der Behauptung, man habe sich um Besserung bemüht, entlastend zur Sprache gebracht. Dem Verfahren gegen einen Ober-

---

23 KTB des RüKo Ffm v. 29.5.1942, BA-MA, RW21-19/11. Eine Wertschätzung, die sich auch nach weiteren Monaten nicht veränderte: »Wiewohl keine gelernten Facharbeiter, zeigen sie sich, selbst Landarbeiter, anstellig, ordentlich und fleißig«, KTB RüKo Ffm v. 4.6.1942, BA-MA, RW21-19/12.

24 BA-MA, RW20-9/22. Eine detaillierte Ursachenforschung ergab, daß den »Ostarbeitern« nur ein Bruchteil der jämmerlichen Rationen zukam, Boberach, 1984, S.3978f. Konsequenz der nach DAF-Verpflegungsrichtlinien verabreichten »arteigenen Kost« war das Ansteigen der Flecktyphus-Fälle. Ende 1942 reklamierte die DAF bei Gauobmann Eck die mangelhafte Entlausung im Durchgangslager in Kelsterbach mit Verweis auf den beunruhigenden Anstieg der Fleckfieber- und Typhusfälle in Ffm, vgl. Schr. DAF-Abt. Raum – u. Quartierbeschaffung v. 22.12.1942, HStAWi, 483/705. In einem SD-Bericht von 1942 traf man die Feststellung, in Ffm sei Flecktyphus so verbreitet, »daß verschiedene Betriebe sogar bis zu 50% der zugewiesenen Arbeitskräfte wegen Krankheit, aber auch wegen völliger Entkräftung an die Arbeitseinsatzbehörden hätten wieder abgeben müssen«, BAK, R58/172.

25 BA-MA, RW20-9/22.

26 Herbert, 1985, S.170f.

wachleiter war zu entnehmen, daß sich »häufig unliebsame Szenen« abspielten, bei »denen die Ostarbeiter sich wie wild gebärdeten und sich gegenseitig die Essgeschirre auf die Köpfe schlugen«.[27] Der Küchenverwalter habe die Verteilung »unkorrekt« organisiert und den Russen »nur Wassersuppen« kochen lassen.[28] Der Führer der DAF im Werk erinnerte sich, es habe sich um »Schweinefraß« gehandelt, doch habe sich die Ernährung im Laufe der Zeit verbessert und sei nur in den ersten Monaten so schlecht gewesen.[29]

Mit der Arbeitseffizienz hatten die Adlerwerke noch rund ein Jahr nach dem Beginn des »Ostarbeiter«-Einsatzes beachtliche Probleme. Die Akkordabrechnungen zeigten »ein derart schlechtes Ergebnis bezüglich der Leistung im Vergleich zu den deutschen Werkern, daß die Minderleistungen unmöglich nur auf den persönlichen Einsatz der Ostländer zurückzuführen sind«, monierte die Technische Direktion im Juni 1943.[30]

Auch auf die Unterbringung einer seit 1942 schnell wachsenden Zahl von »Ostarbeitern« war das Werk unzureichend vorbereitet, was deren Verteilung auf eine Vielzahl von Baracken und bis Mitte 1943 andauernde menschenunwürdige Provisorien erzwang. »Wir waren abhängig von den zu bauenden Baracken, hatten keine Badegelegenheiten. Die Leute waren mit der Verpflegung und Unterbringung nicht zufrieden«, umriß der Oberwachleiter die Schwierigkeiten.[31] Schließlich soll auch die Bekleidung der »Ostarbeiter« nach ihrem Eintreffen erbärmlich gewesen sein.[32]

Beachtliche Einbrüche erlebte die Lagerführung beim Aufbau eines Leitungs- und Kontrollsystems. Die »Lagerselbstverwaltung« funktionierte wegen »Korruption« nicht und mußte reorganisiert werden.[33] Zur Disziplinierung stützte man sich anfänglich auf eine sogenannte »Lagerpolizei«. »Unter den Russen waren eine zeitlang Unteraufseher eingesetzt, die teilweise sehr robust waren und denen habe ich freie Hand gelassen. Wenn Ausländer etwas ausgefressen hatten, habe ich sonntags Appell angesetzt, habe bekanntgegeben, was und wer

27 Schr. des Verteidigers v. 28.6.1948 im Spruchkammerverfahren gegen den Oberwachleiter M. Dieser übte die Position von Oktober 1942 – November 1943 aus. 1949 wurde er in der Berufung als »Mitläufer« eingestuft, HStAWi, 520/F, M.

28 Aussage des Oberwachleiters M., bestätigt durch die Aussage des Wachmanns M. in der Spruchkammersitzung v. 14.7.1949, ebd.

29 HStAWi, 520/F, S.

30 Richtlinien für die Verwaltungsabteilung Nr. 241 v. 30.6.1943, BRTA.

31 HStAWi, 520/F, M.

32 Wie Anm. 27.

33 Aussage des Oberwachleiters M. in der Spruchkammersitzung v. 14.7.1949, HStAWi, 520/F, M. Die zeitweise gewährte Ausgeherlaubnis für Gruppen von zehn Mann wurde angeblich mißbraucht. Die Barackenältesten mußten ausgetauscht werden, da sie die Lebensmittel angeblich nicht gerecht verteilten.

etwas ausgefressen hat und habe die Schuldigen den Unteraufsehern überlassen«, erläuterte der erste Oberlagerführer.[34] Die Auswirkungen dieses Terrorregimes erforderten zwar die Ablösung der Truppe, doch hörten die Prügeleien deshalb nicht auf. Nach vorliegenden Aussagen über den Gewalteinsatz im Lager kam es zu Tätlichkeiten auch durch das Lagerpersonal der Adlerwerke; geschlagen wurde mit der Peitsche, dem Stock oder der Faust – was teilweise auch in der Arrestzelle in der Wachbaracke passierte.[35] Die zumeist dienstverpflichteten Wachmänner – mehrheitlich keine Parteigenossen (Pg.) und im Alter zwischen 46 und 67 Jahren – wollten allerdings mit einer Ausnahme nur vom Hörensagen und nicht aus eigener Wahrnehmung Mißhandlungen bestätigen.[36]

Es mag sich abgezeichnet haben, daß Regellosigkeiten im Strafsystem mit den Erfordernissen des Produktionsprozesses unvereinbar waren.[37] Der Oberwachleiter wurde von seinem Posten abgelöst.[38] Einen weiteren personellen Eingriff nahm die Gestapo selbst vor. Ende 1943 wurde der erste Oberlagerleiter seines Postens enthoben, nachdem ihn die Gestapo zwei Wochen mit der Anschuldigung »artvergessenen Verhaltens gegenüber Ostarbeiterinnen und Schädigung des deutschen Ansehens« in Haft genommen hatte.[39] Die Ablösung der

34 Ebd; vgl. auch HStAWi, 520/OT, G. Der erste Oberlagerführer G. (kfm. Abteilungsleiter, Jg. 1893, Pg. seit 1932, NSKK-Scharführer, als Hauptmann uk gestellt), übernahm die Werkschutz- und Lagerführung von Sept. 1942 – Okt. 1943. Ab August 1944 wurde er mit der Verpflegung von italienischen Zivilarbeitern u. von aus »rassischen Gründen Sonderdienstverpflichteten« in der Grube Ellers bei Neuhof betraut. Er wurde 1946 durch die Spruchkammer in die Gruppe 3 (Bewährungsgruppe) eingereiht. Sein Berufungsverfahren wurde zunächst abgelehnt, 1948 dann durch die Zuordnung zur Gruppe 4 (Mitläufer) abgeschlossen.

35 Vernehmung W. v. 16.12.1947 u. D. v. 19.1.1948, ebd.; Aussagen W. und F. in der Sitzung v. 14.7.1949, HStAWi, 520/F, M.

36 Auf die Vereidigung eines Belastungszeugen im Spruchkammerverfahren des Oberwachleiters wurde verzichtet. Der Ankläger bemerkte hierzu: »Ich glaube dem Zeugen ohne weiteres, daß etwas vorgekommen ist, aber es darf nicht außer Acht gelassen werden, daß sehr viele Jahre dazwischen liegen.« In der Urteilsbegründung wollte man keine Belastung daraus herleiten, daß in »diesem großem Ausländerlager, das hauptsächlich mit Russen belegt war, eine stramme und feste Führung zu halten« war, ebd.

37 Die antirussische Indoktrination war von Werkseite gefördert worden. So wurde ein Arbeiter nur deshalb zur Gestapo zitiert, weil er der Auffassung seiner Kollegen, gegen die Russen sei schärfer vorzugehen als gegen die Franzosen, widersprochen hatte. Ein anderen Arbeiter mußte sich bei der Gestapo rechtfertigen, weil er einer Russin Brot geben wollte, vgl. HStAWi, 520/F, S.

38 Dem Revirement vorangegangen war neun Monate zuvor eine Abmahnung wegen einer ungerechtfertigten Prügelstrafe. Was lediglich der Neuausrichtung in der Behandlung der »Ostarbeiter« entsprach, wurde – trotz einer Vielzahl gänzlich anders gelagerter Tatbestände – mit großem Aplomb bei den amerikanischen Behörden und im Spruchkammerverfahren des Vorstandsvorsitzenden als Präzedenzfall präsentiert, siehe Abschrift des Aushanges v. 6.2.1943 in HStAWi, 520/F, Ernst Hagemeier.

39 HStAWi, 486. Nach seiner eigenen Einlassung hatte sich G. wegen zu humaner Behandlung der Ausländer mißliebig gemacht, konkret weil er »Bunte Abende« und Tanzmöglichkeiten

bisher Hauptverantwortlichen und die Entlassung des Küchenverwalters zeigte Ende 1943 – zwei Jahre nach Beginn des Ausländereinsatzes – die Bereitschaft zu einer Reorganisation der Kompetenzen, was sich auch in einer neuen Betriebsanweisung, den sogenannten »Grundsätzen«, niederschlug. Nachfolger in der Position des Oberlagerführers wurde der Ausbilder der gewerblichen Lehrlinge.[40] Obgleich der oberen administrativen Ebene nicht zugehörig, nahm der Oberlagerführer durch seine unmittelbare Befehlsgewalt über rund 2000 ZwangsarbeiterInnen eine absolut exponierte Machtstellung ein. Ihm unterstand ein straff hierarchisch gegliedertes Unterführerkorps. Der Oberlagerführer wurde vom Betrieb eingesetzt und von der DAF und der Gestapo bestätigt. Der DAF unterstand er, soweit er »Betreuungsaufgaben« wahrzunehmen hatte, »Sicherheitsaufgaben« hatte er vor dem Abwehrbeauftragten zu verantworten.[41]

Die Kriegsgefangenen

Die sowjetischen Kriegsgefangenen rangierten in der nationalsozialistischen Gefangenenhierarchie noch unter den »Ostarbeitern«, schlechter ging es nur noch den KZ-Häftlingen. Völkerrechtliche Bindungen wie das Genfer Abkommen von 1929 wurden bei der Behandlung und dem Arbeitseinsatz von der Wehrmachtsführung nicht anerkannt, eine Überführung in den zivilen Status kam, anders als bei den westlichen Kriegsgefangenen, niemals in Frage.[42] Die Gestellung von Kriegsgefangenen lag in der Zuständigkeit des Allgemeinen Wehrmachtsamtes im Oberkommando der Wehrmacht bzw. des zuständigen Wehrkreiskommandos und des Reichsarbeitsministeriums bzw. der Landesarbeitsämter.[43] Der Einsatz von Kriegsgefangenen war für die Betriebe denkbar profitabel, da sich auch ihre Entlohnung auf der untersten Stufe befand. Nur maximal 3,65 RM pro Tag – weniger als für einen KZ-Häftling (!) – mußten die Betriebe für sie abführen. Erst ab April 1943 wurde ihnen ein minimales Handgeld zugestanden. Westliche Kriegsgefangene erhielten 0,70 RM, polnische 0,50 RM und sowjetische nur 0,20 RM. Die Kriegsgefangenen wurden nicht

---

geboten sowie Sing- und Sportgruppen gebildet habe. In Anbetracht der geschilderten rücksichtslosen Behandlung kann diese Version keinen Anspruch auf Zuverlässigkeit haben, zumal die genannten Aktivitäten durchaus den Richtlinien der DAF entsprachen, HStAWi, 520/F, G.

40 Der zweite Oberlagerführer Z., Jg. 1891, HJ-Unterbannführer, Pg. seit 1933, starb 1945.

41 Küppers/Bannier, 1943, S.24.

42 Streit, 1981, S.224f.

43 Im Sept. 1944 wechselte die Zuständigkeit des Allgemeinen Wehrmachtsamtes auf den Befehlshaber des Ersatzheeres und Reichsführer SS Himmler, vgl. Pfahlmann, 1968, S.83ff.

gegen Krankheit und Invalidität versichert. Kranke wurden in das Stammlager (Stalag) oder das Kriegsgefangenenlazarett rücküberführt, was einer Todeserklärung gleichkam.[44] Anfänglich wollte man die sowjetischen Gefangenen »mit ›üblicherweise nicht zum Verzehr kommende[n] Tiere[n] und mit einem bis zu 50 Prozent aus Füllstoffen bestehenden Russenbrot‹ verpflegen. Diese Absichten mußten nach und nach aufgegeben werden. Die Rationen blieben aber immer am Rande des Existenzminimums, obwohl dadurch die Arbeitsleistung erheblich beeinträchtigt wurde, und die Mortalität immer außerordentlich hoch blieb.«[45]

Ab April 1942 erfolgten Zuteilungen sowjetischer Kriegsgefangener aus dem Stalag Bad Orb an einzelne Frankfurter Rüstungsbetriebe.[46] Wer das Stalag überlebte, kam in der Regel in einem unbeschreiblich elenden Zustand nach Frankfurt.[47] »17 Kriegsgefangene befanden sich in einem normalen Ernährungs- und Kräftezustand. Die übrigen 234 sind hochgradig unterernährt«, stellte der Betriebsarzt der Vereinigten Deutschen Metallwerke im Frühjahr 1942 fest.[48]

Bedingung für die Zuteilung von Kriegsgefangenen war lediglich die Bereithaltung einer vom Stalag-Abwehroffizier abgenommenen Unterkunft einschließlich Wachlokal. Als im April 1942 150 russische Kriegsgefangene von den Adlerwerken provisorisch im Werk III untergebracht werden sollten, genehmigte zwar das Stalag vorbehaltlos die Gegebenheiten, doch wollte das Landesarbeitsamt die angeforderten Arbeitskräfte mangels geeigneter Unterbringungsmöglichkeiten nicht zuweisen.[49] Die Kompetenzquerelen wurden zugunsten der Adlerwerke entschieden; die »kleinlichen« Bedenken des Landesarbeitsamtes als gegenstandslos ausgeräumt. Pauschal und unverzüglich wurde der Einsatz der ersten 150 sowjetischen Kriegsgefangenen gelobt: »Die Erfahrung der ersten Tage mit ihnen sind gut.«[50]

Im November 1942 genehmigte das Oberkommando der Marine den Einsatz von AusländerInnen in der Torpedofertigung, um erhöhte Ausstoßzahlen zu erzielen. Dieser in der »Hessenhalle« untergebrachte Fertigungszweig wurde als

---

44 Ebd., S.180.

45 Streit, 1981, S.189.

46 KTB des RüKo Ffm v. 8.4.1942, BA-MA, RW21-19/11.

47 Tatsache ist der Tod von mehr als 1400 Kriegsgefangenen im Stalag IXB, Wegscheide-Bad Orb im Winter 1941/42, vgl. »Hessen hinter Stacheldraht«, 1984, S.138.

48 StdAFfm, MA 1008/106. Der Impuls der Empörung blieb, mit dem Hinweis auf die bessere Konstitution der Gefangenen bei der Firma VDO, ganz im Rahmen der konkurrierenden Zwangsarbeiterbeschaffung. Wie der Bericht deutlich macht, waren die Kriegsgefangenen mehrheitlich in äußerst schlechter physischer Verfassung, ungeachtet einer Anordnung des OKW vom November 1941, die eine Verbesserung der Ernährung, »Liegekuren« und Sonderrationen zur »Aufpäppelung« für die nicht Arbeitsfähigen vorsah, vgl. Streit, 1981, S.146.

49 KTB RüKo Ffm v. 23.4.1942, BA-MA, RW21-19/11.

50 KTB RüKo Ffm v. 25.4.1942, BA-MA, RW21-19/11. Hinsichtlich der Fluktuation vgl. Anm. 1 u. Anm. 2.

ideal für den »geschlossenen Einsatz« der sowjetischen Kriegsgefangenen angesehen.[51] Ihre Bewachung bei der Arbeit und in den zwischen Werk I und II liegenden Baracken erfolgte unter Führung eines Unteroffiziers durch ein Wehrmachtsbewachungskommando des Ersatzbataillons (Ers. Btl.) der Landesschützen 633.[52] Die Richtlinien für den Wachdienst für Kriegsgefangenen-Arbeitskommandos verbanden strikte Isolierung mit erbarmungloser Behandlung. »Rücksichtsloses Durchgreifen bei den geringsten Anzeichen von Widergesetzlichkeit und Ungehorsam. Zur Brechung von Widerstand ist von der Waffe schonungslos Gebrauch zu machen. Auf fliehende sowjetische Kriegsgefangene ist sofort (ohne Anruf) zu schiessen mit der festen Absicht zu treffen. [...] Jede Unterhaltung des Kriegsgefangenen mit Zivilpersonen ist [...] notfalls unter Anwendung von Waffengewalt – auch gegen Zivilpersonen – zu verhindern. Auch gegen den arbeitswilligen und gehorsamen Kriegsgefangenen ist Weichheit nicht am Platze. Er legt sie als Schwäche aus und zieht daraus seine Folgerungen.«[53]

Die Produktion in der »Hessenhalle« erfolgte unter einer Vielzahl lebensgefährdender Umstände, die eine unbekannte Anzahl von Verletzten und Toten zur Folge hatte. So kam es zu einer größeren Explosion, als der Verdampfer bei den Bremsversuchen einer Torpedomaschine in der Werkshalle auseinandergerissen wurde.[54] Die »Hessenhalle« wurde ebenso wie die abgetrennten Unterkünfte der Kriegsgefangenen zwischen Werk I und II mehrmals durch Bombenabwürfe zerstört.[55] Die Torpedofertigung erlitt am 22.3.1944 Schaden durch einen Bombentreffer, der einen Brand auslöste. Die Schadensbilanz enthielt lediglich den lapidaren Hinweis auf den Ausfall von Arbeitskräften.[56] Schließlich wurden am 8.1.1945 auch die Lagerunterkünfte der Kriegsgefangenen getroffen. Eine erste

---

51 KTB Rüln Kassel v. 16.11.1942, BA-MA, RW20-12/13; ferner RW21-19/12 u. 13. Die Entscheidung zur Torpedofertigung in dieser Halle war bereits 1939 getroffen worden, KTB Rüln Kassel v. 27.9.1939, BA-MA, RW20-12/29.

52 Bei den Landesschützen handelte es sich um Teilnehmer des 1. Weltkrieges, die nicht mehr zum Fronteinsatz herangezogen werden konnten bzw. nicht mehr fronttaugliche jüngere Soldaten, die wegen schwerer Verwundungen nicht mehr an die Front zurückkehren konnten.

53 Merkblatt für die Kriegsgefangenen-Arbeitskommandos v. 1.2.1944, BAK, R58/PC5833. Daß tatsächlich eine strikte Kontaktsperre bestand, belegt der Fall des Pförtners Karl G., der wegen eines Gesprächs mit Kriegsgefangenen zunächst zu drei Monaten Gefängnis, dann zu 600 RM Strafe verurteilt wurde, Spruchkammersitzung v. 7.2.1950, HStAWi, 520/F, Dr. Franz Engelmann. Trotz der scharfen Bewachung mußten die AW der Gestapo 1943 die Flucht zweier Kriegsgefangener, Sergej R. und Georgi M., melden. Daneben gab es verbotene Kontaktaufnahmen zu »Ostarbeiterinnen«, HStAWi, 486.

54 3. Vierteljahresbericht 1943 RüKo Ffm, BA-MA, RW 21-19/16.

55 HStAWi, 520/F, H. Die Produktionsstätte war ebenso wie die Baracken der Kriegsgefangenen am 22.3.1944, 8.1.1945 u. 9.3.1945 von Angriffen betroffen, NA, RG243/77.a.16.

56 Anl. Nr. 34 KTB Nr. 18 der Rüln Wiesbaden, BA-MA, RW20-12/27. Erst am 18.7.1944 konnte die Fertigung wieder anlaufen, vgl. BA-MA, RW19/59.

Meldung lautete: »Russenlager der Adlerwerke durch Sprengbomben getroffen. Größere Anzahl von Verschütteten.«[57] Vier tote Wehrmachtsangehörige wurden registriert. Wieviel Tote und Verletzte es unter den sowjetischen Kriegsgefangenen gab, geht aus den Unterlagen nicht hervor.[58]

Ende September 1943 begann in Frankfurt der Einsatz italienischer Militärinternierter.[59] Die ehemals verbündeten Soldaten der italienischen Armee hatten keinen Kriegsgefangenenstatus und standen, als »Imis« oder »Badoglios« beschimpft, tief unten in der rassistischen Arbeitshierarchie. Im September 1944 wurden sie aus der Internierung entlassen und erhielten den Status ziviler Arbeiter.[60] Ungefähr 150 Italiener der Adlerwerke wurden in einer Unterkunft in der Schwalbacher Straße untergebracht. 50-60 von ihnen arbeiteten im Lager der Adlerwerke, wo sie unter der Brutalität des Lagerleiters zu leiden hatten.[61]

Französische ZivilarbeiterInnen

Durch die berühmten »Sauckel-Aktionen«, vier zwischen Juni 1942 und Juli 1944, wurden annähernd 650 000 Arbeiter in Frankreich ausgehoben.»Nur die ersten beiden Aktionen (Juni 1942 und März 1943) waren aus der Sicht ihres Urhebers ein Erfolg.«[62] Durch die Umwandlung von Kriegsgefangenen in Zivilarbeiter, die »Releve« (ein Kriegsgefangener wurde gegen drei Zivilarbeiter eingetauscht), sollten diese ohne Verstoß gegen das Genfer Abkommen in die Kriegsproduktion eingegliedert werden. Tatsächlich verloren die Franzosen mit einigen Verbesserungen, was Arbeitslohn und Freizügigkeit anging, ihren völkerrechtlich geschützten Status als Kriegsgefangene.

Nach dem Mißerfolg dieser freiwilligen Aktion sah sich die Vichy-Regierung zu einer auf Dienstverpflichtung beruhenden Arbeitskräfteaushebung gezwungen, um Sauckels Forderungen zu erfüllen. Mit Hilfe der Erfassungsgesetze für einen zweijährigen obligatorischen Dienst im S.T.O. (Service du Traivail Obligatoire) gelang es Sauckel zwar, seine quantitativen Vorstellungen durchzuset-

57 StdAFfm, LS 246.

58 StdAFfm, LS 245.

59 BA-MA, RW21-19/16.

60 StdAFfm, MA 3.810, fol.46.

61 Gegenüber den U.S.-Behörden wurde der Leiter des Lagers, der KdF-Wart B., als »Haupthelfershelfer der Gestapo« bezeichnet. In einer Aussage ist u.a. zu lesen: »Seine Brutalität war unter den Italienern im Lager allgemein bekannt. Viele Arbeiter starben, weil er ihnen dringend notwendige Hilfe verweigerte.« B. wurde nach Kriegsende zwei Jahre von den US-Behörden interniert, ISC Maryland, XE129346.

62 Frankenstein, 1981, S.212.

zen, doch führte das Arbeitsverpflichtungsgesetz auch zur weiteren Verschärfung der antideutschen Haltung in der französischen Bevölkerung. Außerdem bestand das Problem, »daß eine Produktionssteigerung der für deutsche Rüstungsinteressen arbeitenden französischen industriellen Kapazitäten und eine Verminderung der französischen Belegschaften zugunsten des Einsatzes im Reich gleichzeitig nicht zu haben waren«.[63] Speer, der eine »europäische Produktionsplanung« favorisierte, schuf deshalb die Kategorie der sogenannten »Sperr-Betriebe« zum Schutz der für die deutsche Wirtschaft produzierenden französischen Unternehmen vor weiteren Aushebungen durch Sauckel. Für Sauckel war dies ein »willkommener Vorwand, um jede Verantwortung für das Sinken der Anwerbezahlen in Frankreich von sich zu weisen«.[64] Der wahre Grund für das Scheitern der vierten Sauckel-Aktion war jedoch der durch die Kriegsentwicklung beflügelte Widerstand gegen die Anwerbekommandos.

Formell waren die zivilen Arbeitskräfte aus Frankreich den deutschen Arbeitern gleichgestellt, doch waren sie durch niedrigere Entlohnung sowie Steuern und Sozialabgaben für Leistungen, die sie niemals in Anspruch nehmen konnten, benachteiligt.[65] Ihre Situation »unterschied sich dabei nicht so sehr durch die materiellen Bedingungen von den deutschen Arbeitern, sondern durch den in zunehmendem Maß deutlicher werdenden Zwangscharakter ihres Aufenthaltes im Reich, durch die alltäglichen Diskriminierungen und die Bedrohung durch ein scharfes Strafsystem.«[66]

Am 27.6.1941 waren die Vorarbeiten für die Anwerbung französischer und belgischer ZivilarbeiterInnen in Frankfurt abgeschlossen.[67] Mit dem Produktionsbeginn des 3to-Zgkw-Fahrgestelles im Juli 1941 nahmen die ersten 250 Franzosen sukzessive die Arbeit bei Adler auf. Bereits im Februar 1942 wollte ein Großteil von ihnen aus ihrem Vertrag entpflichtet werden oder nutzte den ersten Urlaub, um auf Nimmerwiedersehen zu verschwinden.[68] Die zuständigen Behörden reagierten mit Urlaubssperren und Zwangsmaßnahmen, was »von allen Betriebsführern begrüßt« wurde.[69] In einer Zeit umfangreicher militäri-

---

63 Herbert, 1985, S.252.

64 Ebd., S.253.

65 Der Wochenverdienst eines französischen Monteurs belief sich auf 45-50 RM netto, der eines Drehers auf ca. 33 RM, HStAWi, 461/8695 u. 8658.

66 Herbert, 1985, S.354. 1943 wurde den Franzosen die Wochenkarte für ausländische ZivilarbeiterInnen entzogen und damit ihre restlose Integration in die Gemeinschaftsverpflegung beschlossen. Ab Mitte 1944 untersagte das RSHA das Wohnen in privaten Quartieren, wenn genügend Barackenraum vorhanden war. Als mutmaßliches Motiv für den Selbstmord eines Franzosen wurde dessen bevorstehender Umzug in das Barackenlager der AW angenommen, HStAWi, 461/18548.

67 BA-MA, RW21-19/7.

68 BA-MA, RW21-19/10.

scher Einberufungen verlangten die Rüstungsdienststellen die Verlängerung der Vertragsdauer um mindestens ein weiteres halbes Jahr, »da diese Arbeitskräfte sich jetzt soweit eingearbeitet haben, daß sie wertvolle Hilfen geworden sind«.[70]

Als die Adlerwerke Anfang 1942 infolge Kohlemangels geschlossen werden mußten, wurde ein Teil der Franzosen auf andere Betriebe verteilt. Die meisten weigerten sich kurz darauf, in die Adlerwerke zurückzukehren und wünschten bei den neuen Firmen zu bleiben.[71] »Die für das Panzerprogramm beabsichtigte Rückführung ausländischer Arbeiter von anderen Firmen zu Adler ist nur noch teilweise durchführbar. Neuanwerbung von rund 600 französischen Zivilarbeitern wird durch das RAM genehmigt und vordringlich gemacht«, stellte das Rüstungskommando fest.[72] »Werden diese Kräfte nicht gehalten« – so das Resümee –, »entsteht bei den Adlerwerken [...] schon für das jetzige Programm ein zusätzlicher Arbeitskräftebedarf in größerem Ausmaß.«[73] Eine Ursachenforschung durch das Rüstungskommando ermittelte die Enttäuschung der Franzosen über die Nichteinhaltung von Versprechungen bezüglich Lohn, Arbeitszeit, Unterbringung und Versorgung. Im September 1942 wurde die »auffallende Gleichgültigkeit« unter den französischen ZivilarbeiterInnen moniert und dabei hervorgehoben, daß die Adlerwerke »besonders unter diesen Zerfallserscheinungen« leiden.[74]

---

69 Einer statistischen Erhebung zufolge nutzten in Ffm anfänglich 40% der Franzosen Urlaubsfahrten, um nicht mehr zurückzukehren. 1944 blieben 90-95% nach ihrem Urlaub zu Hause, Bericht des SD-Sicherheitsabschnittes Ffm v. 11.4.1944, HStAWi, 483/1944.

70 BA-MA, RW21-19/10.

71 Ebd.

72 Ebd.

73 Ebd. Im Juni 1942 meldeten die Rüstungsdienststellen, daß die »Anwerbung großen Stils von Franzosen im Gang« sei. Man zeigte sich überzeugt, daß die für den Bereich des LAA Hessen zur Verfügung stehenden 5300 Franzosen »besser einschlagen«, da sie diesmal auf ein ganzes Jahr dienstverpflichtet wurden, BA-MA, RW21-19/12.

74 Ebd. Die Empörung über diese »Gleichgültigkeit« der Franzosen findet sich auch in den Bemerkungen eines Arbeiters der AW wieder, der sich über ihre »Arroganz« beschwerte: »Die Franzosen haben uns schaffen lassen. [...] Sie sind viel leichter als die Russen behandelt worden und hätten es viel eher verdient.«, PA, N.N., G/1987.

2. »Grundsätze der Behandlung« – Anspruch und Wirklichkeit

In der zur Jahreswende 1943/44 veröffentlichten Betriebsanweisung, »Grundsätze für die Behandlung der in den Adlerwerken vorm. Heinrich Kleyer Aktiengesellschaft Frankfurt a. M. tätigen Gastarbeiter«[75] bzw. »ausländischen Arbeiter«,[76] wurden die zur Sicherung eines reibungslosen Produktionsprozesses notwendigen Instrumente innerbetrieblicher Disziplinarmacht und -technik sowie die Zusammenarbeit mit den zuständigen staatlichen Stellen definiert. In Verbindung mit dem im März 1943 fertiggestellten zentralen Lagerkomplex erhoffte man sich davon die Reorganisation des Ausländereinsatzes zu einem Zeitpunkt, als es in Frankfurt unmöglich geworden war, »selbst den dringendsten Bedarf an Arbeitskräften für wichtige Sonderprogramme abzudecken«.[77]

In der Wortwahl moderat – die im Titel gebrauchten Bezeichnungen »ausländische Arbeiter« oder gar »Gastarbeiter« klingen bereits wie die Vorwegnahme des Nachkriegsvokabulars –, zeugt der Inhalt dieser Betriebsanweisung bei etwas näherer Betrachtung weder von menschlichem Respekt noch von einer Gleichbehandlung der verschiedenen Zwangsarbeiterkategorien.[78] Zwar finden sich in den »Grundsätzen« Formulierungen, die auf den ersten Blick einer Menschenrechtskonvention entliehen sein könnten. So heißt es dort etwa, »daß jede ungerechte Behandlung der Gastarbeiter zu vermeiden ist, und daß Ungerechtigkeiten, Kränkungen, Schikane, Mißhandlungen usw. zu unterbleiben haben. Die Ausübung der Prügelstrafe ist verboten«.[79] Doch ist diese Passage, die der Autor der »Grundsätze«, Generaldirektor Hagemeier, nach 1945 seinen »humanitären« Motiven zuschrieb,[80] größtenteils wörtlich vom Merkblatt des

---

75 »Grundsätze für die Behandlung der in den Adlerwerken vorm. Heinrich Kleyer Aktiengesellschaft, Frankfurt a. M. tätigen Gastarbeiter«, Fassung v. 31.12.1943, unterschrieben von Generaldirektor Hagemeier, HStAWi, 520/F, Ernst Hagemeier.

76 »Grundsätze für die Behandlung der ausländischen Arbeiter mit Lagerordnung«, 26-page manual, outlining basic rules for the treatment of foreign workers at the Adlerwerke, a Frankfurt plant, and prescribing standards for lodging, food and clothing, Fassung v. 15.2.1944, unterschrieben vom Leiter des Gefolgschaftsamtes, Verwaltungsdirektor Dr. Engelmann, BAK, All.Proz.7 (Film aus NA, RG242/338), Roll-No.18; vorhanden auch im Bestand OMGUS/OMGBY des HStAM.

77 BA-MA, RW21-19/17.

78 »Grundsätze« v. 31.12.1943 (Anm. 75), S.1. Die Betriebsanweisung sollte ausschließlich Anwendung auf die zivilen AusländerInnen, also »West- und Ostarbeiter« finden.

79 Ebd., S.2.

80 Hagemeier erklärte, er habe seine Urlaubszeit zur Ausarbeitung der Grundsätze benutzt, »um Gewähr dafür zu haben, dass alle Angestellten und Arbeiter sich im Umgange mit ausländi-

Reichsministeriums für Volksaufklärung und Propaganda abgeschrieben,[81] in dem man beispielsweise lesen konnte: »Jeder, auch der primitive Mensch hat ein feines Empfinden für Gerechtigkeit. Daher muß sich jede ungerechte Behandlung verheerend auswirken.« Und: »Ungerechtigkeiten, Kränkungen, Schikane, Mißhandlungen usw. müssen also unterbleiben. Die Anwendung der Prügelstrafe ist verboten.« Um jedem Verdacht der Humanitätsduselei vorzubeugen, erklärte man die simple Absicht für diese wohlklingende Umetikettierung des Zwangsarbeitereinsatzes: »Von Menschen, die als Bestien, Barbaren und Untermenschen bezeichnet werden, kann man keine Höchstleistungen verlangen.«[82] In den »Grundsätzen« folgte den obligaten Floskeln über »straffe Führung« und »beispielgebende Haltung« statt Prügel der Hinweis auf die Verfolgungskompetenz der Gestapo.[83]

Die »Grundsätze« wurden zu einem Zeitpunkt erlassen, als das ökonomische Kalkül vorübergehend über die rassistische Verachtung gestellt wurde, für die betriebliche Realität waren sie aber fast ohne Bedeutung.[84] Zum einen dominierte der Anspruch auf umfassende Reglementierung alle anderen Aspekte und bot schon bei geringsten Normenabweichungen Anlaß zu Repressalien. Zum anderen wurden die »Grundsätze« bereits einen Monat nach ihrer Herausgabe durch die Auswirkungen der Bombenangriffe im März 1944 zu Makulatur. Nicht allein die Organisationsstruktur für ihre Umsetzung wurde nachhaltig zerstört, auch das Motiv für eine Besserstellung, die Rücksichtnahme auf die Produktion,

---

schen Arbeitern und Häflingen korrekt verhielten«, »Erklärung zum Einsatz von Ost- und Westarbeitern sowie Kriegsgefangenen« v. Generaldirektor Hagemeier v. 13.2.1947, vgl. auch Erklärung v. 10.11.1947, HStAWi, 520/F, Ernst Hagemeier.

81 Der Präambeltext verweist auf das Merkblatt des Sonderdienstes der Reichspropagandaleitung v. Juli 1943, die Richtlinien der Geheimem Staatspolizei, Staatspolizeistelle Frankfurt (Main) v. 15.2.1943 und die Anweisung des GBA Gauleiter Sauckel und der DAF, »Grundsätze« v. 31.12.1943 (Anm. 75), S.1.

82 Als Rundschreiben 70/43 des »beim RSHA tagenden Arbeitskreis für die Behandlung von Ausländerfragen« herausgegeben und am 5.5.1943 von der Reichskanzlei verbreitet, zitiert bei: Herbert, 1985, S.243f. Formulierungen gleicher Lesart stammen aus der Feder des GBA Sauckel: »Durch ›einwandfreieste, sauberste und gerechteste Grundsätze‹ gereiche der Ausländereinsatz ›dem nationalsozialistischen Deutschland zur Ehre und muß außerdem für alle Zeiten als geschichtliche Großtat‹ gelten, die Ausländer selbst würden ›unwiderlegbare Zeugen seiner Größe und Macht, Sauberkeit und Gerechtigkeit‹.« Und auch DAF-Führer Dr. Ley wollte nicht zurückstehen, indem er in ähnlich weihevollen Worten mahnte, daß »jede eigenmächtige körperliche Züchtigung, Freiheitsberaubung oder andere Mißhandlung der ausländischen Arbeiter untersagt« sei, Lagerführer-Sonderdienst 1/43, S.8f.

83 »Grundsätze« v. 31.12.1943 (Anm. 75), S.2.

84 Die Entlastungsbemühungen des Vorstandsvorsitzenden Hagemeier wurden durch eine »Erklärung zum Einsatz von Ost- und Westarbeitern sowie Kriegsgefangenen in den Adlerwerken« komplettiert (Anm. 80). Das selbstausgestellte Zeugnis weicht jedoch in allen Schlüsselaspekten so erheblich von der Realität der Arbeits- und Lebensbedingungen der ZwangsarbeiterInnen ab, daß auf eine Darstellung verzichtet wurde.

wurde stark relativiert. Es liegen zahlreiche Aussagen vor, die darauf hindeuten, daß den Auflösungserscheinungen mit Brutalität und Willkürmaßnahmen begegnet wurde.[85]

3. Die Lebensverhältnisse im Barackenlager

Im Juli 1941 wurden bei Adler innerhalb weniger Wochen Baracken für französische Zivilarbeiter auf dem »arisierten« Zwischengelände aus dem Boden gestampft.[86] Nach dem Eintreffen der großen »Russen-Transporte«[87] ab dem zweiten Vierteljahr 1942 blieb das Barackenlager der Adlerwerke schnell hinter dem steil steigenden Kräfte- und damit Quartierbedarf zurück, weshalb man die Unterbringung provisorisch unter einer Vielzahl verschiedener Adressen[88] organisierte und darüber hinaus Privatquartiere für »Westarbeiter« vermittelte. Zugleich entwickelte man ausgreifende Pläne für einen separaten, geschlossenen Lagerkomplex, der den Bewachungs- und Verwaltungsaufwand kostensparend reduzieren sollte. Die Gestapo sicherte eine großzügige Behandlung der Abnahme, »soweit im Rahmen der Vorschriften möglich«, zu.[89] Auf freiliegendem städtischen Grund in der Froschhäuser Straße in Frankfurt-Griesheim sollte ein Massenquartier mit einer Aufnahmekapazität von 2000 »Fremdarbeitern« entstehen. Der Standort verfügte über einen nahen Gleisanschluß für Gütertransporte sowie eine Straßenbahnverbindung in die Kleyerstraße. Notwendig war

---

85 Zu erwähnen sind drei wegen ihrer Brutalität verurteilte Wachmänner der AW, unter ihnen Karl Faust, stellvertr. Oberaufseher aller Außenkommandos, über dessen Anpassungsbereitschaft an die SS noch die Rede sein wird, HStAWi, 461/30007. Daneben kamen eine Reihe von Vorfällen in Spruchkammerverfahren zur Sprache, die den Eindruck rücksichtsloser Behandlung in den AW verdichten, HStAWi, 520/F, M., Z., Dr. Franz Engelmann; vgl. Aussage Peter Schwab bei der KP Ffm v. 22.11.1946, HStAWi, 770/25, fol.82.

86 Anlage 4 zum KTB RüKo Ffm v. 11.7.1941, BA-MA, RW21-19/8. Die Kosten betrugen 1/4 Million RM. Alternativ war ein Lager neben der Niederräder AW-Sportplatzanlage in der Diskussion, wurde aber Mitte 1942 verworfen, ebd.; Schr. RGI-Werkluftschutz an Luftgaukommando Wiesbaden v. 20.6.1942, BABFfmH.

87 Die RüIn Kassel wies die Betriebe an, »besonders die Unterkünfte beschleunigt zu besorgen«, 2. Vierteljahresrückblick 1942, BA-MA, RW20-9/22.

88 Es gab Gemeinschaftslager in der Kleyerstr. 82, 17 u. 45 für »Westarbeiter«, 2 Baracken für »Ostarbeiter« in der Weilburger Str., ein Lager für italienische Militärinternierte in der Schwalbacher Str. sowie ein Quartier für »Westarbeiter« in der Krifteler Str. 47 (Werk III); schließlich die Barackenlager I und II mit »Ostländ. Küche« im Zwischengelände Werk I/II, HStAWi, 461; sowie NA, RG243/77.a.16.

89 Schr. RGI-Werkluftschutz v. 4.7.1942, BABFfmH.

nur der Anschluß an das städtische Be- und Entwässerungsnetz, nicht aber an das Stromnetz, da Petroliumbeleuchtung als ausreichend angesehen wurde.[90] Bereits im März 1943, nur ein halbes Jahr, nachdem die Architektenpläne aus dem Baubüro vorgelegt worden waren, konnte der Vollzug gemeldet werden.[91] Doch hausten schon etwa 800 »Ostarbeiter« auf dem Gelände, als z.B. die Waschräume noch gar nicht erstellt waren.[92] Das Lager war mit zweieinhalb Meter hohem Stacheldraht umzäunt und somit gegen Fluchtversuche oder unerwünschte Außenkontakte abgesichert. Der innere Lagerbereich war weitgehend durch die eng und verschachtelt zueinander stehenden rund zwei dutzend Baracken abgeschirmt. Der Unterkunft dienten dreizehn sogenannte Mannschaftsbaracken (sieben für 176, zwei für 96 und vier für 144 »Mann«). Es handelte sich um eingeschossige, in Tarnfarben gestrichene Flachbauten in allereinfachster Ausführung – nicht einmal gemauerte Schornsteine waren vorgesehen.[93] Gebaut worden waren drei Barackentypen, deren Grundfläche pro Mann/Frau 3,01 qm, 2,45 qm und 2,24 qm »Wohnfläche« vorsahen.[94]

Die Adlerwerke waren berechtigt, die gesamte Lebensführung der »OstarbeiterInnen« so stark zu reglementieren, daß Eigeninitiave und -leben unmöglich wurden. Zur Wochenarbeitszeit von zuletzt 66 Stunden (einschließlich Sonntagsarbeit) kam die Wegzeit zum Arbeitsplatz und der lagerinterne »Heizungs-, Reinigungs- und Ordnungsdienst«.[95] »Ostarbeiter« hatten sich »grundsätzlich in ihren Unterkünften aufzuhalten, wenn sie nicht arbeiteten.« Auch konnte der Urlaub nur im Lager verbracht werden, ein Heimaturlaub kam für »Ostarbeiter«

---

90 Lageplan Froschhäuser Straße o. Nr., Barackenlager AW, BABFfmH.

91 Der Bauherr erhielt durch die Unterstützung des Industrierats des OKH die Übernahme in die Rangstufe I, BA-MA, RW20-9/13; ferner KTB RüKo Ffm v. 13.3.1942, BA-MA, RW21-19/10. Vollzugsmeldung lt. Schr. des Baubevollmächtigten des RMfBuM im Bezirk der RüIn Wiesbaden v. 3.3.1943, BABFfmH. Planung und Bauausführung hatten in den Händen des Baubevollmächtigten des RMfBuM gelegen, das 250 Leute der Organisation Todt für den Lageraufbau zum Einsatz gebracht hatte, BA-MA, RW20-9/13.

92 Zur Infrastruktur des Lagers zählten 3 Waschbaracken, 4 Abortbaracken, 3 Wirtschaftsbaracken (Eßräume), 2 Baracken für das Wirtschaftspersonal mit Verkaufsraum, Sortierraum, Schuhmacherei, Nähraum, Arztraum sowie das Führerhaus der Wachmannschaft am Lagertor. Der Eingang, an dem sich die Wachbaracke befand, lag an der nördlichen, der Froschhäuser Straße zugewandten Seite, siehe Lageplan, BABFfmH. Was mit minimalstem Aufwand so schnell auf die Wiese gestellt worden war, erhielt denn auch lediglich ein zeitlich beschränktes Plazet der Behörden, Schr. RP Wiesbaden als Höhere Baupolizeibehörde v. 22.1.1943; Schr. des OB als Ortspolizeibehörde, Baupolizei, v. 31.12.1943, BABFfmH; vgl. Baupolizeiliche Zustimmung zu öffentlichen Bauvorhaben, HStAWi, 405/10249, Bd. 4.

93 Vgl. HStAWi, 461/18522; Schr. der Schornsteinfeger-Innung v. 20.11.42, BABFfmH.

94 Barackentyp (42,50x12,50): 531,26 qm für 176 Personen; Typ U7 21/6 (26,42x8,93): 236 qm für 96 Personen; Typ RL IV/6 (39,75x8,14): 323,47 qm für 144 Personen, Lageplan, BABFfmH.

95 Vgl. Küppers/Bannier, 1985, S.30; »Grundsätze« v. 31.12.1943 (Anm. 75), S.7.

überhaupt nicht in Frage.[96] Das absolute Ausgehverbot konnte für bewährte Kräfte gelockert werden. In Gruppen wurde ihnen unter deutscher Aufsicht Ausgang gewährt. Doch damit war spätestens 1944 Schluß, als eine noch rigorosere Kasernierung nicht nur jeden persönlichen Kontakt zur deutschen Bevölkerung, sondern auch zu anderen Ausländerlagern unterbinden sollte.[97] Zeitweise konnten »Ostarbeiter« für den Einsatz im privaten Haushalt von Adler-Mitarbeitern verpflichtet werden, was gelegentlich zu einem vertrauensvolleren Umgang mit Deutschen genutzt werden konnte.[98] »Ostarbeiter« waren von allen kulturellen und sozialen Angeboten des Betriebes ausgeschlossen. Kinobesuche oder Gaststättenbesuche waren ihnen strengstens untersagt. Der DAF war vom Reichsministerium für Volksaufklärung und Propaganda die »propagandistische Lenkung der Fremdarbeiter« übertragen worden. Dabei kamen zumeist antisowjetische Propagandafilme, Plakate, die russische Zeitung »Sarja« oder die ukrainische Zeitung »Nova Doba« zum Einsatz. Der Lagerführer hatte als »Repräsentant des deutschen Volkes« den Lagerbewohnern die »wirklichen Fronten des Krieges gegen Bolschewismus und Plutokratie« einsichtig zu machen.[99] »Lagereigene Freizeitveranstaltungen«, »sportliche Betätigung« und das sogenannte »politische Leben« gehörten zum üblichen Repertoire der DAF, um den Leistungswillen günstig zu beeinflussen. Sie fanden demgemäß auch Eingang in die »Grundsätze«.[100] Allerdings bot das Lager bereits vor seiner Zerstörung weder Platz für eine sportliche Betätigung noch Einrichtungen zur Freizeitgestaltung.[101] Nach der Zerstörung des Lagers in der Froschhäuser Straße, ebenso wie der Adler-Sportanlagen auf den Sandhöfer Wiesen in Niederrad,[102] fehlten dafür alle Voraussetzungen.

Es ist hervorzuheben, daß die »Grundsätze« ab Mitte Februar 1944 detailliert alle organisatorischen Fragen der Gemeinschaftsverpflegung regelten sowie darüber hinaus den Hinweis enthielten, daß Lageraufsicht und Lagerpersonal nicht auf Kosten der Lagerbewohner bevorzugt werden dürften. Für die Dauer ihrer Tätigkeit bis zum Herbst 1944 hatte die Betriebsärztin den Eindruck, daß

---

96 Pfahlmann, 1968, S.173.

97 HStAWi, 520/F, M.

98 So beschreibt der Antifaschist Paul Schuster seinen, von Kollegen und Nachbarn nicht unbeanstandet gebliebenen, kameradschaftlichen Umgang mit den Franzosen seiner Abteilung und ein ausgesprochen väterliches Verhältnis zu dem Ukrainer Sergej (17), PA, Paul Schuster, G/1987.

99 Didier, 1943, S.127.

100 »Richtlinien der DAF für die Stellung der Ausländer im Betrieb«, Lagerführer-Sonderdienst 1/43 und »Grundsätze« v. 31.12.1943 (Anm. 75), S.15.

101 Auf dem Papier waren »Unterhaltungsabende, Musik, Theater, akrobatische Vorführungen« vorgesehen, vgl. »Grundsätze« v. 15.2.1944 (Anm. 76), S.14.

102 Adler-Feldpost, März/Juli 1944.

»die Ernährung der ›Ostarbeiter‹ nicht zum Verhungern war.« Ihre persönliche Folgerung lautet: »Alles war äußerst dürftig, doch hat niemand etwas gesagt, es muß also genießbar gewesen sein.« Doch gibt sie auch einen Hinweis auf eine fortdauernde Veruntreuung von Lebensmitteln.[103] Ab August 1944 standen die »Ostarbeiter« und sowjetischen Kriegsgefangenen zwar formal auf der gleichen Ernährungsstufe wie die übrigen Kriegsgefangenen, doch waren ihre Verpflegungssätze damit weiterhin geringer als die der »Westarbeiter«. Faktisch glich sich allerdings in der Endphase des Krieges die Lage aller zivilen ZwangsarbeiterInnnen immer mehr dem unteren Existenzminimum der »Ostarbeiter« an.[104] Der Defacto-Verpflegungssatz war immer auch von den betrieblichen Rahmenbedingungen abhängig. Bei den Märzangriffen 1944 war die zentrale Versorgungseinrichtung, die Kantine im Werk II, zerstört worden, so daß ein erheblicher Versorgungsengpaß bestanden haben muß.

Für die deutsche Gefolgschaft richtete man ein Heim mit der Möglichkeit zur Vollverpflegung und Warenverkaufsstelle ein.[105] Die Umverteilung lebensnotwendiger Gebrauchsgüter aus den Geschäften in den Betrieb sollte offiziell unnötige Laufereien und Wartezeiten ersparen, vor allem aber auch für die Anwesenheit am Arbeitsplatz sorgen. Gleichzeitig öffnete man Versorgungskanäle, die den »Ostarbeitern« und Kriegsgefangenen verschlossen blieben, da ihnen die zum Einkauf notwendigen Lebensmittelkarten, Geld oder schlicht die Berechtigung zum Einkauf fehlten.[106] Sie wurden über die notdürftig hergerichtete sogenannte »Russenküche« im zerstörten Lager in der Froschhäuser Straße verpflegt. An die »WestarbeiterInnen« wurden die Essenskarten gegen Barzahlung verkauft, den »Ostarbeitern« wurde der Preis gleich vom Lohn abgezogen. Der Tagessatz für volle Verpflegung wurde Anfang 1944 auf 1,15 RM festgesetzt, ein Betrag, der alle Kosten für Küchen- und Eßräume, Geschirr sowie Abschreibungen umfaßte. Zu den Verpflegungskosten zählten auch 25% der Kosten der Lagerführung. Die Kantinenpreise sollten die Ausgaben des Kantinenbetriebes decken und Überschüsse erst dann zugunsten der Lagerinsassen verwandt werden, wenn der Verlust durch Schwund gedeckt war.

Auch die Kosten für die Unterkunft, die Ausgaben für die Instandhaltung, die Löhne und Sozialabgaben für die Stubenältesten, Barackenwärter, Reinigungskolonnen und nochmals 25% der Gehälter und Sozialabgaben für den Lagerführer wurden von den »Ostarbeitern« getragen. Hinzu kam auch noch die Abschreibung auf die Erstellungskosten der Baracken, Luftschutzräume, sowie Lager-

---

103 PA, Betriebsärztin Dr. Hellriegel, G/1990.

104 Vgl. Herbert, 1985, S.267ff. u. S.288.

105 Das Heim befand sich in der Hufnagelstr. 10, die Verkaufsstelle in der Lahnstr. 1, Handzettel Nr. 3 v. 24.4.1944, PS-AW, JCH-43/44.

106 Aushang v. November 1944, BRTA.

und Barackeneinrichtungen.[107] Besaßen »Ostarbeiter« keine geeignete Bekleidung, wurden sie auf ihre eigenen Kosten mit Arbeitskleidung und Schuhen versehen. Es handelte sich dabei um »besondere Bekleidungstypen«. Die Fußbekleidung, die in diesem Programm produziert wurde, bestand hauptsächlich aus »Vollholzschuhen«. Das Lager verfügte ursprünglich über eine Wäscherei und Näherei sowie Schuhreparaturwerkstatt und Friseurstube, die – so die »Grundsätze« – zu »wirtschaftlich tragbaren Sätzen« zur Verfügung standen. Die in den Werkstätten verursachten Kosten waren von den Lagerbewohnern selbst zu tragen.[108]

Als Fazit läßt sich festhalten, daß in den Adlerwerken äußerst konsequent die betriebswirtschaftliche Maxime der Kostendeckung galt. Lediglich die Kosten für den Wachdienst und die restlichen 50% der Kosten der Lagerführung wurden nicht auf die ZwangsarbeiterInnen abgewälzt.

4. Staatliche und betriebliche Repression

»Vom sicherheitsmäßigen Standpunkt [aus betrachtet] sind die ausländischen Arbeiter durchweg als Element der Belastung der Sicherheitslage anzusehen« – lautete die oberste Maxime der Gestapo, bei deren Ausländerabteilung die übergeordnete polizeiliche Zuständigkeit lag.[109] Alle ausländischen Arbeitskräfte wurden vom Ausländeramt der Polizeibehörde in Sonderkarteien erfaßt und erhielten eine Arbeitskarte mit Lichtbild und Fingerabdrücken, auf die ihre Erfassungsnummer gestempelt war. Polen und Sowjetbürger wurden – analog dem Judenstern – zum Tragen eines Kennzeichens an der Kleidung verplichtet. Die Gestapo überprüfte, ob Bedenken gegen die Beschäftigung von bestimmten Ausländergruppen in einzelnen Betriebszweigen bestünden. Sie kontrollierte in den Lagern die Erfüllung aller Auflagen, die die »Behandlung der im Reich eingesetzten ausländischen Arbeitskräfte und Kriegsgefangenen« regelte. Alle Formen passiven oder aktiven Widerstandes gegen den Arbeitseinsatz mußten der Gestapo gemeldet werden und wurden als Sabotage verfolgt.[110]

Betrieblicherseits wurde die Überwachung durch den Abwehrbeauftragten

107 »Grundsätze« v. 15.2.1944 (Anm. 76), S.21ff.

108 Selbst ob die Instandsetzung durch die LagerbewohnerInnen oder durch die Lagerwerkstätten vorgenommen werden durfte, hatte der Lagerführer zu bestimmen, ebd., S.9.

109 Schr. Gestapo Ffm v. 15.2.1943, HStAWi, 483/3259.

110 Vgl. Diamant, 1988, S.253ff.

koordiniert, der in den Wehrwirtschaftsbetrieben sowohl zur militärischen Spionage- und Sabotageabwehr als auch zur politisch-polizeilichen Kontrolle der Arbeiterschaft eingesetzt wurde, um jede Form von Arbeiteropposition präventiv zu unterdrücken.[111] In den Adlerwerken nahm der Prokurist und Verwaltungsdirektor der Personalabteilung, Dr. Franz Engelmann, diesen Posten ein.[112] Seine Einsetzung als militärischer Abwehrbeauftragter erfolgte 1937 von der zuständigen Wehrwirtschafts- bzw. Rüstungsinspektion Kassel, deren Abwehrdienststelle ab Juli/August 1944 in die Räume der Frankfurter Gestapo verlegt wurde.[113] Daß Dr. Engelmann zur entscheidenden Instanz für die Aufrechterhaltung der Arbeitsdisziplin wurde, läßt sich an seiner Machtfülle ablesen.

Für seine politisch-polizeilichen Abwehraufgaben hatte er sich »ein Netz von Zuträgern und Spitzeln aufgebaut, durch das er über gewisse Geschehnisse und Absichten insbesondere bei den ausländischen Arbeitskräften unterrichtet war«.[114] Engelmann fungierte als Mobilisierungsbearbeiter (Einberufungen

---

111 Die Berufung der Abwehrbeauftragten erfolgte bis Juni 1944 auf Vorschlag der Betriebsführung entweder durch das OKW oder das RSHA. Sachlich unterstanden sie den zuständigen Rüstungsdienststellen und Staatspolizei(leit)stellen, für die sie zum Zwecke der militärischen Werkssicherung Abwehrpläne zu erstellen hatten, waren aber bei den Betrieben in leitender Position angestellt und für die betrieblichen Sicherungsabteilungen des Werkschutzes, des Werkluftschutzes sowie der Werksfeuerwehr zuständig. Als Abwehrbeauftragte kamen lediglich »politisch einwandfreie« Personen in Frage, die das »vollste Vertrauen« der Gestapo genossen, da sie als Hilfsorgane der Gestapo deren verlängerter Arm oder, besser gesagt, deren Ohr in der Wirtschaft waren. Ihre nachrichtendienstliche Tätigkeit für die Gestapo erforderte eine enge Zusammenarbeit mit den Personalabteilungen und den Betriebsobmännern der DAF sowie den Aufbau eines Spitzelnetzes von deutschen und ausländischen V-Leuten in der Arbeiterschaft. Die Stimmungslage der Belegschaft, jeder Spionage- und Sabotageverdacht sowie »absichtlich langsames oder fehlerhaftes Arbeiten, Unpünktlichkeit, Fernbleiben von der Arbeitsstätte, Vortäuschen von Erkrankungen, Selbstverletzungen, Ungehorsam gegen betriebliche Vorgesetzte, Arbeitsverweigerung, Miesmacherei, absichtliche Beunruhigung der Gefolgschaft durch Flüsterpropaganda, Gerüchtemacherei, Aufwiegelung und Aufforderung zum Streik« waren detailliert zu erfassen und an die Gestapo zu melden, bei der alle weiteren Exekutivbefugnisse, angefangen bei Festnahmen, Vernehmungen und Ermittlungen, lagen. Ab Juni 1944 wurden die Bestallungsurkunden für die Abwehrbeauftragten, soweit sie vom OKW ausgestellt worden waren, eingezogen. Von da an war über die militärischen Belange ausschließlich an die zuständigen Dienststellen der Staatspolizei zu berichten, vgl. Wysocki, 1992, S.370-379; ferner Drobisch, 1963, S.211ff.; sowie IMT, Bd. XLII, S.295-298, Nbg. Dok. Gestapo-19.

112 Der Jurist Dr. Franz Engelmann, geb. 7.5.1889, war als Personalchef und Vorstandsmitglied der Mannheimer Firma Brown, Boveri & Cie. AG am 1.6.1935 zu den AW gewechselt. Er war ein im 1. Weltkrieg mehrfach ausgezeichneter Frontkämpfer, Mitglied der NSDAP seit dem 1.5.1933 und Mitglied ihrer Untergliederungen DAF, KdF NSV, Deutsche Jägerschaft und Reichsluftschutzbund sowie förderndes Mitglied der SS bis 1937, ISC Maryland, XE164572.

113 HStAWi, 520/F, Dr. Franz Engelmann.

114 Mitteilung des Werkschutzleiters L. über Abwehrmaßnahmen v. 15.6.1945, NA, RG243/77.a.16.

bzw. uk-Stellungen) und Werkluftschutzleiter, daneben unterstand ihm ein aus Pförtnern, Wächtern und Kontrollbeamten bestehender Werkschutz, der ab 1943 hilfspolizeiliche Funktionen wahrnehmen konnte, und darüber hinaus ein erweiterter Werkschutz von ca. 300 Mann, zu dem Zellen- und Blockmänner, in der Hauptsache SS- und SA-Angehörige gehörten. Waffen hatten diese Männer entweder selbst oder empfingen sie durch den Abwehrbeauftragten.[115]

Der Sicherheits- und Kontrolldienst des Lagers bestand aus mit Revolvern, ab 1944 auch mit Karabinern bewaffneten Wachmännern.[116] Sie waren vom Abwehrbeauftragten ausgesucht, instruiert und vereidigt worden, nachdem ihre politische Zuverlässigkeit durch den Ortsgruppenleiter der NSDAP bestätigt worden war. Zu ihren Aufgaben zählte die Überwachung aller Ein- und Ausgänge, die Kontrolle von Arbeitszeit, Fleiß und Ordnung bei Arbeiten im Lager und die Ausübung des Feuer- und Luftschutzdienstes. Die »ständige klare und schnelle Überwachung der Lagerinsassen« wurde durch eine Kartei, Kontrollen bei Tag und Nacht, Belegpläne der Stuben sowie die Ernennung von Barackenaufsehern und Stubenältesten realisiert.[117] Letztere wurden für die Wahrnehmung ihrer Aufgaben entlohnt und sollten eine offizielle Lagerhierarchie im Dienst der Lagerleitung begründen.

Neuankömmlinge wurden nach Feststellung der Arbeitsfähigkeit durch den Lagerarzt zunächst vom Arbeitseinsatzingenieur in Anwesenheit der Lagerführer Ost und West entsprechend der Verwertbarkeit ihrer Arbeitskraft in drei Leistungsklassen eingeteilt, wobei eine höhere Leistungsklasse mit zusätzlichen materiellen Anreizen verbunden war. Nach dem Durchlaufen der Musterungsprozedur wurden sie, ausgestattet mit einer deutlich sichtbar zu tragenden Kontrollmarke sowie einem Arbeitszettel ihrer Zeit- und Lohngruppe, den Abteilungsleitern und Meistern überstellt, die mit den Einrichtern, dem Dolmetscher und dem Lagerleiter den Arbeitseinsatz organisierten und überwachten.[118]

---

115 Reichsbetriebskarte der AW v. 15.3.1944, BAK, R3/2010-0675; HStAWi, 520/F, Dr. Franz Engelmann. Für den »Ernstfall« standen dem Lagerführer auch noch die Beamten des zuständigen Polizeireviers als Verstärkung zur Verfügung. Die Polizeireviere verfügten über Lagepläne sowie Informationen über Belegstärke, Nationalität der Bewohner, Stärke und Bewaffnung des Werkschutzes u.ä.m., die ein schnelles Eingreifen ermöglichen sollten, HStAWi, 407/852.

116 Schr. des Rechtsanwalts im Spruchkammerverfahren gegen den Oberwachleiter v. 28.6.1948, HStAWi, 520/F, M.

117 »Grundsätze« v. 15.2.44 (Anm. 76), S.6f. Die Dienstvorschriften für die Lagerverwalter und die Wachordnung, Anlage der »Grundsätze«, sind nicht überliefert.

118 »Einsatzgruppe 1: Ausländische Arbeiter, die nur als Hof-, oder Hilfsarbeiter zu gebrauchen sind und nach wenigen Tagen der Einarbeitung diese Arbeit leisten können. Einsatzgruppe 2: Ausländische Arbeiter, die für die Durchführung einfacher mechanischer Arbeiten als Bohrer, Fräser, Dreher usw. anzulernen, der einzelnen Werkstatt zuzuweisen und nach Ablauf einer kürzeren Anlernzeit einsatzfähig sind. Einsatzgruppe 3: Ausländische Arbeiter, die eine

Während man die »Westarbeiter« morgens um 4.30 Uhr lediglich weckte, wurden die »Ostarbeiter« im »geschlossenen Zuge« unter Aufsicht der Lagerwache mit der Straßenbahn vom Lager zum Werk überstellt. Das vollzählige Erscheinen am Arbeitsplatz wurde anhand der Stechuhren durch die Meister überprüft und Fehlende sofort dem Lagerführer gemeldet. Zehn Minuten nach Schluß der Arbeit hatte der Meister oder sein Beauftragter die in seiner Abteilung tätigen »Ostarbeiter« antreten zu lassen, um die »ordnungsgemäße Beendung« der Schicht und die Vollzähligkeit festzustellen, dann erfolgte wiederum geschlossen der Abtransport in das Lager.[119]

Das innerbetriebliche Kontroll- und Strafsystem stellte in den sabotageempfindlichen Wehrwirtschaftsbetrieben einen entscheidenden Faktor im Produktionsapparat dar. Selbst langsames Arbeiten – sei es auch unverschuldet – galt als Nichterfüllung der Pflicht und konnte als Sabotage gewertet und bestraft werden. Wartezeiten wurden nach der Einarbeitungszeit grundsätzlich nicht mehr verrechnet und vergütet. Blieb die Leistung derart zurück, daß der Tariflohn nicht berechtigt erschien, sollte die Ursache dafür ermittelt werden, und, falls sie nicht durch den »Ostarbeiter« verschuldet war, der tariflich vorgesehene Ausgleich bewilligt werden. Glaubte man aber »Trägheit« als Ursache der Minderleistung ausmachen zu können, wurde um die Genehmigung des Treuhänders der Arbeit nachgesucht, die tarifliche Entlohnung zu verweigern und lediglich den Leistungslohn zahlen zu dürfen.[120] Minderleistungen durch »Trägheit« waren ebenso wie »ungebührliches Benehmen« dem Abwehrbeauftragten zu melden, der die »Bestrafung« veranlaßte. War die Vorentscheidung für eine Disziplinierung im Betrieb gefallen, lag die Festlegung des Strafmaßes ganz im Ermessen des Abwehrbeauftragten bzw. des Oberlagerleiters.[121]

Als positives Disziplinierungsmittel diente die Gewährung von Sonderzuteilungen. Widerspruchsloses Erfüllen der Arbeitsnormen und selbst erhöhter Einsatz am Arbeitsplatz reichten hierzu ausdrücklich nicht aus, denn: »Sonderzuteilungen sollten nur die Gastarbeiter bekommen, die die Voraussetzung für die Bewilligung erfüllen, gute Leistungen bei der Arbeit und gutes Betragen im

---

gewisse Vorbildung besitzen und für die Ausführung vielseitiger Arbeiten als Bohrer, Fräser, Dreher usw. in Aussicht genommen werden und einer gründlichen Anlernung und Umschulung bedürfen«, »Grundsätze« v. 15.2.1944 (Anm. 76), S.11.

119 Ebd., S.13f. Der Straßenbahntransport entfiel nach den Luftangriffen vom März 1944.

120 Faktisch hatte der Betriebsführer nur die Pflicht, schlechtere Lohn- und Arbeitsbedingungen dem Reichstreuhänder der Arbeit anzuzeigen.

121 Einen gewissen Einblick in den Sanktionskatalog erlaubt der öffentliche Aushang des Gefolgschaftsamtes. So bestand bei einem Franzosen die Strafe »wegen Arbeitsbummelei [...] und wegen Fälschung einer Esskarte« in: »a) Entziehung der Schwerarbeiterzulage auf 4 Wochen, b) Geldstrafe in Höhe eines Wochenverdienstes, c) Strengste Strafandrohung bei weiteren Disziplinlosigkeiten«, Aushang v. 16.12.1944, BRTA.

Werk und Lager zeigen« – hieß es in den »Grundsätzen«.[122] Nur wer durch Unterordnungsbereitschaft und Gehorsamsbekundungen auf sich aufmerksam machte, konnte mit einer Gratifikation aus Rauch- oder Lebensmitteln rechnen.

Als Scharniere der Disziplinargewalt sollten die nach »Person und Charakter« ausgesuchten Dolmetscher funktionieren. Ihnen wurde nicht nur zur Aufgabe gemacht, die »Leistungen und die Qualität der Arbeit der Ostarbeiter zu bessern«, sondern ebenfalls darauf zu achten, »daß die Ostarbeiter untereinander und den deutschen Arbeitern gegenüber ein angemessenes Betragen an den Tag legen«.[123] Auf dem Papier wurde den ZwangsarbeiterInnen ein Beschwerderecht zugestanden – vorausgesetzt, es handelte sich nicht um »Nichtigkeiten«.[124]

Die staatspolizeilichen Maßnahmen entsprachen ganz den rassisch-ideologischen Normen.[125] Für »Ostarbeiter« war grundsätzlich nicht die Justiz, sondern ausschließlich die Gestapo zuständig.[126] Die Bestrafung, die »der Tat auf den Fuß folgen« sollte, reichte von der Verwarnung über die kurzzeitige Haft bis hin zur mehrwöchigen Einweisung in ein »Arbeitserziehungslager« (AEL) oder Konzentrationslager.[127] Ohne Genehmigung durch das RSHA Berlin konnte eine auf 56 Tage befristete Haft in einem AEL verhängt werden.[128] Wurde ein Häftling auch dadurch nicht zur »Raison« gebracht, konnte immer noch die Einweisung in ein KZ beantragt werden. Das Gros der Einweisungen erfolgte in das im April 1942 in Betrieb genommene AEL Frankfurt-Heddernheim, das nach den Luftangriffen von 1943 als erweitertes Polizeigefängnis verwandt wurde und mit

---

122 »Grundsätze« v. 31.12.1943 (Anm. 75), S.20.

123 Ebd, S.18.

124 Ebd. Himmler leuchtete die Motive des Beschwerderechts aus: »Es gilt den ausländischen Arbeiter durch Ausräumung berechtigter Beschwerdegründe einen Anlaß zur Unzufriedenheit zu nehmen und ihn dadurch in politisch-polizeilicher Hinsicht weniger anfällig, d. h. ungefährlicher zu machen«, zitiert bei: Pfahlmann, 1968, S.209f.

125 Der Runderlaß Himmlers zur »Gefahrenabwehr beim Ausländereinsatz« v. 7.12.1942 unterschied zwischen kampfverbündeten Italienern, Angehörigen »germanischer« Völker, Angehörigen »nichtgermanischer« Völker im Bündnis mit Deutschland und Angehörigen »nichtgermanischer-slawischer« Völker und andere aus dem Generalgouvernement stammende Ausländer. Dieser Hierarchie entsprach auch eine sachgebietsbeschränkte Ämtergliederung der Gestapo im RSHA, vgl. Wysocki, 1992, S.428.

126 Die Gerichtsbarkeit über Polen, Russen, Juden und sogenannte Zigeuner war ab 1942 nicht länger den Gerichten, sondern Himmler unterstellt, vgl. Weyrauch, 1992, S.42.

127 Rundschr. Gestapo Ffm, HStAWi, 483/638, vgl. auch Diamant, 1988, S.171.

128 Die AEL wurden durch Himmler am 28.5.1941 durch einen Runderlaß offiziell eingeführt. Im Vorwort dieses Erlasses heißt es: »Mit dem verstärkten Arbeitseinsatz von Ausländern und anderen Arbeitskräften in wehr- und volkswirtschaftlich wichtigen Betrieben mehren sich die Fälle von Arbeitsverweigerungen, denen im Interesse der Wehrkraft des deutschen Volkes mit allen Mitteln entgegengetreten werden muß«, zitiert nach: Wysocki, 1992, S.326. Dies bedeutete eine Ausweitung der Strafkompetenz, die bis dahin als staatspolizeiliche Maßnahmen auf eine kurzfristige »Schutzhaft« in Polizeigewahrsam von höchstens 21 Tagen beschränkt war.

über 400 Häftlingen – überwiegend AusländerInnen – um mehr als das Doppelte überbelegt war. Leiter des Lagers war der SS-Untersturmführer und Gestapo-Inspektor Tauber.[129] Die »Arbeitserziehung« erfolgte durch Prügel und erheblich rationierte Ernährung in Arbeitskolonnen, u.a. für die Firma VDM sowie für die Durchführung von Erdarbeiten, Kanalerweiterung, Transport- und Aufräumarbeiten nach Bombenangriffen.[130] Durch die Bekanntgabe jeder Verhaftung sollte die abschreckende Wirkung erhöht werden.[131] »Der Ostarbeiter Wassilij T. wurde wegen Arbeitsbummelei und Diebstahlsverdacht durch die Staatspolizeistelle Frankfurt/M. in ein Konzentrationslager überführt. Der Ostarbeiter W. Pjotr wurde wegen Schwarzhandels und deutschfeindlicher Einstellung durch die Staatspolizeistelle in ein Konzentrationslager überführt«, informierte z.B. ein Werksaushang im Dezember 1944.[132]

Schon eine kurzzeitige Inhaftierung in einer der Polizei- bzw. Justizanstalten war eine Qual. »Das Schlimmste ist das völlige Fehlen einer Lüftung und der daraus resultierende pestilenzartige Gestank, der ohne Übertreibung direkt Erbrechen erregt«, schilderte ein Polizeiarzt die Situation in einem der Polizeigefängnisse, in dem in einem Raum mit etwa 70 qm 66 Gefangene untergebracht waren.[133] Bürokratische Pedanterie und menschenverachtender Zynismus paarten sich, wenn die staatliche Polizeikasse auch noch mittels Lohnabzug die Kosten der Inhaftierung eintrieb.[134]

Die Kartei der Frankfurter Gestapo macht deutlich, daß bei mindestens jedem zehnten ausländischem Zwangsarbeiter der Adlerwerke Verfolgungstatbestände unterstellt wurden. Die »Delinquenten« waren in der Regel sehr jung, im Alter zwischen 16 und 23 Jahren, und ledig. Einige Zahlen können die Dimensionen der Verfolgung veranschaulichen. 80 (30%) der »Delinquenten« wurden ein bis drei Wochen in Polizeihaft genommen und dann im Interesse des Arbeitseinsatzes bzw. aus Platzmangel mit einer Verwarnung in den Betrieb zurück entlassen.

---

129 »Hessen hinter Stacheldraht«, 1984, S.88. Tauber erhielt eine fünfeinhalbjährige Zuchthausstrafe wegen Totschlags. Freigesprochen wurde der mitangeklagte Frankfurter Gestapochef Breder, ebd., S.95.

130 Vgl. auch Aussage Tomasz Kiryllow bei Beckert, 1990, S.109ff.; u. Meyer, 1986.

131 Die Anzahl der Verhaftungen in den AW verdoppelte sich von 44 im Jahre 1942 auf 88 im Jahre 1943 und steigerte sich 1944/45 auf 115.

132 Aushang v. 16.12.1944, BRTA.

133 HStAWi, 483/1196. Im Stadtgebiet handelte es sich um das Untersuchungsgefängnis Hammelsgasse, das Strafgefängnis Preungesheim, die Frauenstrafanstalt Höchst, das Gefangenen-Barackenlager Mörfelder Landstraße sowie polizeiliche Notgefängnisse in der Gutleutstraße und in der Rödelheimer Straße.

134 Dokumentarisch belegt ist dies der Fall bei sechs Ausländern, bei denen sich die AW geweigert hatten, die Lohnabzüge vorzunehmen. Die Ablehnung war vermutlich mit dem erhöhten Verwaltungsaufwand begründet, denn in einem anderen Fall wurden die Haftkosten anstandslos vom Lohn einbehalten, HStAWi, 407/829.

18 Franzosen und 68 Sowjetbürger (26%) wurden von der Gestapo in ein AEL, zumeist Heddernheim, eingewiesen.[135] Die Haftzeit im AEL betrug 4 bis 16 Wochen. 67 »Ostarbeiter« und zwei Franzosen (27%) wurden mit der schwersten Bestrafung, der KZ-Haft, belegt.[136] 39 (15%) der vorliegenden Gestapokarten wurden über Frauen angelegt. Es handelte sich mehrheitlich um minder schwere Fälle wie die Nichtbeachtung einer staatspolizeilichen Auflage. Das fehlende »Ostarbeiter«abzeichen, zumeist in Verbindung mit unerlaubter Straßenbahnbenutzung, stellte bereits einen Inhaftierungsgrund von einer Woche dar; der verbotene Umgang mit Deutschen bzw. Kriegsgefangenen der eigenen Nation wurde in der Regel mit drei Wochen Haft bestraft. »Arbeitsverweigerung« bzw. »Arbeitsvertragsbruch«, häufig in Verbindung mit »Flucht« bzw. »unerlaubtem Verlassen« des Arbeitsplatzes oder des Lagers, waren mit rund 40% (104) auch in den Adlerwerken die wichtigste Form des Widerstandes.[137] Bei Ergreifung reichten die Strafen von Haft bzw. AEL und anschließender Rückgabe an den Betrieb bis zur KZ-Einweisung. Ein Beispiel: Ein Franzose wurde angeklagt, seine Arbeitsstelle »eigenmächtig verlassen und sich bummelnd herumgetrieben zu haben«. Dem Gericht erschienen vier Monate Gefängnis als angemessene Sühne.[138] Wiederergriffene »Ostarbeiter« hatten drastischere Strafen zu befürchten.

Unerlaubtes Verlassen des Lagers konnte lebensbedrohlich sein. Die »Dienstanweisung der Gestapo Frankfurt für Wachmänner« regelte den Schußwaffeneinsatz im Fall einer Flucht unmißverständlich: »Auf fliehende Russen ist sofort zu schiessen mit der festen Absicht zu treffen.«[139] Als der ukrainische Hilfsarbeiter Wassilij Pawlenko und seine Freundin Ektarina Demidowa am frühen Morgen des 25.4.1944 im Begriff waren, sich unerlaubt aus dem Lager zu entfernen, wurden sie von einer Streife überrascht. Da sie nicht stehenblieben, schoß einer der Wachposten dem 21jährigen Ukrainer in den Kopf. Die 17jährige Ektarina Demidowa sagte aus, sie hätten lediglich mit der Straßenbahn in die Fabrik fahren wollen. Die Mordkommission bestätigte seinerzeit die Schuldlosigkeit des Wachmanns; denn »zum Gebrauch der Schusswaffe war er durchaus

---

135 Da die Häftlingsakten des AEL Heddernheim von der Gestapo verbrannt wurden, kann nur über die Gestapokartei quantifiziert werden, wieviele bei den AW beschäftigte AusländerInnen in dieses AEL eingeliefert wurden. Es wurde auch in das AEL Essen-Mühlheim, SS-Sonderlager Hirzenhain, SS-Sonderlager Hinzert, AEL Watenstedt, »EFG Ffm« überstellt.

136 Zahlen einschließlich der »Delinquenten«, die nach dem AEL in ein KZ überwiesen wurden.

137 »Arbeitskontraktbrüchig« wurden ZivilarbeiterInnen, die die Arbeitsleistung verweigerten, am Arbeitsplatz unentschuldigt fehlten bzw. zu spät kamen oder sich in irgendeiner Weise disziplinwidrig verhielten, vgl. Herbert, 1985, S.357.

138 Marceau H., 1944, HStAWi, 486 u. 409/3877.

139 Dienstanweisung vom 29.5.1942, hier § 6 (2); HStAWi, 520/DZ, Tauber.

berechtigt, nachdem die beiden Personen auf zweimaligen Anruf nicht stehengeblieben waren«.[140]

Widerstand und Selbstbehauptung hatten, wie einige Gestapo-Karteikarten klar machen, viele Facetten – das Strafmaß war immer außerordentlich hart. In der Terminologie der Gestapo ging es um »undiszipliniertes Verhalten«, z.B. bei der Essensausgabe, bestraft mit vier Wochen AEL oder »grobe Disziplinlosigkeit«, die manchmal mit acht Wochen AEL aber zumeist mit KZ bestraft wurde.[141] Eine andere Form, passiven Widerstand zu leisten, die sogenannte »Arbeitsbummelei«, manchmal in Verbindung mit »Simulation«, wurde mit vier bis acht Wochen AEL geahndet.[142] »Deutschfeindliche Einstellung«, erkennbar in einem Brief in die Heimat, wurde mit 21 Tagen Haft, in einem anderen Fall mit 16 Wochen AEL, in zwei weiteren Fällen mit KZ bestraft.[143] Hart bestraft wurde auch die Umgehung der Briefzensur. Ein französischer Elektriker wurde wegen staatsfeindlichen Äußerungen in einem Brief, den ein Kollege nach Frankreich mitnahm, ebenfalls drei Monate inhaftiert.[144] Ein 19 Jahre alter Belgier kritzelte mit Bleistift an eine Säule: »Deutschland soll sterben. Stern der Freiheit. Live England. Die Deutschen sind Idioten.« Die Firma teilte der Gestapo mit, er sei »widerspenstig und aufsässig«. Nach der Untersuchungshaft wurde dieser Zivilarbeiter der Gestapo überlassen und von ihr in die KZs Dachau und Natzweiler verschleppt.[145] 1943 wurde eine »Führerin von einem Russenkommando« zu drei Wochen Haft verurteilt, weil sie »den ihr auferlegten Pflichten« nicht nachgekommen war; zwei »Ostarbeiterinnen« wurden wegen »Störung des Arbeitsfriedens« mit KZ bzw. AEL bestraft.[146] Zwei russische Brüder wurden wegen »Aufwiegelung« mit KZ bestraft, ein weiterer Russe wegen »hetzerischen Verhaltens« ebenfalls in ein KZ eingewiesen.[147] Auch die Tätlichkeiten eines »Ostarbeiters« gegen einen Wachmann im Mai 1944 wurden mit der Einweisung in ein KZ geahndet, wo der gerade Einundzwanzigjährige kurz darauf verstarb.[148] In offenbar minder schweren Fällen von »Widergesetz-

---

140 HStAWi, 461/18522. Einen tragisch endenden Fluchtversuch unternahm vermutlich auch der »Ostarbeiter« W. Kononjenko (18), der tot auf dem Bahngelände gefunden wurde, HStAWi, 461/18559.

141 Bertrand de L. (1943), Leonid S. (1944), Walentina P. (1944), Semen P. (1944), Maria K. (1944), HStAWi, 486.

142 Sinaida R. (1943), ebd.

143 Henri F. brachte 1941 in einem Brief zum Ausdruck, daß sich die Lage der ausländischen Arbeiter in den AW von Tag zu Tag verschlechtern würde; Alexi R. (1944), ebd.

144 HStAWi, 409/4, Nr. 2060 sowie Roger G., HStAWi, 461/9046.

145 HStAWi, 486 u. 409, sowie 461/10046; KZGDa, Alphabetische Häftlingskartei.

146 Sina T. (1943), Maria S. (1943), Anna T. (1944), HStAWi, 486.

147 Wasili und Sergej J. (1943), Alexander S. (1943), ebd.

148 Ebd.

lichkeit gegen einen deutschen Arbeiter« und »Unruhestiften« erkannte die Gestapo auf jeweils 6 bzw. 4 Wochen AEL wegen »Störung des Arbeitsfriedens«.[149]

Die »Zerfallserscheinungen« unter den französischen ZivilarbeiterInnen erreichten im September 1943 die Qualität des organisierten Widerstandes und wuchsen sich sogar zu einer »allgemeinen Streikbewegung« aus, wie der Abwehrbeauftragte Engelmann feststellte. Anlaß war die schlechte Ernährung und der Entzug der Lebensmittelkarten. »N'allez pas au travail tant quil n'y aura pas à mange«[150] (Gehe nicht zur Arbeit, solange es nichts zu essen gibt) – lautete die offensive Parole am Streiktag, Sonntag, dem 9.9.1943. Der Aufforderung, die Arbeit wieder aufzunehmen, leisteten die Franzosen keine Folge, sondern sie blieben mehrheitlich auf dem Werkshof vor der Kantine sitzen. Auch die Nachtschicht erschien nicht zur Arbeit. Die Gestapo reagierte sofort mit der Verhaftung von neun französischen Zivilarbeitern. Als »Haupträdelsführer« wurde ein Fräser (40) angesehen, dem nicht nur zur Last gelegt wurde, seine Kollegen zur Niederlegung der Arbeit, sondern auch zur »Arbeitsrückhaltung« (»jede Stunde zehn Minuten weniger«) angestiftet zu haben. Da er sich freiwillig zum Arbeitsdienst nach Deutschland gemeldet hatte, kam er nicht in ein Konzentrationslager, sondern wurde »nur« zu einer Zuchthausstrafe von zwei Jahren und neun Monaten verurteilt.[151] Unübersehbar ist im Zusammenhang mit dem Streik die Tatkraft des Abwehrbeauftragten bei der betriebsinternen Ermittlungsarbeit. Es ging darum, die Solidarität der beteiligten »Westarbeiter« zu brechen und jedes Wiederaufleben von Widerstand zu verhindern. Der Abwehrbeauftragte bediente sich dabei der politischen Gegensätze im Lager der französischsprachigen Zivilarbeiter und bot Schutz für Denunziationswillige ebenso wie Empfehlungen zur »eingehenden Vernehmung«, sprich »verschärften Vernehmung« durch die Gestapo für Denunziationsunwillige.

»Sabotage«, die effektivste aber auch gefährlichste Form, Widerstand zu leisten, wurde mit drakonischen Strafen belegt – in drei Fällen mit der Einweisung in das KZ.[152] So wurde ein Franzose (22) der »Störung eines für die Reichsverteidigung wichtigen Betriebes« angeklagt, weil durch einen Fehler bei

149 Nikolaj J. (1944), Wassili G. (1944), Leon J. (1945), ebd.

150 HStAWi, 461/9996.

151 Der »Rädelsführer«, Ferdinand le T., wurde auch angeschuldigt, bei einer deutschen Kollegin abgehörte BBC-Nachrichten an seine Landsleute weitergegeben zu haben, unter Umgehung der Zensur Briefe geschmuggelt und einem französischen Kriegsgefangenen durch die Beschaffung von Zivilkleidung zur Flucht verholfen zu haben. Das Verfahren machte deutlich, daß Franzosen und Belgier ihre vergleichsweise geringfügig eingeschränkte Bewegungsfreiheit zur Entwicklung einer eigenen Substruktur nutzen konnten. Sie trafen sich im Cafe »Philipp« in der Kriegkstraße oder im Restaurant »Berta« in der Lahnstraße, vgl. ebd.

152 Roger B. (1943), Gawriel M. (1944), HStAWi, 486.

der Presse ein Schnittstempel zu Bruch ging, was die Verzögerung wichtiger Heereslieferungen zur Konsequenz hatte. Der Franzose wurde im Februar 1943 in Haft genommen und in ein KZ überstellt.[153]

Wer »in einer Zeit der Anspannung aller Kräfte, Kriegsgefangenen zur Flucht hilft, leistet dadurch der Spionage Vorschub und stört oder gefährdet den Arbeitsprozess der Kriegswirtschaft in einer Weise, dass eine solche Tat als ein Verbrechen am Deutschen Volk angesehen und daher schwer bestraft werden muß« – so der Wortlaut der Urteilsbegründung im Verfahren gegen einen Franzosen, der durch die Beschaffung von Zivilkleidung einem Kriegsgefangenen zur Flucht verholfen hatte, was mit einer Zuchthausstrafe von 18 Monaten geahndet wurde.[154] Ein »Ostarbeiter« dagegen wurde wegen des gleichen Delikts »Beihilfe zur Flucht und Funddiebstahl« mit KZ bestraft.[155]

Es ist durchaus bezeichnend, daß die Nachkriegsverteidigung sich bevorzugt an Diebstähle als Anlaß für »Maßregelungen« erinnerte.[156] Einige herausgegriffene Fälle machen deutlich, wie unangemessen hoch das Strafmaß war. Ein »Ostarbeiter« wurde wegen des Handels mit Brotmarken mit 16 Wochen AEL bestraft, ein weiterer wegen Schwarzhandel mit Lebensmittelmarken in ein KZ eingewiesen.[157] Mildernde Umstände z.B wegen Mundraub oder dem Alter der »Delinquenten« wurden nicht geltend gemacht. Ein einfacher Obstdiebstahl wurde mit 21 Tagen Haft, Kartoffeldiebstahl mit acht Wochen AEL geahndet, ein anderer wegen Kartoffeldiebstahls sogar in ein KZ eingewiesen.[158] Ein weiterer »Ostarbeiter« stahl auf dem Eisenbahngelände ein Paket, weil er darin etwas Eßbares vermutete. Zwar wurde ihm geglaubt, daß er aus Hunger gehandelt hatte, und von Werksseite wurde er als fleißig und brauchbar geschildert, aber es wurde eben auch hinzugefügt, er sei in letzter Zeit etliche Male frech geworden, was dafür ausschlaggebend gewesen sein dürfte, daß er nach zwei Monaten AEL ebenfalls in ein KZ überstellt wurde.[159] In den aufgeführten Fällen waren die »Täter« ausschließlich Jugendliche.

Zusammenfassend läßt sich sagen, daß die in engster Fühlungnahme erfolgte Kooperation der Adlerwerke mit der Gestapo wesentlicher Bestandteil der Disziplinierung von ZwangsarbeiterInnen war.[160] Bei Verstößen gegen die Ar-

---

153 Jean B. (1943), HStAWi, 461/8845 u. 486.

154 Kleber B. (1943), HStAWi, 461/8658; vgl. Roger C. (1943), HStAWi, 461/8680; und Bernard M. (1942), HStAWi, 461/8695.

155 Peter L. (1945), HStAWi, 486. Der Fluchtvorbereitung diente gelegentlich auch der Diebstahl, insofern ist eine Grenzziehung bei den Delikten mit dem Ziel der individuellen Versorgung schwer möglich.

156 HStAWi, 520/F, Dr. Franz Engelmann.

157 Nikolai M. (1944), Iwan K. (1944), HStAWi, 486.

158 Fedor Ch. (1943), Iwan L. und Jurgji K. (1943), Alexander K. (1943), ebd.

159 Lisenko L. (1943), HStAWI, 461/9047 u. 486.

beitsdisziplin oder Lagerordnung ging die Initiative zur Einschaltung der Gestapo immer vom Betrieb aus.[161] Die Strafzumessung wurde durch die Stellungnahme des Betriebes ganz maßgeblich mit beeinflußt. Die Bekanntgabe des Schicksals der Verhafteten diente der systematischen Einschüchterung.

5. Für die Produktion verloren

Eine adäquate medizinische Betreuung war unter rassenpolitischen Vorzeichen nicht vorgesehen. Nach einem Erlaß des Reichsarbeitsministeriums wurden »Ostarbeiter« von der Invaliden- und Unfallversicherung ausgeschlossen. »Ein Rechtsanspruch auf Krankenbehandlung besteht nicht« – so der Erlaß, doch mußte eine Krankenversicherung, deren Höhe sich nach dem Grundlohn richtete, abgeschlossen werden. Getreu dem Prinzip »Arbeitslohn nur gegen Arbeitsleistung« erhielt ein »Ostarbeiter« für die Dauer seiner Krankheit (auch wenn sie Folge eines Betriebsunfalls war) keinen Lohn. Die Gesundheitsversorgung der »Ostarbeiter« sollte sich auf die allernotwendigsten Maßnahmen zur Erhaltung der Arbeitskraft beschränken, weshalb beispielsweise »eine Unterbringung in öffentlichen Krankenhäusern nicht in Betracht« kam.[162] Im Krankheitsfall mußten ZwangsarbeiterInnen solange zur Arbeit gehen, bis sie von einem Betriebs- bzw. Lagerarzt krankgeschrieben wurden. Als »Maßstab ärztlicher Diagnose galt nicht die Arbeitsfähigkeit, im Sinne von gesund, sondern die Arbeitseinsatzfähigkeit, im Sinne von noch arbeitsfähig«.[163]

Die Adlerwerke verfügten im Bunker des Werkes I über eine Sanitätsstation. Die medizinische Betreuung der Gefolgschaft oblag wechselnden Betriebsärzten.[164] Von April bis Anfang Dezember 1944 übernahm Frau Dr. Hellriegel die Aufgabe einer Betriebs- und Vertrauensärztin.[165] Ihre Zuständigkeit erstreckte

---

160 Dr. Engelmann ließ sich zumindest gegen Kriegsende drei bis viermal in der Woche in die Gestapo-Zentrale in der Lindenstraße chauffieren, Aussage des Zeugen O. v. 19.5.1948, HStAWi, 520/F, Dr. Franz Engelmann.

161 Vgl. Diamant, 1988, S.254.

162 Küppers/Bannier, 1943, S.52.

163 Kaufmann/Schulmeyer, 1985.

164 Einzelerkenntnisse aus Befragungen des Sanitätspersonals d. AW durch die KP Ffm 1946, HStAWi, 770/25.

165 1942 erhielten die Betriebsärzte auch die Funktion von Vertrauensärzten, vereinigten also Diagnose und Therapie in einer Person. Frau Dr. Hellriegel wies wiederholt auf den enormen Zeitdruck bei der Wahrnehmung ihrer Aufgaben hin. Neben ihrer eigenen Praxis betreute sie weitere Betriebe, PA, Betriebsärztin Dr. Hellriegel, G/1990.

sich auch auf die Überwachung des Gesundheitszustandes aller ausländischen ArbeiterInnen. Beigestellt wurden ihr für die »Ostarbeiterinnen« eine russische Ärztin, für die »Ostarbeiter« ein lettischer Arzt. Sie beurteilte den Gesundheitszustand der zivilen ZwangsarbeiterInnen während ihrer Tätigkeit, »gemessen an den sehr armseligen hygienischen Verhältnissen«, als »erstaunlich gut«. Die Betriebsärztin über ihre Arbeitssituation: »Die Adlerwerke hatten mit ihren 6000 Mann ursprünglich drei Betriebsärzte. Als ich kam, war ich allein auf weiter Flur. Ich war ständig nur am Rennen. Für die Deutschen hatte ich nur ein Ambulatorium zu unterhalten. Nach Griesheim bin ich jeden Tag in der Frühe um 7 Uhr für ca. 1 1/2 Stunden. Als ich nach Griesheim kam, waren da ein paar Baracken und ein riesiges Zelt – ziemlich in der Mitte. In diesem Zelt war überhaupt nichts vorhanden. Die meisten Bewohner hatten nicht einmal Stroh, nur dünne Decken. Es kamen dann Luftschutzbetten, nachdem ich wegen der unmenschlichen Zustände einen Zirkus machte, aber vorher lagen die Leute auf dem Boden. Der mir zugeteilte Raum im Lager war sehr klein. Ein Warteraum für die Kranken und ein Miniraum für Vera [die sowjetische Dolmetscherin] und mich. Ich habe nur die Ambulanz gemacht und klar gemacht, daß ich mein eigener Vertrauensarzt bin. Ich habe gesagt, wer krank ist, und denen gesagt: ›Die, die arbeiten können, müssen arbeiten gehen, damit die, die krank sind, solange sie krank sind, nicht zur Arbeit müssen.‹ Im Griesheimer Lager gab es keine Krankenstation. Sie konnten im Bett liegen und Tabletten nehmen. Wer schwer krank war, mußte weg. Die Sanitätsstation war im Bunker, ordentlich mit jeder Menge Zeug ausgestattet, aber in Griesheim war fast nichts da. Bei Skapies [Grätze] hatte ich keine Schwierigkeiten in der Beschaffung, allerdings weiß ich nicht, wie es bei teureren Medikamenten gewesen wäre. Wenn sie was wollten, bekamen sie zu hören: ›Haben sie schon gemerkt, daß Krieg ist?‹ Jedenfalls habe ich irre Mengen gebraucht gegen Läuse und Skapies, weil die Leute sich ja gegenseitig angesteckt haben. In diesem Massivquerbau im Werk I hatte ich ein kleines Zimmer für Untersuchungen. Wenn sie da hineinkamen, gab es eine riesige Eisentür, dahinter einen Raum voll mit Luftschutzbetten und einen Raum, den wir abgezweigt hatten für die Kranken sowie ein Untersuchungszimmer. In dieser Werkshalle waren ca. 60 oder mehr Frauen untergebracht – die Betten in Viererreihen. Teilweise haben sie wegen der Kälte zu zweit im Bett gelegen, was ich versucht habe, wegen der Infektionsgefahr zu unterbinden. Die durften nicht zu zweit im Bett liegen, weil sie sich mit Skapies angesteckt hätten. Ich habe die Betten dann auch mal auseinandergeklaubt.«[166]

Glaubt man den »Grundsätzen«, wurde dem Schutz gegen Ungeziefer, z.B. der Bekämpfung der Kleiderläuse als Überträger des Fleckfiebers, besondere

---

166 Ebd.

Aufmerksamkeit gewidmet. Allerdings war die Seuchenabwehr vorrangig von dem Gedanken an die Gefährdung der Deutschen getragen.[167]

Strikte Kontrolle der Krankmeldungen war die erste Voraussetzung für den Einsatz scharfer Maßnahmen gegen einen zu hohen Krankenstand. Der Abwehrbeauftragte erließ explizit »Bestimmungen über das Ahnden von Bummelei unter Vorgabe der Erkrankung«.[168] Erwiesen sich die betriebsinternen Disziplinierungsmaßnahmen als nicht ausreichend, wurden die »Bummelantenfälle« den Reichstreuhändern der Arbeit gemeldet, die entweder selbst ein Verfahren einleiteten oder die Sache an das Gericht bzw. die Gestapo weitergaben.[169]

Die »Grundsätze« fixierten als Grenzwert für Kontrollmaßnahmen zwei Prozent, d.h. waren mehr LagerbewohnerInnen erkrankt, so mußte der Betriebsführung davon Meldung gemacht werden. Anhand der Meldebögen vom Juli 1944 bis Februar 1945 läßt sich jedoch ablesen, daß der Krankenstand immer beträchlich über zwei Prozent lag. Die nach Gefolgschafts- und Zwangsarbeiterkategorien aufgeschlüsselten Krankenziffern werfen dabei auch ein Licht auf unterschiedliche Kriterien bei Diagnose und Krankschreibung. Deutsche wurden mit durchschnittlich 7,5% deutlich häufiger als »Westarbeiter« (5,2%) und mehr als doppelt so häufig wie »Ostarbeiter« (3,3%) krankgeschrieben. Parallel hierzu wurden deutsche Arbeiterinnen (8,9%) ebenfalls mehr als doppelt so häufig krankgeschrieben wie ausländische Frauen (3,9%), überwiegend »Ostarbeiterinnen«.[170] Die Praxis rücksichtsloser Gesundschreibung von »Ostarbeitern«,[171] mit der Konsequenz, daß sich aus relativ leichten Erkrankungen schwere Fälle entwickeln konnten, ging einher mit der Anweisung an die Betriebsärzte, eine Aufnahme in ein Krankenhaus möglichst nicht zu veranlassen.[172] Wieviele ZwangsarbeiterInnen der Adlerwerke zur stationären Behandlung in das Städti-

---

167 »Grundsätze« v. 15.2.1944 (Anm. 76), S.9.

168 Ebd., S.10.

169 Vgl. Siegel, 1982, S.131.

170 Meldebogen 3 – Gesamtbestand der Gefolgschaft (Lohnempfänger) v. Juli 1944 – Februar 1945, Aufstellung der AW v. 19.6.1945, NA, RG243/77.a.16.

171 Vgl. Herbert, 1985, S.208.

172 Insbesondere Polen und »Ostarbeitern« wurde »vielfach eine gewisse Arbeitsflucht und damit ein Drängen nach Krankenhausbehandlung unterstellt«, der RMdI am 27.1.1941, zitiert nach: Kaufmann/Schulmeyer, 1985, S.79. In einem Schr. des Präsidenten des LAA Hessen v. 12.3.1943 an die Krankenhäuser und Pflegeanstalten heißt es u.a., »daß Ausländer und vornehmlich Ostarbeiter und ehemalige Polen nur so lange in stationärer Behandlung bleiben, wie dies zur Wiederherstellung der Arbeitseinsatzfähigkeit unbedingt erforderlich ist«, StdAFfm, HGH 1995. Die städtischen Krankenhäuser wurden angewiesen, eine Überbelegung nicht zuzulassen und mit Rücksicht auf das »gesunde Volksempfinden« für eine getrennte Unterbringung Sorge zu tragen. Dem Städtischen Krankenkaus Sachsenhausen standen ab Februar 1943 ganze 5 Baracken für kranke »Ostarbeiter« zur Verfügung, StdAFfm, MA 7200, Bd. 2.

sche Krankenhaus eingewiesen wurden, ist nicht mehr zu ermitteln. Im Sterberegister wurde der Tod von drei Franzosen und 18 Sowjetbürgern (fünf Frauen, 14 Männer, zwei Kinder) dokumentiert.[173]

Vor dem Hintergrund von Vergiftungen unter den KZ-Häftlingen verdienen mehrere Fälle von Vergiftungen unter den »Ostarbeitern« im Februar 1943 besondere Aufmerksamkeit. Nachdem sie Rostschutzmittel als Kochsalz verwandt hatten, wurden sechs von ihnen mit Vergiftungserscheinungen in die Sanitätsstation gebracht, wo der Schlosser Nikolai Kusmin (17) starb.[174]

Schwerkranke, deren Arbeitskraft dauerhaft ausfiel, die darüber hinaus eine Ansteckungsgefahr bildeten und Kosten verursachten, sollten, ebenso wie Schwangere rechtzeitig vor ihrer Entbindung, schnellstmöglich in ihre Heimatländer zurückbefördert werden. Die vorzeitige Rückführung wurde durch den ärztlichen Dienst der Arbeitsämter veranlaßt. Zunehmender Mangel an Transportkapazitäten sowie die negative propagandistische Wirkung, die der äußerst elende Zustand der RückkehrerInnen hervorrief, führten nach 1943 zum Abbruch der Abschiebepraxis. Die Kranken wurden in sogenannte Rückkehrsammellager gepfercht, die infolge der schlechten Verpflegung und medizinischen Versorgung nichts anderes als zentrale Sterbelager waren.[175] Für die dauerhaft

---

173 Es handelt sich im einzelnen um sieben Todesfälle aufgrund von Tbc, vier Fälle von Herz- und Kreislaufschwäche bzw. Lungenentzündung, zwei von Gehirnhautentzündung, zwei von Bauchfellentzündung bzw. Darmverschluß und vier Unfallopfer, vgl. Sterbebuch des Stadtkrankenhauses 1944/45, UniKFfm.

174 HStAWi, 461/18170; Anschlag v. 15.2.1943, BRTA. In diesem Zusammenhang stellt sich die Frage nach der Plausibilität einer Aussage des Vorstandsvorsitzenden Hagemeier, derzufolge sich im April 1944 zehn bis zwölf »Ostarbeiter« mit heimlich beschafftem Methylalkohol vergiftet hätten, was mehrmonatliche Erkrankungen nach sich zog. Die Kranken seien von einem als Konsiliarius zugezogenen Professor der Med.- Univ.-Poliklinik gemeinsam mit dem zuständigen Betriebsarzt und einer russischen Ärztin untersucht und betreut worden. Hagemeier behauptete weiter, daß die Betroffenen weitere Monate in den AW verbleiben durften, in denen sie wieder genesen und arbeitsfähig werden konnten, HStAWi, 520/F, Ernst Hagemeier. Am Wahrheitsgehalt dieser Geschichte muß jedoch gezweifelt werden. Für die Wiederherstellung der Arbeitsfähigkeit waren Fristen gesetzt, nach deren Ablauf die Erkrankten in Krankensammellager transportiert wurden. Schließlich wurden Fälle von Simulieren, Selbstinfektion oder Selbstverstümmelung als Sabotage durch die Gestapo verfolgt. Die Betriebsärztin schloß die Version Hagemeiers explizit aus, PA, Dr. Hellriegel, G/1990. Der Oberwachleiter erklärte, die Kranken seien zum Teil weggekommen, Spruchkammersitzung v. 14.7.1949, HStAWi, 520/F, M.

175 Das LAA Hessen richtete 1942 auf Anordnung des RAM zwei solche Lager ein: Friedewald und Pfaffenwald, beide in der Nähe von Bad Hersfeld. In Pfaffenwald starben in der gesamten Zeit des Bestehens von 1942-1945 376 Menschen, von denen 192 jünger als 20 und weitere 90 jünger als 30 Jahre waren. Allein im ersten Halbjahr 1944 schnellte die Zahl der Toten mit 139 in die Höhe, vgl. Hamann, 1987, S.157. Ab 1943 stand dem Gauarbeitsamt Rhein-Main zusätzlich im Durchgangslager Kelsterbach bei Ffm ein Hilfskrankenhaus zur Verfügung, ebd., S.123f.

arbeitsunfähigen BürgerInnen Polens und der Sowjetunion mit der Diagnose »Tbc«[176] oder »geisteskrank«[177] suchte man effektivere Möglichkeiten der Vernichtung, um die lästigen Auswirkungen der zunehmenden gesundheitlichen Verelendung der ZwangsarbeiterInnen einzudämmen. Die Lösung sah man im getarnt organisierten Anstaltsmord, z.B. in der Landesheil- und Pflegeanstalt Hadamar (Kreis Limburg).[178]

Mindestens zehn »Ostarbeiter« der Adlerwerke wurden in Hadamar ermordet.[179] Beispielhaft soll hier das Schicksal eines der Euthanasieopfer dargestellt werden. Alexej Sopow (16) wurde zunächst in die Universitäts-Nervenklinik eingewiesen und von dort am 9.2.1944 in die Landesheilanstalt Eichberg verlegt.[180] Am 17.5.1944 wurde die Überweisung des angeblich an »erregter Psy-

---

176 Wurden schon deutsche Tbc-Kranke als »Gefahr für die Volksgesundheit«, als »asoziale Krankheitsträger« stigmatisiert und zusammen mit Schwerkranken, nicht mehr Arbeitsfähigen für eine Isolierung ohne Heilvorgang vorgesehen, so waren die ZwangsarbeiterInnen von dieser Herangehensweise besonders betroffen, vgl. Kaufmann/Schulmeyer, 1986, S.268f.

177 Die DAF wies in einer Studie selbst auf die objektiven Grundlagen schwerer Depressionen von »Ostarbeitern« hin. Neben den Lebensverhältnissen und Heimweh wurde das Bewußtsein, »Waffen zur Niederringung der Sowjetunion mit herzustellen« benannt, vgl. Geheimbericht des Arbeitswissenschaftlichen Instituts der DAF über den Arbeitseinsatz der »Ostarbeiter« v. Mai 1943, BAK, R41/274, fol.74f.

178 »Als im Jahre 1944 die Tuberkulose unter den ›Ostarbeitern‹ immer mehr zunahm und die ansteckenden Fälle sich in erschreckendem Maße häuften, wandte sich die Arbeitseinsatzverwaltung, deren Krankenlager seit Jahr und Tag restlos überfüllt waren, mit der Bitte um Hilfe an die Dienststellen der inneren Verwaltung. Dem LAA Hessen wurde daraufhin zur Unterbringung seiner tuberkulösen ›Ostarbeiter‹ vom RP in Wiesbaden die Heil- und Pflegeanstalt Hadamar zur Verfügung gestellt, die rund 200 Kranke aufnehmen konnte«, Ermittlungsergebnis der KP Ffm gegen das Gauarbeitsamt Rhein-Main v. 19.6.1945, S.75, HStAWi, 483/462. Ein Schr. des Präsidenten des Gauarbeitsamtes Rhein Main, datiert auf den 21.7.1944, signalisierte den Beginn der Einweisungen, ebd., S.270. Im Zeitraum v. 28.7.1944 bis zum 18.3.1945 wurden nach offizieller Schätzung 476 ZwangsarbeiterInnen nach Hadamar in den Tod geschickt, 58 Tbc-kranke Sowjetbürger und Polen allein vom Arbeitsamt Ffm. Das Projekt der Fachhochschule für Sozialpädagogik Ffm ermittelte anhand der Krankenbücher und Transportlisten (abweichend von der im Hadamar-Trial genannten Zahl von 476) eine Mindestzahl von 583 ermordeten ZwangsarbeiterInnen. Von diesen 583 wurden 126 mit der Diagnose »geisteskrank«, 398 als Tbc-Kranke eingewiesen, Kaufmann/Schulmeyer, 1986, S.266.

179 Piotr Siwko, geb. 2.1.24, gest. 6.11.44; Jakow Pogossow, geb. 24.12.18, gest. 13.3.45; Alexej Sopow, geb. 23.3.28, gest. 22.5.44; Iwan Grjadunow, geb. 3.11.27, gest. 20.12.44; Ewgenij Gorbatscheff, geb. 21.11.24, gest. 13.10.44; Paul Histoj, geb. 6.1.25, gest. 26.1.45; Iwan Malzew, geb. 15.1.14, gest. 29.1.45; Stanislaw Matiasch, geb. 1925, gest. 11.9.44; Wasili Mitin, geb. 22.11.16, gest. 23.5.44; Wladimir Targugatin, geb. 24.8.24, gest. 26.1.45, Die folgenden Angaben konnten mit der frdl. Unterstützung von Holker Kaufmann zusammengestellt werden. Sie basieren auf dem Schriftwechsel über Ostarbeiter und Pflegekosten-Rechnungen Ostarbeiter-Ostarbeiterinnen, Rechnungsjahr 1944, Akte O37, Landesheilanstalt Hadamar. PA, Holker Kaufmann.

180 Einweisungsschein der Betriebskrankenkasse der AW, Anzeige über die Aufnahme in der Landesheilanstalt Eichberg v. 23.2.1944, Akte 430/2, Nr. 1151, ebd.

chose« leidenden »Ostarbeiters« in die Landesheilanstalt Hadamar veranlaßt, wo er nur drei Tage später durch die verabreichte Injektion starb. Als Todesursache wurde »Grippe« angegeben.[181]

Am 15.12.1942 unterband ein Erlaß des GBA die bis dahin vorhandene Möglichkeit zur Rückkehr für Schwangere, da die Behörden zu der Auffassung gelangt waren, Schwangerschaften würden willentlich herbeigeführt, um sich dem Arbeitseinsatz zu entziehen.[182] Die ausländischen Frauen sollten in der Rüstungsindustrie arbeiten und nicht gebären, die Betriebe mit Rücksicht auf den Mangel an Arbeitskräften schwangere Frauen und Mädchen im Betrieb belassen. Gleichzeitig wurde verboten, daß Ausländerinnen in den Krankenanstalten entbinden, da die Betten für deutsche Frauen und Mädchen reserviert zu bleiben hatten. Die Entbindungen mußten »in der Revierstube des Betriebes stattfinden, ebenso wie die Aufzucht der Kinder«.[183]

Am 11.3.1943 erließ das Reichsgesundheitsministerium dann eine Verfügung, nach der bei schwangeren »Ostarbeiterinnen« und Polinnen auf ihren Wunsch hin eine Abtreibung eingeleitet werden könne.[184] Aus volkstumspolitischen Überlegungen heraus hatte man jedoch zugleich ein Interesse daran, daß aller Nachwuchs, »der für das deutsche Volk voraussichtlich von Wert sein würde, erhalten« bliebe.[185] Frauen, von denen »gutrassischer« Nachwuchs zu erwarten war, wurde eine beantragte Abtreibung deshalb nicht gestattet. Doch erwies sich die Überprüfungspraxis als so zeitraubend, daß sie geeignet war, »den Zweck illusorisch zu machen«, so daß man die Frauen in der Regel zum Schwangerschaftsabbruch zwang.[186] Frauen, die den Eingriff ablehnten, wurden massiv

---

181 Die Betriebskrankenkasse hatte sich bereit erklärt, bis zum 12.7.1944 die Kosten der niedrigsten Pflegekasse (täglich 3,95 RM) zu übernehmen. Nach der Aussteuerung aus der Betriebskrankenkasse hätten die Pflegekosten mit täglich 2,50 RM zu Lasten des Arbeitsamtes Ffm gehen müssen. Das Arbeitsamt Ffm brachte auf Anfrage v. 29.2.1944 in Erfahrung, daß der »Patient« an Schizophrenie leide und nicht einsatzfähig sei, Meldung an das Arbeitsamt Ffm v. 3.6.1944, Sterbeurkunde No. 649/1944, Hadamar den 6.6.1944. Die Betriebskrankenkasse erhielt für 5 Tage Aufenthalt in der Landesheilanstalt Hadamar eine Pflegekosten-Rechnung zuzüglich Beerdigungskosten, ebd.

182 Vgl. Schmid, 1987, S.567.

183 Behandlung ausländischer Arbeitskräfte, Ffm den 23.1.1943, anläßlich einer Besprechung im Arbeitsamt am 22.1.1943, StdAFfm, HGH 1995.

184 Erlaß des RMdI v. 27.7.43, Hadamar Altarchiv, Akte 37, angegeben bei Kaufmann/Schulmeyer, 1985, S.93.

185 Vgl. Korrespondenz zwischen dem Präsidenten des Gauarbeitsamtes und Reichstreuhänders der Arbeit Rhein-Main und dem Höheren SS- und Polizeiführer Rhein-Westmark, als Vertreter des Reichskommisars für die Festigung des deutschen Volkstums, HStAWi, 483/7359.

186 Schr. des Höheren SS- und Polizeiführers und Rasse und Siedlungshauptamt-Führers an den Präsidenten des Gauarbeitsamtes v. 16.5.1944, HStAWi, 483/7359. In der Regel galt in den letzten Kriegsjahren die Zustimmung als gegeben, »wo es sich bei dem Kindsvater um einen Mann nichtdeutschen oder artverwandten Blutes handelt, ebenso bei Polinnen, die einen

unter Druck gesetzt.[187] Doch für die meisten Frauen war die außerordentliche physische und psychische Belastung durch die rücksichtslosen Arbeits- und Lebensumstände ein ausreichendes Motiv für einen Schwangerschaftsabbruch. Die Schutzbestimmungen der deutschen Sozialgesetzgebung für Frauen (z.B. das Verbot der Nachtarbeit) und speziell Schwangere galten für Zwangsarbeiterinnen nicht. Gemäß einem Erlaß über die Behandlung schwangerer Ausländerinnen vom 20.3.1943 »sollte« Schwangeren lediglich für die Zeit von zwei Wochen vor und sechs Wochen nach der Niederkunft die Arbeit erlassen werden, was aber dahingehend eingeschränkt wurde, daß während dieser Frist die Zuteilung von »Haus- und Heimarbeiten« im Lager »gewünscht« war. Trat nach der Geburt »Arbeitsunfähigkeit« ein, konnte der Betrieb gegenüber dem Reich einen Entschädigungsanspruch von 1,50 RM täglich für die Unterbringung und Verpflegung geltend machen.[188]

Die Adlerwerke wiesen nach dem Krieg als Teil ihrer Entlastung auf die Einrichtung eines sogenannten »Säuglingsheims« im Lager hin. Was es damit auf sich hatte, erläuterte Frau Dr. Hellriegel: »Wir haben eine Kinderstation gemacht, eine Baracke mit elf oder zwölf Kindern. Es kann natürlich sein, daß es später mehr wurden. Mir war der Gedanke schrecklich, daß diese Unglückswürmer zwischen den Erwachsenen in so beengten Verhältnissen in einem Luftschutzbett schliefen. Ich dachte immer, die werden zerdrückt. Ich kam an einem Sonntagvormittag hin und habe alle Kinder untersucht, gewogen und auf die Betten geschrieben, was sie wann zu essen erhalten sollen. Nach meinem Weggang von der Firma sind etliche Kinder gestorben, woran, weiß ich nicht mehr, nur, daß einmal nachts eine Russin zu mir nach Hause kam und mir mit Händen und Füßen gesagt hat, ich solle kommen. Der lettische Arzt hat mir dann auf meine Vorhaltungen gesagt: ›Das geht Sie nichts mehr an, warum sind Sie da, Sie haben nichts mehr zu sagen, ich bin Ihnen keine Rechenschaft schuldig.‹«[189] Mindestens 19 Kinder von »Ostarbeiterinnen« wurden im Lager Froschhäuser Straße entbunden, davon starben (feststellbar) sechs Kinder (drei im Lager, drei im Stadtkrankenhaus Sachsenhausen) – alle jünger als sieben Monate.[190] Die Ursachen dieser hohen Kindersterblichkeit: Lungenentzündung

---

rassisch schlechten Eindruck machen« – so eine Anweisung des RuS-Führers an das Gauarbeitsamt Rhein-Main, um den Schwangerschaftsabbruch durch einen Vertreter der Reichsärztekammer zu veranlassen, ebd.

187 Die Betriebsärztin weigerte sich, einer Aufforderung durch Lagerleiter und Abwehrbeauftragten zu entsprechen und im Fall einer fortgeschrittenen Schwangerschaft einen Abort zu erzwingen, PA, Dr. Hellriegel, G/1990. In Hessen wurden die Abbrüche hauptsächlich in den Lagern Pfaffenwald und Kelsterbach durchgeführt. Schätzungen über die Anzahl der Abtreibungen und die Todesfälle sind nicht möglich, vgl. Hohlmann, 1984, S.34 u. S.78ff.

188 Zitiert nach: Schmid, 1987, S.567.

189 PA, Betriebsärztin Dr. Hellriegel, G/1990.

und Zellgewebseiterung, Lungenentzündung und Keuchhusten, Kreislaufschwäche und Keuchhusten, Grippe und Lungenentzündung – Erkrankungen, die von elenden Lebensumständen und jämmerlicher Ernährung zeugen.[191]

6. Die Auswirkungen der Bombenangriffe

Die britisch-amerikanischen Luftangriffe vom 18., 22. und 24.3.1944 legten große Teile der Stadt in Schutt und Asche. Das Gallusviertel, ein inmitten der strategischen Verkehrswege liegendes Nebeneinander von Wohnbezirken und wichtigen Zulieferfirmen der Wehrmacht, gehörte auf beiden Seiten der Mainzer Landstraße zu den sehr schwer beschädigten Gebieten.[192] Der britische Großangriff am 12.9.1944 zerstörte ebenfalls ganze Häuserzeilen in den Siedlungen.[193] Nach diesem Angriff mußte der Stadtteil und das ganze Gebiet zwischen Hauptbahnhof und Griesheim als Hauptschadensgebiet eingestuft werden.[194] Bei Kriegsende war das Gallusviertel einer der größten Trümmerwüsten Frankfurts – das Ausmaß der Zerstörungen wurde auf 60 – 90% geschätzt.[195]

Die ausgedehnten Industrieanlagen der Adlerwerke waren wegen ihrer unmittelbaren Nähe zu den Verkehrsanlagen der Eisenbahn bereits 1935 zu einem »luftempfindlichen Gebiet« erklärt worden.[196] Als Werkluftschutzbetrieb verfügte man über eine hauptamtliche Feuerwehr, doch waren mit Ausnahme eines Luftschutzraumes für die Befehls- und Rettungsstelle Bunker nicht vorhanden.

---

190 Geburten- und Sterberegister 1944/45, StandAFfmH; Sterberegister Stadtkrankenhaus, UniKFfm.

191 Im Gewann I des Frankfurter Hauptfriedhofes befinden sich in einem Ehrenhain neben den Gräbern Frankfurter Widerstandskämpfer, Verfolgter und Euthanasie-Opfern auch Gräber für 838 AusländerInnen, darunter auch die Gräber von 102 Kindern.

192 StdAFfm, MA 3.809, fol.46. Der Luftangriff v. 22.3.1944 kostete 124 StadtteilbewohnerInnen das Leben, StdAFfm, PS 172 und LS 237. Die Zerstörungen waren derart, daß sich das Gesamtbild des Viertels über Nacht verändert hatte – 420 Wohngebäude wurden total und 273 schwer beschädigt, daneben waren Industrie-, Militär- und Verkehrsanlagen in großem Umfang zerstört worden, StdAFfm, MA 3.809, fol.82ff. u. fol.335; MA 3.818, fol.29; MA 3.809, fol.138 u. fol.152.

193 50 Menschenleben lautete die Bilanz dieser Schreckensnacht, StdAFfm, LS 173. Vgl. auch die Meldungen der AG f. kleine Wohnungen, der Frankfurt AG und der AG Hellerhof, StdAFfm, MA 3.810, fol.79-81 u. fol.153. Über die Zerstörung öffentlicher Einrichtungen und bombengeschädigter Betriebe vgl. StdAFfm, LS 241.

194 StdAFfm, MA 3.810, fol.100.

195 Vgl. StdAFfm, MA 9010.

196 Niederschr. RP Wiesbaden v. 11.5.1935, StdAFfm, LS 344.

In den Werken I und II waren lediglich die Keller zu Schutzräumen ausgebaut, im Werk III nur Splitterschutzgräben ausgehoben worden.[197] Ungleich schlechter war der Luftschutz im Lager Griesheim. Ein Massenquartier dieser Größenordung war unübersehbar und vor allem durch das nur 600 Meter entfernte Werk Autogen der I.G. Farben Griesheim stark gefährdet.[198] Die Auswirkungen des Luftkrieges, insbesondere die Teppichabwürfe von Brandbomben führten 1944 zu Erkenntnissen, die die extreme Gefährdung des Lagers deutlich machten: »Holzbaracken sind bei Angriffen mit Brandbomben Fackeln und wirken als Feuerbrücken, d. h. sie sind nicht nur selbst gefährdet, sondern bilden auch für die Umgebung eine zusätzliche Gefahr. Sie müssen daher, soweit es nur irgendwie möglich ist, aus den Betrieben entfernt werden.«[199] Für die auf dem Betriebsgelände im Werk I gebauten Barackenlager I und II stand jeweils nur ein Löschteich zur Verfügung.[200] Äußerst bescheiden waren auch die Brandschutzmaßnahmen im Lager Froschhäuser Straße. Es gab ein Löschbecken, falls Hydranten und Feuerlöschleitungen ausfallen sollten, sowie splitter- und trümmersichere Schutzstände für Brandwachen. Parallel zu den Mannschaftsbarakken waren Deckungsgräben aus Betonröhren angelegt worden, in denen die LagerbewohnerInnen bei Luftalarm bzw. Bombenangriffen Deckung suchen sollten.[201] Auch gegen diese Luftschutzmaßnahme war Kritik laut geworden. Die üblichen Splitterschutzstände aus Fertigbetonteilen mit Sandfüllung hatten im Fall eines Sprengbombenvolltreffers eine Schutzwirkung, die gleich Null war.[202] Als am 27.9.1944 eine Fünfzentnerbombe mitten ins Lager fiel, kam es nur deshalb zu keiner Katastrophe, weil die Bombe nicht detonierte.[203] Das Luftgaukommando forderte 1944, die einzelnen Deckungsgrabenanlagen möglichst weit voneinander getrennt und jeweils mit einem Fassungsvermögen von nicht mehr als 50 Personen anzuordnen. Tatsächlich waren im Lager bis zu 140 Personen für einen Deckungsgraben vorgesehen.[204] Der Aufenthalt in den kalten und unbeleuchteten Deckungsgräben wurde mit zunehmender Häufigkeit der Luft-

---

197 NA, RG243/77.a.16.

198 Ein Umstand, der den Genehmigungsbehörden in der Entstehungsphase bereits bewußt war, vgl. Korrespondenz Baupolizei/RP Wiesbaden v. 31.12.1942, BABFfmH.

199 Schr. Luftgaukommando VII v. 8.8.1944, Erfahrungsbericht Nr. 29 auf dem Gebiet des Werkluftschutzes, hierin: Anordnung des Führers, RdL Nr.630/44g Az: 41 d 1926 v. 17.6.1944, StdAFfm, LS 196-197.

200 Lageplan, NA, RG243/77.a.16.

201 Schr. Werkluftschutz-Bereichsstelle Hessen v. 20.6.1942 u. Lageplan, BABFfmH.

202 Schr. Luftgaukommando VII v. 8.8.1944, StdAFfm, LS 136.

203 Meldung des Luftschutz-Revier 16, StdAFfm, LS 243, fol.109.

204 Erfahrungsbericht Nr. 29 des Luftgaukommando VII auf dem Gebiet des Werkluftschutzes, StdAFfm, LS 196-197; Lageplan, BABFfmH.

angriffe zu einer Qual, die in Verbindung mit der extremen Gefährdung Panikreaktionen auslösen konnte.

Als am 18.3.1944 gegen 22 Uhr auf die Fabrikationstätte der I.G. Griesheim Luftdruck- und Brandbomben abgeworfen wurden, war das Lager der Adlerwerke durch die Detonation einer Sprengbombe mitbetroffen.[205] Zehn Franzosen und acht »Ostarbeiter« erlitten schwere Splitterverletzungen. »Durch Feindeinwirkung gefallen« – so die Sprachregelung – waren vier Franzosen und ein »Ostarbeiter«, die teilweise noch am selben Abend im Sanitätsraum der Adlerwerke starben.[206] Fälschlicherweise wurde nach dem Krieg die Version verbreitet, es habe überhaupt keine Toten gegeben, sondern es seien lediglich acht bis zehn Franzosen schwer verletzt worden, da sie die Splitterschutzgräben nicht rechtzeitig aufgesucht hätten.[207] Bei diesem ersten Angriff im März brannten zwei Wohnbaracken in der Froschhäuser Straße.[208] Am 22.3.1944 wurde das Lager in Griesheim erneut getroffen. Diesmal brannten neun Wohnbaracken, das Führerhaus der Wachmannschaft und die Wirtschaftsgebäude.[209] Die Infrastruktur des Lagers war somit nahezu völlig zerstört.[210] Zwar konnte die Lagerküche provisorisch aufrechterhalten werden, doch halbierte der Angriff die Unterkunftsmöglichkeiten.[211] Die BewohnerInnen mußten auf dem nackten Erdboden campieren, das Bett zu dritt teilen oder in ausgebrannten Räumen im Werk hausen. Einen Monat nach dem Angriff befand der Arbeitseinsatzingenieur, daß sich die Verhältnisse »auf die Arbeitsleistung, die Überwachung und Kontrolle sehr stark nachteilig auswirk[en]«.[212] Die Stimmung resümierte der Oberwachleiter: »Nach einem Märzangriff war das Lager Griesheim vollständig zerschlagen, die Leute hatten keine Lust mehr zu arbeiten.« Also wurden sie mit Latten zur Arbeit getrieben.[213]

---

205 StdAFfm, LS 305.

206 G. Bergeret; G. Huguenin; J. Perthusior, F. Gigon sowie M. Tolotschko, StdAFfm, PS 169; Sterberegister 1944, StandAFfmH; vgl. zu den verletzten »Ostarbeitern« Einsatzbericht der Sanitätsbereitschaft West v. 18.3.1944, StdAFfm, LS 236.

207 HStAWi, 520/F, Ernst Hagemeier.

208 Vgl. StdAFfm, LS 305.

209 Bei Kriegsende umfaßte das Lager nur noch 6 Wohnbaracken und die provisorisch wiederhergestellte Wirtschaftsbaracke, StdAFfm, MA 7047/6, Bd. 1.

210 StdAFfm, MA 3.809, fol.106.

211 Die Belegung des Lagers wurde im September 1944 nur noch mit etwa 1000 Personen angegeben, Meldung des LS-Revier 16, StdAFfm, LS 243, fol.109. Nach Kriegsende wurde die Größe des Lagers mit 6 Baracken zu je 150 Mann und einer Wirtschaftsbaracke sowie 250 Betten angegeben, Ergebnis der durch den Polizeipräsidenten am 15.5.1945 durchgeführten Untersuchung der Ausländerlager, StdAFfm, MA 7047/7, Bd.1; Schr. Fürsorgeamt an amerikanische Militärregierung v. 30.7.1945, StdAFfm, MA 7047/6, Bd. 1. Die materiellen Verluste im Lager wurden mit 1,2 Mio. RM beziffert, PS-AW, JCH-43/44.

212 PA, Dr. Hellriegel, G/1990; sowie Schr. des Arbeitseinsatzingenieurs v. 21.4.44 an Dr. Romberg, NA, RG338/000-12-534.

Schwere Treffer hatte auch das Werk II am 22.3.1944 zu verzeichnen. Bomben fielen u.a. auf das Barackenlager II auf dem Betriebsgelände sowie auf die zentrale Werkskantine.[214] Zwei »Ostarbeiterinnen« starben bei diesem Angriff.[215] Beim Angriff vom 12.9.1944 wurde insbesondere das Werk I schwer getroffen. 104 »Arbeitsflüchtige« mußten danach festgestellt werden – ein Indiz für den zunehmenden Widerstand unter den ZwangsarbeiterInnen der Adlerwerke.[216]

Die Kriegseinwirkungen wuchsen sich im Betriebsablauf immer mehr zum Debakel aus. 341 Arbeitskräfte – darunter viele AusländerInnen – mußten für Hilfsaktionen an die Reichsbahn und die Partei abgetreten werden, weitere 51 waren für den Westwall- und Kohlebergbau abzustellen. 750 Gefolgschaftsmitglieder mußten als unmittelbar fliegergeschädigt kurzfristig beurlaubt werden.[217] Verkehrsstörungen führten zu Verspätungen beim Arbeitsbeginn in beträchlichem Umfang.[218] Schließlich erschwerte die Auslagerung von ganzen Betriebszweigen die Bewachung der zivilen ZwangsarbeiterInnen zusätzlich. Auf die immer wieder laut werdenden Klagen über Minderleistungen ausländischer ZivilarbeiterInnen konnte man nur mit der Erinnerung an die »Führungsaufgaben und Aufsichtspflicht« gegenüber den AusländerInnen reagieren.[219] Jede Gesprächsanbahnung über die näherrückende Front wollte die Werksleitung verhindern. »Hofdebatten und Korridorgespräche« hatten »im Zeichen des totalen Krieges den Charakter harmloser Unkorrektheiten verloren« und »jeder Verkehr – auch mit Ausländern« war nur gestattet, »soweit dies aus dienstlichen Gründen bedingt oder aus Gründen eines strengen Maßstabes nicht vermeidbar erscheint.«[220]

Bereits bei den Märzangriffen waren die Frankfurter Zwangsarbeiterlager fast ausnahmslos abgebrannt und rund 4000 AusländerInnen geflüchtet.[221] Geflüchtete versteckten sich in der Ruinenlandschaft oder versuchten aufs Land zu

213 HStAWi, 520/F, M.

214 Verzeichnis der Bombeneinschläge, NA, RG243/77.a.16, vgl. auch StdAFfm, AA III/12-88.

215 L. Mosiernko und M. Pischtoschalowa. Alle Angaben StdAFfm, PS 169; Stergeregister 1944/45, Standesamtsbezirk III, StandAFfm.

216 Schr. Dir. Sörensen an den Sonderausschuß Zgkw v. 23.9.1944, BAK, R3/525, fol.6. Bei diesem Angriff kam auch der Lagerverwalter der »Ostarbeiter« ums Leben.

217 Ebd.

218 Betriebsrundschr. »Zur neuen Arbeitszeit« v. 3.10.1944, BRTA; auch enthalten in PS-AW, JCH-43/44.

219 Ebd.; Anschlag v. 28.1.1944, BRTA.

220 Betriebsrundschr. »Zur neuen Arbeitszeit« v. 3.10.1944 (Anm. 218); Betriebsrundschr. »Betreff: Umgang mit Ausländern« v. 27.1.1945, PS-AW, JCH-45/47.

221 1. Vierteljahresbericht RüKo Ffm 1944, BA-MA, RW 21-19/18.

gelangen; Razzien wurden organisiert, um sie zu ergreifen und der Rüstungsindustrie wieder zuzuführen.[222]

Die weitgehend zerstörte Infrastruktur für Unterbringung und Verpflegung sowie der zeitweise Ausfall von Wasser, Licht und Transportmitteln, führten zu chaotischen Verhältnissen und zum zeitweisen Zusammenbruch der Ernährung und der allgemeinen Versorgung.[223] Die Vernichtung von »Arbeitsunterlagen, Listen und Karteien« erschwerte die Organisation der Versorgung sowie des Arbeitseinsatzes zusätzlich.[224] In einem rüstungswirtschaftlichen Bericht vom März 1944 wurde »über besondere Schwierigkeiten in der Ernährung der Ostarbeiter (Kartoffelknappheit) geklagt«, und auch darüber, daß der Arbeitswille der Ausländer weiter nachlasse.[225] Augenzeugen aus dem Stadtteil berichteten über den hinfälligen und elenden Eindruck der Zwangsarbeiterkolonnen im Straßenbild und deren rastlose Suche nach Nahrung.[226] Polizei, Gestapo und Parteidienststellen denunzierten die Nahrungssuche als »Bettelunwesen«, dem man mit der Vorverlegung der Sperrstunde für Gemeinschaftslager, einem strikten Verbot der Weitergabe von Lebensmitteln und einer drakonischen Bestrafung im Fall der Entdeckung begegnete. In großem Umfang wurden ZwangsarbeiterInnen damit beschäftigt, Luftschutzkeller freizulegen, Leichen zu bergen, Schutt zu räumen und Bunker zu säubern.[227] Suchten sie in den Trümmern Nahrungsmittel, bestand die Gefahr, als Plünderer aufgegriffen und hingerichtet zu werden.[228] Exekutionen ausländischer ArbeiterInnen – zunächst nur von

---

222 Ebd., vgl. auch StdAFfm, MA 3.810.

223 Im Gallusviertel befanden sich zivile Arbeitslager in der Sondershausener Straße; in der Mainzer Landstraße Nr. 374, 330, 328, 326, 251, 218, 145; in der Krifteler Straße Nr. 30; Kostheimer Straße Nr. 9 u. 13 und Rebstöcker Straße Nr. 55; sowie Lager von Kriegsgefangenen in der Ackermannschule u. in der Sondershausener Straße. Unzerstört blieb nur eine Baracke in der Sondershausenser Straße, die Ackermannschule und eine Unterkunft der Frankfurter Karosseriewerke in der Mainzer Landstraße Nr. 374, StdAFfm, MA 7047/7, Bd. 1. Vgl. zu den Lebensverhältnissen der ZwangsarbeiterInnen nach den Luftangriffen Herbert, 1986, S.38; StdAFfm, MA 7047/7, Bd. 1; StdAFfm, MA 3.810, fol. 46.

224 BA-MA, RW21-19.

225 1. Vierteljahresbericht d. Rüln Wiesbaden 1944, S.48, BA-MA, RW 20-12/26. ZwangsarbeiterInnen waren für die Grippeepidemie besonders anfällig. »Von ärztlicher Seite hört man von vermehrten Magenerkrankungen und zunehmender Abmagerung bei den Ostarbeitern. Ihre Arbeitsleistung sinkt neuerdings infolge unzureichender Ernährung«, Wehrwirtschaftsbericht 6/IX, 7.3.1944, BA-MA, RW46/450.

226 PA, Frau Sauer, Frau Wiltenburg, Frau Sander u.a., G/1986.

227 Bei einer Arbeitseinsatzstärke von 3525 ausländischen Hilfskräften Mitte Mai 1944 waren 2091 Kriegsgefangene als Bau- und Arbeitsbataillon im Einsatz, 175 Pioniere, 657 italienische Militärinternierte und 602 »Ostarbeiter« (darunter 31 Kinder); Stand 15.5.1944, StdAFfm, MA 3.818, fol.92.

228 Nach der Bombennacht v. 22.3.1944 wurden 20-25 sogenannte »Plünderer« festgenommen. Zwei »Ostländer« wurden in das AEL Heddernheim gebracht und durch Schüsse in den Hinterkopf getötet, vgl. FR v. 19.1.51. Traurige Berühmtheit erlangte aufgrund einer Fernseh-

»Ostarbeitern« und Polen, später auch von »Westarbeitern« – konnten, seit November 1944 durch das RSHA offiziell abgesegnet, von den Gestapostellen selbständig angeordnet und durchgeführt werden.[229]

Da Kriegsgefangene, »Ostarbeiter« und Polen der Zutritt zu öffentlichen Luftschutzräumen grundsätzlich verboten war – alle anderen AusländerInnen hatten Deutschen den Vortritt zu lassen –, fanden sie nur denkbar unzureichenden Schutz vor den Angriffen.[230]

Die feste Erwartung einer Ausländerrevolte am Tag der Invasion im Westen »verband sich mit der in Deutschland schon seit Stalingrad verbreiteten Angst vor den Ausländern nachgerade zu einer Hysterie, die sich mit der sich verschlechternden militärischen Lage Deutschlands noch steigerte. Der SD berichtete laufend, daß das Selbstbewußtsein der Fremdarbeiter steige und die Befürchtungen in der Bevölkerung zunähmen«.[231] Ausbleibende deutsche Siegesmeldungen, der allerorten sichtbare Erfolg der Bombardierungen, willkommene Pausen wegen Ersatzteilmangel, Stromausfall oder Fliegeralarm ließen auf eine baldige Niederlage der verhaßten Nazis und auf die Befreiung hoffen. Zwangsarbeiter wurden ein kräftebindender Unruhe- und Unsicherheitsfaktor. Das Rüstungskommando unterstrich die »Wichtigkeit eines verstärkten Schutzes der Rüstungsindustrie«.[232] Die Gestapo empfahl allen Fabriken und Betrieben die Bildung von Werkschutzringen und Alarmtrupps, um im Fall von Unruhen in einzelnen Betrieben eine gegenseitige Unterstützung zu gewährleisten. Zu diesem Zweck sollte nicht nur der »Werkschutz noch straffer als bisher« ausgerichtet und zusammengefaßt, sondern auch aus »den zuverlässigsten langjährigen Betriebsangehörigen besondere Alarmtrupps gebildet« werden, für deren Bewaffnung und Ausbildung die Gestapo ganz besondere Sorge tragen sollte.[233] Als weitere Antwort auf die Bedrohung der »inneren Front« wurde ein Dauerstreifendienst eingerichtet, der aus einem Wachhabenden und 15 Mann in einer Ortsgruppe bestand. Im September 1944 forderte das RSHA dazu auf, im

---

dokumentation der Fall Valentina Archipowa, die wegen des Diebstahls von 3 Meter Stoff hingerichtet wurde, vgl. »Ein Jahrhundert Frankfurter Justiz«, 1989, S.131; siehe auch Herbert, 1985, S.358.

229 Vgl. ebd., S.329; ferner BAK, R58/243.

230 Einen Hinweis auf den eskalierenden Kampf um die Überlebenschancen im Bunker gibt der Bericht von Frau L., einer Stadtteilbewohnerin: »Zu uns in die Hufnagelstraße kam ein Franzose aus den Adlerwerken, um Schutz zu suchen. In unserem Haus waren Hundertprozentige, die ihm gesagt haben, er müsse raus«, PA, G/1987. Zu den Razzien siehe Bericht des Sicherheitsdienstes v. 11.4.1944, HStAWi, 483/11268.

231 Herbert, 1985, S.322f.

232 Die zu schützenden Betriebe sollten benannt werden, damit diese im Falle innerer Unruhen durch Polizeikräfte zu schützen waren, BA-MA, RW20-12/36a.

233 Schr. Gestapo Ffm v. 13.10.1944, DADW, AN 3568; Meldungen des RSHA Nr. 1 v. 1.9.1944 u. Nr. 2 v. 8.9.1944, BAK, R58/213.

Hinblick auf das Näherrücken der Front im Osten »die illegale Organisationsbildung unter den fremdländischen Arbeitern, besonders unter den Ostarbeitern zu beobachten«.[234] General Eisenhower verbreitete über Rundfunk Instruktionen an die organisierten ausländischen Arbeiter, Städte und Fabriken zu verlassen und unterzutauchen.[235] Zur Unterstützung von Sabotageaktionen der ZwangsarbeiterInnen wurden Brandstiftungskapseln, die bis zu ihrem Einsatz praktisch unbegrenzt aufbewahrt werden konnten, abgeworfen. Polizei und Überfallkommando sahen sich in Frankfurt zu zahlreichen Razzien in den Lagern und zu Geiselverhaftungen veranlaßt. Die Polizei meldete, daß Stadtwacht und HJ 20-25 000 Brandstiftungskapseln einsammeln konnten, doch äußerte sie auch die Befürchtung, daß viele der Kapseln durch »Fremdarbeiter« und andere »unzuverlässige Elemente« aufgelesen worden seien, da eine außergewöhnlich große Zahl von »Fremdarbeitern« nicht in die Betriebe gekommen war.[236]

Kurz zusammengefaßt: Im Chaos der Luftangriffe ging die Kontrolle über das Heer der ZwangsarbeiterInnen weitgehend verloren.

---

234 Ebd. Vgl. auch Meldung des RSHA Nr. 4 v. 22.11.44, BAK, R58/213. Es konnten Verhaftungen wegen »Zersetzungsarbeit und Arbeitssabotage« sowie der »Aufbau einer illegalen Organisation« gemeldet werden, doch gibt es in Ffm über Bemühungen zur Bildung einer Widerstandsgruppe in den Farbwerken Höchst hinaus keine gesicherten Hinweise auf organisierte Widerstandsarbeit, vgl. Luce D'Eramo, 1984, S.185-246; siehe auch Herbert, 1985, S.331ff.

235 In seinem Aufruf betonte er, daß sich die »Gestapo vor den 12 Millionen ausländischen Arbeitern fürchtet, die durch ihr jetziges Handeln das Los des Deutschen Reiches besiegeln können«, Meldung des RSHA Nr. 5 v. 29.9.1944, BAK, R58/213.

236 Ebd.

III.

KZ-Außenlager Frankfurt/Adlerwerke

1. Entstehung und Organisationsstruktur

Der Luftangriff vom 22.3.1944 führte auch zu schweren Zerstörungen an Werkshallen, Fabrikeinrichtungen und Maschinen. Die Schäden überstiegen bei weitem das Grundkapital der Firma und betrafen vor allen Dingen die Produktion von Schützenpanzerfahrgestellen.[1] Die auf diesem Rüstungssektor erst 1943 errungene Vorrangstellung der Adlerwerke war damit dahin. Als in dieser Situation Generaldirektor Hagemeier den gesamten Betrieb für sechs Tage schließen ließ, um das Werksgelände auf Blindgänger sowie Brand- und Einsturzgefahren hin überprüfen zu lassen, kam es im Vorstand zum Eklat. Ein Mitglied hatte gegen diese Schutzvorkehrungen und für die sofortige Wiederaufnahme der Arbeit plädiert, war jedoch überstimmt worden und denunzierte nun Hagemeier bei der Gauleitung der NSDAP, die die Gestapo einschaltete.[2] Deren Ermittlungsergebnis sprach Hagemeier zwar von dem Vorwurf der »Rüstungssabotage« frei, aber nach Auffassung der Partei blieb der Makel, daß er sich »in dieser Zeit nicht so verhalten [hat], wie das an und für sich für einen Betriebsführer eines solchen Unternehmens erwartet werden muß«.[3] Da das alleinige Sanktionsrecht gegen Rüstungsmanager beim Reichsminister für Rüstung und Kriegsproduktion Speer lag, hatte die NSDAP-Gauleitung in diesem Fall wenig Einflußmöglichkeiten.[4] Der Argwohn der Partei dürfte aber ebenso wie der Vertrauensbruch im eigenen Vorstand dazu beigetragen haben, daß die Unternehmensleitung von nun an keinen Zweifel mehr an ihrem Willen zur bedingungslosen Rüstungsproduktion aufkommen lassen wollte.[5] Mit außergewöhn-

1 Siehe Aufstellung der AW über die Sachschäden ohne Gebäudeschäden in Höhe von 20 Mio. RM v. 3.8.1944, PS-AW, JCH-43/44.

2 »Einsatz von Häftlingen bei den Adlerwerken«, Nschr. Hagemeiers über den Häftlingseinsatz in amerikanischer Internierungshaft v. 13.2.1947, ISC Maryland, XE092319, fol.35; sowie Aktenverm. der Gauleitung v. 22.6.1944, HStAWi, 483/10965.

3 Weshalb Gauleiter Jakob Sprenger Anfang Juli 1944 mit Hagemeier eine Unterredung hatte, Aktenverm. der Gauleitung v. 22.6.1944 sowie handschr. Ergänzung v. 10.7.1944, ebd.

4 Vgl. Janssen, 1968, S.66; sowie Speer, 1984, S.163ff. Hagemeier behauptete zwar nach dem Krieg, daß er »auf Veranlassung von Gauleiter Sprenger der Betreuung der Gefolgschaft durch einen Vorstandsbeschluß enthoben« worden sei, doch dies erscheint wenig glaubhaft, da er weiterhin als Betriebsführer zeichnete, siehe z.B. das von ihm unterschriebene Firmenrundschr. »Zur neuen Arbeitszeit« v. 3.10.1944, PS-AW, JCH-43/44.

5 Hier kam hinzu, daß der AR-Vorsitzende Carl Goetz von der Gestapo nach dem Attentat auf Hitler am 20.7.1944 verhaftet wurde. Der Verdacht auf eine aktive Unterstützung des Goerdeler-Kreises war jedoch unbegründet, und auf Fürsprache des Vorstandes der Dresdner Bank und seines alten Freundes Fritz Sauckel wurde Goetz wieder auf freien Fuß gesetzt, OMGUS, 1986, S.LXVI; ferner Nbg. Dok. Sauckel-10, Affidavit Carl Goetz v. 20.3.1946, S.265, StAN, KV Prozesse IMT/U7.

licher Eigeninitiative gelang es der Firma sogar, die Fabrikation der Schützenpanzerfahrgestelle behelfsmäßig wieder anzukurbeln.

Die Bemühungen zur Erhaltung der Firmensubstanz über den Krieg hinaus, wie sie der Maßnahme Hagemeiers zugrundelagen, ließen sich unter diesen Voraussetzungen sehr viel besser betreiben. Nach dem Märzangriff 1944 holten die Adlerwerke ihren Notverlagerungsplan aus der Schublade, der die Dezentralisierung der Produktion in kleine Ausweichbetriebe nördlich von Frankfurt vorsah. Verlegt wurden ab Frühjahr 1944 nicht nur die kriegswichtigen Rüstungszweige Zugkraftwagen-Reparatur, Schützenpanzer- und »Tiger«-Getriebe, sondern auch der Schreibmaschinenbau und weitere Herzstücke des zivilen Fabrikationsbetriebes wie der Modell- und Werkzeugbau einschließlich seiner Facharbeiterelite.[6] Ebenso wußte man den gesamten Ingenieurstab geschickt vor Einberufungen zu schützen und für die Nachkriegszeit zu bewahren, indem er bis Kriegsende mit der Entwicklung eines kriegsuntauglichen Kampfpanzers in Friedberg beschäftigt wurde.[7] In Frankfurt blieben aus dem Bereich der Heeresrüstung fast nur noch die Schützenpanzerfahrgestell- und Motorenfertigung zurück, da sie für eine Auslagerung in Kleinbetriebe viel zu umfangreich waren. Für diese Abteilungen drängten die Adlerwerke seit der Übernahme der Motoren in das »Jägerprogramm« im Mai 1944 auf das Unternehmen »Schakal«: die Untertageverlagerung in den Kalischacht Neuhof-Ellers bei Fulda, deren Genehmigung jedoch erst im November 1944 erteilt werden sollte und dessen auf Hochtouren laufende Vorbereitung im Januar 1945 wieder abgebrochen werden mußte.[8]

Die nicht zuletzt durch die Betriebsauslagerungen entstandenen Zeitverluste

---

6 Siehe Fs. AW an Abteilung Planung beim Rüstungsstab v. 21.8.1944, BAK, R3/524, fol.8; sowie undatierten Bericht der AW über ihre Verlagerungen für das USSBS (Juni 1945), NA, RG243/77.a.16. Zum Schreibmaschinenbau siehe Schuster, 1983, S.167. Zur Taktik der Industrie, »Nachkriegsplanungen soweit wie möglich durch Kriegszwecke zu tarnen und aus diesen hervorgehen zu lassen«, um eine Erhaltung der Werksubstanz durch Hortung von Rohstoffen, Arbeitskräften, Maschinen etc. betreiben zu können, siehe Herbst, 1982, S.347 u. S.404ff.

7 Zur Entwicklung des Adler-Kampfpanzers »E 100« bis zum Prototyp, den die Engländer 1945 beschlagnahmten, siehe Spielberger, 1987, S.76-93. Die Strategie der Firmen kurz vor Kriegsende, mit solchen »Schreibtischarbeiten« ihre Mitarbeiter zu beschäftigen und zu schützen, beschreibt Ludwig, 1974, S.459.

8 Hitler hatte angesichts der schweren Bombenangriffe auf die Zahnradfabrik Friedrichshafen und die Maybachwerke in Friedrichshafen am 30.4.1944 einen entsprechenden Befehl erteilt, der neben den HL42-Motoren auch die »Tiger«-Getriebe mit einschloß, Burger, 1987, S.74f.; vgl. Schr. AW an den Oberberghauptmann v. 3.7.1944, BAK, R7/1192. Anfang Januar 1945 ergaben sich bergmännische Bedenken gegen das Projekt, Schr. Bergakademie Freiberg an den Oberberghauptmann v. 16.1.1945, BAK, R7/1179, fol.110. Am 25.1.1945 schließlich verfügte das RMfRuK den sofortigen Stopp für jede noch nicht in Angriff genommene Verlagerung, siehe Demps, 1970, S.229.

hatten zur Folge, daß den Adlerwerken rund 850 Arbeitskräfte für die Fertigung fehlten.[9] Im Juni 1944 klafften deshalb das Fabrikationsprogramm für Schützenpanzerfahrgestelle und deren tatsächliche Produktion soweit auseinander, daß das Monatssoll von 350 Chassis nur noch zur Hälfte erfüllt werden konnte. Die Firma gab sich verärgert: »Da uns die angeforderten Arbeitskräfte, die wir zur Durchführung des Sollprogramms benötigen, bisher nicht gestellt wurden, werden wir in diesem Monat voraussichtlich nur 175 Stück erreichen.«[10] Permanent gingen mit den Fertigungsmeldungen der Adlerwerke beim Sonderausschuß Zugkraftwagen in Berlin die Mahnungen ein, daß eine Produktionssteigerung »gemäß Programm davon [abhängt], ob die zusätzlich notwendigen Werker zur Verfügung gestellt werden können«.[11] Da der Strom ziviler ZwangsarbeiterInnen zu diesem Zeitpunkt endgültig versiegt war, konnten sich die Arbeitskräfteanforderungen nur noch auf das letzte vorhandene Arbeitskräftereservoir beziehen, und dementsprechend wurden den Adlerwerken daraufhin auch 1000 KZ-Häftlinge angeboten.[12] Doch handelte es sich um ungarische Jüdinnen, deren Beschäftigung die Adlerwerke ablehnten, »da ein Einsatz von Frauen in diesem Ausmaß nicht möglich war«, bzw. Frauen für die vorgesehene Arbeit »nicht geeignet seien«.[13]

Vertragliche Grundlagen für den KZ-Arbeitseinsatz

Das letzte Kapitel der Zwangsarbeit in den Adlerwerken wurde zwar keineswegs durch Rüstungsminister Speer oder Gauleiter Sprenger befohlen, wie die Adlerwerke nach dem Krieg – ganz auf der Linie der Standardrechtfertigung der Industrie – glauben machen wollten. Es begann aber tatsächlich auf höchster Ebene, als nämlich Anfang Juli 1944 im Führerhauptquartier Himmler für eine

9 Siehe »Einsatz von Häftlingen in den Adlerwerken«, Aufzeichnungen von Generaldirektor Hagemeier für sein Spruchkammerverfahren v. 10.11.1947, HStAWi, 520/F, Ernst Hagemeier; sowie Aussage des Arbeitseinsatzingenieurs (AI) der AW, Viktor H., bei der KP Ffm v. 18.10.1946, HStAWi, 770/25, fol.26.

10 Fs. AW an den Geschäftsführer des Sonderausschusses Zgkw, Walter Volk, v. 18.6.1944, BAK, R3/291a, Heft 1, fol.7.

11 Fs. AW an Sonderausschuß Zgkw v. 30.6.1944 u. 29.7.1944, BAK, R3/3195 u. 291b, Heft 11.

12 Aussage des AI (Anm. 9), fol.26.

13 Ebd. sowie »Einsatz von Häftlingen in den Adlerwerken« (Anm. 9), S.1. Die Rüstungsindustrie stand allgemein der Beschäftigung jüdischer Frauen aus den Ungarn-Deportationen des RSHA ablehnend gegenüber, vgl. Hilberg, 1991, Bd. II, S.999f. Insbesondere mußten die Betriebe Aufseherinnen abstellen, die eine mehrwöchige Ausbildung im Frauen-KZ Ravensbrück durchliefen, Broszat, 1967, S.114. Die Frage der Aufseherinnen wurde z.B. von der Dynamit Nobel im KZ-Außenlager Allendorf als schwer lösbar angesehen, Klewitz, 1986, S.233.

von Hitler und Speer beschlossene Steigerung der Lkw-Produktion 12 000 männliche KZ-Häftlinge zur Verfügung stellte.[14] Speer schränkte am 1.8.1944 vor dem neugegründeten Rüstungsstab die Zuteilung der Häftlinge nicht mehr auf die Lkw-Produktion ein, sondern wies besonders darauf hin, »daß wir gerade in der Kraftfahrzeugindustrie durch die Zurverfügungstellung von 12 000 KZ-Häftlingen in den nächsten Wochen den Engpass der Arbeitskräfte beseitigen können.«[15] Kurzfristig wurde das Häftlingskontingent der gesamten Kfz-Industrie zur Disposition gestellt, und auf der Gauleitertagung in Posen am 3.8.1944 würdigte Speer diese »Hilfsbereitschaft des Parteigenossen Himmlers«, die »bereits in die Wege geleitet« sei.[16] In seiner Sitzung am 10.8.1944 nahm der Hauptausschuß Kraftfahrzeuge die Verteilung der KZ-Häftlinge auf die einzelnen Betriebe selbst vor, womit sich die schon lange vom Rüstungsministerium gegenüber dem SS-Wirtschafts-Verwaltungshauptamt (SS-WVHA) geforderte »Überlassung von KZ-Insassen in die Selbstverantwortung der Rüstungsindustrie« realisierte.[17]

Dem Vorstand der Adlerwerke war angekündigt worden, daß das Häftlingskontingent auf der Hauptausschußsitzung aufgeteilt werden sollte. Zur Besprechung »über den Einsatz und die Zuweisung von Häftlingen« wurde eigens Arbeitseinsatzingenieur Viktor H. nach Berlin beordert.[18] Der Hauptausschuß

---

14 Führerprotokoll v. 6.-8.7.1944, Punkt 21, BAK, R3/1510, fol.8; siehe auch Speer, 1984, S.62. Zur Nachkriegsversion der AW siehe »Einsatz von Häftlingen in den Adlerwerken« (Anm. 9), S.1.

15 Rede Speers vor dem Rüstungsstab am 1.8.1944, BA-MA, RL3/9, fol.160.

16 Speer am 3.8.1944, BAK, R3/1533, fol.98f. Möglicherweise fiel die Entscheidung für den KZ-Einsatz über die Lkw-Produktion hinaus erst wenige Tage später mit der Zerstörung des Opel-Werkes in Brandenburg durch einen Luftangriff am 6.8.1944, da dort offensichtlich ein Großeinsatz von KZ-Häftlingen geplant war, Speer, 1984, S.37f.

17 Nschr. über die HA-Sitzung am 10.8.1944 nebst Anwesenheitsliste und Verteiler, BAK, R3/288, fol.18ff. Diese sinngemäß immer wieder gestellte Forderung des RMfRuK gegenüber Himmler und dem SS-WVHA hatte im Mai 1944 der Chef des Rüstungslieferungsamtes im RMfRuK, Schieber, gegenüber dem Chef des Amtes DII im SS-WVHA, Maurer, noch einmal eindringlich unterstrichen, Schr. Schiebers an Speer v. 7.5.1944, Nbg. Dok. Speer-6. Himmler hatte ursprünglich den Plan, entweder Rüstungsfertigungen in die KZs zu verlegen oder aber ganze Fabriken unter führenden SS-Einfluß in KZ-Häftlingsbetriebe umzuwandeln, wogegen u. a. die Kfz-Industrie wegen der dadurch befürchteten SS-»Konkurrenz« Sturm lief, Speer, 1984, S.40 u. S.454, Anm. 39. Im September 1942 hatten sich Hitler und Speer daher für die Eingliederung der KZ-Häftlinge in den Produktionsprozeß vorhandener Betriebe entschieden, was die forcierte Errichtung von KZ-Außenlagern bei Rüstungsfabriken zur Folge hatte, Karny, 1991, S.161. Dem RMfRuK ging es nun darum, noch mehr KZ-Außenlager bei Industriebetrieben und letztendlich die Verteilungskompetenz über den gesamten Häftlingseinsatz zu erhalten.

18 »Einsatz von Häftlingen bei den Adlerwerken« (Anm. 2), fol.35. Die AI wurden im Sommer 1943 auf Anordnung des RMfBuM in allen gewerblichen Betrieben mit mehr als 300 Arbeitskräften auf Vorschlag des Betriebsführers eingesetzt.

sah »das brennendste Problem der Arbeiterbeschaffung« zunächst gelöst – im allgemeinen lägen bei der Beschäftigung von KZ-Häftlingen »gute Erfahrungen« vor. Zwar gäbe es Schwierigkeiten bei deren Unterbringung und Bewachung, doch gab man sich optimistisch, in Verhandlungen mit den zentralen Stellen »zu scharfe Bedingungen und Vorschriften« praxisgerecht »mildern« zu können.[19] Da die Nachfrage der Industrie das Angebot an KZ-Arbeitskräften überstieg, gab man den dringenden Rat, »diese Möglichkeit der Arbeiterbeschaffung« schnellstens auszunutzen.[20] Unter den Kfz-Betrieben muß daraufhin eine ziemliche Konkurrenz um die 12 000 KZ-Arbeitskräfte eingetreten sein. Explizit mußte vom Leiter des Hauptausschusses, Wilhelm Schaaf von BMW, »strikte Anordnung« an die Sonderausschußleiter erteilt werden, »daß aus den zugewiesenen KZ-Häftlingen auch die Zulieferindustrie befriedigt wird«.[21] Einzelbesprechungen über die »Anträge auf Verteilung von KZ-Häftlingen« wurden notwendig. Die Adlerwerke bekamen dabei anstatt der 850 angeforderten Arbeitskräfte sogar 1000 KZ-Häftlinge »zugesagt« – man versprach dafür die Erfüllung des Schützenpanzer-Sollprogramms, da andernfalls der »Überschuß« im Sinne der Anordnung des Hauptausschusses für die Adler-Zulieferbetriebe »zur Verfügung« stehen sollte.[22]

Obwohl diese Konferenz faktisch eine Neuregelung im Zuteilungsverfahren von KZ-Häftlingen vorwegnahm, nach der sich ab Oktober 1944 die Rüstungsbetriebe direkt an das Rüstungsministerium wenden konnten, mußte zu diesem Zeitpunkt noch ein schriftlicher »Antrag auf Gestellung von Häftlingen« an das SS-WVHA gerichtet werden. Einzureichen war er entweder direkt oder über das gebietszuständige KZ-Hauptlager, dessen Kommandant »die Voraussetzungen hinsichtlich des getrennten [Arbeits]Einsatzes und der gesicherten Unterkünfte« entsprechend der KZ-Richtlinien vor Ort zu prüfen und einen schriftlichen Vertrag mit dem Antragsteller über die Aufgabenteilung zwischen Betrieb und SS auszuhandeln hatte.[23] Erst danach wurden die beantragten Häftlinge offiziell

---

Sie unterstanden »in engster Zusammenarbeit mit dem Betriebsführer« den Bezirks-AI bei der Rüstungskommission; diese wiederum dem Reichs-AI als Amtsgruppe beim Rüstungsamt. Ihre Hauptaufgabe war die Überprüfung der Arbeitskräfteanforderungen und die Rationalisierung des Einsatzes von dienstverpflichteten deutschen Arbeitern, Kriegsgefangenen, Fremdarbeitern, zivilen Zwangsarbeitern und KZ-Häftlingen, siehe Erlaß RMfBuM v. 26.6.1943, HStAWi, 483/3259, fol.24f.; Hempel, 1944; vgl. auch Demps, 1970, S.37.

19 Nschr. über die HA-Sitzung am 10.8.1944, BAK, R3/288, fol.19.

20 Ebd.; vgl. Herbert, 1986, S.20; Ferencz, 1981, S.145 u. S.274.

21 Nschr. über die HA-Sitzung am 10.8.1944, BAK, R3/288, fol.19.

22 Aussage des AI (Anm. 9), fol.26; vgl. dazu das spätere Schr. des zuständigen Sonderausschußleiters J. Schweda an die AW v. 10.3.1945, BAK, R3/293, fol.2.

23 Vgl. Ferencz, 1981, S.143-148; siehe Schnellbrief Speers v. 9.10.1944, Nbg. Dok. NI-638. Die AW versuchten nach dem Krieg diesen formal unumgänglichen Akt mit der Formulierung zu überspielen, daß sie nur »hinsichtlich der Beschäftigung von Häftlingen [...] verpflichtende

durch die Arbeitseinsatzabteilung D II des SS-WVHA genehmigt und bereitgestellt.[24]

Die Adlerwerke beherzigten offenbar den Wink des Hauptausschusses Kraftfahrzeuge, ihre Option »schnellstens auszunutzen«. Denn nur so ist zu erklären, daß sich das KZ-Außenlager schon nach einer Woche, nämlich am 17.8.1944, im Postverteiler des Stammlagers Natzweiler wiederfand. Dies läßt darauf schließen, daß Lagerkommandant SS-Sturmbannführer Fritz Hartjenstein[25] bereits am 14.8.1944 die Abnahme in Frankfurt vornahm, denn an diesem Tag genehmigte er auch das nur wenige Kilometer entfernte KZ-Außenlager Walldorf am Frankfurter Rhein-Main-Flughafen.[26] Seine Verhandlungspartner bei den Adlerwerken waren, neben dem Vorstand, der Abwehrbeauftragte Dr. Franz Engelmann und der Arbeitseinsatzingenieur Viktor H.[27] Auch dieser war ein leitender Betriebsangestellter mit halbstaatlicher Zwitterfunktion, nur war er nicht wie der Abwehrbeauftragte dem RSHA, sondern dem Rüstungsministerium unterstellt, womit betriebsintern der Zielkonflikt der beiden NS-Behörden repräsentiert war. Der Arbeitseinsatzingenieur hatte für einen rationellen Häftlingseinsatz zu sorgen, was nicht immer den politisch-polizeilichen Aufgaben des Abwehrbeauftragten entsprach. Bei der Ortswahl der Lagerunterkunft konnte allerdings den Interessen aller Parteien Rechnung getragen werden. Man entschied sich dafür, die Häftlinge direkt im Werk unterzubringen, was im Vergleich zum Bau von Lagerbaracken eine wesentlich schnellere und wohl auch kostengünstigere Fertigstellung versprach und womit sich zugleich Arbeitswege und Fluchtgefahr auf ein Minimum reduzieren ließen. Die mit dem Rücken zu

---

Erklärungen abgegeben« hätten, »Einsatz von Häftlingen bei den Adlerwerken« (Anm. 2), fol.35. Damit war allerdings bereits der nächste Schritt, der Vertrag mit der SS, zutreffend beschrieben.

24 Broszat, 1967, S.114. Pingel spricht ausdrücklich von einem Vertrag zwischen der SS und den Firmen, Pingel, 1978, S.275, Anm. 24.

25 Hartjenstein war vorher Kommandant von Auschwitz-Birkenau gewesen und hatte das KZ Natzweiler am 5.5.1944 als Lagerkommandant übernommen, siehe »KL Auschwitz in den Augen der SS«, 1981, S.303.

26 Siehe Hartjensteins Vermerk »Die Abstellung kann erfolgen« im dreigliedrigen Gestellungsantrag für das KZ-Außenlager Walldorf v. 14.8.1944, BAK, NS4Na/80; vgl. Eitelmann-Graeff/Kranzer, 1981. Am 17.8.1944 verschickte die Kommandantur Natzweiler an alle Außenkommandos die Abschrift eines Rundschr. des SS-WVHA betreffs »Bereitstellung von Häftlingen zur Beseitigung feindlicher Abwurfmunition« v. 7.8.1944. Die Abschrift ging an 27 Außenlager, darunter neben »Frankfurt (Flughafen)« auch »Adlerwerke, Frankfurt«, BAK, NS4Na/77.

27 »Einsatz von Häftlingen in den Adlerwerken« (Anm. 9), S.1. Beim ITS Arolsen befinden sich einige Berichte über Besprechungen, die zwischen Beauftragten des KZ Natzweiler und verschiedensten Industriefirmen wegen der Errichtung von Außenkommandos geführt wurden. Möglicherweise ließen sich hier auch Aufzeichnungen über die Adler-Verhandlungen finden. Hinweis bei Klingel, 1978, S.49.

den Gleisanlagen des Hauptbahnhofes liegende »Burg an der Galluswarte« (eine sich wegen der turmbewehrten Werksarchitektur aufdrängende Assoziation) und 300 Mann »nebenamtlicher Werkschutz« boten denn auch eine nahezu perfekte Umgebung für ein gut gesichertes KZ-Außenlager.[28] Der dritte und vierte Stock des fünfgeschossigen Massivhochbaus entlang der Weilburger Straße im Werk I sollte in Verantwortung der Adlerwerke zum stacheldrahtumzäunten »Lager« für Häftlinge und SS-Bewachungsmannschaft umgebaut werden. Damit war zwar das Unterkunftsproblem geklärt, doch harrte die Bewachungsfrage des Häftlings-»Bauvorkommandos« noch einer Lösung, da nicht genügend SS-Personal zur Verfügung stand. Man vereinbarte mit Hartjenstein die Aufstellung einer Adler-Hilfswachmannschaft, was nach dem Krieg nicht mehr in das gewünschte Bild einer bloß administrativen Kooperation mit der SS paßte. Deshalb wurde ihre Existenz unterschlagen und man sucht sie vergeblich in der Vertragsversion, die Generaldirektor Hagemeier 1947 für die Spruchkammer niederlegte.[29]

Der Kontrakt sah nach heutigem Kenntnisstand folgende wesentliche Aufgabenteilung vor: Die Adlerwerke waren für die Beheizung und Wasserversorgung des Lagers sowie die Lieferung und Installation des Inventars einschließlich der Sanitäranlagen zuständig. Ihnen oblag die Beschaffung der KZ-Lebensmittelrationen sowie der Lang- und Schwerarbeiter-Zulagen und deren Übergabe an den SS-Kommandoführer. Sie hatten die Häftlinge fachlich anzulernen und zu betreuen sowie die übliche Arbeitskleidung zur Verfügung zu stellen. Die SS war zuständig für die Bewachung der Häftlinge, sowohl im Lager als auch bei der Arbeit in der Produktion. Sie hatte für die ärztliche Betreuung, die Beschaffung von Arznei-, Heil- und Pflegemitteln, von Bekleidung und von hygienischen Mitteln zu sorgen, schließlich für die Zubereitung und Verteilung des Essens an SS-Wachmänner und Häftlinge.[30]

Als spätestens mit der ersten Post aus Natzweiler, also um den 17.8.1944

---

28 Vgl. »Die Burg an der Galluswarte«, FNP v. 1.3.1955.

29 Die Überschrift der Vertragsversion lautete: »Standard-Vertrag zwischen Reichsminister Speer und dem Reichssicherheitshauptamt«. Bereits dies macht deutlich, daß es sich um ein manipuliertes Dokument der Verteidigung handelte: Abgesehen von der Verwechslung des RSHA mit dem zuständigen SS-WVHA zeichnete nämlich nicht der Rüstungsminister, sondern die jeweilige Firma als Vertragspartner. Deshalb handelte es sich auch nicht um einen »Standard-Vertrag«, sondern um Vereinbarungen mit Verhandlungsspielraum, vgl. Kaienburg, 1991, S.286. Da hier offensichtlich nur ein weiteres Glied in die Argumentationskette des angeblich von oben angeordneten Häftlingseinsatzes gefügt werden sollte, tut man gut daran, auch die Details mit einem Fragezeichen zu versehen. Überliefert ist das Nachkriegsdokument in »Einsatz von Häftlingen in den Adlerwerken« (Anm. 9), S.6f.

30 Ebd.; sowie Mitteilungen für das Abrechnungswesen Nr. 117 v. 21.8.1944, BRTA; ferner Zeugenaussagen, HStAWi, 770/25. Zur Arbeitskleidung siehe Piper, 1991, Dok.3b.

herum, auch der Kommandoführer des KZ-Außenlagers, SS-Hauptscharführer Erich Franz, in den Adlerwerken eintraf, konnte ihm Generaldirektor Hagemeier bereits mitteilen, »daß man in allernächster Zeit das Eintreffen von Arbeitskräften erwarte«.[31] Während die grundsätzlichen Verhandlungen mit der SS-Führung in Federführung des Hauptgefolgschaftsamtes unter Leitung des stellvertretenden Vorstandsmitgliedes Dr. Gotthard Romberg erfolgten, wurde unterhalb der Vorstandsebene der Abwehrbeauftragte als Verbindungsmann zur Lagerleitung (Hausapparat »Franz K.Z. 240«) eingesetzt.[32] Sein Arbeitsstab war zuständig für alle vertraglichen Leistungen der Adlerwerke mit Ausnahme der Abrechnung durch das Lohnbüro und den arbeitstechnischen Fragen, die dem Arbeitseinsatzingenieur in Verbindung mit Fertigungsleiter Rosleff Sörensen bzw. mit dem für das Bauwesen zuständigen Vorstandsmitglied Otto Basson unterstanden. Erste gemeinsame Amtshandlung war die Bekanntgabe der »Richtlinien für die Behandlung der Kz-ler durch die Werksangehörigen«, gegen deren Verstoß »Inschutzhaftnahme« angedroht wurde.[33] Eine Werksangehörige erinnerte sich: »Es wurden uns von seiten des SS-Leiters des Katzbach-Lagers vorgedruckte Formulare mit diversen Punkten betreffs Verhalten gegenüber den Häftlingen zur Unterschrift und zur genauesten Befolgung vorgelegt. Zuwiderhandlung wurde schwer bestraft. Hauptsächlich war verboten, den Häftlingen irgend etwas zu Essen zu geben, mit ihnen zu sprechen oder gar irgendwelche Kleidungsstücke hängen zu lassen, was man uns hernach als Beihilfe zur Flucht auslegen wollte. Wohl bemerkt, erfolgte die Verteilung dieser Formulare und deren Einsammlung wieder mit Einstimmung der Betriebsführung durch alte Parteimitglieder, wie Betriebs- und Zellenobmänner.«[34]

---

31 Vernehmung des Kommandoführers Erich Franz durch die StA beim LG Wien v. 30.9.1964, DAÖW, Beschuldigtenverhör, Bl.14. Franz hatte ein Schr. der Kommandantur Natzweiler an die Geschäftsleitung im Gepäck, aus der diese Information hervorgegangen sein könnte, ebd.

32 Über Hagemeiers Schwiegersohn Dr. Romberg liefen von Anfang an die Verhandlungen zur Einrichtung des Lagers, Aussage des AI (Anm. 9), fol.26. Wer nach seinem Tod im Januar 1945 diese Aufgabe übernahm, konnte nicht ermittelt werden. Zum Verbindungsmann siehe ebd., fol.29; vgl. »Einsatz von Häftlingen bei den Adlerwerken« (Anm. 2), fol.34. Im Telefonverzeichnis der AW firmierte das Lager unter »Franz K.Z. 240«, NA, RG338/000-12-534.

33 HStAWi, 520/F, Franz Engelmann, fol.16; siehe auch die Aussage des Abwehrbeauftragten Engelmann beim OStA des LG Ffm v. 7.7.1947, ZStL, Bl.158; vgl. die Aussage des AI (Anm. 9), fol.28. Ein solcher »Vorschriften«-Katalog eines Abwehrbeauftragten für den Umgang von Werksangehörigen mit KZ-Häftlingen ist schriftlich überliefert bei Demps, 1978, S.435.

34 Bericht der Werksangehörigen und Rotkreuzschwester Frau Elisabeth B. an die amerikanische Militärregierung o.D. (1945), HStAWi, 649/409, fol.53.

Lagereröffnung und Entwicklung der »Belegstärke«

Die Angehörigen der Adler-Hilfswachmannschaft wurden auf Vorschlag des Arbeitseinsatzingenieurs von SS-Kommandoführer Franz ausgesucht, wobei er vornehmlich auf SA-Mitglieder zurückgriff, die er gemeinsam mit dem Abwehrbeauftragten instruierte und vereidigte.[35] Die Truppe umfaßte schätzungsweise 25-30 mit Pistolen und Gewehren bewaffnete und mit weißen Armbinden kenntlich gemachte Kolonnenführer, die jeweils sieben bis acht KZ-Häftlinge des Bauvorkommandos bei der Arbeit anleiten und gleichzeitig bewachen sollten.[36] Als ihr Leiter wurde der 49jährige SA-Truppführer Wilhelm R. eingesetzt, sein ständiger Vertreter war der elf Jahre ältere SA-Obertruppführer Karl Faust. Beide waren alte NSDAP-Mitglieder und langjährige Betriebsangehörige, die seit Frühjahr 1944 über entsprechende Erfahrungen mit dem Bautrupp italienischer Militärinternierter verfügten.[37] Der Werkmeister Wilhelm R. war für die Arbeitseinsatzführung und der Hilfsarbeiter und ranghöhere SA-Führer Karl Faust für die Bewachung zuständig.[38] Der Status der Hilfswachmannschaft unterschied sich kaum von dem anderer Betriebsabteilungen. Zwar waren die Umgangsvorschriften der SS die Grundlage für ihre Tätigkeit, doch erhielt sie ihre Arbeitsanweisungen durch den vorgesetzten Baustab der Adlerwerke, und die Dienstaufsicht führte nicht die SS, sondern der Abwehrbeauftragte in Verbindung mit der Betriebsführung.[39]

---

35 Aussage des Leiters der Hilfswachmannschaft Wilhelm R. in seinem Spruchkammerverfahren v. 1948, HStAWi, 520/F, R., fol.40; sowie Aussage des Oberingenieurs und Leiters des Adler-Baustabes Walter A. bei der KP Ffm v. 22.10.1945, HStAWi, 770/25, fol.34. Vereinzelt wurden auch Werksangehörige in die Hilfswachmannschaft unter Androhung des Verlustes ihrer uk-Stellung gezwungen, Aussage des Hilfswachmanns Willi M. im Strafverfahren des LG Ffm gegen Karl Faust v. 11.3.1946, HStAWi, 461/30007, fol.34.

36 Wieviele Hilfswachleute, auch Kolonnenführer genannt, genau ausgesucht wurden, ist unbekannt. Da aber im Bauvorkommando zunächst 200 Häftlinge, später sogar bis zu 400 Häftlinge eingesetzt waren, und einem Kolonnenführer jeweils 7-8 Häftlinge zugeteilt wurden, dürfte die Werksbewachungsmannschaft den Umfang des SS-Kommandos von ca. 30 Mann umfaßt haben, siehe die Aussage des Hilfswachmanns Karl S. im Strafverfahren Faust v. 19.9.1946, ebd., fol.89.

37 Angaben in HStAWi, 461/30007; ferner Aussage des Leiters der Hilfswachmannschaft Wilhelm R. im Strafverfahren Faust v. 3.5.1946, ebd., fol.14.

38 Hierzu inspizierte Faust die einzelnen Hilfswachleute und deren Arbeitskolonnen, wobei er auch von SS-Patroullien unterstützt wurde, ebd.

39 In der Regel wurde das zivile Aufsichtspersonal bei Außenlagern »besonders darauf hingewiesen, daß niemand das Recht habe, einen Häftling zu bestrafen oder gar zu mißhandeln«, Broszat, 1967, S.117. In den AW wurde jedoch grundsätzlich »ein äußerst hartes Verhalten den Häftlingen gegenüber verlangt«, Aussage des Hilfswachmanns Willi M. bei der KP Ffm v. 5.11.1946, HStAWi, 770/25, fol.42. Zur Dienstaufsicht vgl. Aussage des Leiters der Hilfswachmannschaft Wilhelm R. im Strafverfahren Faust v. 19.9.1946 (Anm. 35), fol.89.

Am 21.8.1944 richtete die Verwaltung der Adlerwerke die Kostenstelle »6391= Arbeitskommando Katzbach« ein, während zur gleichen Zeit im KZ Buchenwald ein Transport mit 200 Häftlingen zusammengestellt wurde.[40] Mit ihrem Eintreffen in Frankfurt am Nachmittag des 22.8.1944 war das KZ-Außenlager Frankfurt/Adlerwerke, Deckname »Katzbach«, eröffnet.[41] Untergebracht wurde das Bauvorkommando, dessen Häftlinge nach Fertigstellung der Unterkunft wieder nach Buchenwald zurückgeführt werden sollten, provisorisch in einem zweistöckigen Gebäude auf dem Betriebsgelände, bewacht von nur sechs SS-Leuten und – während der Arbeit – durch die Hilfswachmannschaft der Adlerwerke.[42] Die Materialkontingente für den Lagerausbau stellte die Organisation Todt zur Verfügung.[43] Offenbar gingen den Adlerwerken die Bauarbeiten zu langsam voran. Man führte Klage darüber, daß nur ein Teil der Bauhäftlinge »im Aufbau von SS-Lagern geübt war«. Am 29.8.1944 wurden infolgedessen fünf unqualifizierte Häftlinge gegen sechs Handwerker, darunter zwei Tischler, aus dem KZ Natzweiler ausgetauscht.[44] Ungeduldig ließen die

---

40 Mitteilungen für das Abrechnungswesen Nr. 117 v. 21.8.1944, BRTA; Häftlings-Namensliste des KZ Buchenwald für den »Transport Frankfurt« v. 21.8.1944, ZStL, Bl.9. Überliefert bei der ZStL ist nur das erste Blatt mit 100 teilweise unleserlichen Namen, vollständig vorhanden vermutlich beim ITS Arolsen.

41 Zugangsliste des KZ Natzweiler »Überstellungen vom KL Buchenwald nach Arb. Lager Frankfurt/Main (Adlerwerke)« v. 22.8.1944, ZStL, Bl.8. Überliefert bei der ZStL ist davon nur das erste Blatt mit 58 Namen, vollständig vorhanden vermutlich beim ITS Arolsen. Vgl. Schutzhaftlager-Rapport des KZ Natzweiler v. 30.9.1944, BAK, NS4Na/66. Registriert wurde der Transport im Verzeichnis der ankommenden u. abgehenden Sammeltransporte des KZ Buchenwald am 23.8.1944 unter der lfd. Nr. 66, KZGBu. Vgl. Transportbeleg v. 23.8.1944, BAK, NS4Bu/132. Vgl. die in den Akten des AI von den amerikanischen Ermittlungsbehörden am 1.8.1945 beschlagnahmte werksinterne Wochenstatistik über die Zu- und Abgänge, Toten, flüchtigen und anwesenden Häftlinge mit der Überschrift: »Belegschaftsstärke Arbeitskommando ›Katzbach‹« (darüber ist unterstrichen vermerkt: »wöchentliche Meldung an Lager Griesheim«), vierseitige Häftlingsstatistik der AW v. 22.8.1944 – 12.3.1945, NA, RG338/000-12-534. Der Lagerstempel trug die Aufschrift: »Arbeitskommando Katzbach – Frankfurt (Main)«. Die unterschiedlichen Bezeichnungen des KZ-Außenlagers im erhaltenen Schriftgut der SS lauteten: »Arbeitskommando Katzbach. Frankfurt (Main)«, »Arbeitslager Frankfurt/Main (Adlerwerke)«, »SS-Arbeitskommando Katzbach. Frankfurt/Main Adlerwerke«, »Arbeitskommando Katzbach. Frankfurt/Main Adlerwerke«, »Außenkommando Frankfurt-Katzbach«, »Außenkommando Frankurt (Adler)«, »Arbeitslager Katzbach«, »Außenarbeitsstelle Katzbach (Adlerwerke Frankfurt/Main)«, »Außenlager Adlerwerke«, »Außenlager Adlerwerke, Frankfurt«. Bei der Gestapo Ffm: »Kommando Katzbach (Adlerwerke)«. Beim Standesamt/Bestattungsamt Ffm: »Arbeitskommando Katzbach. Adlerwerke. Frankfurt/M., Kleyerstraße 17«. Nach der offiziellen SS-internen Sprachregelung, bei der die Außenlager bei Rüstungsfirmen einheitlich als »Arbeitslager« zu bezeichnen waren, hätte das Lager lauten müssen: »KZ Natzweiler – Arbeitslager Adlerwerke (bzw. Katzbach)«, siehe Anweisung des SS-WVHA an die Kommandantur Natzweiler v. 10.6.1943, BAK, NS4Na/3.

42 Vernehmung Kommandoführer Franz v. 30.9.1964 (Anm. 31), Bl.9 u. Bl.14; sowie HStAWi, 520/F, R.

43 »Einsatz von Häftlingen in den Adlerwerken« (Anm. 9), S.1.

Adlerwerke noch am gleichen Tag den Sonderausschuß Zugkraftwagen wissen, daß für Oktober und November »die Frage einer weiteren Steigerung [der Schützenpanzerfahrgestelle] von der rechtzeitigen Zurverfügungstellung der zusätzlich notwendigen Werker ab[hängt]«.[45]

Die Sondierungen des SS-WVHA nach geeigneten Häftlingen für die Adlerwerke duldeten keinen Aufschub. Schon am 7.9.1944 avisierte die Amtsgruppe D II den »Eignungsprüfer Adler-Werke Frankfurt/Main« im KZ Buchenwald für 1246 sogenannte »Frühlingswindhäftlinge«, die einer »Nacht-und-Nebel«-Aktion des Befehlshabers der Sicherheitspolizei in Paris zum Opfer gefallen waren. Doch Lagerkommandant SS-Oberführer Hermann Pister mußte das Gesuch am 11.9.1944 aus Sicherheitsgründen ablehnen und hatte auch sonst keine »Quarantäne-Facharbeiter« mehr zur Verfügung, da sie bereits für andere Firmen »zur Auffüllung Außenkommandos gemustert« worden waren.[46] Erst als am 12.9.1944 aus dem aufständischen Warschau 3039 Polen in das KZ Dachau eingeliefert wurden, bekam der Vorstand grünes Licht. Obwohl durch den Luftangriff in der Nacht vom 12. auf den 13.9.1944 auch der für die Häftlinge vorgesehene Gebäudeabschnitt und dessen Innenausstattung schwer in Mitleidenschaft gezogen wurden,[47] beauftragte er seinen Eignungsprüfer, nach beruflichen Gesichtspunkten »1000 passende Häftlinge« davon auszusuchen.[48]

»Wir mußten uns nackt ausziehen und auf dem Appellplatz antreten«, erinnerte sich ein Häftling, und ferner: »Dort begann, nachdem wir uns in Reihen aufgestellt hatten, eine Selektion. Sie bestand darin, daß ein Arzt, [...] assistiert von zwei Zivilisten, durch die Reihen ging, mit einem Stöckchen auf jeden Gefangenen zeigte und schrie: ›Gesund‹ oder ›Krank‹. Meistens fiel das Wort ›Gesund‹. Ich fand mich unter den Gesunden wieder und wurde später dem Kommando ›Frankfurt am Main‹ zugeteilt.«[49] Der Emissär der Adlerwerke

---

44 Ebd., S.2; und Überstellungslisten des KZ Natzweiler v. 29.8.1944 u. 30.8.1944, BAK, NS4Na/71.

45 Fs. AW an den Geschäftsführer des Sonderausschusses Zgkw, Walter Volk, v. 29.8.1944, BAK, R3/291b, Heft 1.

46 Fs. des Kommandanten des KZ Buchenwald, Hermann Pister, an die Amtsgruppe D des SS-WVHA v. 11.9.1944, HStAWe, BA, 59-103. Vgl. zu den »Frühlingswindhäftlingen« Kühnrich, 1983, S.149; Kogon, 1983, S.262; Broszat, 1967, S.97f.

47 Anlage zum KTB der RüIn Wiesbaden v. 13.9.1944 betreffs Luftangriff am 12.9.1944 auf Ffm, BA-MA, RW20-12/36a; vgl. Schmid, 1984, S.174.

48 Siehe zur Einlieferung der Warschauer Polen Transportverzeichnis des KZ Dachau, KZGDa, 1042. »Weil nach dem Bericht des SS-Sturmbannführers Hartjenstein andere SS-Lager für den Arbeitseinsatz geeignete Häftlinge nicht mehr hatten [sic]«, »Einsatz von Häftlingen in den Adlerwerken« (Anm. 9), S.2; sowie Aussage des AI (Anm. 9), fol.27.

49 Mustafa, 1976, S.195. Es handelte sich hier um den zweiten Teil der Selektion nach körperlichen Kriterien, nachdem man zuvor schon die Facharbeiter herausgelesen hatte, PA, Stanislaw Madej, G/14.12.93; PA, Jan Kozlowski, G/15.12.93. Außer dem AI ist vermutlich kein

wollte zwar streng nach den Richtlinien der Arbeitseinsatzingenieure verfahren, die für alle neu zugewiesenen Arbeitskräfte eine »Grobauslese« durch »Begabungsdiagnose« und »Leistungsdiagnose« vorsah, doch das KZ Dachau winkte ab, weil »es nicht üblich sei, Privatpersonen einen längeren Aufenthalt« in einem KZ zu gestatten.[50] Arbeitseinsatzingenieur Viktor H.: »Ich fuhr dann nach Dachau und meldete mich dort bei dem Arbeitseinsatzkommando. [...] Es wurde darauf hingewiesen, daß wenig Metallfacharbeiter unter den Polen seien, aber daß anzunehmen sei, daß die in Frage kommenden Arbeiter binnen kurzer Zeit zu denselben Arbeitsbedingungen eingesetzt werden würden wie die Ostarbeiter. Nun fand die Auslese unter einem großen Teil der Lagerinsassen statt. Ich konnte jedoch nicht, wie ich vorhatte, eine kleine Eignungsprüfung durchführen, sondern mußte mich auf ein grobes Sortieren nach handwerklichen Berufen und gesundheitlichem Aussehen beschränken. Facharbeiter alleine waren zu wenig vorhanden und so mußte ich auch auf andere Berufsgruppen übergreifen. Ich versuchte nun, die Nummern der ausgesuchten Leute zu erhalten, damit eine Verwechslung nicht mehr vorkommen könne, was mir aber seitens der Lagerleitung abgelehnt wurde mit der Begründung, daß diese Mitteilung direkt an die Adlerwerke erfolgen würde. Somit hatte ich meinen Auftrag in Dachau erledigt.«[51]

Am 23.9.1944 konnte Fertigungsleiter Rosleff Sörensen an den Geschäftsführer des Sonderausschusses Zugkraftwagen nach Berlin melden, daß »die für die Adlerwerke vorgesehenen 1000 KZ-Häftlinge ausgesucht und registriert [sind]. Sie werden sofort nach Aufhebung der Waggonsperre vom Lager nach hier transportiert. [...] Es wird selbstverständlich alles daran gesetzt, die Fertigungszahl im Rahmen des Möglichen zu erhöhen.«[52]

Der Arbeitseinsatzingenieur hatte dem Vorstand eine Facharbeiterausbeute von 40-50% angekündigt, doch unter den am 29.9.1944 in Frankfurt eintreffen-

---

weiterer Adler-Vertreter bei der Selektion anwesend gewesen. Denkbar wäre deshalb, daß mehrere Firmen gleichzeitig selektierten. Der Häftling Kazimierz Wlodarczyk erinnert sich: »Dann sind vier, fünf ganz elegant angezogene Zivilisten gekommen, und jeder mußte seine Hände zeigen. Es wurde geguckt, wofür wir uns eigneten. Sie haben die Muskeln und Arme geprüft und haben ausgewählt. Es gab ein paar Gruppen und wahrscheinlich hat sich jeder für sein Werk die Menschen genommen. Ich bin zu der Gruppe der Adlerwerke gekommen«, PA, Kazimierz Wlodarczyk, G/15.12.93.

50 Hempel, 1944, Teil II, S.34; »Einsatz von Häftlingen bei den Adlerwerken« (Anm. 2), fol.36.

51 Aussage des AI (Anm. 9), fol.27.

52 Schr. des Leiters des Arbeitsausschusses 4e (3to-Zgkw), Sörensen, an den Geschäftsführer des Sonderausschusses Zgkw, Walter Volk, v. 23.9.1944. BAK, R3/525, fol.6. »Daß betriebliche Leistung und Werksdisziplin der Adlerwerke im Frankfurter Bezirk unter gegebenen Verhältnissen jedem Vergleich standhält [sic], ist von maßgebender Stelle anerkannt«, meldete die Behördenabteilung der AW ebenfalls an den Geschäftsführer des Sonderausschußes Zgkw, Walter Volk, am 29.9.1944, dem Tag des Eintreffens der Häftlinge, BAK, R3/525, fol.5.

den Häftlingen befanden sich höchstens 16% Facharbeiter.[53] Kurz vor den Adlerwerken war bereits das Daimler-Benz-Werk Mannheim auf dem Sklavenmarkt in Dachau gewesen und hatte sich für die Lizenzproduktion des Opel-»Blitz«-Lkw bei den Facharbeitern und wahrscheinlich auch bei den Jüngeren und Kräftigeren unter den Warschauer Polen »die erste Wahl« gesichert.[54] Dem Arbeitseinsatzingenieur hatte man also die Nummern der von ihm ausgesuchten Häftlinge deshalb nicht aushändigen können, da sie teilweise bereits an Daimler-Benz vergeben worden waren. Wohl aus diesem Grund rief Vorstandsmitglied Dr. Romberg angeblich »die Verwaltung des SS-Lagers Dachau und Sturmbannführer Hartjenstein an und geisselte in scharfen Worten den Betrug«, woraufhin zunächst 58 ältere Häftlinge am 12.10.1944 als »krank« nach Dachau zurücktransportiert wurden.[55]

Am 17.10.1944 klagten die Adlerwerke gegenüber dem Hauptausschuß Kraftfahrzeuge, daß uns »durch den Mangel an Fachkräften immer noch viel zu enge Grenzen gesetzt sind. Wir möchten daher auch diese Gelegenheit nicht vorbeigehen lassen, ohne darauf hinzuweisen, daß die rechtzeitige Bereitstellung von ausreichenden Arbeitskräften für die Fertigung von Ersatzteilen ein Problem von fundamentaler Wichtigkeit darstellt. Wir bitten daher alle zuständigen Stellen, dieser Frage ihr besonderes Augenmerk zuzuwenden.«[56] Dies ebnete vermutlich den Weg dafür, daß den Adlerwerken über das ursprünglich genehmigte Kontingent hinaus zusätzlich die anfangs zur Rückführung nach Buchenwald vorgesehenen Häftlinge des Bauvorkommandos überlassen wurden, was zwar das Facharbeiterproblem nicht lösen konnte, aber alles andere als ungelegen kam. Damit stieg Ende Oktober 1944 die »Höchstbelegung« des für 1000

53 Errechnet anhand der Berufsangaben der auf dem Standesamt registrierten Verstorbenen, StandAFfm, Sterberegister 1944/45. Zur erhofften Facharbeiterquote siehe »Einsatz von Häftlingen bei den Adlerwerken« (Anm. 2), fol.36. In der bis auf 40 Häftlingsnamen nahezu komplett überlieferten Überstellungsliste Nr. 13 des KZ Dachau an das KZ Natzweiler für die AW, 40. Woche 24.-30.9.1944, wurden ausschließlich »Hilfsarbeiter« deklariert, BAK, NS4Na/82. Hierbei könnte es sich allerdings auch um eine Konzession der SS gehandelt haben, da »Hilfsarbeiter« billiger abgerechnet wurden. Die Ankunft der Häftlinge am 29.9.1944 ist belegt in der Häftlingsstatistik der AW (Anm. 41).

54 Koppenhöfer, 1993, Kap.4, S.3f. Nach Auskunft von Dr. Peter Koppenhöfer betrug das Durchschnittsalter der Häftlinge in Mannheim-Sandhofen etwa 26 Jahre. Nicht ganz auszuschließen ist, daß die Selektion durch Adler und Daimler-Benz gleichzeitig erfolgte und die Schieberei zugunsten Mannheim erst nachträglich passierte (vgl. Anm. 49). Wie auch immer: Hier kam zum Tragen, daß der Sklavenmarkt in den KZs längst zum Tummelplatz von Bestechung und Korruption geworden war, Karny, 1991, S.157f.

55 »Einsatz von Häftlingen in den Adlerwerken« (Anm. 9), S.3. Zur Rücküberstellung der 58 Häftlinge nach Dachau siehe Wochenbericht des Kommandoführers Katzbach, Erich Franz, an die Kommandantur Natzweiler v. 15.10.1944, ZStL, Bl.4.

56 Einschr. AW betr. Industrielle Instandsetzung an die Geschäftsführung des HA Kfz v. 17.10.1944, BAK, R3/293b, fol.43.

Häftlinge konzipierten Lagers »Katzbach« auf 1139 KZ-Häftlinge, was den amerikanischen und deutschen Ermittlungsbehörden nach dem Krieg verschwiegen wurde und diesen auch völlig entging.[57] Ohne Gegenleistung war der neuerliche »Zuschlag« von der SS nicht zu bekommen: Die provisorische Adler-Hilfswachmannschaft wurde für die Bewachung des nun zum »Baukommando« umfirmierten Vorkommandos zur ständigen Einrichtung erhoben, was der SS die Möglichkeit gab, ihr Personal in Frankfurt außerordentlich klein halten zu können. Außerdem beschränkte sich die Adler-Hilfswachmannschaft nicht mehr nur auf die Bewachung am Arbeitsplatz, sondern übernahm auch direkt im Lager Bewachungsfunktionen.[58] Im Durchschnitt benötigte man daher in den Adlerwerken nur halb soviele SS-Leute für die Bewachung der Häftlinge wie in jedem anderen KZ.[59]

Die SS

Mit dem Näherrücken der Alliierten Mitte August 1944 hatte das SS-WVHA den Beschluß gefaßt, den Standort des KZ Natzweiler aufzugeben und dessen Häftlinge zu evakuieren.[60] Eine Verwaltungsübernahme der etwa 30 Außenlager durch andere KZ war jedoch nicht vorgesehen. Zuständig blieb der Kommandanturstab Natzweiler, der Ende September 1944 in die geographische Mitte seines Einzugsgebietes und in die Nachbarschaft des größten Außenlagers in

---

57 Schutzhaftlager-Rapport des KZ Natzweiler v. 31.10.1944, BAK, NS4Na/66. Mit »Höchstbelegung« war in den Schutzhaftlager-Rapporten immer nur der neue Häftlingsstand und nicht etwa die meist weit niedrigere Unterbringungskapazität in einem KZ gemeint. Des weiteren gaben sie die Häftlingszahlen mit etlicher Verzögerung wieder. In den AW befanden sich am 31.10.1944 aufgrund von sieben Todesfällen seit Lagereröffnung genau 1133 Häftlinge, Häftlingsstatistik der AW (Anm. 41).

58 »Wir [hatten] den Auftrag, eine Anzahl Häftlinge in dem Lager zu übernehmen und dann zur Arbeitsstelle zu führen, dort bei der Arbeit zu beaufsichtigen und danach wieder zum Lager zurückzuführen. Zum Essen, das von den Häftlingen [nur das Baukommando] im Lager eingenommen wurde, haben wir sie dann dorthin geführt«, Aussage des Hilfswachmanns Johann Nikolaus W. bei der KP Ffm v. 13.11.1946, HStAWi, 770/25, fol.65a.

59 Am 1.1.1945 kamen in allen KZs durchschnittlich etwa 18 Häftlinge auf einen Wachmann, in den Außenlagern des KZ Natzweiler sogar nur 14, errechnet nach der Belegungsliste der KZs mit Wachmannschaften und Häftlingen v. 1.1.1945, BAK, Zsg.Schumacher/1329. In den AW betrug das Verhältnis zwischen Häftlingen und SS-Wachleuten mit Stand v. 15.10.1944 demgegenüber 45:1, mit Stand v. 20.10.1944 immer noch 37:1, errechnet nach Wochenbericht Kommandoführer v. 15.10.1944 (Anm. 55); sowie Versetzungen im Kommandanturbefehl des KZ Natzweiler 8/44 v. 17.10.1944, BAK, NS4Na/13.

60 Dies geht hervor aus der Verfügung des SS-WVHA v. 24.8.1944, bekanntgegeben im Sonderbefehl der Kommandantur des KZ Natzweiler v. 26.9.1944, BAK, NS4Na/13.

Neckarelz, in den badischen Ort Guttenbach bei Mosbach am Neckar verlegt wurde.[61] Von hier aus koordinierte er die Häftlingstransporte aus anderen KZ in seine Außenlager, registrierte sie im eigenen Nummernsystem, und bearbeitete sachgebietsweise die Häftlings- und Truppenangelegenheiten nach den Anordnungen der Abteilungen I bis IV der Amtsgruppe D des SS-WVHA. Die Außenlager blieben durch den Umzug nicht nur eine Zeitlang von ihrer Befehlsstelle ganz und gar abgeschnitten, sondern mußten darüber hinaus bis November/Dezember 1944 auf die nachträgliche Einquartierung der Verwaltung in Binau und die Einrichtung eines neuen »Krankenreviers« in Vaihingen/Enz warten.[62]

In diesem Zeitraum waren die Außenlager auf Improvisation und engste Zusammenarbeit mit den Firmen angewiesen. Hinzu kam, daß aufgrund der Entstehung immer neuer KZ-Außenlager und der Einberufungswellen zur Waffen-SS immer mehr Wehrmachtsoldaten als Ergänzung der SS-Bewachungsmannschaften in die Außenlager zwangsrekrutiert werden mußten.[63] Die SS fürchtete daher, daß die »strenge Beaufsichtigung und Disziplin« der Häftlinge nicht mehr gewährleistet sei, und dies um so mehr, als die heterogenen Wachtruppen mit Rüstungsfirmen konfrontiert waren, die auf eine Lockerung der unrationellen Vorschriften für einen isolierten Arbeitseinsatz der KZ-Häftlinge drängten, von denen das SS-WVHA nicht abrücken wollte.[64] Das KZ Natzweiler versuchte dem Problem durch eine Kompetenzbeschneidung für diejenigen Kommandoführer entgegenzuwirken, die erst kurze Zeit der SS angehörten. Das Einzugsgebiet vom Rhein-Main-Gebiet bis zur Donau und östlich bis zur bayrischen Landesgrenze wurde in neun Regionalabschnitte eingeteilt, die Außenlager-Wachmannschaften darin zusammengefaßt und an ihre Spitze jeweils ein Kompanieführer gestellt. Um »eine einheitliche Ausrichtung der Wachmannschaften personell, ausbildungsmäßig, disziplinarisch, wirtschaftlich und erzie-

---

61 Schmid, 1987, S.493; Vorländer, 1978, S.9.

62 »Einsatz von Häftlingen bei den Adlerwerken« (Anm. 2), fol.37; Vorländer, 1978, S.9.

63 Hitler hatte im Mai 1944 in Erwartung der Einlieferung von 200 000 ungarischen Juden in die KZs zur Rüstungsarbeit die Übernahme von »10 000 Mann mit Offizieren und Unteroffizieren« aus dem Ersatzheer und der Luftwaffe zur Waffen-SS als KZ-Bewachungsmannschaften befohlen, Broszat, 1967, S.132. Sie wurden »ohne und vielfach gegen ihren Willen zum Wachdienst in Konzentrationslagern kommandiert«, und hatten, obwohl bereits als Soldaten vereidigt, bei der Übernahme den für die SS-Angehörigen vorgeschriebenen Treueid zu leisten, Boberach, 1983, S.185f.

64 Siehe die Bedenken Maurers, erwähnt im Schr. Schiebers an Speer v. 7.5.1944, Nbg. Dok. Speer-6; vgl. Sitzungsprotokoll der HA-Sitzung Kfz am 10.8.1944, BAK, R3/288, fol.19. Siehe zu den unveränderten Auflagen des SS-WVHA den bereits oben im Text zitierten Schnellbrief Speers v. 9.10.1944, Nbg. Dok. NI-638.

herisch« zu erreichen, ging die Disziplinarstrafgewalt über die Truppe ab 1.10.1944 von den Kommandoführern auf die Kompanieführer über.[65]

Die SS-Wachmannschaften der Außenlager Walldorf, Geisenheim und Adlerwerke wurden in der 2. Wachkompanie des KZ Natzweiler zusammengefaßt. Kompanieführer wurde SS-Untersturmführer Arnold Brendler.[66] Er konnte gegen die Kommandoführer, Unterführer und Mannschaften Verweise, Ausgangsbeschränkungen bis zu zwei Wochen, Soldverwaltung bis zu zwei Monaten sowie Arreststrafen bis zu zwei Wochen verhängen.[67] Maßnahmen von Brendler gegen die Wachmannschaft der Adlerwerke sind nicht bekannt; er selbst wollte sich nach dem Krieg nicht einmal mehr an seine Zugehörigkeit zum Kommandanturstab des KZ Natzweiler erinnern.[68] Im Januar 1945 wurde er im Zuge eines größeren Revirements, durch das auch der Lagerkommandant Hartjenstein von SS-Hauptsturmführer Heinrich Schwarz abgelöst wurde, von SS-Hauptsturmführer Schaack ersetzt, der bisher Lagerführer des Außenlagers Geisenheim bei der Firma Krupp gewesen war und von den dort inhaftierten jüdischen Frauen nach dem Krieg ein vergleichsweise gutes Zeugnis ausgestellt bekam.[69] Der Dienstsitz des neuen Kompanieführers Schaack blieb in Geisenheim.

Kommandoführer bzw. Lagerkommandant des KZ-Außenlagers Adlerwerke wurde der 30jährige Österreicher Erich Franz, von Zivilberuf Filialleiter einer österreichischen Delikatessenkette, NSDAP-Mitglied seit 1.5.1938 und seit 1939 Angehöriger der Wehrmacht.[70] Erfahrung in der Gefangenenbewachung hatte der Sohn eines Militärbeamten in einem französischen Kriegsgefangenenlager gesammelt, bevor er bei einem Fronteinsatz in Rußland Anfang 1943 verwundet und mit dem Eisernen Kreuz II. Klasse ausgezeichnet wurde.[71] Sein weiterer Weg führte ihn vom Lazarett ins Ersatzheer und von dort Anfang August 1944 in den SS-Totenkopfsturmbann Natzweiler, wo er seinem militärischen

---

65 Sonderbefehl Kommandantur Natzweiler v. 26.9.1944 (Anm. 60). Die Kompanieführer-Struktur wurde nicht nur vom KZ Natzweiler eingeführt, sondern galt z.B. auch für die Außenlager des KZ Neuengamme in Hannover, vgl. »Konzentrationslager in Hannover«, 1985, S.76f.

66 Brendler, geb. am 3.10.1916, war mit Wirkung v. 15.3.1944 vom KZ Lublin zum Kommandanturstab des KZ Natzweiler versetzt worden, siehe Kommandanturbefehl des KZ Natzweiler Nr. 3/44 v. 15.4.1944, BAK, NS4Na/vorl.13.

67 Sonderbefehl Kommandantur Natzweiler v. 26.9.1944 (Anm. 60).

68 Vernehmung SS-Untersturmführer Arnold Brendler v. 5.6.1962 u. 26.11.1963, ZStL, Bl.269 u. Bl.276.

69 BAK, NS4Na/vorl.13. Der neue Lagerkommandant des KZ Natzweiler, Heinrich Schwarz, war zuvor Kommandant von Auschwitz-Monowitz gewesen. Zum neuen Kompanieführer Schaack siehe Bembenek, 1984, S.54.

70 Vernehmung Kommandoführer Franz v. 30.9.1964 (Anm. 31), Bl.2. Franz war im Zivilberuf bei der Julius Meinl AG tätig. Er hatte die Aufnahme in die NSDAP, Mitgl.-Nr. 6270489, rückwirkend zum 1.5.1938 am 21.5.1938 beantragt, BDC, Parteimitgliedsbogen Erich Franz.

71 Vernehmung Kommandoführer Franz v. 30.9.1964 (Anm. 31), Bl.5f.

Dienstrang als Oberfeldwebel entsprechend zum SS-Hauptscharführer ernannt wurde und eine SS-Uniform erhielt.[72] Es besteht kein Zweifel darüber, daß Franz während seines 14tägigen Aufenthaltes im KZ Natzweiler für seine Aufgaben als Lagerkommandant instruiert und geschult wurde.[73] Obwohl die Disziplinarstrafgewalt über die Truppe beim Kompanieführer lag, blieb Franz stets Vorgesetzter der SS-Bewachungsmannschaft und nahm deren Diensteinteilung vor. Truppenangelegenheiten hatte er über den Kompanieführer an die Kommandantur Natzweiler zu melden. In allen Häftlingsangelegenheiten war er hingegen allein verantwortlich und der Kommandantur direkt und regelmäßig meldepflichtig. Er führte die Schreibstube, zu der er Häftlinge als Dolmetscher und für Büroarbeiten heranzog, ernannte die Kameradenpolizei (Kapo) und teilte die Häftlinge zur Arbeit ein.[74] Die Disziplinarstrafgewalt über die Häftlinge (Verhängung von Prügel- und Arreststrafen) befand sich in seiner Verantwortung. In schweren Fällen, die mit der Todesstrafe geahndet wurden, hatte er Meldung an das Stammlager respektive das RSHA zu machen und von dort ergangene Befehle auszuführen – bei »Fluchtversuch« herrschte Standrecht.[75]

Dem nach eigener Aussage ohne sein Zutun zum Kommandoführer rekrutierten Erich Franz war als Stellvertreter ein eingefleischter KZ-Scherge zur Seite gestellt worden. Es handelte sich um den 42jährigen polnischsprachigen SS-Unterscharführer Emil Lendzian, von Zivilberuf Kraftfahrer, der zuvor im Vernichtungslager Majdanek als Wachmann eingesetzt worden war.[76] Im Januar 1945 wurde er als Nachfolger für den neuen Kompanieführer Schaack zum Lagerleiter in Geisenheim bei der Firma Krupp befördert.[77] Wer nach ihm stellvertretender Kommandoführer bei Adler wurde, ist nicht überliefert. Über seinen Aufgabenbereich ist lediglich bekannt, daß er abwechselnd mit Lagerkommandant Franz

---

72 Ebd., Bl.9 u. Bl.13.

73 Bei seiner Vernehmung nach dem Kriege brauchte Franz ein halbes Jahr, bis er einräumte, daß er neben Unterbringung, Verpflegung und Arbeitseinteilung auch »für die Bewachung und Aufrechterhaltung der Ordnung innerhalb des KZ-Lagers als eingesetzter Lagerführer verantwortlich« war, Vernehmung des Kommandoführers Erich Franz durch die StA beim LG Wien v. 5.10.64, DAÖW, Beschuldigtenverhör, Bl.19; vgl. seine Vernehmung für das Hess. LKA durch die österreichische Staatspolizei v. 17.2.1964, ZStL, Bl.7-11. Was die Unterbringung anbetraf, so war er lediglich für deren Inspektion und Materialanforderung gegenüber den AW verantwortlich.

74 Vernehmung Kommandoführer Franz v. 5.10.1964 (Anm. 73), Bl.19f.

75 Vgl. »Konzentrationslager in Hannover«, 1985, S.76; zum Standrecht ferner Broszat, 1967, S.53. Das Standrecht bei Fluchtversuchen in den AW bestätigte der SS-Unterscharführer Arthur M. in seiner Vernehmung durch das Hess. LKA v. 5.4.71, ZStL, Bl.493.

76 Lendzian kam möglicherweise mit einem Häftlings-Evakuierungstransport im April 1944 in das KZ Natzweiler, BDC; vgl. Marszalek, 1982, S.241.

77 Der Nachfolger für Schaack als Lagerführer in Geisenheim »war grob. Er schlug – immer mit Handschuhen auf der Hand«, Häftlingsaussage bei Bembenek, 1984, S.51.

die Diensteinteilung der Wachleute vornahm sowie das Krankenrevier der Häftlinge überwachte.

Eine weitere herausragende Figur war der 28jährige SS-Scharführer und Lagerkoch Martin Weiß, einer von mehreren Volksdeutschen aus Rumänien in der SS-Bewachungsmannschaft, die freiwillig zur SS gekommen waren.[78] Weiß war von Zivilberuf Metzger und vor seiner Tätigkeit bei den Adlerwerken bei Erschießungsaktionen der SS gegen Juden auf dem Balkan im Einsatz gewesen.[79]

Insgesamt umfaßte die SS-Bewachungsmannschaft, die kurz vor Eintreffen des Haupttransportes aus Dachau komplettiert worden war, zunächst 25 Mann. Mit Wirkung vom 20.10.1944 wurden der 2. Kompanie weitere sechs SS-Leute zugeteilt, wobei davon ausgegangen werden kann, daß sie alle in die Adlerwerke kamen.[80] Somit erhöhte sich die Anzahl der SS-Leute im Lager auf insgesamt 31. Neben dem Lagerkommandanten, seinem Stellvertreter und dem Lagerkoch befanden sich darunter fünf weitere SS-Unterführer. Angehörige dieser Gruppe rückten wohl nur selten zum Wachdienst ins Werk aus. Sie übernahmen für gewöhnlich die Verwaltung des Lagers und die Aufsicht über die tagsüber im Lager verbleibenden Häftlinge, die in der Schreibstube, der Lagerküche, dem Krankenrevier oder dem Stubendienst tätig waren. Daneben gab es die Gruppe der Wachposten, die ausschließlich mit der Bewachung der Häftlinge im Lager und am Arbeitsplatz befaßt waren und mit der internen Organisation nichts zu tun hatten.[81] Diese Gruppe bestand aus ehemaligen Luftwaffenangehörigen im Alter von durchschnittlich 28 Jahren, die mit Wirkung vom 1.9.1944 in die Waffen-SS gezwungen worden waren und nun unter Dienstrangangleichung der SS angehörten.[82]

---

78 Herzog, 1955, S.14.

79 Womit er sich gegenüber dem Schriftsteller Hans Frick brüstete, Frick, 1981, S.29.

80 Wochenbericht Kommandoführer v. 15.10.1944 (Anm. 55); Kommandanturbefehl 8/44 des KZ Natzweiler v. 17.10.1944, BAK, NS4Na/13. Das Lager Walldorf wurde bereits wenige Wochen später aufgelöst und Geisenheim war genügend mit Wachmännern versorgt.

81 Vgl. Fröbe, 1985, S.173 u. S.76.

82 Siehe Fernspruch SS-WVHA an die Kommandantur Natzweiler v. 9.9.1944: »Die mit Wirkung v. 1.9. von der Waffen-SS übernommenen Posten des Heeres u. der Luftwaffe, die jetzt SS-Angehörige sind, sind in der Übersicht als SS-Angehörige u. nicht mehr gesondert zu führen«, BAK, NS4Na/49.

Fotografien und Dokumente

Abb. 1: Frontfassade Kleyerstraße um 1940

Abb. 2-4: (v. o. n. u.)
Generaldirektor Ernst Hagemeier, Aufsichtsratsvorsitzender Carl Goetz, Stv. Aufsichtsratsvorsitzender Kurt Freiherr von Schröder

Abb. 5: Adlerwerke von Nordosten 1920

Abb. 6: Adler-Metallarbeiter 1920

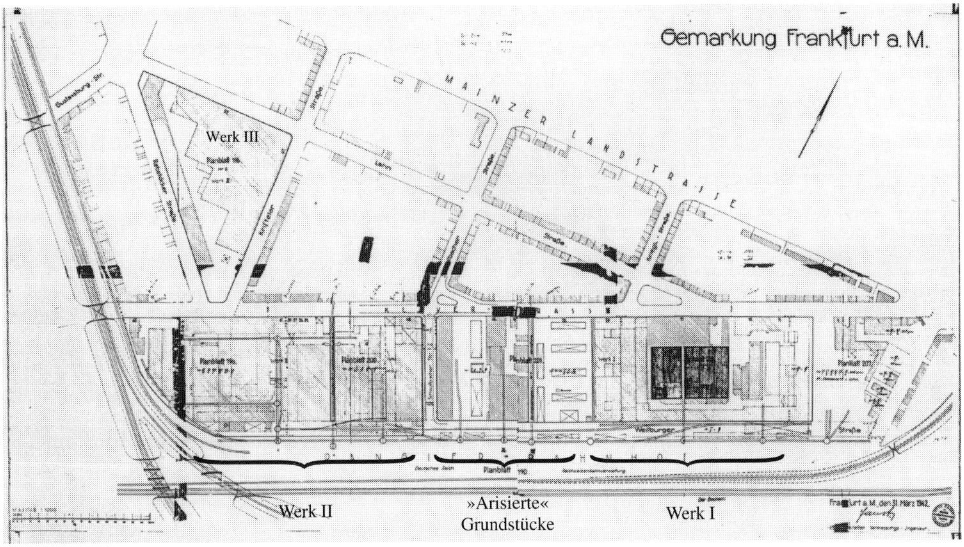

Abb. 7: Lageplan der Adlerwerke 1942

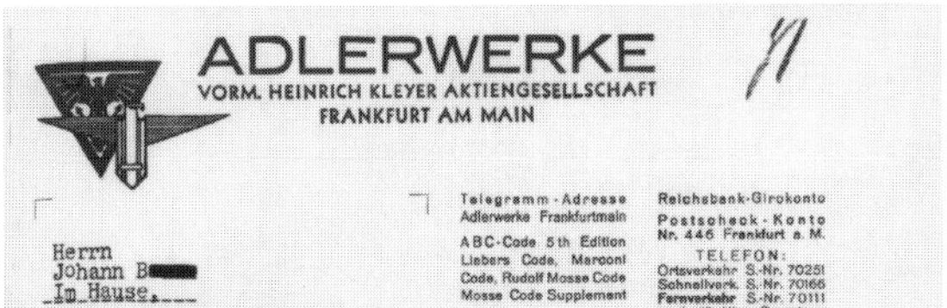

ADLERWERKE
VORM. HEINRICH KLEYER AKTIENGESELLSCHAFT
FRANKFURT AM MAIN

Herrn
Johann B[redacted]
Im Hause.
Elektrische Abteilung

Telegramm-Adresse Adlerwerke Frankfurtmain
ABC-Code 5th Edition Liebers Code, Marconi Code, Rudolf Mosse Code Mosse Code Supplement

Reichsbank-Girokonto
Postscheck-Konto Nr. 446 Frankfurt a. M.
TELEFON:
Ortsverkehr S.-Nr. 70251
Schnellverk. S.-Nr. 70166
Fernverkehr S.-Nr. 70111
nach 19 Uhr, Samstags nach 14 Uhr u. Sonntags S.-Nr. 70117.

Eingangsvermerke:

IHR SCHREIBEN:	IHRE ZEICHEN:	UNSERE ZEICHEN:	FRANKFURT A. M., POSTFACH 9600
		Abt. Personal	den 22. August 1935.

Auf Grund der letzthin von berufener Seite getroffenen Feststellungen, nach denen Sie sich wiederholt trotz mancher Belehrung und Warnung in staats- und gemeinschaftsfeindlicher Weise geäussert haben, die geeignet ist, die Ordnung und den Frieden der Betriebsgemeinschaft zu gefährden, sehen wir uns leider veranlasst, das Dienstverhältnis mit Ihnen mit sofortiger Wirkung aufzulösen. (Art. 10 Ziff. 2 B.O.)

Diese Massnahme erfolgt im Einvernehmen und nach Verständigung mit dem Betriebszellenobmann, dem Vertrauensrat und der zuständigen Parteibehörde.

Ihre Personalpapiere und das Ihnen noch zukommende Gehalt stehen Ihnen in unserem Personalbüro zur Verfügung.

Mit deutschem Gruss
ADLERWERKE vorm. HEINRICH KLEYER
Aktiengesellschaft

Abb. 8: Politische Entlassung 1935

Abb. 9: Spielmannszug am 1. Mai 1934

Abb. 10: Automobilausstellung 1937 (hinter Hitler Generaldirektor Hagemeier im Gespräch mit NSKK-Korpsführer Hühnlein)

Abb. 11: Der 10 000. »Adler Trumpf« 1934 (mit Chefkonstrukteur Gustav Röhr)

Abb. 12: »Adler Trumpf Junior« im Einsatz für die Wehrmacht

Abb. 13: Radfahrerkompanie mit Adler-Klapprädern um 1900

Abb. 14: Adler-Militärlastkraftwagen im Ersten Weltkrieg (vor dem Werk II)

Abb. 15: Adler-Schützenpanzerwagen im Einsatz 1942

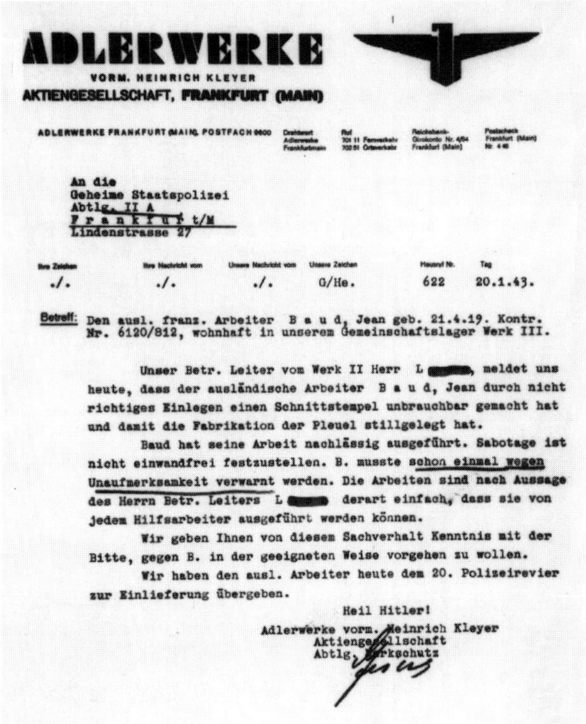

ADLERWERKE

VORM. HEINRICH KLEYER

AKTIENGESELLSCHAFT, FRANKFURT (MAIN)

ADLERWERKE FRANKFURT (MAIN), POSTFACH 9600 — Drahtwort Adlerwerke Frankfurtmain — Ruf 701 11 Fernverkehr 702 51 Ortsverkehr — Reichsbank-Girokonto Nr. 4/64 Frankfurt (Main) — Postscheck Frankfurt (Main) Nr. 4 40

An die
Geheime Staatspolizei
Abtlg. II A
F r a n k f u r t/M
Lindenstrasse 27

Ihre Zeichen	Ihre Nachricht vom	Unsere Nachricht vom	Unsere Zeichen	Hausruf Nr.	Tag
./.	./.	./.	G/He.	622	20.1.43.

Betreff: Den ausl. franz. Arbeiter B a u d, Jean geb. 21.4.19. Kontr. Nr. 6120/812, wohnhaft in unserem Gemeinschaftslager Werk III.

Unser Betr. Leiter vom Werk II Herr L [redacted], meldet uns heute, dass der ausländische Arbeiter B a u d, Jean durch nicht richtiges Einlegen einen Schnittstempel unbrauchbar gemacht hat und damit die Fabrikation der Pleuel stillgelegt hat.

Baud hat seine Arbeit nachlässig ausgeführt. Sabotage ist nicht einwandfrei festzustellen. B. musste schon einmal wegen Unaufmerksamkeit verwarnt werden. Die Arbeiten sind nach Aussage des Herrn Betr. Leiters L [redacted] derart einfach, dass sie von jedem Hilfsarbeiter ausgeführt werden können.

Wir geben Ihnen von diesem Sachverhalt Kenntnis mit der Bitte, gegen B. in der geeigneten Weise vorgehen zu wollen.

Wir haben den ausl. Arbeiter heute dem 20. Polizeirevier zur Einlieferung übergeben.

Heil Hitler!
Adlerwerke vorm. Heinrich Kleyer
Aktiengesellschaft
Abtlg. Werkschutz
Jes us

Abb. 16: »Sabotage«-Meldung an die Gestapo

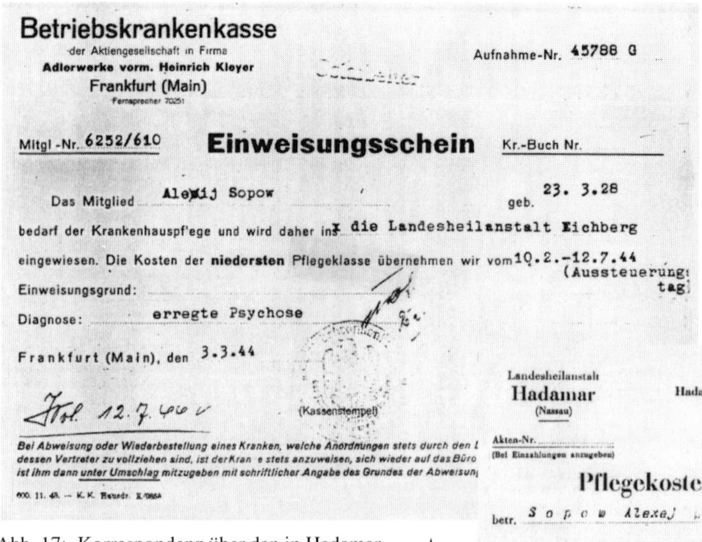

Betriebskrankenkasse
der Aktiengesellschaft in Firma
Adlerwerke vorm. Heinrich Kleyer
Frankfurt (Main)
Fernsprecher 70251

Aufnahme-Nr. 45788 G

Mitgl.-Nr. 6252/610

Einweisungsschein

Kr.-Buch Nr.

Das Mitglied Alexij Sopow geb. 23. 3.28

bedarf der Krankenhauspflege und wird daher ins die Landesheilanstalt Eichberg

eingewiesen. Die Kosten der **niedersten** Pflegeklasse übernehmen wir vom 10.2.-12.7.44 (Aussteuerungstag)

Einweisungsgrund:

Diagnose: erregte Psychose

Frankfurt (Main), den 3.3.44

Krol. 12.7.44

(Kassenstempel)

Bei Abweisung oder Wiederbestellung eines Kranken, welche Anordnungen stets durch den L... dessen Vertreter zu vollziehen sind, ist der Kranke stets anzuweisen, sich wieder auf das Büro ... ist ihm dann unter Umschlag mitzugeben mit schriftlicher Angabe des Grundes der Abweisung

600. 11. 43. — K. K. Benedr. K/088A

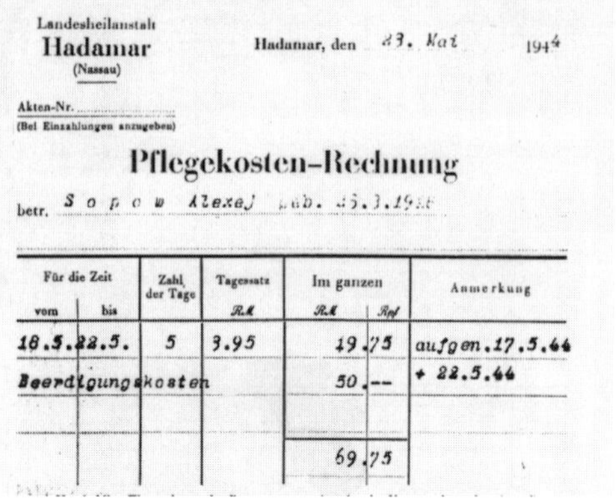

Landesheilanstalt
Hadamar
(Nassau)

Hadamar, den 23. Mai 1944

Akten-Nr.
(Bei Einzahlungen anzugeben)

Pflegekosten-Rechnung

betr. S o p o w Alexej geb. 23.3.1928

Für die Zeit vom	bis	Zahl der Tage	Tagessatz RM	Im ganzen RM	Rpf	Anmerkung
18.5.	22.5.	5	3.95	19	75	aufgen. 17.5.44
Beerdigungskosten				50	--	† 22.5.44
				69	75	

Abb. 17: Korrespondenz über den in Hadamar ermordeten Alexej Sopow (16)

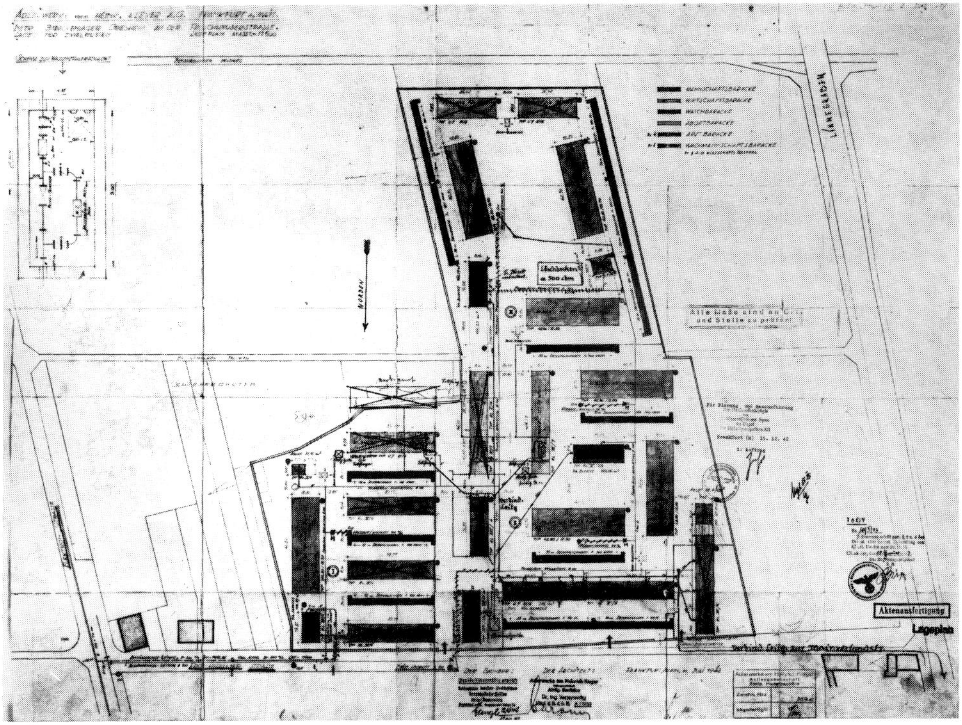

Abb. 18: Lageplan des Adler-Zwangsarbeiterlagers in Frankfurt/Griesheim

Abb. 19: NS-Propaganda: »Deine Arbeit in Deutschland ein vernichtender Schlag gegen den Bolschewismus«

ADLERWERKE
VORM. HEINRICH KLEYER
AKTIENGESELLSCHAFT, FRANKFURT (MAIN)

ADLERWERKE FRANKFURT (MAIN), POSTFACH 9600

Drahtwort Adlerwerke Frankfurtmain | Fernschreiber 041692 | Ruf 70111 Fernverkehr 70251 Ortsverkehr | Reichsbank-Girokonto Nr. 4/84 Frankfurt (Main) | Postscheck Frankfurt (Main) Nr. 446
RBNr. 0/0675/0001

An die

Geheime Staatspolizei
Staatspolizei Ffm.
Abt. II/E 3

F r a n k f u r t (Main)

Lindenstrasse 27

Ihre Zeichen | Ihre Nachricht vom | Unsere Nachricht vom | Unsere Zeichen Abwb. Dr.E/Sch. | Hausruf Nr. | Tag 25.4.1944

Betreff: Ostarbeiter Pawlenko, Wassilij geb. 15.7.22 in Litwinez/Kiew-Kanjew, 6140/635.

Wir geben nachstehenden Bericht des Lagerführers unseres Ausländerlagers in Griesheim zur Kenntnis:

" Der Ostarbeiter Pawlenko, Wassilij wurde heute früh etwa um 5,30 Uhr auf der Flucht in Richtung Höchst von dem Wachmann C[redacted] erschossen. In seiner Begleitung befand sich die Ostarbeiterin Demidowa, Ekaterina.

Beide haben zu dem angegebenen Zeitpunkt, statt zur Arbeit im Lager anzutreten, die Westseite des Lagers durch ein Loch im Zaun verlassen.

Der Wachmann C[redacted] bezog um 5 Uhr seinen Posten am Zaun innerhalb des Lagers der Baracke 24. Es war noch düster als C[redacted] 2 Personen durch den Zaun kriechen sah. Er rief sie in einer Entfernung von etwa 40 m mit dem Zuruf "stoi" (Halt !) an. Die Personen bewegten sich jedoch in westlicher Richtung auf einem kleinen Pfad weiter. Daraufhin rief der Wachmann noch 2 x "stoi". Als sie dennoch nicht stehen blieben, schoss der Wachmann C[redacted] nach diesen beiden Personen. Daraufhin hörte er einen Schrei der weiblichen Person und begab sich durch den Zaun an diese Stelle. Im selben Augenblick gab der etwa 60 m rechts von C[redacted] stehende Wachmann Ernst K[redacted] ebenfalls einen Schuss nach den Personen ab.

Der Erschossene wurde aufgrund der bei ihm vorgefundenen Ausweispapiere als der Obenbezeichnete einwandfrei erkannt. Die Ostländerin Demidowa, durch Werksausweis festgestellt, wurde in Schutzhaft genommen.

Nach Eintreffen der russ. Ärztin Moliboschko wurde der Tod des Pawlenko durch Brustschuss festgestellt. Die Leiche bleib an Ort und Stelle liegen. Die ihr abgenommenen Gegenstände befinden sich im Besitze der Lagerführung. "

Wir bitten, unserem Lagerführer, Herrn Z[redacted], Anweisung zu geben, ob die Leiche weggeschafft oder zur Aufnahme des Tatbestandes zunächst noch an Ort und Stelle liegen bleiben soll.

ADLERWERKE vorm. HEINRICH KLEYER
Aktiengesellschaft
Der Abwehrbeauftragte

Vorstand: Ernst Hagemeier, Vorsitzer / Otto Basson, Rosleff Sörensen / stellvertr. Mitglieder: Franz Gessner, Dr. Gotthard Romberg / Aufsichtsrat-Vorsitzer: Bankier Carl Goetz

Abb. 20: Schreiben an die Gestapo wg. Erschießung von Wassilij Pawlenko (21)

Abb. 21: Sergej (16) aus Poldawa (Ukraine) mit Freundin, fotografiert vom Antifaschisten Paul Schuster

Abb. 22: Wehrschießen in den Adlerwerken am 25.5.1944

28.9.7 | 25 | 4

Arb.Kdo.Katzbach
Frankfurt a/Main
Adlerwerke.

Frankfurt/M., den 15.10.44

Waffen-SS
Kommandantur K. L. - Natzweiler/Els.
Eingang: 18. OKT. 1944
I | II | III | IV

An die

Kommandantur

Betr.: Wochenbericht v.8.10.44 bis 15.10.44

Stand der SS	am 15.10.44	Kommandeführer, 7/17	
Häftlingsstand	am 15.10.44	1138 Häftlinge.	

Am 13.10.44 traf laut Anordnung des Lagerkommandanten der SS-Uscha. Hermann Weiss aus dem Aussenkommando Kochendorf hier ein. Als Austauschmann wurde am 14.10.44 von hier nach Kochendorf der SS-Oscha. Erich Schwarz in Marsch gesetzt.

Wie in Veränderungsmeldung vom 12.10.44 bereits gemeldet, verstarb am 10.10.44 der Häftling 106149 Stanczyk Ludwik, geb. 10.8.95 in Kutno Pole an Herzschwäche. Verständigung an Kommandantur K.L.Natzweiler über Einäscherung erfolgt durch Bauamt-Bestattungsamt Frankfurt /Main.

Am 12.10.44 wurden 58 kranke Häftlinge, genaue Daten ersichtlich aus der der Meldung vom 12.10.44 anliegenden Liste, wegen Arbeitsunfähigkeit nach Dachau überstellt.

Seit dem 9.10.44 sind weitere 189 Häftlinge zur Anlernung in die Fertigung eingesetzt worden. Die Häftlinge waren zu folgenden Arbeiten eingesetzt:

Häftlingsunterkunftsbau für 1000 Häftlinge.	400
In der Fertigung zur Anlernung	639
Im Lager	14
Noch nicht eingesetzt	85
Insgesamt	1138

Arbeitszeit: von 7 bis 12.15 u.v.12.45 bis 18 Uhr.
Arbeitsleistung: gut.
Kranke: —
Gesundheitszustand: gut.
Verpflegung: gut.
Besondere Vorkommnisse : keine.

Der Kommandoführer
[signature]
SS-Hauptscharführer

Abb. 23: Wochenbericht des SS-Kommandoführers an das KZ Natzweiler

Abb. 24: Gebäudeflügel des KZ-Außenlagers 1986

Abb. 25: Skizze der KZ-Lagerunterkunft von Josef Jozwiak 1991 (Bubi = Lagerältester E. Behrend)

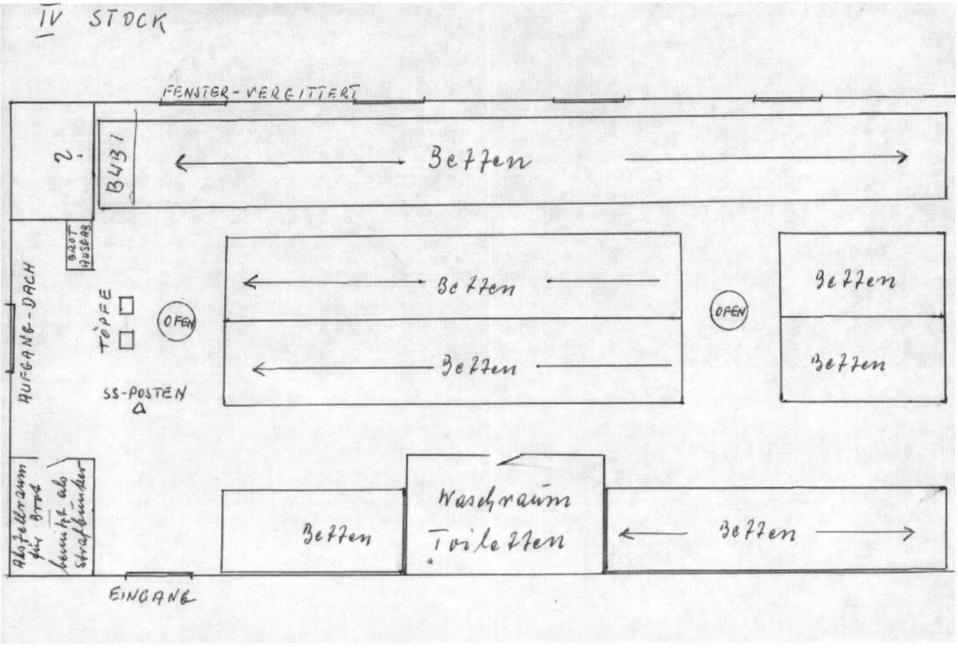

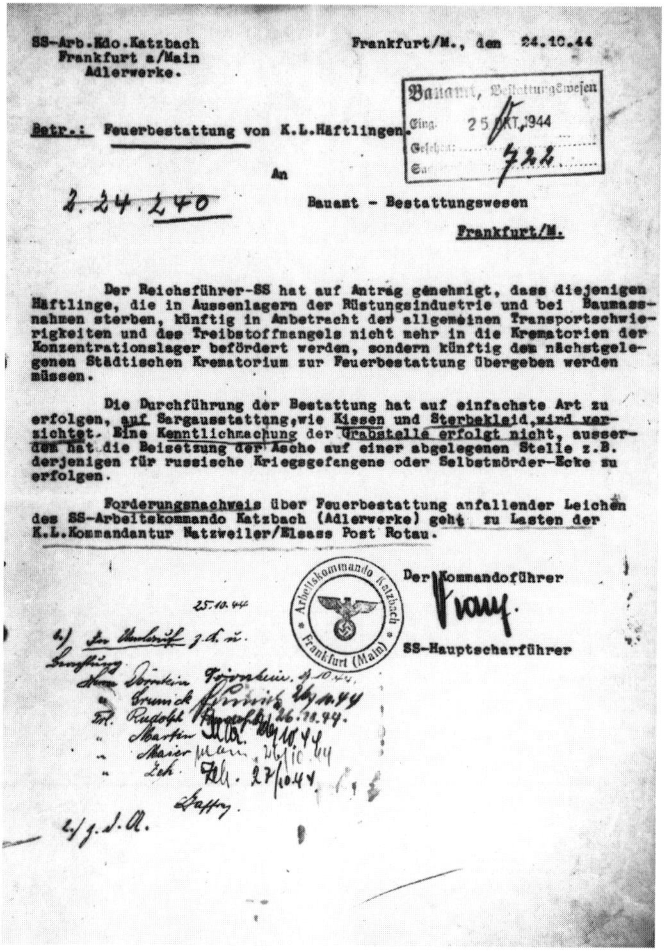

SS-Arb.Kdo.Katzbach
Frankfurt a/Main
Adlerwerke.

Frankfurt/M., den 24.10.44

Bauamt, Bestattungswesen
Eing. 25 OKT. 1944
Geschen: ...
Sa... 722

Betr.: Feuerbestattung von K.L.Häftlingen.

An

2.24.240

Bauamt - Bestattungswesen

Frankfurt/M.

Der Reichsführer-SS hat auf Antrag genehmigt, dass diejenigen Häftlinge, die in Aussenlagern der Rüstungsindustrie und bei Baumassnahmen sterben, künftig in Anbetracht der allgemeinen Transportschwierigkeiten und des Treibstoffmangels nicht mehr in die Krematorien der Konzentrationslager befördert werden, sondern künftig dem nächstgelegenen Städtischen Krematorium zur Feuerbestattung übergeben werden müssen.

Die Durchführung der Bestattung hat auf einfachste Art zu erfolgen, auf Sargausstattung, wie Kissen und Sterbekleid, wird verzichtet. Eine Kenntlichmachung der Grabstelle erfolgt nicht, ausserdem hat die Beisetzung der Asche auf einer abgelegenen Stelle z.B. derjenigen für russische Kriegsgefangene oder Selbstmörder-Ecke zu erfolgen.

Forderungsnachweis über Feuerbestattung anfallender Leichen des SS-Arbeitskommando Katzbach (Adlerwerke) geht zu Lasten der K.L.Kommandantur Natzweiler/Elsass Post Rotau.

Arbeitskommando Katzbach Frankfurt (Main)

Der Kommandoführer
Franz
SS-Hauptscharführer

25.10.44

Abb. 26: Anordnungen zur Beerdigung der KZ-Häftlinge

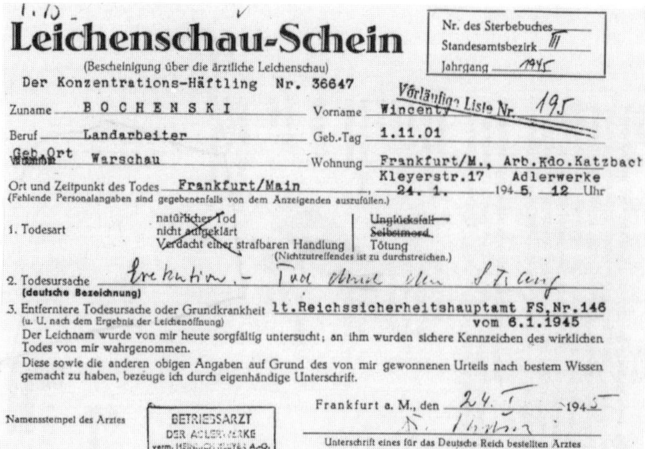

1.15

Leichenschau-Schein

(Bescheinigung über die ärztliche Leichenschau)

Nr. des Sterbebuches ___
Standesamtsbezirk III
Jahrgang 1945

Der Konzentrations-Häftling Nr. 36647

Vorläufige Liste Nr. 195

Zuname BOCHENSKI Vorname Wincenty

Beruf Landarbeiter Geb.-Tag 1.11.01

Geb.Ort Warschau Wohnung Frankfurt/M., Arb.Kdo.Katzbach Kleyerstr.17 Adlerwerke

Ort und Zeitpunkt des Todes Frankfurt/Main, 24. 1. 1945, 12 Uhr

(Fehlende Personalangaben sind gegebenenfalls von dem Anzeigenden auszufüllen.)

1. Todesart: ~~natürlicher Tod~~ / ~~nicht aufgeklärt~~ / ~~Verdacht einer strafbaren Handlung~~ / ~~Unglücksfall~~ / ~~Selbstmord~~ / Tötung
(Nichtzutreffendes ist zu durchstreichen.)

2. Todesursache (deutsche Bezeichnung) Exekution. – Tod durch den Strang

3. Entferntere Todesursache oder Grundkrankheit lt. Reichssicherheitshauptamt FS.Nr.146 vom 6.1.1945
(u. U. nach dem Ergebnis der Leichenöffnung)

Der Leichnam wurde von mir heute sorgfältig untersucht; an ihm wurden sichere Kennzeichen des wirklichen Todes von mir wahrgenommen.

Diese sowie die anderen obigen Angaben auf Grund des von mir gewonnenen Urteils nach bestem Wissen gemacht zu haben, bezeuge ich durch eigenhändige Unterschrift.

Frankfurt a. M., den 24. I. 1945

Namensstempel des Arztes: BETRIEBSARZT DER ADLERWERKE vorm. HEINRICH KLEYER A.-G. FRANKFURT a. M.

Unterschrift eines für das Deutsche Reich bestellten Arztes

Abb. 27: Leichenschauschein des hingerichteten KZ-Häftlings Wincenty Bochenski (44)

Abb. 28: Zerstörungen im Werk II 1945 (im Vordergrund die »Hessenhalle«)

Abb. 29: »Abschreibung« von Gefangenenbekleidung getöteter Häftlinge

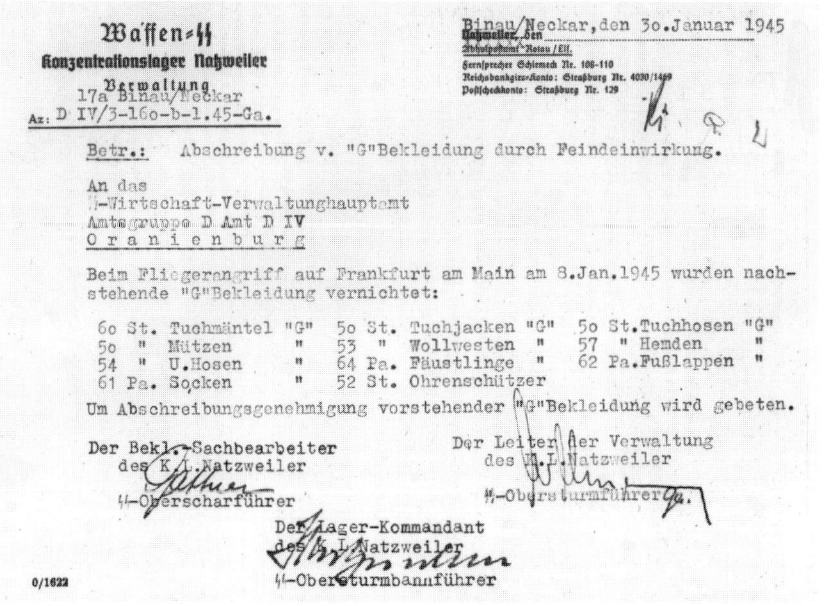

Waffen-SS
Konzentrationslager Natzweiler
Verwaltung
17a Binau/Neckar
Az: D IV/3-16o-b-1.45-Ga.

Binau/Neckar, den 3o. Januar 1945
Natzweiler, den
Abholpostamt Rotau/Els.
Fernsprecher Schirmeck Nr. 108-110
Reichsbankgiro-Konto: Straßburg Nr. 4030/1469
Postscheckkonto: Straßburg Nr. 129

Betr.: Abschreibung v. "G"Bekleidung durch Feindeinwirkung.

An das
SS-Wirtschaft-Verwaltunghauptamt
Amtsgruppe D Amt D IV
O r a n i e n b u r g

Beim Fliegerangriff auf Frankfurt am Main am 8.Jan.1945 wurden nachstehende "G"Bekleidung vernichtet:

6o St. Tuchmäntel "G"	5o St. Tuchjacken "G"	5o St.Tuchhosen "G"
5o " Mützen "	53 " Wollwesten "	57 " Hemden "
54 " U.Hosen "	64 Pa. Fäustlinge "	62 Pa.Fußlappen "
61 Pa. Socken "	52 St. Ohrenschützer	

Um Abschreibungsgenehmigung vorstehender "G"Bekleidung wird gebeten.

Der Bekl.-Sachbearbeiter
des K.L.Natzweiler
SS-Oberscharführer

Der Leiter der Verwaltung
des K.L.Natzweiler
SS-Obersturmführer

Der Lager-Kommandant
des K.L.Natzweiler
SS-Obersturmbannführer

0/1622

Abb. 30: Überlebende des Kommandos »Katzbach« vor der KZ-Haft (Josef Jozwiak Anfang der 50er Jahre)

Andrzej Branecki

Wladyslaw Jarocki

Josef Jozwiak

Henryk Kamasinski

Jerzy Kamasinski

Ryszard Kojer

Jan Kozlowski

Kajetan Kosinski

Stanislaw Madej

Heinz Meyer

Ryszard Olek

Kazimierz Wlodarczyk

Abb. 31: Enthüllung einer Gedenktafel in den Adlerwerken am 14.Dezember 1993
(v. l. n. r.: Stanislaw Madej, Ryszard Olek, Jan Kozlowski, Ryszard Kojer, Wladyslaw Jarocki, Kazimierz Wlodarczyk)

Abb. 32: Aufsuchen der KZ-Lagerunterkunft Dezember 1993
(v. l. n. r.: Jan Kozlowski, Kazimierz Wlodarczyk, Wladyslaw Jarocki, Ryszard Olek, Ryszard Kojer, Andrej Cieslinski [Sohn des in den Adlerwerken verstorbenen Jan Cieslinski])

Abb. 33 und 34: Kranzniederlegung auf dem Frankfurter Hauptfriedhof Dezember 1993
(Abb. 33 v. l. n. r.: Ryszard Kojer, Heinz Meyer, Andrzej Branecki, Kazimierz Wlodarczyk, Kajetan Kosinski, Jan Kozlowski, Wladyslaw Jarocki)

Exkurs: »Katzbach« – eine Durchhalteparole als Deckname

Codebezeichnungen von KZ-Außenlagern standen zumeist im Zusammenhang mit der Untertageverlagerung von Rüstungsbetrieben, zu deren Tarnung das Reichsministerium für Rüstung und Kriegsproduktion Decknamen nach vorgeschriebenen »Grundsätzen« vergab.[83] Sie wurden von der SS für KZ-Arbeitseinsätze weiterverwendet, die entweder der Vorbereitung oder bereits der Rüstungsproduktion unter der Erde dienten. In diesen Kontext wurde das Lager auch bislang von der einschlägigen Forschung gestellt, allerdings unter der irrtümlichen Annahme, es hätte ein Untertageprojekt der Adlerwerke namens »Katzbach« gegeben.[84] Tatsächlich wurde zwar ab Juni 1944 eine gleichnamige Kalksteingrube im Elsaß für Rüstungszwecke verwendet, aber lediglich von der »Schütte AG« aus Forbach zur Herstellung von Kugellagern, und unter dem Decknamen »Katz«.[85] Die Untertageverlagerungspläne der Adlerwerke wurden dagegen erst im November 1944 und unter dem Decknamen »Schakal« abgesegnet.[86]

Warum die SS auch einige wenige KZ-Außenlager chiffrierte, die nicht den Hintergrund der Untertageverlagerung hatten, ist bislang unerforscht.[87] Manche Indizien sprechen dafür, daß die Rüstungsdienststellen oder die Adlerwerke selbst eine Tarnung verlangt haben könnten. So beispielsweise die besonderen Auflagen für die Firma, Rüstungszweige mit Codenamen zu versehen, oder der eher seltene Umstand, ein KZ mitten in der Fabrik zu beherbergen.[88]

---

83 Demnach waren beispielsweise für unterirdische Verlagerungsbauten in Bergbau-Schachtanlagen Tiernamen zu verwenden, siehe »Grundsätze für die Tarnbezeichnung der unterirdischen Verlagerungsbauten« v. 15.4.1944, BAK, R7/1192, fol.25. Verwendung fanden Decknamen auch bei Beute- und Räumungsaktionen in besetzten Gebieten sowie bei improvisierten »Sofortprogrammen«, »Schnellplänen« und »Sonderaktionen«, siehe Wagner, 1989, S.595.

84 Siehe Demps, 1970, S.417; auch: »Deutschland im Zweiten Weltkrieg«, 1985, Bd. 6, S.271. Demps und das Autorenkollektiv gleichen lediglich das zeitgenössische Verzeichnis des RWM über die Untertageprojekte und das Nachkriegsverzeichnis des ITS über die KZs miteinander ab und stolpern dabei über die rein zufällige Übereinstimmung des Namens der Kalksteingrube Katzbach mit dem Decknamen des KZ-Außenlagers der Adlerwerke »Katzbach«.

85 BAK, R7/1192, fol.3, fol.60 u. fol.280; R7/1195, fol.34, fol.47 u. fol.124; R7/1617; sowie Telefongespräch der Autoren mit der Gemeindeverwaltung und dem früheren Bürgermeister von Großbliederstroff v. 4.4.1989.

86 Siehe BAK, R7/1191, fol.110f.

87 Naumann, 1973, S.110.

88 Siehe die besonders strengen Tarnauflagen für die AW im 3. Vierteljahresrückblick 1944 der RüIn Wiesbaden, BA-MA, RW20-12/36a, fol.32. Die AW benutzten für die Torpedoproduktion den Tarnnamen »Hessen«, für Schützenpanzerwagen »Hamburg« sowie »Rheinland« für einen unbekannten Fertigungszweig.

Zur möglichen Bedeutung des Decknamens »Katzbach« vermerkt der zeitgenössische Brockhaus: »Nebenfluß der Oder in Schlesien [...]. In der Schlacht an der Katzbach siegten Blücher und Gneisenau am 26.8.1813 [...]; die Verfolgung zersprengte das feindliche Heer völlig und befreite Schlesien von den Franzosen.«[89] Der Geist der Freiheitskriege, für den hier »Katzbach« steht, wurde im Angesicht des ausweglosen Dreifrontenkrieges und nach dem Attentat auf Hitler am 20.7.1944 immer wieder und bevorzugt von der SS und Rüstungsminister Speer als Symbol des Durchhaltens beschworen.[90] Und so fand das »Gemetzel an der Katzbach«, bei dem eine »gespenstische Leichenpyramide« errichtet worden war,[91] ab Herbst 1944 gleich zweimal würdigende Verwendung als Deckname im militärisch-industriellen Bereich: im September 1944 für die 586. Volksgrenadier-Division und im Dezember 1944 für eine Bereichsbauleitung der Organisation Todt in Westpreußen.[92] Dies war sicher kein Zufall, denn die Katzbachschlacht galt schon dem preußischen Militärstrategen von Clausewitz als Beispiel für einen bewegungsreichen Krieg mit großer Zerstörung eigener Kräfte und für einen siegreichen »Verteidiger, der im letzten Augenblick zum Angriff übergeht«.[93] Eine im »Dritten Reich« erschienene Monographie aktualisierte: »So paßt die Erinnerung an die Katzbachschlacht so recht in unsere Zeit hinein, in der [...] alles von der Hingabe aller Volksgenossen an das Ganze abhängt und wo ein eisernes Zeitalter ein hartes, zum letzten Opfer bereites Geschlecht erfordert.«[94]

»Katzbach« dürfte der Kommandantur Natzweiler wohl nicht zuletzt auch deshalb in den Sinn gekommen sein, weil man ab August 1944 nach einer neuen Residenz suchte und sich schließlich für Guttenbach entschied, einem badischen Dorf in unmittelbarer Nachbarschaft der Gemeinde »Oberkatzenbach«. Und fast zeitgleich mit der Eröffnung der Zweigstelle in Frankfurt fand sich im Nazi-Kalendarium der Gedenktag an eine der »wichtigsten Schlachten der Weltgeschichte«: »Katzbach«.[95]

---

89 Der Neue Brockhaus, 1938, Bd. 2, S.611.

90 Vgl. z.B. »Heinrich Himmler«, 1974, S.219; Rede Speers am 12.7.1944, bei Janssen, 1969, S.171.

91 Parkinson, 1976, S.183 u. S.191. Insgesamt forderte die Schlacht über 15 000 Tote und Verwundete auf beiden Seiten. Der Kampf wurde wegen dichten Regens und Nebels hauptsächlich mit dem Bajonett im Nahkampf ausgetragen.

92 Böhm, 1987, S.127 u. S.496; sowie Tessin, 1975, Bd. 11, S.232f.

93 Clausewitz, 1980, S.565 u. S.669.

94 Müller-Loebnitz, 1938, S.6.

95 »Schlag nach«, 1941, S.624 u. S.690.

2. Die Häftlinge: Herkunft, Zusammensetzung und Status

Als die deutsche Kraftfahrzeugindustrie am 10.8.1944 das von Himmler zugesagte Gefangenenkontingent am grünen Tisch in der Berliner Hardenbergstraße unter sich aufteilte, befanden sich etwa drei Viertel der mindestens 1609 KZ-Häftlinge, die insgesamt in die Adlerwerke überstellt wurden, noch nicht in den Händen der SS. Sowohl die Häftlinge des Bauvorkommandos als auch die in Dachau eingetroffenen 3039 Polen, aus denen Adler noch ein zweites Mal »beliefert« werden sollte, waren zu diesem Zeitpunkt noch auf freiem Fuß in Warschau. Hier hatte am 1.8.1944 die von der polnischen Exilregierung befehligte Untergrundarmee »Armia Krajowa« (AK, Heimatarmee) zum bewaffneten Aufstand gerufen, als sie mit dem Einmarsch der Roten Armee rechnete, die bereits wenige Kilometer vor den Stadttoren, von Warschau getrennt nur durch den Weichsel-Fluß, kämpfte. Der schlechtbewaffnete militärische Angriff auf die deutsche Besatzungsmacht richtete sich politisch gegen die Sowjetunion, deren Armee man in einer aus eigener Kraft befreiten Hauptstadt empfangen wollte, um den Anspruch auf polnische Souveränität in der Nachkriegsordnung zu unterstreichen. Doch weder hatte die AK das Tempo des Vorstoßes der Roten Armee gegen die Heeresgruppe Mitte richtig beurteilt, noch war Stalin später bereit, die »Verbrechergruppe [...], die sich in das Warschau-Abenteuer eingelassen hat, um die Macht zu ergreifen«, zu unterstützen.[96] Ungehindert konnten die Deutschen den Aufstand niederschlagen, der sich vor allem für die Zivilbevölkerung zu einer Tragödie entwickelte. Mindestens 150 000 Zivilisten und 16000 AK-Angehörige wurden bis zur Kapitulation am 2.10.1944 getötet und Warschau gemäß eines Führerbefehls anschließend »dem Erdboden gleichgemacht«.[97] Dem einsamen Kampf war an gleicher Stelle 1943 der verzweifelte jüdische Aufstand im Warschauer Ghetto vorausgegangen, den die Führung der AK allerdings kaum unterstützt hatte.[98] Unter Zuhilfenahme der im Ghettoaufstand gewonnenen Häuserkampftechnik des »straßenzugsweisen Abbrennens« plante die SS, was bisher lediglich als eine Fußnote der Geschichte behandelt wurde, »die gesamte Bevölkerung Warschaus in deutsche Konzentrationslager abzuführen«.[99]

---

96 Schr. Stalins an Churchill v. 22.8.1944, zitiert nach: Krannhals, 1964, S.182.
97 Nbg. Dok. USSR-128.
98 Hilberg, 1992, S.228ff.
99 Aussage des Generalgouverneurs Frank vor dem Internationalen Militärgerichtshof in Nürn-

Der erste Plan Himmlers und Hitlers war, die Einmillionenstadt mitsamt ihrer Bevölkerung »glattzurasieren«. Am »herrenlosen Arbeitsvolk« der Polen wollte man Europa demonstrieren, »was es bedeutet, einen Aufstand gegen Deutsche zu unternehmen«.[100] Den Oberbefehl für die Aktion erhielt der Chef der sogenannten »Bandenkampfverbände«, SS-Obergruppenführer Erich von dem Bach-Zelewski.[101] Seine Order lautete, »die kämpfenden Partisanen niederzumachen und die Zivilbevölkerung ohne Rücksicht auf Alter und Geschlecht zu töten«.[102] Die berüchtigsten SS-Verbände wurden zusammengezogen und begannen ihr Werk im Arbeiterviertel Wola, wo sie allein am 5.8.1944 nach vorsichtigen Schätzungen 15 000 Zivilisten Haus um Haus in den Hinterhöfen zusammentrieben und erschossen.[103] In der Nacht zeigte sich der Kommandeur der Exekutionskommandos ratlos, was er mit den übrigen Menschen anfangen solle, da er »weniger Munition als Gefangene« habe. Daraufhin berichtete der Oberbefehlshaber der 9. Armee von einer sich abzeichnenden Modifikation des Vernichtungsbefehls: »Der Führer hat mir gesagt, er kann noch eine Million Menschen gebrauchen.«[104] Während Dr. Schmelter, zuständig für Arbeitseinsatzfragen im Rüstungsstab, vor Rüstungsindustriellen in Berlin ankündigte, daß »ganz einschneidende Maßnahmen im Gange [sind], über die ich noch nicht sprechen darf, weil sie noch nicht endgültig beschlossen sind, Maßnahmen, die uns Tausende und aber Tausende von Frauen und Männer bringen werden«, wurde am 6.8.1944 die Erschießung von Frauen und Kindern, ab dem 12.8.1944 auch die der männlichen Zivilisten eingestellt.[105] Der neue Auftrag von Himmler an Bach-Zelewski lautete, die »einsatzfähigen Kräfte ins Reich« zu überführen, da Hitler zu der Erkenntnis gekommen sei, »500 000 Arbeitskräfte in Deutschland kämen einer gewonnenen Schlacht gleich«.[106] Im Warschauer Vorort Pruszkow wurde

---

berg v. 18.4.1946, IMT, Bd. XII, S.29. Eine systematische Untersuchung des Befehles wurde bisher nicht geleistet. Siehe ansatzweise Füllberg-Stolberg, 1985, S.284ff.

100 Zitiert nach: Krannhals, 1964, S.328, Anm. 7 u. S.309. Dahinter traten zunächst taktische Rücksichten auf die brenzlige militärische Lage, die durch den Aufstand im Rücken der 9. Armee entstanden war, zurück. Hitler hatte den Wunsch der Obersten Heeresleitung, Warschau dem Operationsgebiet der Wehrmacht zu unterstellen, abgelehnt. Dadurch blieb die Zuständigkeit für die Bekämpfung der nicht als reguläre Truppen anerkannten AK beim Reichsführer SS.

101 Unter dem Deckmantel der »Bandenbekämpfung« hatten diese Einheiten 1942/43 Tausende von Juden in Weißrußland getötet.

102 Aussage Erich von dem Bach-Zelewski vor dem Internationalen Militärgerichtshof Nürnberg v. 28.1.1946, zitiert nach: Krannhals, 1964, S.421.

103 Krannhals, 1964, S.321.

104 SS-Gruppenführer Reinefarth im Telefonat mit General von Vormann am 5.8.1944, zitiert nach: ebd., S.312.

105 Rede Schmelters auf der Tagung des HA Waffen v. 10.8.1944, BAK, R3/1554, fol.46f.; ferner Krannhals, 1964, S.321.

106 Dies äußerte von dem Bach-Zelewski gegenüber dem SS- und Polizeiführer von Warschau,

ein »Durchgangslager« eingerichtet, durch das die Zivilbevölkerung der Zug um Zug von den Deutschen eroberten Stadtteile zur Selektion in die KZs »durchgeschleust« wurde.[107] Am 12.8.1944 traf der erste Transport in Auschwitz ein.[108] Euphorisch kündigte man dem SS-WVHA in Annäherung an Hitlers Forderung 400 000 »Neuzugänge« aus Warschau an, was fast an die Gesamtzahl aller zu diesem Zeitpunkt einsitzenden 524 286 KZ-Häftlinge heranreichte. Dort rechnete man am 15.8.1944 damit, daß sich »ein Großteil der Häftlinge bereits im Anrollen [befindet] und in den nächsten Tagen zur Einlieferung in die Konzentrationslager [gelangt]«.[109] Doch drei Wochen später mußte das Vorhaben aus politisch-militärstrategischen Gründen aufgegeben werden.[110] Am 9.9.1944 ging in Warschau der Befehl ein, nur noch diejenigen Männer in die KZs zu bringen, »die aktiv gekämpft haben oder zu diesen zu rechnen sind. Alle diejenigen, die sich freiwillig ergeben haben mit Frauen und Kindern, sind in den normalen Arbeitseinsatz nach Deutschland zu führen.«[111] Bis zu diesem Zeitpunkt waren bereits 50 000 – 60 000 Frauen und Männer zur »Vernichtung durch Arbeit« in die KZs verschleppt worden.[112]

Paul Otto Geibel, sowie gegenüber Staatssekretär Bühler am 17.8.1944, zitiert nach: ebd., S.276, Anm. 102 u. S.293, Anm. 123. Auch der Chef des OKW, Generalfeldmarschall Keitel, wurde von Hitler für die »Überweisung« der »in Warschau gefangengenommenen Polen« wiederholt verantwortlich gemacht, Lagebesprechung Hitlers mit Speer v. 18.-20.8.1944, Punkt 30, Boelcke, 1969, S.347.

107 Krannhals, 1964, S.293 u. S.291f.; vgl. Pilichowski, 1980, S.34.

108 Zwischen dem 12.8.1944 u. 17.9.1944 wurden in vier Transporten 13 000 Männer, Frauen und Kinder von Pruszkow nach Auschwitz deportiert, Czech, 1981, S.35.

109 Internes Schr. der Amtsgruppe D des SS-WVHA an die Amtsgruppe B betreffs Häftlingsstärkemeldung und Übersicht an Häftlingsbekleidung v. 15.8.1944, Nbg. Dok. PS-1166.

110 Um die Spannungen zwischen England und der Sowjetunion, die wegen der ausbleibenden Hilfe Stalins für Warschau entstanden waren, zu vertiefen, war man an einem raschen Sieg interessiert. Am 7.9.1944 befehligte Hitler daher Kapitulationsverhandlungen mit der AK, die man u.a. mit der Anerkennung ihrer Angehörigen als reguläre Truppen zum Einlenken bewegen wollte. Im Zuge dessen gelang es Generalgouverneur Frank, weitere Deportationen der Zivilbevölkerung in die KZs zu stoppen, Nbg. Dok. PS-2476.

111 Fs. Himmlers an Generalgouverneur Frank v. 8.9.1944, zitiert nach: Krannhals, 1964, S.389. Von 350 000 zwangsevakuierten Warschauern wurden insgesamt 154 000 dem »Arbeitseinsatz im Reich zugeführt«, ebd., S.294.

112 Nbg. Dok. PS-2476.

Das Bauvorkommando und der Haupttransport

Die 200 Häftlinge des Bauvorkommandos der Adlerwerke waren bereits zu Anfang des Aufstandes inhaftiert worden und damit nur knapp den Hinrichtungen entkommen.[113] Die wenigen zugänglichen Quellen lassen darauf schließen, daß es sich überwiegend um Arbeiter und Handwerker aus dem Stadtteil Wola handelte, die am 13.8.1944 nach Buchenwald überstellt wurden.[114]

Die 3039 Dachauer Häftlinge waren in der ersten Septemberwoche 1944 festgenommen worden.[115] Einige von ihnen stammten aus Stadtrandgebieten und kleineren ländlichen Vororten Warschaus, die in das Kampfgebiet einbezogen waren. Die große Mehrheit der Häftlinge hatte jedoch in der nördlichen Warschauer Innenstadt und vor allem in dem östlich daran angrenzenden Stadtteil Powisle gewohnt, zwei in ihrer sozialen Zusammensetzung sehr unterschiedliche Viertel. In der großstädtisch strukturierten Innenstadt-Nord mit dem Banken- und Geschäftsviertel lebten vorwiegend Kaufleute, Angestellte und Selbständige, aber auch viele Handwerker, die in den Seitenstraßen und Hinterhöfen arbeiteten und wohnten. Der an der Weichsel gelegene Stadtteil Powisle (zu deutsch: Weichselvorstadt) mit einfachen alten und mehrstöckigen modernen Mietshäusern war ein ehemaliges Industrieviertel: Hier wohnten überwiegend kleine Angestellte, Beamte und Arbeiter, die insbesondere im Elektrizitätswerk, einer Zuckerfabrik, kleinen Dienstleistungsbetrieben und bei der Warschauer Sozialversicherungskasse arbeiteten. Die soziale Zusammensetzung der später im Sterberegister des Standesamtes Frankfurt registrierten Häftlinge spiegelt diese Struktur wieder:

28% Arbeiter
21% Handwerker und Kleingewerbetreibende
19% Angestellte, Kaufleute und Beamte

---

113 Kojer/Kaczmarski, 1985, S.4.

114 Von den 200 Häftlingen sind lediglich 85 Berufsangaben und 80 Geburtsdaten (ihr Durchschnittsalter betrug 39 Jahre) bekannt, siehe jeweils die teilweise unleserliche erste Seite der Überstellungsliste v. 22.8.1944 sowie der internen Namensliste der Bauhäftlinge v. 3.10.1944, ZStL, Bl.8 u. Bl.11. Als weiteres Dokument liegt die Auskunft des Polnischen Roten Kreuzes für Czeslaw Gontarczyk vor, der in der Dzielna-Straße im Wola-Viertel wohnte und am 13.8.1944 durch den SD Krakau nach Buchenwald überstellt wurde, frdlw. zur Verfügung gestellt von seiner Tochter Hanna Gontarczyk durch Frau Nina Leudesdorff von »Zeichen der Hoffnung«.

115 Die folgenden Angaben über die soziale Herkunft der Häftlinge und die näheren Umstände ihrer Verhaftung zwischen dem 1.-8.9.1944, überwiegend zwischen dem 6.-8.9.1944, stützen sich hauptsächlich auf die Recherchen des Mannheimer Historikers Peter Koppenhöfer, der dazu 60 Häftlingsaussagen sowie Materialien der Warschauer Stadtverwaltung auswertete, Koppenhöfer, 1993, Kap.3.

11% Landwirte und Landarbeiter
11% Metallfacharbeiter
5% sonst. Facharbeiter
5% Akademiker, Künstler, Unternehmer

Von den Metallfacharbeitern kamen 8% aus dem Metallhandwerk (Schlosser, Kfz) und lediglich 3% aus der Metallindustrie (Dreher, Maschinenschlosser).[116]

Die gewaltsamen Alltagserfahrungen unter der deutschen Besatzungspolitik hatten die Bereitschaft vieler Bewohner gefördert, die AK zu unterstützen. Unter den Häftlingen in den Adlerwerken war etwa Ryszard Olek (24): Er hatte die Prüfung zur Ingenieurschule gerade bestanden, mußte dann aber bei der Bahn als einfacher Arbeiter anheuern, um nicht nach Deutschland zur Zwangsarbeit verschleppt zu werden. Ryszard Olek, nebenher passionierter Sänger und Jugendleiter an der Warschauer Oper, organisierte für die AK einen Sanitätsstützpunkt.[117] Viele AK-Kämpfer hatten einen Vater oder Bruder, die in Gestapo- und KZ-Haft umgebracht worden waren, oder selbst Hafterfahrung, wie der Friseur Jerzy Kamasinski (22), der 1943 bei einer Großrazzia in das Vernichtungslager Majdanek abgeführt worden war,[118] jedoch nach fünf Monaten hatte fliehen können: »Als die deutschen Truppen uns den Zugang zur Stadtmitte abgeschnitten hatten, bin ich in Zivilkleidung verkleidet von der Solec-Straße, wo wir auf Barrikaden gekämpft haben, nach Hause. Gemeinsam mit dem Bruder [der Friseur Henryk Kamasinski (27)] bin ich wie die Zivilbevölkerung herausgegangen. Vor der Kirche mußte man die Kennkarte zeigen. Wer keine hatte, wurde an die Seite gestellt. Viele hatten am Anfang diese Kennkarte zerrissen und hatten nur noch Ausweise der AK.[119] Ich habe meine Kennkarte gehabt, was mich vor dem Erschießen rettete.«[120] Wieviele AK-Kämpfer, für die weiterhin der Exekutionsbefehl galt, sich unter die Zivilisten bzw. die späteren Häftlingsgruppen mischen konnten, kann nur geschätzt werden. Aus Angst vor Denunziation sprach man auch in der späteren KZ-Haft nicht darüber. Da es überwiegend junge Leute waren, vermutete ein Häftling für Daimler-Benz etwa 15%.[121]

Nachdem die Deutschen die Altstadt Warschaus mit Panzern, Artillerie und Luftwaffe in Schutt und Asche gelegt hatten, kesselten sie die zwei Stadtteile ein und begannen am 4.9.1944 mit dem Angriff auf Powisle. Zu diesem Zeitpunkt war die Wasser- und Lebensmittelversorgung in Warschau längst zusammenge-

---

116 Errechnet anhand der Berufsangaben der auf dem Standesamt registrierten Verstorbenen, StandAFfm, Sterberegister 1944/45.
117 PA, Ryszard Olek, G/16.10.90.
118 Vgl. Marszalek, 1982, S.70f.
119 Gemeint ist damit die weißrote Armbinde der AK in den polnischen Nationalfarben.
120 PA, Jerzy Kamasinski, G/15.10.90.
121 Koppenhöfer, 1993, Kap.3, S.28.

brochen, viele litten in den von Flüchtlingen überfüllten Häusern an Hunger, und auch die Seuchengefahr stieg in der von Leichen übersäten Stadt. In Powisle setzte die AK den Deutschen nur wenig Widerstand entgegen, was diese nicht hinderte, mit Sturzkampfflugzeugen den für sie strategisch wichtigen Stadtteil unter Beschuß zu nehmen und die quartiersweise Räumung vorzubereiten. Während sich die AK in die Kanalisation zurückzog, wurden am 7. und 8.9.1944 etwa 45 000 zermürbte Einwohner zum Verlassen der Häuser aufgefordert, bevor sich Flammenwerfer an die Arbeit machten.[122] Im Gegensatz zur Landbevölkerung, die noch über Lebensmittel verfügte, konnten sich die Stadtbewohner nur mit Wertsachen für die Evakuierung wappnen. Zusammen mit seiner Frau und seinen beiden kleinen Kindern gelangte der Bautechniker und Radrennfahrer Kazimierz Wlodarczyk (37), dessen Haus in der Nähe der Universität in Powisle zum strategisch umkämpften Punkt geworden war, durch die Linien, wurde aber nur wenige Straßenzüge entfernt verhaftet, nachdem ihn die SS geplündert und verprügelt hatte.[123] Am Rande der Bahnstation Powisle, wovon unweit auch ein Eisenbahngeschütz den Stadtteil ins Visier nahm, lebte Josef Jozwiak (35), der als Kellner in einem deutschen Offizierskasino arbeitete und später zu den etwa 2-3% deutschsprachigen Polen in Frankfurt gehörte: »Als die Stukas bombardierten, kam die Meldung, uns freiwillig zu melden. Es wurde behauptet, wir würden normal behandelt und kämen zur Arbeit nach Deutschland. Frauen, Kinder, Männer – alle – haben sich gemeldet und die Wehrmacht hat uns in Empfang genommen. Ich habe nur eine Steppdecke mitgenommen.«[124]

Auch am westlichen Rand der Innenstadt-Nord begannen die Deutschen, den Kessel einzudrücken. Hier lebten der Apotheker Ryszard Kojer (27) sowie der Kartenleger und Wahrsager Jozef Marcinkowski (33), der sich als Statist am Warschauer Theater verdingte: »Am 7. September 1944 verließen die Bewohner unser Haus. Auch ich ging hinaus. Über der Stadt lag eine seltsame Stille. Der Brand wütete ringsum. Die Straßen waren voller Trümmer und Glas. Als wir die ›Kupferstraße‹ hineingegangen waren und von dort die ›Silberstraße‹ erreicht hatten, wurden die Trümmer immer mehr und es herrschte ein wahres Menschengewimmel. Die Towarowa-Straße in Richtung Wolska-Straße drängelte eine Menschenlawine. Frauen, Greise, Kinder. In der Wolska-Straße wogte die Menge wie das Meer.«[125] Vom Sammelpunkt St. Wojciech-Kirche am Westbahnhof

---

122 Krannhals, 1964, S.144f. u. S.152.

123 PA, Kazimierz Wlodarczyk, G/15.12.93.

124 PA, Josef Jozwiak, G/18.4.89. Auch der später im Januar 1945 in die AW überstellte Häftling Stanislaw Madej berichtete davon, daß »Flugblätter über Warschau abgeworfen [wurden], wo in deutscher und polnischer Sprache drin stand, daß man uns nach Deutschland zur Arbeit führt und daß wir ganz normal behandelt würden«, PA, Stanislaw Madej, G/14.12.93.

125 Mustafa, 1976, S.181.

in Wola fuhren die Züge nach Pruszkow. Spätestens in den dortigen Hallen einer Eisenbahnausbesserungswerkstatt, wo es nahezu keine Verpflegung gab, wurden die Männer und Jungen von ihren Frauen, Kindern und Müttern getrennt und in die Gruppe der Einsatzfähigen selektiert. Ryszard Olek gelang es allerdings zusammen mit dem Vater, seinen am Bein verwundeten Bruder durchzuschleusen. Väter und Söhne, Brüder und Verwandte suchten bei allen weiteren Selektionen nach Wegen, um zusammenbleiben zu können. Am 9.9.1944 setzte sich der riesige Güterzug mit 50 Waggons – Aufschrift: »Warschauer Banditen« – Richtung KZ Dachau in Bewegung.[126]

Nicht alle »politischen Schutzhäftlinge« fanden bei dem dreitägigen Transport in überfüllten Waggons eine Sitzgelegenheit. Dort, wo kein Karbolfaß zur Verfügung stand, versuchten die Häftlinge, Löcher in den Waggonboden zu kratzen, um ihre Notdurft verrichten zu können. Josef Jozwiak hüllte sich während der kühlen Nächte in einen zufällig gefundenen »Völkischen Beobachter«, was Hunger und Durst allerdings nicht vertreiben konnte. Auf dem Bahnhof in Dresden schrien die Häftlinge nach Wasser; als Antwort flogen Steine von der Hitlerjugend. Schließlich, auf irgendeiner Bahnstation hinter Dresden, verteilten Rotkreuzschwestern »ein kleines Tellerchen Suppe«, doch reichte die Menge nicht für alle.[127]

Am 12.9.1944 trafen die Häftlinge im KZ Dachau ein, das für viele schon während der Okkupationszeit »mit größter Angst« besetzt war, weil hierher besonders viele Polen deportiert worden waren. Doch den 1060 Häftlingen, die in das KZ-Außenlager zu Daimler-Benz kamen, erschien das KZ Dachau später in der Rückschau als »Sanatorium«, den Häftlingen in den Adlerwerken »als das verlorene Paradies«.[128] Zwar mußten die Häftlinge das übliche Aufnahmeritual eines KZs über sich ergehen lassen: Sie kassierten Tritte und Schläge, bekamen die Haare abgeschnitten, wurden zu einer Nummer degradiert, in »Zebras« gekleidet (»P« auf rotem Winkel) und hatten schließlich ihre ganze persönliche Habe in eine Eßschüssel und einen Löffel einzutauschen. Doch kamen sie in den ersten zwei Wochen auf »Quarantäne« in die Blöcke 19, 23, und 25, wo sie sich, bei relativ guter Verpflegung und ohne große Appelle und Arbeitszwang, von den Strapazen der letzten Wochen ein wenig erholen konnten.[129] Schlimm war, daß erfahrene KZ-Häftlinge aus Dachau den meisten Neulingen gleich zu Anfang bei der »Desinfektion« ihre Wertsachen stahlen – die »Lebensversicherung« im KZ.[130] Wenige Tage nach der Selektion durch den Arbeitseinsatzinge-

---

126 Koppenhöfer, 1993, Kap.3, S.25.
127 Mustafa, 1976, S.185f. u. S.186.
128 Koppenhöfer, 1993, Kap.4, S.2; Mustafa, 1976, S.196.
129 Koppenhöfer, 1993, Kap.4, S.2.
130 PA, Ryszard Olek, G/16.10.90.

nieur traten Ryszard Olek, Jerzy und Henryk Kamasinski, Kazimierz Wlodarczyk, Josef Jozwiak, Ryszard Kojer und Jozef Marcinkowski in der Gruppe der 1000 Häftlinge für die Adlerwerke am 26.9.1944 den dreitägigen Transport nach Frankfurt an.[131] In dem Transport befanden sich außer den genannten sieben noch weitere vier Zeitzeugen, die das Lager »Katzbach« überleben sollten: der Beamte Kazimierz Doszla (48), der Metallfacharbeiter Jan Curkanow (31), der Koch Zygmunt Kaczmarski (34) und der Dreher Jan Kozlowski (17). Das Alter der KZ-Häftlinge insgesamt reichte von 11 bis 65 Jahren; ihr Durchschnittsalter betrug etwa 36 Jahre.[132] Ryszard Kojer und Zygmunt Kaczmarski: »Die Fahrt mit 60 Leuten in einem stickigen Viehwaggon, die sich zwischen den Knien saßen, ohne Erlaubnis und Möglichkeit aufzustehen und die Knochen zu strekken, mit fürchterlichem Durst (es wurde trotz der heißen Septembertage nichts zu trinken verteilt), war eine Qual. Aber der Gedanke, daß, wenn wir an Ort und Stelle ankämen, sie uns als Menschen behandeln würden, weil wir doch unsere Arbeitsleistung erbringen würden, machte uns Mut. Mit einem Wort – die Stimmung war hoffnungsvoll, und wir waren guten Mutes.«[133]

Ersatz für die Kranken und Toten Anfang 1945

Die Hoffnungen der Häftlinge sollten auf schreckliche Weise enttäuscht werden. Das »soziale Gewissen« der Unternehmen war durch die Vertragsbasis ausgeschaltet, auf der die Häftlinge »ausgeliehen« wurden, ohne irgendwelche Lohn-, Für- und Vorsorgekosten zu verursachen. Abgesehen von dem geringen »Mietpreis« schätzte die Industrie vor allem die »große Vereinfachung in der Verwaltung, da keine Lohnabrechnung und keine Personalabteilung usw.« nötig war.[134] In diesem Zusammenhang ist erwähnenswert, daß die Adlerwerke im Jahre 1944 trotz eines aufgrund der Fabrikationsrückschläge zu verzeichnenden Umsatzrückgangs von 85 auf 60 Mio. RM mit 2,8 Mio. RM den höchsten Bilanzgewinn während des Zweiten Weltkrieges ausweisen konnten.[135]

---

131 Kojer/Kaczmarski, 1985, S.1.

132 Mustafa, 1976, S.196. Das Durchschnittsalter wurde anhand der in den nahezu vollständig überlieferten Transportlisten angegebenen Geburtsdaten auf der Basis von 960 Häftlingen errechnet, BAK, NS4Na/82.

133 Kojer/Kaczmarski, 1985, S.1.

134 Aufzeichnungen des Industriellen Rudolf Blohm v. 29.8.1944, KZGNe. Ähnlich Daimler-Benz beim KZ-Außenlager Neckarelz, wo von 25% Lohnkostenersparnis im Vergleich zu deutschen Zivilarbeitern ausgegangen werden kann, ist die Situation auch bei Adler einzuschätzen, vgl. Schmid, 1987, S.495.

135 PS-AW, AA-U; AW, Jahresabschluß 1944.

Zur Kapitalbildung trugen insbesondere die 9000er Werksnummern bei, unter denen man die Häftlinge zur Arbeitskontrolle im Arbeiter-Personalbüro registrierte.[136] Parallel dazu hielt auch der SS-Kommandoführer die tägliche Anzahl der eingesetzten Häftlinge und deren Arbeitszeiten fest. Auf dieser Basis erstellte der Arbeitseinsatzführer des KZ Natzweiler Wochenrapporte, die dem Betriebsführer zur Gegenprüfung vorzulegen und bei Übereinstimmung von ihm mit »anerkannt« abzuzeichnen waren.[137] Sie schlossen die arbeitsunfähigen Häftlinge von der Rechnung aus, für die Adler nicht zu zahlen hatte,[138] und waren Grundlage für die monatliche Aufstellung der Kommandantur Natzweiler über die von den Häftlingen geleisteten Gesamtarbeitstage – den sogenannten »Forderungsnachweis«. Die Adlerwerke hatten pro Tag für Facharbeiter 6,- RM und für Hilfsarbeiter 4,- RM an das KZ Natzweiler zu zahlen.[139] Davon wurde ein Verpflegungssatz in Abzug gebracht, dessen Höhe in den Außenlagern des KZ Natzweiler zu diesem Zeitpunkt in der Regel pro Tag und Häftling 0,80 RM betrug.[140] Ob die Adlerwerke auch für die Arbeitsunfähigen einen Verpflegungsbonus erhielten, ist nicht bekannt. Die um diese »Erhaltungskosten«[141] reduzierten Mieteinnahmen wurden vom KZ Natzweiler an das Reichsfinanzministerium abgeführt. Waren die Arbeitskräfte »konsumiert«, nahm das KZ Natzweiler die Kranken und Sterbenden »gratis« zurück oder beglich die Bestattungskosten von 66,50 RM an das Friedhofsamt Frankfurt.[142] Die Sachinvestitionen in Unterkunft und Einrichtung ließen sich durch Auffüllung der »Belegstärke« mit neuen Häftlingen »amortisieren«. Ein formloser Firmenantrag genügte.[143]

Das rassenideologische Konzept der SS »Vernichtung durch Arbeit« erlaubte also der Industrie den »straflosen« Verschleiß der Arbeitskräfte durch eine Rücknahme- und Ersatzgarantie für die Kranken und Toten.[144] Aus Rücksicht

---

136 Bericht der KP Ffm v. 19.6.1945, HStAWi, 770/25, fol.3.

137 Vgl. u.a. die entspr. Dokumente beim KZ-Außenlager Walldorf, BAK, NS4Na/80. Dies implizierte in der Regel die im Lagerinnenkommando arbeitenden Häftlinge, deren maximaler Anteil 6% der Gesamtlagerstärke betragen durfte, Kaienburg, 1990, S.326.

138 »Einsatz von Häftlingen in den Adlerwerken« (Anm. 9), S.12.

139 Ebd. Die Überweisung nahm das Lohnbüro vor, Aussage des Leiters des Personalbüros I im Spruchkammerverfahren eines stv. Vorstandsmitgliedes v. 9.4.1947, HStAWi 520/F, G. Ein Ermittlungsoffizier des Polnischen Roten Kreuzes fand noch im März 1947 in der Verwaltung der AW »einige ausgeglichene Konten für die verrichtete Arbeit«. Möglicherweise gelangten diese Unterlagen in den Besitz des ITS Arolsen, Schr. Ermittlungsoffizier an UNRRA US Zone, Büro f. Dok. u. Ermittlung v. 21.3.1947, DADW, AN 2245.

140 Siehe »Nationalsozialistische Konzentrationslager im Dienst der totalen Kriegführung«, 1978, Dokumentenanhang; Schäfer, 1990, S.100.

141 Roth, 1991, S.89.

142 Siehe die Aufzeichnungen für eine Gebühren- und Kostenrechnung des Bauamt-Bestattungswesens Ffm über 29 Häftlinge o.D., GuFAFfm, Akte Polengrab.

143 Roth, 1991, S.89.

144 Die Idee zur »Vernichtung durch Arbeit« stammte von Hitler und ihre Umsetzung wurde nach

auf die Erfordernisse eines effizienten Rüstungsausstoßes räumte die SS zugleich erhebliche Spielräume bei der Gestaltung der Lebens- und Arbeitsbedingungen der Häftlinge ein. Nur wenn die Firmen hiervon Gebrauch machten und sich zu einer Art »freiwilliger Sozialleistung« durchrangen, konnten die geringen Überlebenschancen in einem KZ-Außenlager gebessert werden. Die Entscheidung hierüber folgte zumeist einem bemerkenswerten technokratischen Pragmatismus, der moralischen Erwägungen keinerlei Raum gab, sondern sich allein an der Qualifikation der Arbeitskräfte und der Art des Arbeitseinsatzes orientierte.[145] Wo keine Einarbeitung vonnöten war, wie zumeist auf den Baustellen, nahmen die Unternehmen Krankheit und Tod der Masse der Häftlinge billigend in Kauf.[146] Bei den Facharbeitern und bei den fachlich qualifizierten Tätigkeiten an den Fließbändern der Rüstungsproduktion wurde dagegen die Fluktuation der Arbeitskräfte als wenig effizient angesehen. Nur dort, wo Anlernzeiten erforderlich waren, setzte sich eine differenzierte Häftlingsbehandlung durch. Nicht etwa, daß ein qualifizierter Arbeitsplatz das Leben tatsächlich sicherte, er minderte nur die akute Bedrohung.[147] Aber wenn vermehrt darauf geachtet wurde, daß die Häftlinge bei Kräften blieben, hatte dies natürlich wesentlichen Einfluß auf die Entwicklung der Todesziffern.

Und diese lagen in den Adlerwerken so hoch, daß sie nicht nur alle hessischen KZ-Außenlager übertrafen, sondern auch alle die der Rüstungsproduktion dienenden Außenlager des KZ Natzweiler.[148] In den Adlerwerken war selbst im Baukommando die Mortalitätsrate niedriger als im Produktionskommando, während in vergleichbaren Fällen anderer Außenlager die Todesrate im Baubereich oft fünf- bis zehnmal höher als die Sterblichkeit beim Fabrikeinsatz war.[149]

Gesprächen zwischen Goebbels und Himmler mit dem Justizminister Thierack im Herbst 1942 mit der »Auslieferung asozialer Elemente aus dem Strafvollzug an den Reichsführer SS zur Vernichtung durch Arbeit« begonnen, zitiert nach: Karny, 1987, S.134f.; vgl. Roth, 1992, S.109.

145 Mommsen, 1991, S.54 u. S.76.

146 Fröbe, 1991, S.48; Roth differenziert: »Eine reale Überlebenschance hatten nur jene zehn bis maximal 25 Prozent der Häftlingsgemeinschaften, die als Handwerker oder Techniker auf längere Sicht unersetzlich waren. [...] Die ›Vernichtung durch Arbeit‹ war wohl deshalb so effizient, weil sie die ihr Unterworfenen mit der Gewißheit ausstattete, daß sie nur durch maximale Arbeitsverausgabung und den Aufstieg in die Minderheitengruppe vor dem sicheren Tod geschützt waren«, Roth 1992, S.109f.

147 Pingel, 1991, S.147.

148 Siehe die diversen Angaben zu den hessischen Lagern und den Lagern des KZ Natzweiler in den entsprechenden Sammelwerken: »Hessen hinter Stacheldraht«, 1984; »Das nationalsozialistische Lagersystem (CCP)«, 1990. Vgl. einzelne Lager bei Ziegler, 1986; »Nationalsozialistische Konzentrationslager im Dienst der totalen Kriegführung«, 1978; Schäfer, 1990; Schmid, 1987; Koppenhöfer, 1987; u. Eitelmann-Graeff/Kranzer, 1981.

149 Vgl. die Namenslisten der Bauhäftlinge (Anm. 114) und des Haupttransportes aus Dachau (Anm. 53) mit der Gräberliste nach dem Kriegsgräbergesetz v. 1.2.1954, GuFAFfm; vgl.

Ganz offensichtlich erhöhte ein Arbeitsplatz in der Produktion der Adlerwerke nicht die Überlebenschancen, was die Frage nach deren Organisation und nach ihrem Stellenwert überhaupt aufwirft. Bis zum 31.12.1944 waren bereits 84 Häftlinge in den Adlerwerken verstorben und zusätzlich zu den 58 nach Dachau zurückgeschickten Häftlingen unterschiedlichen Quellen zufolge 187 bzw. 171 Kranke in das faktische Sterbelager Vaihingen abtransportiert worden.[150] Im Januar 1945 wirkten sich ein »hoher Krankenstand« und über 143 Tote erstmals auf die Produktion aus – mindestens jeder sechste Häftling starb.[151] Die Todesrate von 16,4% im Januar 1945 gehörte mit zu den höchsten, die es zu diesem Zeitpunkt in den KZs gab.[152] Am Stichtag 22.1.1945 befanden sich von ursprünglich 1200 Häftlingen nur noch 744 im Werk, einige Tage später waren es 728.[153]

Im Zusammenhang mit der Ardennenoffensive hatte Hitler gegenüber Speer im Dezember 1944 verlangt, »daß alle Möglichkeiten erschöpft werden, um sowohl sofort wie auf Sicht die unerläßlich höchste Zurverfügungstellung von Zugmitteln« sicherzustellen.[154] Während andernorts bereits die Abschiebung der bei Kriegsende kompromittierenden KZ-Häftlinge begann, leitete Dr. Romberg im Telefonat mit Hartjenstein zur Jahreswende 1944/45 die Regeneration des Lagers ein.[155] Die Geschichte des Lagers, von der bisher die Frühphase bis zum Beginn des Arbeitseinsatzes (August bis Oktober 1944) und die Hauptphase bis zu den ersten Auswirkungen des Massensterbens (von Oktober bis Dezember 1944) skizziert wurde, trat damit in ein neues Stadium ein.

Fröbe, 1991, S.49.

150 Die Krankentransporte nach Vaihingen sind dokumentiert bei Böckle, 1978, S.210. Die Todesfälle sind aufgeführt in der Häftlingsstatistik der AW (Anm. 41). Diese vierseitige penible Auflistung, die allerdings manche in anderen Quellen belegten Änderungen des Häftlingsstandes nicht berücksichtigt, führt im Gegensatz zu Böckle nur insgesamt 171 abtransportierte Kranke an.

151 Ebd. Die Werksstatistik weist für Januar 1945 im Vergleich zu den anderen Quellen die niedrigste Totenzahl aus (161 Tote werden z.B. genannt im Bericht der KP Ffm, Mordkommission, über eingeäscherte KZ-Häftlinge der AW auf dem Hauptfriedhof Ffm v. 31.10.1946, HStAWi, 770/25, fol.41). Sie führt außerdem lediglich die bis zum 29.1.1945 Verstorbenen an. Weitere 15 Häftlinge werden pauschal im Zeitraum vom 30.1.1945 bis 5.2.1945 als verstorben registriert. Am 31.12.1944 hatten sich noch 873 Häftlinge im Werk befunden, ebd. Der hohe Krankenstand als Begründung für den Produktionsausfall wurde erwähnt im Fs. der AW an den Sonderausschuß Zgkw v. 31.1.1945, BAK, R3/291b, Heft 1.

152 Miroslaw Karny kommt für das Flossenbürger Außenlager in Leitmeritz bereits bei einer Todesrate von 12,9% im Dezember 1944 zu diesem Befund – bezogen auf die Sterblichkeit im Jahre 1944, Karny, 1993, S.52.

153 Häftlingsstatistik der AW (Anm. 41). 753 Häftlinge wurden von den AW offiziell am Ende des Monats vermutlich an die Rüstungs- oder Arbeitsbehörden weitergemeldet: Meldebogen 3 – Gesamtbestand der Gefolgschaft (Lohnempfänger) am 31.1.1945, NA, RG243/77.a.16.

154 Boelcke, 1969, S.454.

155 Aussage des AI (Anm. 9), fol.27.

Der erste Transport in die Adlerwerke mit 174 bzw. 167 Häftlingen am 26.1.1945 setzte sich wahrscheinlich ausschließlich aus einer Gruppe von Warschauern zusammen, die im KZ Dachau für das KZ-Außenlager Mannheim-Sandhofen selektiert worden waren.[156] Daimler-Benz hatte Ende Dezember 1944 beschlossen, die Opel-»Blitz«-Lizenzfertigung zu drosseln, um die Anlagen zu schützen, und einen Teil der KZ-Häftlinge wieder zurückzugeben.[157] Nach einer Selektion durch Daimler-Benz wurden 394 Häftlinge – zu etwa drei Viertel sehr Junge, Alte, Verletzte, Kranke und Unangelernte – am Heiligabend 1944 in das »Kleine Lager« nach Buchenwald abtransportiert, wo viele von ihnen umkamen.[158] Die für die Adlerwerke vorgesehenen Häftlinge wurden am 16.1.1945 vom Lagerarzt in Buchenwald untersucht und für »arbeits- und transportfähig« befunden.[159] Unter ihnen befanden sich die vier überlebenden Zeitzeugen Kajetan Kosinski (17), von Beruf Elektriker, der 15jährige Schüler Andrzej Branecki, der Automechaniker Stanislaw Madej (26) und der Radarstellenarbeiter Wladyslaw Jarocki (24), der sich, wie manch anderer, in der Hoffnung auf bessere Behandlung auf dem Appellplatz in Dachau als Metallfacharbeiter (»Werkzeugschlosser«) ausgegeben hatte.[160]

Der zweite Transport mit 226 bzw. 225 Häftlingen am 1.2.1945 setzte sich offenbar in erster Linie aus langjährigen, erfahrenen Häftlingen zusammen, die aus dem Außenlager Jawischowitz des KZs Auschwitz kamen.[161] Dieses Lager hatten die »Reichswerke Hermann Göring«[162] im August 1942 zur Förderung von Steinkohle eingerichtet. Es handelte sich um eines der ersten KZ-Außenlager bei einem Industriebetrieb und um den ersten Arbeitseinsatz von KZ-Häftlingen unter Tage überhaupt.[163] Inhaftiert waren dort hauptsächlich Juden verschiedenster Nationalitäten sowie Polen, Russen und Deutsche; bei den Funktionshäftlingen handelte es sich um deutsche »Kriminelle«. Unter den Häftlingen in Auschwitz genoß Jawischowitz einen besonders schlechten Ruf, die Überstel-

---

156 Siehe Transportbeleg des KZ Buchenwald über 174 Häftlinge nach Natzweiler (Frankfurt) v. 25.1.1945, BAK, NS4Bu/132; ferner Verzeichnis der abgehenden Sammeltransporte des KZ Buchenwald Nr. 114 v. 24.1.1945 über 174 Häftlinge nach Natzweiler (Frankfurt), KZGBu. In den AW wurden davon jedoch nur 167 am 26.1.1945 als »Zugang« registriert, Häftlingsstatistik der AW (Anm. 41).

157 Koppenhöfer, 1993, Kap.11, S.1f.

158 Ebd.; PA, Wladyslaw Jarocki, G/14.10.90; vgl. Kogon, 1983, S.210ff.

159 Vermerk der Lagerarzt-Untersuchung im Dokumentenauszug für Wladyslaw Jarocki, ITS.

160 PA, Wladyslaw Jarocki, G/14.10.90.

161 Verzeichnis der abgehenden Sammeltransporte des KZ Buchenwald Nr. 119 v. 6.2.1945 über 226 Häftlinge, Adler n. Natzweiler, KZGBu. In der werksinternen Statistik der AW wurden demgegenüber 225 Häftlinge am 1.2.1945 als »Zugang« registriert, Häftlingsstatistik der AW (Anm. 41). Zur Zusammensetzung des Transportes siehe Kojer/Kaczmarski, 1985, S.10.

162 Die AW gehörten zu ihren Aktionären, AW, GB 1940.

163 Piper, 1978, S.78.

lung dorthin galt als Strafe. Zwar waren die hygienischen Verhältnisse besser als im 10 km nördlichen Auschwitz, aber Überfüllung, Hunger und Arbeitsunfälle führten zu einer hohen Sterblichkeit. Arbeitsunfähige auf dem Krankenrevier wurden in den Gaskammern von Auschwitz-Birkenau umgebracht.[164]

Bei der mörderischen Evakuierung des Lagers im Zuge der Räumung von Auschwitz kam im Januar 1945 ein Teil der Häftlinge nach Buchenwald, wovon eine nicht feststellbare Zahl vom Lagerarzt untersucht und aufgrund der verhältnismäßig guten Konstitution für die Adlerwerke freigegeben wurde.[165] Diese Gruppe setzte sich hauptsächlich aus polnischen und russischen Gefangenen zusammen. Hinzu kamen etwa 25-50 jüdische Häftlinge, darunter der als »Geltungsjude« gefangengehaltene kaufmännische Angestellte Heinz Aber (19) sowie der als »Halbjude« inhaftierte Lehrling Heinz Meyer (22), dem es gelang, sich in die Gruppe der »Reichsdeutschen« zu schmuggeln. Diese umfaßte ca. 30 Mann, unter ihnen der politische Häftling Ludwig Aigner (40), Spanienkämpfer aus Österreich, sowie der aus unbekannten Gründen arretierte Franz Lehmann (23), beide von Beruf Koch.

Dem Transport hatte man auch eine Reihe deutscher Häftlinge hinzugefügt, die erst kurz zuvor aus Strafgefängnissen nach Buchenwald eingeliefert worden waren. Zu ihnen zählten weitere fünf überlebende Zeugen: der Wehrmachtsdeserteur Josef Mock (26), der Verwaltungsangestellte Johann Kopec (51), dessen Haftgrund ebenso unbekannt ist wie derjenige des Malers und Lackierers Gottlieb Sturm (47), der als »Berufsverbrecher« festgesetzte Koch Peter Keimling (45) sowie der zugleich als »politisch« und als »Berufsverbrecher« inhaftierte Max Loock (49), den die Gestapo deshalb verfolgte, weil er sich gegen »Judenaktionen in abfälliger Weise geäußert« hatte.

Die Zusammensetzung des Transportes macht bereits deutlich, worauf man abzielte: Peter Keimling, Johann Kopec und ungefähr 15-20 weitere Häftlinge aus der Gruppe der »Reichsdeutschen« wurden als neue Kapos in den Adlerwerken eingesetzt, an ihrer Spitze Eduard Behrendt, ein »Krimineller«, der als Kapo in Jawischowitz eingesetzt war, und in den Adlerwerken den polnischen Lagerältesten Dromezinsky ablöste.[166] Die bis dahin weitgehend homogene Häft-

---

164 Strzelecki, 1975, S.199f., S.200 u. S.217.

165 Ab Ende 1944 begann die sukzessive, ab Anfang 1945 bis 18.1.1945 die endgültige Evakuierung des Lagers in die KZ Mauthausen und Buchenwald, Czech, 1989, S.975. Das genaue Transportdatum der Häftlinge für die AW von Auschwitz nach Buchenwald konnte nicht ermittelt werden. Die »neuen« Häftlinge waren in Buchenwald von einem SS-Arzt ausgesucht worden. Als Kriterium für die Selektion in die AW galt ihre »verhältnismäßige gute Verfassung«, Aussage des Häftlings Gottlieb Sturm bei der KP Ffm v. 21.10.46, HStAWi, 770/25, fol.30; ferner Aussage von Heinz Meyer beim Hess. LKA v. 4.8.1969, ZStL, Bl.505.

166 Aussage von Peter Keimling beim AG Bochum für das LG Wien v. 9.2.1965, DAÖW, Bl.79 der Strafakte.

lingsgemeinschaft im Lager »Katzbach« wurde dadurch ab Februar 1945 von einer auf Spaltung angelegten Lagerhierarchie abgelöst; der dünnen Schicht der »Reichsdeutschen« folgten die polnischen, russischen und jüdischen Häftlinge. Dazwischen befanden sich auch vereinzelt Häftlinge aus anderen Ländern, wie etwa der Franzose René Kern (24), der allerdings bereits zuvor vom Gestapogefängnis überstellt worden war. Insgesamt acht Nationen waren im Lager vertreten.[167] Dem zweiten Transport gab man in Buchenwald offenbar in Kenntnis der Frankfurter Verhältnisse den Beinamen »Himmelfahrtskommando«, die Polen aus Mannheim nannten es im Rückblick »komanda smierci«: das Todeskommando.[168]

3. Die systematische Verelendung der Häftlinge

»Wir kamen in Frankfurt am Main am 29.9.1944 gegen Nachmittag auf dem Güterbahnhof an. In von SS-Männern umstellten Gruppen zu je 100 Mann führte man uns durch einen zerstörten und fast menschenleeren Stadtteil und über die Anschlußgleise zu den Adlerwerken. Vom Augenblick des Abbiegens von der Straße in das Fabrikgelände durch teilweise zerstörte oder ausgebrannte Gebäude und Hallen begann das Schlagen und Treten. Das war der Anfang.«[169] Mit dieser »Empfangszeremonie« für den Haupttransport aus Dachau, deren Beginn und weiteren Verlauf hier Ryszard Kojer und Zygmunt Kaczmarski beschreiben,[170] ging die »Inthronisation« des Häftlings-Lagerältesten durch den stellvertretenden SS-Lagerkommandanten einher, woran sich Josef Jozwiak erinnert: »Lendzian hat uns gewissermaßen in Empfang genommen. Der Lendzian und ich glaube der Weiß, der Koch, war auch dabei. Wenn da irgendeiner aus der Reihe war, die haben uns ein bißchen einschüchtern wollen. [...] Da wurde da ein gewisser Dromezinsky bestialisch vom Lendzian verhauen. Wir standen auf der Straße und prompt eine Stunde später wurde er zum Lagerältesten ernannt.

167 Neben fünf Franzosen waren auch noch drei Tschechen, ein Ungar, ein Grieche und ein Jugoslawe im Lager, Aussage des Häftlings Gottlieb Sturm (Anm. 165), fol.30.

168 Bericht des Häftlings Max Loock an den BR der AW v. 9.11.1946, HStAWi, 770/25, fol.50; Fragebogen Stanislaw Madej v. Juli 1992, KZGMa.

169 Kojer/Kaczmarski, 1985, S.1.

170 Vgl. auch Kogon, 1983, S.93ff. Ähnliche Szenen dürfte es zuvor im August 1944 bei der Ankunft des Bauvorkommandos gegeben haben, und sie wiederholten sich bei der »Begrüßung« der Transporte im Januar und Februar 1945, siehe Bericht des Häftlings Max Loock (Anm. 168), fol.50.

Erst hat er Prügel gekriegt und dann war er Lagerältester.«[171] Im weiteren Verlauf der »Begrüßung« konnte sich die SS-Bewachungsmannschaft drei Tage lang austoben: »Man führte uns in die Fabrikkeller, die als Luftschutzkeller dienten. Hier fehlte es nicht an SS-Männern auf jedem Treppenabsatz und jeder Korridorbiegung, die beim Durchzählen der Gefangenen nicht vor dem Gebrauch von Stöcken, Gummiknüppeln oder Stiefeln zurückschreckten. Endlich waren wir zu je 100 in die unterirdischen Bunker aufgeteilt. In den Luftschutzbunkern gab es kein Wasser, außer zwei Fässern (›Luftschutz‹), in denen sich eine verfaulte und verschimmelte Flüssigkeit befand, die einmal Wasser gewesen war. Diese verfaulte und verschimmelte Flüssigkeit, die wir, wie jeder konnte, mit bloßen Händen, Schachteln, Mützen usw. ausschöpften, hatten wir sehr schnell ausgetrunken. Da man zu viele Leute in jedes Zimmer gedrängt hatte, gab es praktisch keine Möglichkeit, sich hinzulegen oder wenigstens sich hinzusetzen. Nach dieser furchtbar ermüdenden Nacht gab man jedem von uns am Morgen einen halben Liter Kaffee – uns, die vor Durst fast verrückt waren, da wir vier Tage und Nächte nichts zu Trinken bekommen hatten. So standen wir noch drei Tage und Nächte hindurch, vor Durst und Müdigkeit fast ohnmächtig. Am vierten Tag endlich führte man uns aus dem Keller ins Freie.«[172] Nach den Angaben von Werksangehörigen der Adlerwerke mußten einige der Häftlinge dabei gestützt und getragen werden.[173]

Unterkunft, Kleidung, Hygiene

Daß die Häftlinge »in beschädigten Räumen, in Ruinen hausen mußten«, wurde in den folgenden Monaten sogar unter Werksangehörigen zum Tagesgespräch.[174] In Verbindung mit der fehlenden Ausstattung und Überbelegung des völlig desorganisierten Lagers, einer katastrophalen Kleiderversorgung sowie eines sibirischen Kälteeinbruchs um die Jahreswende 1944/45 entstanden hygienische Verhältnisse, die von den im Februar 1945 eingelieferten Häftlingen im Vergleich mit Auschwitz-Jawischowitz als »grauenhaft« angesehen wurden.[175] Heinz Aber, der zuvor in vier KZs inhaftiert war, bewertete Unterkunft (zustän-

171 PA, Josef Jozwiak, G/20.11.85.
172 Kojer/Kaczmarski, 1985, S.2.
173 Aussage des Direktionsassistenten Albert E. beim Hess. LKA v. 6.3.1963, ZStL, Bl.290.
174 PA, Adler-Krankenkassenangestellte Susanne Müller, G/1987.
175 PA, Heinz Meyer, G/17.2.93.

dig: Adler) und Kleidung (zuständig: die SS) in den Adlerwerken als »das schlimmste, was ich jemals gesehen habe«.[176]

Der Luftangriff vom 12.9.1944 hatte einen Teil der Aufbauarbeiten und augenscheinlich die gesamte Einrichtung zerstört, Geschoßdecken und Außenwände des Gebäudekomplexes beschädigt und vom fünften Dachgeschoß lediglich ein paar Dachbalken stehengelassen.[177] Für den Wiederaufbau des Lagers mußten Prioritäten gesetzt werden, zumal das Bauvorkommando mit Instandsetzungsarbeiten auf dem Firmengelände beschäftigt war.[178] Den Vorrang erhielten substanzerhaltende und sicherheitsrelevante Gebäudereparaturen sowie die Innenrenovierung der Verwaltungs- und Unterkunftsräume der SS.[179] Aufgeschoben wurden dagegen Innenausbau und Neueinrichtung der Häftlingsunterkünfte. Die dreitägige Tortur in den Luftschutzkellern hatte denn auch den banalen Hintergrund, daß man erst nach der Ankunft des Haupttransportes die Schäden in der letzten Geschoßdecke reparierte und erst dann die darunterliegende leere Halle im vierten Stock für bezugsfertig erklärte.[180] Ryszard Kojer und Zygmunt Kaczmarski: »Man führte uns über Treppen auf die sogenannte ›Terrasse‹, d.h. in den fünften Stock des zerstörten Fabrikgebäudes, dessen untere Stockwerke ausgebrannt und zerstört waren. Man hatte die Decke (des letzten Stockwerkes) mit Zement verstärkt und darunter die Stockwerke wieder hergerichtet. Nach einem so verbrachten kühlen Tag führte man uns zu der ein Stockwerk tiefer gelegenen, ca. hundert Meter langen Fabrikhalle, die unser Quartier werden sollte, die aber noch voller Feuchtigkeit und Wasser war. Die Decke (die ›Terrasse‹) war gerade erst mit Zement abgedichtet worden und tropfte noch. In der Halle selbst wurden erst mehrstöckige Holzbetten aufgestellt. Die meisten von uns Gefangenen mußten auf dem feuchten Fußboden schlafen.«[181] Jozef Marcinkowski: »Das war eine große Halle mit herausgerissenen Fensterrahmen und ruinierten sanitären Anlagen. Es gab keinerlei Ausstattung. Während der ersten 10 Tage im vierten Stock stellte man uns hölzerne, zweistöckige Pritschen

---

176 PA, Heinz Aber, K/24.3.86.

177 En passent erwähnt in: »Einsatz von Häftlingen in den Adlerwerken« (Anm. 9), S.2; diverse Aussagen von Häftlingen und Betriebsangehörigen, HStAWi, 770/25.

178 Die in den Lagerausbau ursprünglich getätigten Investitionsmittel, angeblich höher als von der Kommandantur Natzweiler gefordert, waren zunichte gemacht, die Versorgungsengpässe an Baumaterialien spitzten sich zu, siehe Vierteljahresrückblick des RüKo Ffm für das 3. Quartal 1944, BA-MA, RW21-19/20. Das Bauvorkommando hatte den in die Ausweichwerke versetzten Aufräumtrupp ziviler Zwangsarbeiter ersetzt, Aussage seines Leiters Wilhelm R. im Strafverfahren Faust v. 3.5.1946 (Anm. 35), fol.14.

179 PA, Josef Jozwiak, G/18.4.89.

180 Der Leiter des Bauvorkommandos sprach von Abdichtungsarbeiten auf dem Dach, weshalb das Lager »noch nicht ganz fertig war, als die KZ-Häftlinge kamen«, Aussage Wilhelm R. in seinem Spruchkammerverfahren v. 2.4.1948, HStAWi, 520/F, R.

181 Kojer/Kaczmarski, 1985, S.2.

auf. Wir schliefen auf Brettern statt auf Beton. Die Nächte waren kalt. In den Fenstern waren weiterhin keine Scheiben.«[182] Zwar wurde das Bauvorkommando durch 200 Häftlinge des Haupttransportes auf 400 Mann verdoppelt, die noch Mitte Oktober 1944 offiziell damit beschäftigt waren, Pritschen aufzustellen, Waschbecken zu installieren, Toiletten zu montieren und Fenster entweder zu verglasen oder mit Blech abzudichten.[183] Doch der bauliche Zustand der Halle blieb ein Provisorium, nicht zuletzt auch deshalb, weil immer wieder Montage- und Aufräumarbeiten in und außerhalb der Fabrik vorgezogen wurden.[184] Die zerbrochenen Fensterscheiben wurden nur partiell ersetzt und die Geschoßdecke blieb undicht, so daß die in Frankfurt sehr niederschlagsreiche Herbst- und Winterperiode und eine bis zu 32 cm hohe Schneedecke im Januar 1945 dazu führten, daß der Schlafsaal teilweise unter Wasser stand.[185] Dafür gaben die defekten sanitären Anlagen kaum Wasser, wie Ryszard Kojer und Zygmunt Kaczmarski ausführen: »Es gab keine Möglichkeit, sich zu waschen. In den Waschräumen fehlte sehr oft sogar kaltes Wasser (ganz zu schweigen warmes). Seifenstücke, die einige noch aus Dachau mitgebracht hatten, waren längst verbraucht. Neue gab es nicht. Handtücher oder irgendwelche Lappen wurden nicht verteilt. (Glücklich war der, der ein Taschentuch besaß).«[186] Sowohl die Waschbecken als auch die Toiletten reichten außerdem für »die Menge Menschen« überhaupt nicht aus.[187]

Das auf den vierten Stock zusammengedrängte Lager hatte eine Fläche von höchstens 1300 qm, so daß kaum mehr als ein Quadratmeter pro Häftling zur Verfügung stand.[188] Da der Fortschritt der Aufbauarbeiten erst ab Mitte Dezember 1944 die Benutzung des Aufenthaltsraumes im dritten Stock erlaubte, mußten die Appelle im Freien auf der »Terrasse« abgehalten und das Essen zwischen den Betten eingenommen werden.[189] Und auch danach blieb der Aufenthaltsraum eine Baustelle mit unzureichender Ausstattung an Tischen und Bänken, in dem nur das Frühstück und das Mittagessen für das Baukommando ausgegeben wurde und der als Appellplatz diente.[190]

Da im Oktober 1944 das Bauvorkommando mit dem Haupttransport zusam-

---

182 Mustafa, 1976, S.198.

183 Wochenbericht Kommandoführer v. 15.10.1944 (Anm. 55); Kojer/Kaczmarski, 1985, S.3.

184 Ebd., sowie PA, Josef Jozwiak, G/20.11.85.

185 Schr. Deutscher Wetterdienst Zentralamt Offenbach an die Autoren v. 23.4.1986; Kojer/Kaczmarski, 1985, S.7.

186 Ebd., S.6.

187 PA, Heinz Meyer, G/17.2.93.

188 Siehe Planskizzen des Werkes I, NA, RG243/77.a.16.

189 Kojer/Kaczmarski, 1985, S.5.

190 Aussage des AW-Hilfswachmanns Johann W. bei der KP Ffm v. 13.11.1946, HStAWi, 770/25, fol.65.

mengelegt worden war, die Räumlichkeiten aber nur für 1000 Häftlinge angelegt waren, mußten vielfach zwei Häftlinge in einem Bett schlafen.[191] Ebenso gravierend war die Unterversorgung mit Decken. Wie Josef Jozwiak sich erinnert, »waren da genau [...], die Zahl weiß ich ganz genau, perfekt 500 Decken. Also schliefen wir, wieviele Tage weiß ich nicht, auf den Betten mit fünf Mann zusammen, zwei Decken unten und eine Decke oben benutzend.«[192] Im individuellen Überlebenskampf stahl man sich gegenseitig nachts die Decken.[193] Erst im März 1945, als die Auflösung des Lagers kurz bevorstand, wurde eine genügende Anzahl geliefert.[194] Die nach dem Krieg in Sachen »Katzbach« ermittelnden Kriminalbeamten empörten sich darüber, »daß die Häftlinge kein Stroh für ihre Betten zur Verfügung hatten und auf den blanken Brettern liegen mußten. Die Versuche, Stroh für das Lager zu beschaffen, sind anscheinend schon in ihren Anfängen erstickt [worden], da verschiedene Leute diese Arbeit aufgrund eigenmächtigen Eingreifens anscheinend unterbinden konnten, ohne dafür zur Rechenschaft gezogen zu werden.«[195] Durch die Aussage eines Adler-Kraftfahrers war bekanntgeworden, daß der damalige Einkaufsdirektor die Anlieferung von Stroh für die Häftlinge mit folgenden Worten hintertrieben hatte: »Ach was, die (Häftlinge) sollen sich einmal auf den Boden legen, holen sie mir einmal eine Fuhre Sand und Steine.«[196] Der Wagen wurde für den Eigenheimbau im Taunus benötigt. Konsequenz der bis in die obere Verwaltungsebene der Adlerwerke reichenden Korruption: Die Häftlinge hatten als Betteneinlage nur Sägespäne und Holzwolle aus der Tischlerei der Adlerwerke zur Verfügung, die durch die Ausdünstungen der vielen Menschen sehr bald zu faulen begannen.[197] Auf dem Fußboden verbreitete sich eine zentimeterdicke Dreckschicht aus »alter, stinkender, kleingetretener Holzwolle«, gegen die die Häftlinge mit einem »Monstrum, daß alles nur kein Besen mehr war«, ankämpften.[198] Nur für die Läuse herrschte ein günstiges Klima. Ryszard Kojer: »Wir haben auf diesen Holzspänen geschlafen. Bis die Läuse kamen. Als die Läuse kamen, mußten wir das alles wegschleppen und verbrennen.«[199] Es blieben wieder die nackten Bretter.

---

191 Kojer/Kaczmarski, 1985, S.4; Aussage des Häftlings Johann Kopec bei der KP Ffm v. 26.11.1946, HStAWi, 770/25, fol.92.

192 PA, Josef Jozwiak, G/20.11.85.

193 Kojer/Kaczmarski, 1985, S.5.

194 Aussage des Häftlings Gottlieb Sturm (Anm. 165), fol.30.

195 Bericht der KP Ffm an den OStA v. 6.12.1946, HStAWi, 770/25, fol.106.

196 Aussage des Kraftfahrers Jakob G. bei der KP Ffm v. 19.11.1946, ebd., fol.77.

197 PA, Henryk Kamasinski, G/15.10.90.

198 Bericht des Häftlings Max Loock (Anm. 168), fol.50; Aussage des Hilfswachmanns Franz N. bei der KP Ffm v. 13.11.1946, HStAWi, 770/25, fol.69.

199 PA, Ryszard Kojer, G/15.10.90.

In der Lagerunterkunft gab es bei klirrender Kälte weder Heizung noch Öfen.[200] Zwar meldeten die Adlerwerke ab Mitte Dezember 1944 »schärfsten Kohlenmangel«, aber hierbei ging es um Größenordnungen, die eine Versorgung der Häftlingsunterkunft nicht in Frage stellen konnte.[201] Zu Heiligabend 1944 faßte sich das Vorstandsmitglied Dr. Romberg ein Herz und ließ am zuständigen Verbindungsmann vorbei im Lager Öfen aufstellen und Kohle zuteilen.[202] Für den Schlafsaal reichte es allerdings nur zu zwei Feuerstellen.[203] Ab der letzten Dezemberwoche bis Ende Januar 1945 waren Temperaturen um –10°C an der Tagesordnung, und teilweise sank das Thermometer auf –19°C. Der fünfwöchige Kälteeinbruch, um 10°C zu kalt für die Jahreszeit, trieb den Kräfteverfall der Häftlinge auf die Spitze.[204]

Die Häftlinge trugen »Häftlingskleidung der schlechtesten Qualität«.[205] Sie bestand aus blaugrau gestreifter Hose und Jacke aus grober Reiß- bzw. Zellwolle, die gegen Kälte und Nässe nur unzureichend schützte; nach der Beobachtung einer Vorstandssekretärin der Adlerwerke handelte es sich um einen »dünnen pyjamaartigen Anzug«.[206] Darunter trugen die Häftlinge ein Hemd sowie eine Unterhose, des weiteren hatten sie Holzschuhe und eine Kappe.[207] Manche erhielten außerdem einen gestreiften Leinenmantel und durften ihre Schuhe behalten.[208] Einige Funktionshäftlinge durften »Zivilanzüge, die gezeichnet waren«, tragen.[209] Die Häftlinge verfügten damit lediglich über sogenannte »Drillich«-Sommermonturen. Weder das Auswechseln dieser Kleidung noch die Vervollständigung mit warmen Wintersachen standen in Aussicht. Zum einen durften die einzelnen KZ aus den zentralen Beständen des SS-WVHA nur noch

200 Aussage der Vorstandssekretärin Emmy S. bei der KP Ffm v. 22.10.1946, HStAWi, 770/25, fol.33; PA, Betriebsärztin Dr. Hellriegel, G/1990.

201 Fs. AW an den Sonderausschuß Zgkw v. 16.12.1944, BAK, R3/3195; im Januar 1945 betrug die Frostreserve der AW 150 to Kohle, siehe Fs. AW an Rüstungsstab v. 9.1.1945, BAK, R3/525, fol.3.

202 Aussage der Vorstandssekretärin Emmy S. bei der KP Ffm v. 22.10.1946, HStAWi, 770/25, fol.33.

203 PA, Lagerskizze 4. Stock v. Josef Jozwiak.

204 Schr. Deutscher Wetterdienst Zentralamt Offenbach an die Autoren v. 23.4.1986.

205 Mustafa, 1976, S.196. Der Mangel an Häftlingskleidung war systematischer Bestandteil des KZ-Terrors und seit Frühjahr 1944 dadurch verschärft, daß mehr Gefangene gemacht wurden, als Häftlingskleidung zur Verfügung stand. Im Gegensatz zu den Stammlagern, wo neueingelieferte Häftlinge ihre Zivilkleidung behalten durften, war in den Außenlagern wegen der Fluchtgefahr weiterhin – bis November 1944 – Häftlingskleidung vorgeschrieben, Kaienburg, 1991, S.322; Pingel, 1978, S.287, Anm. 71.

206 Aussage der Vorstandssekretärin Emmy S. bei der KP Ffm v. 22.10.1946, HStAWi, 770/25, fol.33.

207 Siehe u.a. Kojer/Kaczmarski, 1985, S.4; PA, Josef Jozwiak, G/18.4.89.

208 PA, Josef Jozwiak, G/20.11.85.

209 Aussage des Häftlings Jan Curkanow bei der KP Ffm v. 15.4.1947, HStAWi, 770/25, fol.110.

zweimal jährlich Ersatzkleidung beantragen. Zum anderen aber war die Kleiderkammer des KZ Natzweiler monatelang unzugänglich, weshalb die Kommandantur die Außenlager Ende September 1944 vorsorglich darauf hinwies, daß entsprechende Anforderungen »im Augenblick zwecklos sind«.[210]

Da die Adlerwerke keine Arbeitskleidung zur Verfügung stellten, mußten die Häftlinge in derselben Kleidung arbeiten und schlafen. Bereits nach kurzer Zeit bestand die Häftlingskleidung nur noch aus zerrissenen »Lappen« und »Lumpen«, mit Draht, Bindfaden oder ähnlichem statt Knöpfen zusammengehalten.[211] René Kern sah darin eine gezielte Absicht: »Wir sollten Ekelgefühle hervorrufen, alles wurde in dieser Absicht gemacht: lebende Skelette, dreckig, unrasiert, kahlgeschoren, Häftlingskleidung, mitleiderregende und abstoßende Lumpen (wirkliche Vogelscheuchen), mit Ungeziefer bedeckt, alle mehr oder weniger krank.«[212] Obwohl die Häftlinge praktisch keine Reinigungsmöglichkeiten besaßen, bestrafte die SS fehlende Sauberkeit: sie »liebten Sauberkeit, also schlugen sie die ›Schmutzfinken‹«.[213] Zugegebenermaßen hatte die SS-Bewachungsmannschaft zwar wenige Möglichkeiten, die Kleidungssituation der Gefangenen zu verbessern, sie verhinderte jedoch gleichzeitig jegliche Improvisation. Bereits zu Beginn des Winters besaßen viele Häftlinge keine Unterwäsche mehr und manche versuchten daher, sich aus Decken Unterhosen zu nähen. Wer dabei von der SS-Bewachungsmannschaft erwischt wurde, bekam Prügel- und Bunkerstrafe.[214] Als es im Winter 1944/45 extrem kalt wurde, trugen die Häftlinge auf dem Körper »praktisch nichts«:[215] »Es wurde alles, was vor Kälte schützt, unter der Gefangenenbekleidung getragen: Decken, Zementtüten, man wickelte sich in Zeitungen oder irgendwelche, zufällig gefundene Lappen. Alles das war, wenn es zufällig durch irgendeinen SS-Mann entdeckt wurde, Anlaß für Schläge.«[216]

Im November 1944 hatten Verwaltungsstab und Bekleidungskammer des KZ Natzweiler ein neues Quartier in Binau, nahe des nach Guttenbach evakuierten Kommandanturstandortes, gefunden.[217] Doch nur an eine einzige Waggonlieferung mit Truppen- und Häftlingsbekleidung vom Bekleidungsamt in Berlin wollte sich nach dem Krieg ein SS-Verantwortlicher erinnern, während in Wirklichkeit nicht weniger als zehn Eisenbahnwaggons mit Kleidern und Schuhen in Binau einlagerten.[218] Systematisch wurden diese den Gefangenen vorent-

---

210 Kaienburg, 1991, S.322; Sonderbefehl Kommandantur Natzweiler v. 26.9.1944 (Anm. 60).
211 Aussage des Häftlings Heinz Aber bei der KP Ffm v. 11.11.1946, HStAWi, 770/25, fol.56.
212 PA, René Kern, K/11.2.86.
213 Mustafa, 1976, S.198.
214 PA, Betriebsärztin Dr. Hellriegel, G/1990; Kojer/Kaczmarski, 1985, S.7.
215 PA, Betriebsärztin Dr. Hellriegel, G/1990.
216 Kojer/Kaczmarski, 1985, S.6.
217 Vorländer, 1978, S.9.

halten. Von den rund 22 000 KZ-Häftlingen in den Außenlagern des KZ Natzweiler besaß im Januar 1945 nur etwa jeder vierte eine Wollweste, jeder 13. eine Winterjacke und jeder 15. ein paar Lederschuhe.[219] Die Häftlinge in den Adlerwerken konnten von den Ohrenschützern, Wollwesten und Fäustlingen nur träumen, die angeblich bei dem Fliegerangriff auf die Adlerwerke am 8.1.1945 vernichtet worden waren und gegenüber dem SS-WVHA abgeschrieben wurden.[220] Die auf diese Art und Weise gehorteten Bestände wollte die Kommandantur Natzweiler ganz offensichtlich zu barer Münze machen. Erst im Januar 1945 wurde nach Klagen des Lagerkommandanten Franz der Arbeitseinsatzingenieur zur Kommandantur des KZ Natzweiler geschickt, um dort Winterbekleidung für die Häftlinge zu besorgen, die auch von Dr. Engelmann abgeholt wurde und zur Verteilung kam.[221] Ryszard Kojer und Zygmunt Kaczmarski erinnern sich: »Irgendwann im Januar/Februar wurden den Gefangenen irgendwelche Zivilkleidung und zerrissene Uniformen der jugoslawischen und italienischen Armee geliefert. Selbstverständlich war diese Kleidung speziell für Gefangene präpariert. An einigen Stellen (auf dem Rücken und an den Hosennähten) war der ursprüngliche Stoff ausgeschnitten und durch blaue Streifen aus dem Stoff der Gefangenenkleidung ersetzt.«[222] Wieviele Häftlinge von der Lieferung profitierten und ob sie überhaupt noch rechtzeitig vor dem Abklingen der Kälteperiode eintraf, ist unbekannt. Zu den Glücklichen zählte sich Jerzy Kamasinski: »Ich hatte ein Militärhemd und Frauenunterwäsche. Die Läuse waren nicht ganz so schlimm.«[223] Sicher ist, von solchen Ausnahmen abgesehen, nur, daß es weiterhin keine neue Unterwäsche gab, und die Häftlinge so entsetzlich froren, daß manche die vor Läusen wimmelnden Häftlingsjacken ihrer verstorbenen Kameraden unterzogen.[224]

Die Läuseplage war das Schlimmste. Alle, so beobachtete Max Loock, waren

---

218 Ziegler, 1986, S.266; Schmid, 1987, S.502.

219 Vgl. Belegungsliste aller KZ v. 1. u. 15.1.1945, BAK, Zsg. Schumacher/1329; mit: »Unbrauchbarkeitsnachweis Häftlingskleidung für Monat Januar 1945«, Auflistung der Verwaltung des KZ Natzweiler v. 29.1.1945, abgedruckt bei Ziegler, 1986, S.267.

220 Siehe Antrag des KZ Natzweiler an das SS-WVHA betr. Abschreibung v. »G«Bekleidung durch Feindeinwirkung v. 30.1.1945 und die Abschreibegenehmigung des SS-WVHA v. 5.2.1945, BAK, NS3/388.

221 Aussage des AI (Anm. 9), fol.27. Hierfür waren die AW, die angeblich einen Geldbetrag, unterschiedlichen Aussagen zufolge zwischen 60 – 90 000 RM, zahlen sollten, eigentlich nicht zuständig. Seit November 1944 aber war vom SS-WVHA die Ausgabe von Winterkleidung »für alle innerhalb eines Lagers und in geheizten Räumen arbeitenden Häftlinge« verboten, so daß die SS hier die Zuständigkeit möglicherweise abgeschoben hatte, Pingel, 1978, S.287, Anm. 71.

222 Kojer/Kaczmarski, 1985, S.5.

223 PA, Jerzy Kamasinski, G/15.10.90.

224 Bericht Elisabeth B. (Anm. 34), fol.54.

ständig damit beschäftigt, »die unzähligen Läuse von ihren bereits total zerfressenen Körpern zu töten«.[225] Die Läuse sammelten sich vor allem im Nabel und in offenen Wunden. Stanislaw Madej beispielsweise, der bei Daimler-Benz aufgrund ausreichender täglicher Waschmöglichkeiten, regelmäßiges wöchentliches Baden und zweitäglicher ›Läusekontrolle‹ keine Verlausung kannte, bekam »ein Geschwür an der Brust, welches in der Ersten-Hilfe-Station aufgeschnitten wurde. Am folgenden Tag nahm ich den Verband herunter und erblickte in der ganzen Wunde eine ungeheure Anzahl von Läusen, die ich mit einem Löffel beseitigen mußte.«[226] Wladyslaw Jarocki: »Die Fingernägel haben wir uns mit den Zähnen abgeknabbert, damit wir uns nicht kratzen konnten. Jede Wunde heilte nicht mehr.«[227] Wie der Betriebsleiter der Motorenabteilung nach dem Krieg zu Protokoll gab, wurden er und viele andere Werksangehörige »insbesondere wegen der starken Verlausung der Häftlinge« bei Dr. Engelmann vorstellig: »Engelmann lehnte die Entlausung der Gefangenen jedoch unter dem Vorwand ab, daß keine Kohlen dazu vorhanden wären.«[228] Die Angst vor Typhus, so vermutet Jozef Marcinkowski, zwang schließlich doch dazu, »sich über die Vernichtung des Ungeziefers Gedanken zu machen«.[229] Drei Mal, im Oktober und Dezember 1944 sowie im März 1945, wurden die Häftlinge in die Ackermannschule zum Baden und zur Entlausung geführt. Jozef Marcinkowski beschreibt den ersten Gang: »Endlich erreichten wir die Badeanstalt. Bad und Desinfektionsabteilung waren nicht groß. Die Desinfektionszellen waren sehr klein. Die Duschen waren defekt. Das Wasser war eiskalt. Die Leistung war gering. Wir standen nackt ausgezogen, aneinandergeschmiegt und warteten, bis wir an der Reihe waren. Das dauerte ungefähr 6 Stunden. Wir kamen so schmutzig zurück, als hätte es das Bad nicht gegeben. Unsere Kleidung war vertauscht und naß. Dafür trugen wir sieben Verstorbene und zehn Halbtote ins Lager zurück. Die Läuse hatten nicht einmal einen Schnupfen bekommen. Daraufhin kamen die SS-Männer zu dem Schluß, daß die Lagerunterkünfte desinfiziert werden müßten. Es fand sich sogar eine Spezialfirma.[230] Zwei Tage

---

225 Bericht des Häftlings Max Loock (Anm. 168), fol.50. Kajetan Kosinski erinnert sich an folgendes Erlebnis: »Ich bin irgendwann einmal in einen Raum gekommen, wo Leichen aufgestapelt waren, mit alten Decken bedeckt. Ich habe dort hingeschaut und mich gewundert, daß sich die Decken bewegen. Ich habe erst gedacht, daß darunter noch einer lebt. Aber das war von den vielen Läusen – die müssen die Decken bewegt haben«, PA, Kajetan Kosinski, G/14.12.93.

226 Fragebogen Stanislaw Madej v. Juli 1992, KZGMa; vgl. PA, Stanislaw Madej, G/14.12.93.

227 PA, Wladyslaw Jarocki, G/14.10.90.

228 Aussage des Betriebsleiters Josef W. bei der KP Ffm v. 12.11.1946, HStAWi 770/25, fol.59.

229 Mustafa, 1976, S.200.

230 Im Lager der zivilen Zwangsarbeiter zogen die AW bei der Schädlingsbekämpfung die »Beratung« der durch Hermann Schlosser im Aufsichtsrat vertretenen Firma »DEGESCH«

später wurden wir in die Bunker gejagt, wo wir zwei Tage nackt sitzen mußten. Im dritten und vierten Stock, wo sich unser Lager und das ›Revier‹ befanden, wurden spezielle Schwefelkerzen angezündet. Als wir nach zwei Tagen und Nächten zurückkamen, starben zwei von uns, bevor es uns gelang, die vergitterten Fenster aufzureißen, und vierzehn weitere während der Nacht.«[231] René Kern schildert die Situation ab Dezember 1944: »Körperpflege und Hygiene gab es nicht, man aß, wenn sich die Gelegenheit dazu bot, Abfälle, man lebte und schlief zwischen den Toten, den Leidenden, den Kranken, den Fiebernden, den Tuberkulose- und Ruhrkranken, den Sterbenden, die ihre Bedürfnisse auf sich selbst und auf ihre Kameraden verrichteten (ein widerlicher Gestank verbreitete sich überall).«[232]

Ernährung unter dem Existenzminimum

Als der Häftling Gottlieb Sturm Anfang Februar 1945 in den Adlerwerken eintraf, stellte er fest, daß sich die Häftlinge im Lager »Katzbach« in einem bedeutend schlechteren Ernährungszustand befanden als die Neuankömmlinge aus dem KZ Buchenwald. Er schildert detailliert den KZ-»Speiseplan« für die breite Mehrheit der Häftlinge: »Tags: 6 Mann ein Brot zu 1500 Gramm; 1 Liter dünne Wassersuppe, die nie Kartoffeln, sondern nur Kartoffelschalen enthielt. Abends: Die gleiche Suppe und nochmal 6 Mann ein Brot zu 1500 Gramm. Die Nachtschicht bekam um 24.00 Uhr entweder eine Suppe oder 5 Mann ein Brot und eine Scheibe Wurst. [...] Solange ich dort war, habe ich zweimal 10 Gramm Tabak und zweimal Gutscheine für je 30 Zigaretten bekommen. Andere Zulagen hat es nie gegeben. Einmal hat die Werksleitung für ein besseres Essen gesorgt. Es gab an diesem Tage Erbsensuppe, die von der Werksleitung gestiftet worden war. Lagerleiter Franz äußerte an diesem Tage, daß, wenn er uns immer so ein Essen geben könnte, ›nicht so viele von den Krüppeln eingehen würden‹.«[233]

---

heran, siehe »Grundsätze für die Behandlung der ausländischen Arbeiter« v. 15.2.1944, S.9, BAK, All.Proz.7, Roll-No.18.

231 Mustafa, 1976, S.202.

232 PA, René Kern, K/11.2.86.

233 Aussage des Häftlings Gottlieb Sturm (Anm. 165), fol.30. Ganz ähnlich äußerte sich Andrzej Branecki über den Unterschied zwischen den AW und Mercedes-Benz (Mannheim-Sandhofen): »Das Essen war auch reicher an Vitaminen, weil wir so eine Suppe bekommen haben, die hieß ›Szargo‹. Das war Reis und Milch gemischt mit Wasser. Und als wir nach Frankfurt am Main in die Adlerwerke gekommen sind, haben wir in einer Fabrikhalle geschlafen, wo es sehr kalt war, und wir haben auch viel weniger an Essen bekommen. Dadurch haben wir immer schneller an Gewicht und Kräften verloren«, PA, Andrzej Branecki, G/14.12.93. Andere

Die physiologischen Reserven des Organismus waren bei dieser sehr wasserhaltigen Kost ohne Nährwert in zwei bis drei Monaten aufgezehrt, die Widerstandskraft gegen Krankheiten geschwächt. Ernährungsphysiologisch bewirkte dies in Verbindung mit dem Arbeitseinsatz einen rapiden Kräfteverfall sowie zahlreiche Erkrankungen durch Eiweiß-, Fett- und Vitaminmangel. Niemand kann eine solch unsägliche Entbehrung von Lebensmitteln lange überleben. Der Hungertod bzw. durch Hunger verursachte Krankheiten wurden nach wenigen Monaten zur ausschlaggebenden Ursache für das Massensterben von Häftlingen. Aussagen von Betriebsangehörigen unterstreichen, wie eindeutig schon damals der Zusammenhang zwischen der lebensbedrohenden Hungerernährung und dem körperlichen Verfall der Häftlinge gesehen wurde. Eine Angestellte: »Das Essen war wenig und primitiv. Täglich wurden die Häftlinge schwächer und weniger.«[234] Ein Einrichter: »Die haben mir gesagt, ich soll's probieren. Ich habe nur daran gerochen, da habe ich schon genug gehabt.«[235] Eine Sekretärin: »Es war völlig unmöglich, den Gefangenen etwas zustecken zu können, da sie ständig von den Wachmannschaften bewacht wurden. Wenn dies mal versucht wurde, so fielen sie zu mehreren über die Gabe her und die Wachen wurden aufmerksam.«[236] Ganz offensichtlich erhielten die Häftlinge in den Adlerwerken nur einen Bruchteil der offiziellen Rationen[237] und diese waren von schlechtester Qualität.[238]

Häftlingsaussagen zum Thema Ernährung sind Variationen des immer gleichen Sachverhalts, vgl. z.B. Bericht des Häftlings Max Loock (Anm. 168), fol.51; Aussage Johann Kopec bei der KP Ffm v. 16.11.1946, HStAWi, 770/25, fol.91; Kojer/Kaczmarski, 1985, S.3.

234 Bericht Elisabeth B. (Anm. 34), fol.53.

235 PA, Einrichter Bruno N., G/1987.

236 Aussage der Vorstandssekretärin Emmy S. bei der KP Ffm v. 22.10.1946, HStAWi, 770/25, fol.33.

237 Das Ernährungsamt setzte die Menge der benötigten Grundnahrungsmittel fest und stellte auf Antrag die Bezugscheine aus. Die folgende Wochenration (Normal-Ration) stand einem KZ-Häftling auf dem Papier zu: 200 Gr. Fleisch (Pferde-/Freibankfleisch, Wurstwaren); 130-182,5 Gr. Fette der verschiedenen Art; 50 Gr. Magerkäse; 2600 Gr. (Roggen-) Brot (ab 16.10.1944: 2500 Gr.); 80 Gr. Zucker; 100 Gr. Marmelade, ersatzweise 40 Gr. Zucker; 150 Gr. Nährmittel (Graupen, Gerstengrütze, Buchweizengrütze, Grieß, Haferflocken, Nudeln, Sago, Kartoffelmehl u.a.); 125 Gr. Mehle/Mehlgemische; je nach Bestandslage Gemüse (Kohl, Steckrüben u.a.); je nach Bestandslage Kartoffeln für Arbeitende 2,8 Kg., für Nichtarbeitende 1,05 Kg. Nach der Ernte im Oktober 1944 für Arbeitende 5 Kg., für Nichtarbeitende 1,75 Kg.; Lang-/Nachtarbeiter-Zulage: 140 Gr. Fleisch; maximal 20 Gr. Fette verschiedener Art; 600 Gramm (Roggen-)Brot; Schwerarbeiter-Zulage: 280 Gr. Fleisch; maximal 100 Gr. Fette verschiedener Art; 680 Gr. Roggenbrot (ab 16.10.1944: 780 Gramm), siehe »Ernährungsrichtlinien für Justiz-, Polizei- und KZ-Gefangene« des Reichsministeriums für Ernährung und Landwirtschaft, abgedruckt bei Kaienburg, 1991, S.474.

238 Angeliefert wurden minderwertigste Nahrungsmittel. Der Nachbar der AW, Peter Schwab, beobachtete, daß das Gemüse »stets in völlig gefrorenem Zustand« eintraf. Vom Lagerkoch brachte er in Erfahrung, die Häftlinge würden »nur ›Plunz‹ bekommen, die es [...] auf halbe

Adlerwerke und SS waren arbeitsteilig mit der Verpflegung befaßt. Im August und September 1944 erfolgte die Zubereitung zunächst im werkseigenen Zwangsarbeiterlager in Griesheim.[239] Nach dem Eintreffen des Hauptkontingents von 1000 Häftlingen Ende September wurde im Erdgeschoß der Lagerunterkunft ausschließlich unter Regie der SS gekocht.[240] Grundsätzlich fiel die Anforderung, Beschaffung und Abrechnung der Lebensmittel in die Zuständigkeit der Administration der Adlerwerke, die für den Küchenbetrieb »Katzbach« eine Kostenstelle einrichtete.[241] Die Zubereitung und Verteilung lag hingegen in den Händen der SS. Die Beantragung der Bezugscheine (incl. Zulagen) beim Ernährungsamt sowie die Bereitstellung der Lebensmittel war Aufgabe der Verwaltung der Adlerwerke, die Beschaffung erfolgte aber teilweise auch in den umliegenden Geschäften durch den SS-Koch Weiß, der gelegentlich von einem Angestellten der Adlerwerke begleitet wurde;[242] Verteilung und Verzehr fanden im Lager, während der Arbeitszeit auch direkt in den Werkshallen statt.[243]

Was mit den zugeteilten Lebensmitteln geschah, war ganz ins Belieben der SS-Lagerverwaltung gestellt. Es kann davon ausgegangen werden, daß, wie es in den Außenlagern weitverbreitete Praxis war, Lebensmittel und Zigaretten unterschlagen und innerhalb und außerhalb des Werks verschachert bzw. in Alkohol umgesetzt wurden.[244] Der »Schwund« läßt sich im einzelnen zwar nicht erfassen und ermessen, doch nach zahlreichen Zeugenaussagen ließ es sich die SS im Angesicht der verhungernden Häftlinge gutgehen. So äußerte eine Betriebsangehörige, Lagerkommandant Franz habe »stets etwas zu trinken und zu

---

Marken gab«, Aussage Peter Schwab bei der KP Ffm v. 22.11.1946, HStAWi, 770/25, fol.84. Der Kantinenpächter der AW erinnerte sich, daß an Gemüse das »Schlechteste auf dem Markt« für die Häftlinge gekauft wurde, Aussage des Kantinenpächters Friedrich L. bei der KP Ffm v. 9.11.1946, ebd., fol.46.

239 Nach den Informationen von Kojer/Kaczmarski (1985, S.4) erhielt das Bauvorkommando in dieser Zeit noch »gehaltvollere, dickere Suppen«.

240 Dem Sonderbefehl von der Kommandantur Natzweiler v. 26.9.1944 zufolge (Anm. 60) hatte die SS die Verpflegung aus der Gefolgschaftsküche »möglichst abzuschaffen«. Vorgesehen war Truppenverpflegung, und wo diese nicht zu empfangen war, gab es für Selbstverpfleger die laufenden Zuwendungen der Zivilbevölkerung. Eine Regelung, die der Schieberei von Lebensmitteln Tür und Tor öffnete.

241 Mitteilungen für das Abrechnungswesen Nr. 117 v. 21.8.1944, BRTA.

242 Aussage des Handelsvertreters Robert L. bei der KP Ffm v. 4.12.1946, HStAWi, 770/25, fol.104.

243 Aussage des Verbindungsstab-Mitarbeiters Dr. Berthold S. bei der KP Ffm v. 18.11.1946, ebd., fol.86.

244 Vgl. z.B. Keller, 1985, S.473ff. Gegen Kriegsende gewann die miserable Lebensmittelversorgung eine weitaus größere Bedeutung als Lohnfragen und hier liegt eine Erklärung für Korruption und Schieberei mit Lebensmitteln, vgl. Siegel, in: Sachse, 1982, S.129; und Petzina, 1981, S.79. Im Januar 1945 wurde in Ffm die Lebensmittelzuteilungsperiode um eine Woche verlängert, StdAFfm, Chronik, S.1083.

rauchen gehabt«.[245] Lagerkoch Weiß saß fast täglich mit einem SS-Kumpanen im Brotladen des Kaufmanns Peter Schwab und betrank sich.[246] Weiß vertraute Peter Schwab an, daß »die Herren Feste und Gelage veranstalten würden und zwar ganze Nächte hindurch, wozu Scharführer von anderen Trupps geladen waren und wobei deutsche Frauen mitmachten«.[247] Das Gerücht gemeinsamer Feiern mit Damenbekanntschaften aus Betrieb wie Nachbarschaft veranlaßte die Kriminalpolizei nach dem Krieg, Nachforschungen anzustellen, die jedoch auf eine Mauer des Schweigens stießen.

Als Lagerkoch nahm SS-Scharführer Weiß eine Schlüsselrolle ein. Der Häftling Kazimierz Doszla: »Weiß ging immer mit einem Gummiknüppel im Lager herum, schlug Leute ohne besonderen Grund, war immer betrunken. Weiß unterschlug Lebensmittel, die er im Magazin empfing, wobei Häftlinge Zeuge waren. Auf dem Weg zum Lager wurden die Lebensmittel an Geschäfte gegen Schnaps eingetauscht.«[248] Der Häftling Josef Jozwiak: »Er war ein dreckiger, dreckiger Kerl. Da sind Kartoffeln angekommen – ich glaube für die ganze Mannschaft fünf Säcke – und er hat einen erwischt, der sich zwei Kartoffeln eingesteckt hat. Weiß hat ihm die Kartoffel in den Mund gestopft, ihn am Hals gepackt und hat ihm die Kartoffel mit der Faust im Mund zerkleinert – so hat er ihn gedroschen. Das war der Schlimmste!«[249] Der Schriftsteller Hans Frick erlebte die Auftritte von Weiß: »Wenn er volltrunken war, rann ihm der Schweiß in kleinen Bächen über das aufgedunsene rote Gesicht. Er riß sich das Uniformhemd auf, zog die schwere Pistole und warf sie zwischen die ungespülten Teller und Tassen, die meistens auf dem Tisch standen. Weiss behauptete, Häftlinge mit einem einzigen Schlag seiner gewaltigen Faust töten zu können. Ich saß ihm gegenüber, während er die angedeuteten Schläge demonstrierte. Wer einmal

---

245 Aussage N. N. bei der KP Ffm v. 13.12.1946, HStAWi, 770/25. Vgl. in der Frage des Alkoholkonsums auch die Aussage des Direktionsassistenten Albert E. beim Hess. LKA v. 6.3.1963, ZStL, Bl.290.

246 Frick, 1981, S.46. Der Schriftsteller Hans Frick schildert den Zeugen Peter Schwab als einen Mann, der obgleich Antifaschist, das Vertrauen von Lagerkoch Weiß gewonnen hatte und von ihm »Onkel Peter« genannt wurde. Weiß verkehrte täglich im Laden von Peter Schwab. Dieser hatte nicht nur Gelegenheit, Kontakt mit einzelnen Häftlingen aufzunehmen, sondern auch manchmal das Schlimmste zu verhindern, ebd., S.36.

247 Peter Schwab schätzte den Verbrauch des Lagers auf bis zu 70 Liter pro Tag, Aussage bei der KP Ffm v. 22.11.1946, HStAWi, 770/25, fol.84. Berichtet wurden häufige Besuche von SS-Oberscharführer Reinhold Loehs, Lagerführer im KZ-Außenlager Walldorf (vgl. Eitelmann-Graeff/Kranzer, 1981, S.73f.) und ein enger Freund von Franz, Aussage der Angestellten Maria M. bei der KP Ffm v. 13.12.1946, ebd., fol.118.

248 Aussage des Häftlings Kazimierz Doszla bei der KP Ffm v. 2.12.1946, ebd., fol.105. Vergleichbare Aussagen finden sich bei PA, Jerzy Kamasinski, G/14.10.90; und im Bericht des Häftlings Max Loock (Anm. 168).

249 PA, Josef Jozwiak, G/20.11.85.

Zeuge seiner Demonstrationen war, begriff schnell, daß Weiss mit seiner Behauptung nicht übertrieb. Der Euphorisierte trank in immer kürzeren Abständen. Dabei stieß er manchmal ein brüllendes Gelächter aus. Er berichtete von Aktionen gegen die jüdische Bevölkerung zahlreicher Balkandörfer und -städte, griff zur Pistole, schwang sie und zeigte uns, wie er kniende Juden erschossen hatte.«[250]

Weiß' Verhalten war nur mit Billigung seines Vorgesetzten, SS-Hauptscharführer Franz, möglich. Da dieser im Zivilberuf ausgerechnet Filialleiter einer Delikatessenkette war, ist nicht auszuschließen, daß er seine Kenntnisse als Branchen-Intimus für das Verschieben von Lebensmitteln nutzte, auch wenn er diesen Verdacht in seiner Vernehmung nach dem Krieg weit von sich wies.[251]

Auch perfides Vorenthalten von Nahrungsmitteln war Bestandteil des Terrorregimes der SS. Henryk Kamasinski erzählt über das zahlreichen Häftlingen in Erinnerung gebliebene Weihnachten in den Adlerwerken: »An Heiligabend kamen wir zurück von der Arbeit. Es waren große Wannen aus Blech mit Wurst da. Was sonst der Kapo machte, sagte der Kommandant persönlich: ›Achtung, Mützen ab!‹ Dann haben sie die Wurst weggeschleppt und uns kein Abendbrot gegeben.«[252] Mit der physischen wurde kaltblütig auch die psychische Vernichtung betrieben. Hierzu gehörte die menschenunwürdige Essenseinnahme aus Schüsseln ohne Löffel – »eine zerbrochene Schüssel bedeutete Schläge und Essensentzug«[253] –, das strenge Verbot, nach Essensresten im Abfall zu suchen,[254] ebenso wie der gezielt provozierte Kampf bei der Essensausgabe, von der Ryszard Kojer und Zygmunt Kaczmarski berichten, daß sie oft »mit Schlägen und Tritten endete, z.B. wenn die Suppe schlecht oder nicht gleichmäßig in die Schüsseln verteilt wurde, irgendwelche Reste im Kessel übrigblieben und sich die ausgehungerten Leute auf einen evtl. Nachschlag stürzten. Dann war in den Händen der SS-Männer alles in Bewegung: Karabinerkolben, Schemel, Gummiknüppel, elektrische Kabel oder Eisenstäbe. Es kam auch vor, daß mit dem Karabiner geschossen wurde. Ab und zu wurde einer, der schon am Boden lag, bis zur Bewußtlosigkeit getreten.«[255]

---

250 Frick, 1981, S.47.

251 Vernehmung Kommandoführer Franz v. 5.10.1964 (Anm. 73), Bl.26f.

252 PA, Henryk Kamasinski, G/14.10.90. Peter Schwab schilderte die Begebenheit als Lieferant von Gebäck und Kuchen für die Weihnachtsfeier, Aussage bei der KP Ffm v. 22.11.1946, HStAWi, 770/25, fol.82.

253 Mustafa, 1976, S.196.

254 Aussage des Werksangehörigen Theodor B. im Strafverfahren Faust v. 19.9.1946 (Anm. 35), fol.90.

255 Kojer/Kaczmarski, 1985, S.6. Lagerkommandant Franz gab den Häftlingen die Schuld: »Es kam bei der Essensausgabe zu Streitereien und kleinen Raufhändeln unter den Zwangsarbeitern selbst«, Vernehmung Kommandoführer Franz v. 17.2.1964 (Anm. 73), Bl.9.

Einige Häftlinge versuchten ihre quälenden Hungergefühle durch die Einnahme von Chemikalien zu stillen. Der Häftling Johann Kopec erklärte: »Salz war wenig oder gar nicht im Essen. Einige Häftlinge gingen dazu über und entwendeten in den Adlerwerken chemisches Salz, welches sie dann als Kochsalz verwendeten. Die Folgen waren Vergiftungserscheinungen, die sehr oft tödlich wirkten.«[256] Wladyslaw Jarocki erinnert sich, daß »einmal sehr viele vergiftet wurden, als sie von Batterien Salz für das Wasser genommen haben. Die Russen haben das aus dem Werk hereingebracht. Es war ein Geschrei. Es wurde gesagt, das soll man nicht machen, dafür würde man geschlagen.«[257] Über den qualvollen Tod eines Häftlings und die unterlassene Hilfeleistung des Lagerleiters Franz wußte einer der Einrichter zu berichten: »Einmal während meiner Nachtschicht [...] stellte ich fest, daß ein Häftling an seiner Maschine plötzlich blaß wurde, ihm der Schweiß auf die Stirn trat und er umzufallen drohte. Ich befragte einen in der Nähe stehenden Häftling, was ihm fehle. Darauf antwortete er mir, daß dieser Salz gegessen habe. Ich stellte darauf fest, daß es sich um ›Radikal‹ handelte, welches zum Materialabkochen benutzt wurde. Da ich keine andere Möglichkeit zur Verfügung hatte, meldete ich dies sofort dem anwesenden SS-Posten, um den Häftling zur Verbandsstation bringen zu dürfen. Dies lehnte er jedoch ab mit der Begründung, daß er das erst dem Lagerführer melden müsse, der dann zu entscheiden habe, was mit dem Mann zu geschehen habe. Er ging dann – es war nachts gegen 2 Uhr – den Lagerführer wecken. Nach einiger Zeit kam dieser, und ich meldete ihm den Vorfall. Franz lehnte jedoch jede Hilfe kategorisch ab und meinte, wenn der Gefangene ›Radikal‹ gefressen habe, dann wollte er auch sterben, und dann solle er es ruhig. Der Häftling wurde dann in einen unbenutzten Waschraum gebracht, wo ich noch versuchte, ihn durch Wasser zu erfrischen. Gegen Morgen ist er dann verstorben.«[258] Lagerkommandant Franz, der später behauptete, er habe die Häftlinge belehrt, daß dieses Präparat giftig sei, kommentierte den Tod durch Vergiftung aufgrund quälenden Hungers und Durstes nach dem Krieg vor der Staatsanwaltschaft mit der lapidaren Bemerkung: »Die Folge dieses Salzgenusses war, daß sie mitunter innerhalb einer Stunde starben.«[259] Und der Erklärung: »Viele nahmen es auch wahrscheinlich deshalb, um ihrem Leben ein Ende zu setzen.«[260]

---

256 Aussage des Häftlings Johann Kopec bei der KP Ffm v. 26.11.1946, HStAWi, 770/25, fol.91.

257 PA, Wladyslaw Jarocki, G/14.10.90.

258 Aussage des Einrichters Hans K. bei der KP Ffm v. 14.11.1946, HStAWi, 770/25, fol.67.

259 Vernehmung Kommandoführer Franz v. 30.9.1964 (Anm. 31), Bl.18.

260 Vernehmung Kommandoführer Franz v. 17.2.1964 (Anm. 73), Bl.10. Franz räumte auf Vorhalt ein, »daß verschiedene Häftlinge wiederholt das in den Werkstätten frei herumstehende und für den menschlichen Genuss nicht zuträgliche chemische Salz aßen. Die Folge waren Vergiftungserscheinungen und sehr häufig rasch eintretender Tod.« Er habe dem inspizieren-

Die wichtigste Methode, loyales Verhalten der Funktionshäftlinge zu gewährleisten, war, ihnen erhöhte Überlebenschancen durch eine bessere Ernährung einzuräumen.[261] Der Häftling Johann Kopec erklärte die Unterschiede bei der Zubereitung und Ausgabe von Rationen: »In der Küche wurde dreierlei Essen hergestellt. Die erste und beste Sorte war für die SS-Männer und bestand aus Suppe, Braten und Kartoffeln. Die zweite Gruppe Essen kam nur für solche KZ-Häftlinge in Frage, die in dem Verwaltungsdienst des Lagers oder aber in den Adlerwerken als Kapos eingesetzt waren. Dies Essen war als gut zu bezeichnen. Das Gros der Häftlinge bekam jedoch die dritte bereits beschriebene Sorte von Essen zugeteilt. Es war ganz unmöglich, daß diese Leute arbeitsfähig bleiben konnten. Daher auch die große Sterblichkeit.«[262] Die Schwer- bzw. Langarbeiterzulagen, die eine Chance zum Überleben hätten darstellen können, kamen offensichtlich nicht den Werks- und Baukommandos zugute.[263]

Ryszard Kojer und Zygmunt Kaczmarski erwähnten, daß es anfänglich nicht an Freiwilligen für verschiedene Montage- und Aufräumarbeiten im Fabrikgebäude oder auf dem fabriknahen Gelände gemangelt hatte: »Jeder der sich gemeldet hatte, glaubte, daß er mehr zu essen bekäme, wenn er arbeitete. Diese Hoffnung erfüllte sich jedoch nicht.«[264] Versteckte Zuwendungen gab es nur vereinzelt aus der Zivilbevölkerung und von Arbeitern der Adlerwerke.[265] Daher bot ein Arbeitsplatz im Werks- bzw. Baukommando in der Regel keine größeren Überlebenschancen. Die SS-Lagerverwaltung orientierte sich bei der Bemessung der Rationen allein am Interesse einer reibungslosen Lagerorganisation und -beherrschung. Zusätzliche Nahrungsmittel wurden zur Überlebensfrage, die Häftlinge waren daher gezwungen, sich welche zu »organisieren«.[266] Josef Jozwiak wurde durch den polnischen Lagerältesten darüber informiert, es werde mit Gold »gefuggert«.[267] Nach den Erfahrungen von Ryszard Kojer und Zygmunt Kaczmarski »war die Bitte um (oder sogar der Kauf mit eingeschmuggel-

---

den SS-Hauptsturmführer und der Betriebsleitung Meldung erstattet und sei in dieser Sache von der Frankfurter Gestapo vernommen worden, Vernehmung Kommandoführer Franz v. 5.10.1964 (Anm. 73), Bl.29f.

261 Selbst von dieser simplen Tatsache wollte der Lagerkommandant später keine Kenntnis gehabt haben, Vernehmung Kommandoführer Franz v. 5.10.1964 (Anm. 73), Bl.31; vgl. Kaienburg, 1991, S.353.

262 Aussage des Häftlings Johann Kopec bei der KP Ffm v. 16.11.1946, HStAWi, 770/25, fol.92; vgl. auch die Aussage des Häftlings Heinz Aber bei der KP Ffm v. 11.11.1946, ebd., fol.56.

263 Der Häftling Stanislaw Madej betonte allerdings, daß »uns, als wir in der Nacht arbeiteten, überhaupt nichts zu essen gegeben wurde. Allein dank des deutschen Meisters [...] bekam ich einen kleinen Rest von seiner Suppe«, KZGMa, Häftlingsfragebogen, Juni 1992.

264 Kojer/Kaczmarski, 1985, S.4.

265 Vgl. Kapt.III.4, Arbeitsbedingungen – zum Verhalten der Werksangehörigen.

266 PA, Ryszard Olek, G/14.10.90.

267 PA, Josef Jozwiak, G/20.11.85.

tem Gold oder Geld von) Brot, einer Kartoffel oder ein bißchen Tabak sehr risikoreich, und es drohten schmerzhafte Strafen«.[268] Häftlinge, die ihren Überlebenswillen gänzlich verloren hatten oder zur Nahrungsaufnahme außerstande waren, tauschten ihr weniges Brot gegen Zigaretten. Der Umschlagplatz des Handels befand sich nach den erschütternden Berichten der Überlebenden zwischen den Betten der Unterkunft.[269] Nach einer Beschwerde der deutschen Kapos und der Intervention der Meister gelangten nicht etwa Nahrungsmittel, sondern Zigaretten zu den Häftlingen.[270] »Das Essen jedoch, über welches wir uns auch beschwert hatten, ist nicht besser geworden«, stellte der Häftling Johann Kopec klar.[271]

Drängte die Direktion der Adlerwerke angesichts der ständig zunehmenden »Ausfälle« auf Änderung oder beschaffte zusätzliche Nahrungsmittel? Aus der übereinstimmenden Sicht der Überlebenden war irgendein Wille der Adlerwerke, etwas gegen die katastrophale Ernährungssituation für die Häftlinge zu tun, nicht erkennbar.[272] So bemerkte der Häftling Heinz Aber zu den »unmöglichen Zuständen in den Adlerwerken«, daß seiner »Ansicht nach die Werksleitung mit Schuld an den Verhältnissen trifft. Ich habe nie festgestellt, daß sich die Adlerwerke in irgendeiner Form für uns eingesetzt haben, mit Ausnahme einer geringen Zuteilung an Rauchwaren. Die Herren mußten sich darüber im klaren sein, daß sie keinerlei Arbeitsleistung von uns bei dem körperlich schwachen Zustand der Häftlinge erwarten konnten.«[273]

Könnte die gegen Kriegsende allgemein schlechte Versorgungslage die Untätigkeit der Adlerwerke erklären? Engpässe wurden in der Nachkriegsverteidigung nicht reklamiert. Es gab auch für die Beschaffung zusätzlicher Nahrungsmittel bei Großabnehmern keine unüberwindlichen Hürden. Von anderen Betrieben ist bekannt, daß eine zusätzliche Verpflegung über die Werksküche organisiert werden konnte, um die Hungerrationen häufig lebensentscheidend aufzustocken.[274] In diesem Zusammenhang erhält die Aussage des Häftlings Heinz Aber exemplarisches Gewicht, der mit Verweis auf seine Erfahrungen im Lager Jawischowitz erklärte: »Damals haben sich die Reichswerke Hermann Göring

268 Kojer/Kaczmarski, 1985, S.8.

269 PA, Ryszard Olek, G/14.10.90.

270 Siehe Anm. 305.

271 Aussage des Häftlings Johann Kopec bei der KP Ffm v. 26.11.1946, HStAWi, 770/25, fol.92.

272 Die Häftlingsaussagen veranlaßten die KP, die Werksleitung und insbesondere Dr. Engelmann als »ganz erheblich« belastet anzusehen, Bericht der KP Ffm v. 6.12.1946, ebd., fol.106ff.

273 Aussage des Häftlings Heinz Aber bei der KP Ffm v. 11.11.1946, ebd., fol.57.

274 Im Unterschied zu den AW war es z.B. im KZ-Außenlager Allach bei BMW (wo man die Häftlinge in den firmeneigenen Lehrwerkstätten 4-10 Wochen angelernt hatte) möglich, eine zusätzliche Mahlzeit mit der Losung: »Ich viel arbeiten, aber nichts Kraft« durchzusetzen, Zofka, 1986, S.75; vgl. auch Fröbe, 1985, S.252; sowie Schäfer, 1990, S.104.

[...] für eine bessere Verpflegung und Behandlung der Häftlinge eingesetzt, wodurch unsere Lage sofort gebessert und aus dem Lager ein Musterlager wurde. Meiner Ansicht nach hätte die Werksleitung bei entsprechendem Einsatz ohne weiteres eine Besserung der Verhältnisse im Lager herbeiführen können.«[275]

Von besonderem Interesse ist die Frage, ob verbliebene Reste aus der Werksküche, die ja schwerlich zum Verschieben geeignet waren, in das Lager gelangten. Der Kantinen- und Werksküchenpächter der Adlerwerke will öfters das Angebot gemacht haben, Reste aus der Gefolgsschaftsspeisung den Gefangenen zur Verfügung zu stellen. Dies sei jedoch vom Verbindungsmann zum Lager, Dr. Engelmann, zum einen mangels Verrechnungsmöglichkeiten, zum anderen aber auch deshalb abgelehnt worden, weil es nicht angängig sei, Gefangene von deutscher Verpflegung zu ernähren.[276] Dies wurde von Dr. Engelmann in Abrede gestellt.

Vorstandsvorsitzender Hagemeier sprach sich und Dr. Engelmann nach dem Krieg von jeder Verantwortung an der Hungerernährung und ihren gravierenden Folgen frei: »Die Zuweisung der Lebensmittel an das SS-Arbeitslager durch die Adlerwerke richtete sich nach den für die einzelnen Zeitabschnitte zwischen dem Reichsernährungsministerium und dem Reichssicherheitshauptamt festgesetzten Bezugsrechten für SS-Wachmänner und Häftlinge und nach den Zulagen für Lang- und Schwerarbeiter, die von der Gewerbeaufsichtsbehörde anerkannt sein mußten. Es wurden zugewiesen: Brot, Mehl, Huelsenfruechte, Gemuese, Kartoffeln, Kaese, Fett, Fleisch, Wurst, Brotaufstrich, Tee und Ersatzkaffee. Die Zuweisung an Fleisch und Wurst war auf Grund eines Abkommens, daß Dr. Engelmann mit dem Schlachthof in Frankfurt getroffen hatte, besonders gut. Sie betrug zeitweise 200% der behoerdlich festgelegten Menge. Nach dem Fleischbeschauungsgesetz muss Fleisch notgeschlachteten Viehes (Bein- und Knochenbrueche) als Freibankfleisch in den Handel gebracht werden. Es ist begehrt, weil es nicht voll auf das Bezugsrecht angerechnet wird, obwohl es vollwertig ist. Dieses Freibankfleisch hatte Dr. Engelmann für die Haeftlinge gesichert. Von den Haeftlingen erhielten ungefaehr 850 Lang- und Schwerarbeiter-Zulagen. Nach der behoerdlichen Anweisung haette ein geringerer Prozentsatz der Haeftlinge nur Anspruch auf diese Verguenstigung gehabt. Die Adlerwerke haben die Meldung ueber zulageberechtigte Haeftlinge grosszuegig gehandhabt, um ihre Ernaehrung zu verbessern. Die Adlerwerke haben ueber diese Zuweisungen hinaus im freien Markt erhaeltliche Lebensmittel beschafft und dem SS-Arbeitslager uebergeben. Auch das bei Fliegerangriffen und dem auswaertigen Einsatz von Arbeitern eingesparte Essen der Werkskueche kam den Haeftlingen zugu-

275 Aussage des Häftlings Heinz Aber bei der KP Ffm v. 11.11.1946, HStAWi, 770/25, fol.57.
276 Aussage des Kantinenpächters Friedrich L. bei der KP Ffm v. 9.11.1946, ebd., fol.46.

te.«[277] Dr. Engelmann betonte: »Hinsichtlich der Verpflegung haben wir alles getan, was wir tun konnten und wir hatten darüber hinaus vorgesehen, innerhalb des KZ-Lagers eine Kantine zu errichten, in der die KZ-Häftlinge über den ihnen zustehenden Verpflegungssatz hinaus sich noch Genussmittel hätten einkaufen können. Durch den bevorstehenden Zusammenbruch und die damit verbundenen Verhältnisse ist es aber nicht mehr zur Eröffnung dieser Kantine gekommen.«[278]

Die Fakten passen nicht zu diesen Aussagen. Entweder bleibt nämlich völlig unverständlich, warum unter diesen Umständen Hunderte von Häftlingen in den Adlerwerken an Hunger starben oder aber, warum die Adlerwerke konsequenz- und tatenlos zusahen, wie die von ihnen gelieferten Nahrungsmittel von der SS verpraßt und verschoben wurden, und so die für sich in Anspruch genommene Fürsorge unterlaufen wurde. Lagerkommandant Franz, der von Hagemeier als der Alleinverantwortliche für die Hungerernährung bezeichnet worden war,[279] stellte seinerseits die Beschaffung der Lebensmittel als Dauerkonflikt mit den Adlerwerken dar: »Die Anlieferung der Verpflegung aufgrund der bewilligten Bezugscheine war sehr gering, ich glaube, ja ich bin davon überzeugt, daß Zivilpersonen auf Grund des damaligen Kartensystems wesentlich mehr bekamen als die Häftlinge. Von wem der Verpflegungssatz für die Häftlinge festgesetzt worden war, weiss ich heute nicht mehr, es muß aber hierfür irgendeine Vorschrift vorhanden gewesen sein. Mir schien die Zuteilung selbst zu gering, weshalb ich mich wiederholt an die Geschäftsleitung der Adler-Werke wandte, um eine größere Zuteilung zu erreichen. Wer bei den Adler-Werken für die Erstellung der Bezugscheine und damit für die Verpflegung der Häftlinge verantwortlich war, weiß ich heute nicht mehr. [...] Wenn irgendwelche Fragen zwischen der Lagerleitung, also mir, und den Adler-Werken zu klären waren, sprach ich bei Direktor Hagemeier vor. Den Genannten habe ich sowohl mündlich als auch schriftlich wiederholt darauf aufmerksam gemacht, dass die zugeteilte Verpflegung für die Häftlinge unzureichend sei. Tatsächlich war es so, daß die Häftlinge außer Brot meist nur eine inhaltslose Wassersuppe bekamen. Welche Mengen Brot die einzelnen Häftlinge täglich bekamen, weiss ich heute nicht mehr. Trotz meiner wiederholten Vorsprachen bei der Leitung der Adler-Werke konnte ich keine Abhilfe erreichen. Im Gegenteil, es war so, dass dem Lager immer mehr Häftlinge, zeitweise bei gleichbleibendem Verpflegungssatz, zugeteilt wurden.«[280] Ausgerechnet der Lagerkommandant machte sich damit zum Anwalt der hungernden Häftlinge. Immer wieder benannte Franz die

277 »Einsatz von Häftlingen bei den Adlerwerken« (Anm. 2), fol.38.
278 Aussage Generaldirektor Hagemeier vor dem OStA beim LG Ffm v. 7.7.1947, ZStL, Bl.158.
279 Ebd., Bl.149.
280 Vernehmung Kommandoführer Franz v. 30.9.1964 (Anm. 31), Bl.16f.

wachsende Belegstärke bei unveränderten Zuteilungen als Ursache für das Massensterben: »Erst später dürfte sich infolge der Überzahl und immer neu ankommender Leute und gleichbleibendem Verpflegungssatz die Lage verschlechtert haben.«[281] Dagegen ist einzuwenden, daß allenfalls am Anfang die Belegstärke eine Rolle gespielt haben könnte, als im Oktober die Gesamtzahl der Häftlinge statt der ursprünglich einmal vorgesehenen 1000 sich auf 1197 erhöhte, übrigens ohne daß die beantragten Zulagen mitwuchsen. Die Anzahl der Häftlinge wurde dann durch Tod und Abtransport ständig dezimiert bis auf den Tiefststand von 728 Häftlinge im Januar 1945; Ende Januar/Anfang Februar stieg sie dann allerdings wieder durch die Neuzugänge aus Buchenwald auf 1105. Auf Vorhalt korrigierte Franz die Belegstärke drastisch nach unten: »Während der maßgeblichen Zeit können vielleicht 1000 Häftlinge im Lager gewesen sein, niemals war aber die ›Belegstärke‹ über 300 bis 400 Häftlinge hinausgegangen.«[282] Stellt sich die Frage, warum Franz die tatsächliche Belegstärke praktisch halbierte, obgleich diese Angaben mithilfe der Personalstatistik leicht zu überprüfen waren. Das nachträgliche Verwirrspiel ergäbe allerdings dann einen Sinn, wenn sich die Lebensmittelzuteilungen an der (im wesentlichen gleichbleibenden) Zahl der arbeitsfähigen Häftlinge orientiert haben sollten – eine Überzeugung, die Josef Jozwiak aus dem Lagerinnenkommando vertrat, der davon ausging, daß das Werk nur für die tatsächlich arbeitenden Häftlinge Lebensmittel lieferte, da es auch nur für diese zahlte.[283] War also durch die Beschränkung der Rationen allein auf die arbeitsfähigen Häftlinge von Anfang an die Vernichtung der kranken und arbeitsunfähigen Häftlinge intendiert? Das gehört in den Bereich ungesicherter Vermutungen. Doch was heute an die Grenzen der Vorstellungskraft stößt, die bewußte Einschränkung oder vollständige Verweigerung von Nahrung, war als einfachstes und billigstes Mittel der Vernichtung in den Lagern alltägliche Realität.[284] »Wer arbeitet, soll auch essen«, hieß es kurz und bündig im Reichsarbeitsblatt,[285] was den Umkehrschluß – zumal für KZ-Häftlinge – nahelegte.

Generaldirektor Hagemeier argumentierte, wie die Rüstungsindustrie insgesamt, mit der ökonomischen Wertschätzung, die den Häftlingen angeblich ent-

281 Vernehmung Kommandoführer Franz v. 17.2.1964 (Anm. 73), Bl.3.
282 Vernehmung Kommandoführer Franz v. 5.10.1964 (Anm. 73), Bl.25.
283 »Die Adlerwerke lieferten Lebensmittelrationen nur für die Beschäftigten im Werk, aber die Lebensmittel wurden dann an alle verteilt«, PA, Josef Jozwiak, G/20.11.85; »Die Zuteilung erfolgte auf der Basis der im Werk Arbeitenden«, ebd., G/18.4.89.
284 Vgl. Ryn/Klodzinski, 1987, Bd. 1, S.241ff. u. S.258.
285 Reichsarbeitsblatt V (Soziales Deutschland), Nr. 1, 1945, S.15f., zitiert bei: Siegel, 1988, S.222f. Das Leistungsessen war generell der ideologische Hebel der Kriegswirtschaft, ebd., S.128.

gegengebracht worden war: »Die Betriebsführung der Adlerwerke war ja auch schließlich im Interesse selbst lebhaft interessiert, daß sich der allgemeine Ernährungszustand der KZ-Häftlinge auf einer erträglichen Basis bewegte, da sie nur dann überhaupt als Arbeitskräfte zu gebrauchen waren.«[286] Der Widerspruch zwischen erklärter Absicht und Ergebnis hätte drastischer nicht ausfallen können.

So schwer die Wahrheitsfindung durch gezielte Desinformationen, fehlende schriftliche Unterlagen,[287] diverse Ausklammerungen und nicht zuletzt durch die Unstimmigkeiten und Widersprüche in den Aussagen der Beteiligten auch ist, eines läßt sich mit Gewißheit sagen: SS wie Adlerwerke ließen die Häftlinge sehenden Auges verhungern.

4. Der Arbeitseinsatz der Häftlinge

Die etwa 850 Häftlinge des Produktionskommandos[288] wurden hauptsächlich für die Durchführung einfacher mechanischer Arbeiten als Bohrer, Fräser, Dreher, Schleifer usw. in insgesamt sieben Betriebswerkstätten sowie den beiden Kontrollabteilungen der Schützenpanzermotoren- und Schützenpanzerfahrgestellabteilung eingesetzt.[289] Zumindest die Werkstätten der Motorenabteilung waren mit neuwertigen Werkzeugmaschinen von den Renault-Werken ausgestattet und »arbeitstechnisch gesehen auf das Beste eingerichtet«.[290] Die meisten

286 Aussage Generaldirektor Hagemeier vor dem OSTA beim LG Ffm v. 7.7.1947, ZStL, Bl.151.

287 Alle Schlüsseldokumente zur Verpflegung waren nach dem Krieg unauffindbar bzw. vernichtet. Die erforderlichen Anträge an das Ernährungs- bzw. Gewerbeaufsichtsamt lagen ebensowenig vor wie die Abrechnungen der AW mit dem KZ Natzweiler oder die Küchenbücher des Lagers.

288 Daß die Sollstärke für die Produktion ca. 850 Häftlinge betrug, läßt sich sowohl aus der ursprünglich beantragten Häftlingszahl als auch aus den bei dem Gewerbeaufsichtsamt beantragten Lang- bzw. Nachtarbeiterzulagen ableiten; siehe »Einsatz von Häftlingen in den Adlerwerken« (Anm. 9), S.7.

289 In der Motorenabteilung (Werk I) wurden die Häftlinge neben der Motorteilefertigung in der Motorgehäusefertigung und der Pleuelstangenfabrikation eingesetzt, in der Fahrgestellabteilung (Werk II) in der Mechanischen Zugkraftwagen-Fertigung, der Mechanischen Zugkraftwagen-Werkstatt 2, im Getriebebau sowie in der nicht identifizierbaren Werkstatt Nr. 6170, siehe Organisationsschema des Arbeitseinsatzes, erstellt vom BR der AW 1945, HStAWi, 770/25, fol.115. Identifikation der nur mit den Nummern angegebenen Werkstätten nach Planskizzen Mai 1944, NA, RG243/77.a.16. Demnach befand sich der Getriebebau, der sich in Auslagerung befand und vom BR höchstwahrscheinlich mit der Kettenfertigung verwechselt wurde, nicht im Werk II, sondern im Werk I.

290 PA, Einrichter Bruno N., G/1987; Aussage des Abteilungsleiters, Obermeister Josef W., bei

Maschinen waren »sehr automatisiert« – manche Gefangenen hatten daher während der Maschinenlaufzeit mehrere Automaten gleichzeitig zu bedienen oder zwischendurch Transport- und Aufräumarbeiten zu verrichten.[291] Da nicht überall elektrische Hebemittel zur Verfügung standen, um die schweren Werkstücke in die Maschinenvorrichtung einzuspannen, waren an einigen Arbeitsplätzen gleichzeitig zwei Häftlinge eingesetzt. Nach der Bearbeitung hatten sie die Werkstücke mit der Meßlehre nachzuprüfen, teilweise auch manuell nachzuarbeiten.

Organisation und Funktion

Entgegen der Einsatzrichtlinien der Adlerwerke für ausländische Arbeiter erfolgte die Anlernung der KZ-Häftlinge von Ausnahmen abgesehen direkt »in der Fertigung« – Jerzy Kamasinski spricht von »einer Art Praxis unter Aufsicht«.[292] Vorgesehen waren höchstens zwei Wochen, und wie der als Fräser angelernte Jozef Marcinkowski schreibt, verkürzte sich dies teilweise auf eine Woche: »Am ersten Tag zeigte man uns die Maschinen und sagte, daß wir nach vierzehn Tagen einer theoretischen Vorbereitung sie selbständig bedienen sollen. Diese Vorbereitung soll darauf beruhen, daß wir die Bedienung der Maschinen durch qualifizierte Arbeiter beobachten. Mein Instrukteur war ein junger Ukrainer, ein ›Zivilarbeiter‹. Mit ihm knüpfte ich sofort freundschaftliche Beziehungen an. Er stützte sich nicht auf die Anleitungen, die in der Arbeitsanweisung der Maschine enthalten waren, sondern er folgte den Hinweisen seines Vorgängers, eines Franzosen. Er machte diskrete Markierungen auf das Automatengehäuse und

der KP Ffm v. 9.8.1946, HStAWi, 770/25, fol.21.

291 Dies und die folgenden Angaben u.a. nach: PA, Wladyslaw Jarocki, G/14.10.90; PA, Andrzej Branecki, K/15.1.93; PA, Ryszard Olek, G/16.10.90; Mustafa, 1976, S.199.

292 Wochenbericht Kommandoführer v. 15.10.1944 (Anm. 55); PA, Jerzy Kamasinski, G/15.10.90. Eine Ausnahme bildete der Anlernvorgang bei den Schweißern: »Es gab zwei Wochen Schulung Schweißarbeit. Das waren Schuhmacher, Schneider, die früher mit Schweißarbeiten nichts zu tun hatten. Es war für die sehr schwer. Sie haben sich beschwert, daß sie nie damit zu tun hatten. Nach zwei Wochen kamen wir an ein Fließband, und jeder kam an seinen Arbeitsplatz«, PA, Kazimierz Wlodarczyk, G/15.12.93. Für alle von den Häftlingen verrichteten Arbeiten wäre normalerweise zunächst die Anlernung in den Anlern- und Umschulungswerkstätten vorgesehen gewesen. Erst danach wären sie »der einzelnen Werkstatt zuzuweisen und nach Ablauf einer kürzeren Anlernzeit einsatzfähig« gewesen, »Grundsätze für die Behandlung der ausländischen Arbeiter« v. 15.2.1944, S.11, BAK, All.Proz.7, Roll-No.18. Daß wohl die meisten Häftlinge, die mit den Transporten Anfang 1945 in die AW kamen, überhaupt nicht mehr angelernt wurden, geht aus dem Bericht des Häftlings Max Loock hervor (Anm. 168), fol.50; ergänzend PA, Kajetan Kosinski, K/10.6.93.

spante danach Halbfabrikate. [...] Eine große Fabrikhalle. Werkzeugmaschinen, ein Rollenförderer. An den Maschinen Zivilarbeiter und Gefangene. Die Instruktion sollte 14 Tage dauern, aber schon nach einer Woche berief man alle Zivilarbeiter, Ukrainer und Russen« von der Werkstatt ab.[293]

Zwar arbeiteten die Häftlinge auch später »in der Nähe« ziviler Zwangsarbeiter und deutscher Arbeiter, aber nur während der Anlernzeit des Haupttransportes gelang es den Adlerwerken, die Vorschriften der SS für den isolierten Arbeitseinsatz völlig zu umgehen. Eine Zusammenarbeit der Häftlinge mit »Ostarbeitern« blieb nach Aussage des Arbeitseinsatzingenieurs von Seiten der SS »streng verboten« und wurde schließlich »auch unterbunden«.[294] Dies könnte bedeuten, daß es kurzfristig gelang, die von ihrem Kommandanturstab abgeschnittene SS-Lagerführung zu dieser Konzession auf dem Feld der Arbeitsorganisation zu bewegen. Weil man für den Einsatz der Hilfsarbeitskräfte die am weitesten durchrationalisierten Arbeitsplätze benötigte, mußten die dort beschäftigten zivilen Zwangsarbeiter umgesetzt werden, was Zug um Zug mit der Anlernung der Häftlinge zeitsparend verknüpft werden sollte. Die Häftlinge wurden in Gruppen von etwa 200 Mann angelernt und übernahmen von den zivilen Zwangsarbeitern zunächst die Tages- und schließlich bis Ende Oktober 1944 auch die Nachtschichten; an manchen Maschinen wechselten die Häftlinge mit »freien« Arbeitern ab.[295] Eine nicht näher bezeichnete Abteilung mit einer Gesamtstärke von 344 Personen war am 24.1.1945 wie folgt besetzt: 290 KZ-Häftlinge, 33 deutsche Arbeiter, 15 »Ostarbeiter« und sechs »Westarbeiter«.[296] Kolonnenweise kamen die Häftlinge in den Betriebswerkstätten hinter »Vergitterungen und Stacheldraht- und Maschendrahtabgrenzungen« zum nahezu geschlossenen Arbeitseinsatz.[297]

Die mangelnde Einarbeitung an den Maschinen war nach der Auffassung des Häftlings Kazimierz Doszla einer der Hauptgründe dafür, daß soviel Ausschuß produziert wurde.[298] Die Rüstungsindustrie kalkulierte allerdings ab Mitte 1944 den Maschinenverschleiß aufgrund »unsachgemäßer Behandlung durch Auslän-

---

293 PA, Henryk Kamasinski, G/15.10.90; und Mustafa, 1976, S.211ff.

294 Aussage des AI (Anm. 9), fol.28.

295 »In der Fertigung zur Anlernung« befanden sich bis zum 8.10.1944 450 Häftlinge, bis zum 15.10.1944 639 Häftlinge, siehe Wochenbericht Kommandoführer v. 15.10.1944 (Anm. 55); sowie Kojer/Kaczmarski, 1985, S.3f.

296 Undatierte und nicht näher bezeichnete Aufstellung des AI, NA, RG338/000-12-534. Von den 290 Häftlingen waren 138 in der Tag- und 105 in der Nachtschicht eingesetzt. 47 wurden als krank angeführt.

297 Aussage des Direktionsassistenten Albert E. beim Hess. LKA v. 6.3.1963, ZStL, Bl.289.

298 Er nannte daneben die »Geisteserschöpfung« der Häftlinge, vgl. Kap.III.4, Arbeitsbedingungen – zum Verhalten der Werksangehörigen, Schr. des Häftlings Kazimierz Doszla an den Einrichter Wilhelm B. v. 21.8.1946, HStAWi, 770/25, fol.70.

der« ebenso ein wie die Ausschußproduktion. Eine »Qualitätsleistung« war in der Regel erst nach einer Anlernzeit von sechs bis zwölf Wochen und weiteren sechs Monaten Praxis zu erwarten, was angesichts des Produktionsdruckes illusorisch war.[299] Vor diesem Hintergrund gab die vom SS-WVHA im April 1944 angeordnete Umwandlung der Prügel- in die Todesstrafe »in Fällen nachgewiesener Sabotage« den Betriebsleitungen ein Mittel an die Hand, mangelnde Schulung durch Einschüchterung zu »kompensieren«.[300] Konsequenterweise wurde in den Adlerwerken die Angst der Häftlinge vor Fehlleistungen an der Maschine umso stärker mobilisiert, je mehr die Anlernzeit auf nahezu Null reduziert worden war. Der in seinem gelernten Beruf als Dreher beschäftigte Jan Kozlowski veranschaulicht dies: »An der Maschine hat mich niemand speziell angelernt. Allein der Meister, ein deutscher Zivilist, zeigte mir, wie die Maschine in Gang gesetzt wird, wie das Werkstück befestigt wird und welches Maß der zu bearbeitende Gegenstand haben sollte. Er lehrte mich auch, daß ich für ein verdorbenes Werkstück aufgehängt werden könnte, denn die SS verstehe keinen Spaß.«[301] Aus demselben Grund setzte man wohl auch auf das »rigorosere Durchgreifen« von Häftlingskapos anstatt deutscher Vorarbeiter. Sie unterstanden den Meistern und Einrichtern, die die Arbeitsaufsicht hatten.[302] Eine Besonderheit in den Adlerwerken war die Anwesenheit der SS am Arbeitsplatz mit der Order der Lagerleitung, die Häftlinge zur Arbeit »anzuhalten«. Die Posten der SS hielten sich entweder im Büro der Meister auf oder patroullierten durch die Werkstätten.[303] Darüber hinaus gab es noch »SA-Leute mit Hakenkreuzbinden, eine Art Werkschutz«, die sich ständig in oder vor den Hallen zur Bewachung aufhielten.[304] Diese auf Repression bauende Arbeitsorganisation war natürlich

---

299 Vierteljahresrückblick der RüIn Wiesbaden für das 2. Quartal 1944, BA-MA, RW20-12/28, fol.34; und Aussage Speers vor dem Internationalen Militärgerichtshof in Nürnberg v. 19.6.1946, IMT, Bd. XVI, S.491. Gerade diese erreichte Qualifikation führte Speer als Argument dafür ins Feld, warum die »Vernichtung durch Arbeit« angeblich in der Rüstungsproduktion »ausgeschlossen« gewesen sei, ebd.

300 Siehe Rundschr. des SS-WVHA an die Lagerkommandanten betreffs »Sabotage von Häftlingen in R-Betrieben« v. 11.4.1944, BAK, NS3/427. Darin hieß es, daß für den beim SS-WVHA zu stellenden Antrag auf Exekution »ein Bericht der Betriebsführung vorliegen [muß]«.

301 PA, Jan Kozlowski, K/18.1.93.

302 Zitiert aus einem Gedankenaustausch von Rüstungsindustriellen zur Errichtung eines KZ-Außenlagers der Firma Blohm & Voss v. 29.8.1944, KZGNe. Der im Februar 1945 in die AW überstellte Kapo Peter Keimling beschrieb als seine Aufgaben, »die von den Werkmeistern der Firma angeforderten Kräfte für die einzelnen Arbeitsstellen einzuteilen und auch zu beaufsichtigen«, Aussage beim Hess. LKA v. 28.9.1961, ZStL, fol.244.

303 Vernehmung des SS-Wachmannes Ernst G. für das Hess. LKA v. 12.3.1968, ZStL, Bl.367; und Vernehmung Kommandoführer Franz v. 5.10.1964 (Anm. 73), Bl.20; div. Aussagen von SS-Wachleuten, ZStL; div. Aussagen von Häftlingen und Werksangehörigen, HStAWi, 770/25.

304 PA, Stanislaw Madej, G/14.12.93. Vgl. dazu PA, Andrzej Branecki, G/14.12.93; ferner PA,

völlig ungeeignet, die Arbeitsmoral zu heben. Doch gaben sich die Adlerwerke mit der dadurch erzielten Leistung zufrieden. Auf die Anwendung des leistungsbezogenen Prämiensystems, daß das SS-WVHA den Betrieben anheimstellte, legte die Werksleitung bis Ende Februar 1945 offensichtlich keinen Wert.[305]

Nach dem Luftangriff am 12.9.1944 konnten die Adlerwerke die alten Monatsstückzahlen und erst recht die Sollziffern des Produktionsplans bis Kriegsende nicht mehr erzielen.[306] Ausschlaggebend dafür waren permanente Fliegerangriffe, Energiemangel und Materialengpässe, die zu enormen Arbeitsstundenausfällen und sinkender Produktivität führten.[307] So benötigte man bei Adler im Dezember 1944 für die Herstellung eines Schützenpanzerfahrgestelles ein Drittel mehr Arbeitszeit als die Konkurrenz.[308] Der Produktionsprozeß war gekenn-

---

Kazimierz Wlodarczyk, G/15.12.93; sowie PA, Einrichter Bruno N., G/1987. Es dürfte sich um Angehörige des nebenamtlichen Werkschutzes der AW unter Führung des Abwehrbeauftragten gehandelt haben.

305 Zwar übergaben die AW nach Aussage des AI monatlich 750 RM für Zigarettenprämien an die SS-Bewachungsmannschaft, doch diese wurden unterschlagen und nicht an die Häftlinge ausgegeben, wogegen lediglich Meister, Abteilungsleiter und Betriebsleiter bei der SS vergeblich protestierten. Erst »aufgrund einer Beschwerde hin, die über die Werksleitung ging«, wurden ab Ende Februar 1945 auf Vorschlag der Meister und »nach Leistungen eingestuft, unterschiedliche Mengen an Rauchwaren in Höhe von 10 bis 20 Zigaretten« wöchentlich an die Häftlinge verteilt, Aussage des Häftlings Johann Kopec bei der KP Ffm v. 26.11.1946, HStAWi, 770/25, fol.92; vgl. die Aussagen der div. Werksangehörigen, HStAWi, 770/25. Johann Kopec vertrat dazu die Auffassung, daß der Betriebsleiter im Werk I bei seinen Protesten »von seinen vorgesetzten Dienststellen nicht unterstützt« wurde, Aussage bei der KP Ffm v. 6.2.1946, ebd., fol.73.

306 Bei den SPW-Fahrgestellen erzielten die AW im August 1944 mit 225 Einheiten ihren dritthöchsten Monatsausstoß seit Produktionsaufnahme 1942. Die Zahl wurde bis März 1945 nicht mehr erreicht. Infolge des Luftangriffs am 12.9.1944 sank die Fertigung im September 1944 auf 150 Einheiten. Der Häftlingseinsatz brachte dann im Oktober eine Steigerung auf 160, im November 1944 auf 195 Fahrgestelle – immerhin der vierthöchste Monatsausstoß seit Produktionsaufnahme. Die Fertigung sank bereits im Dezember auf 140, im Januar auf 70, konnte im Februar 1945 noch einmal auf 120 gesteigert werden, um schließlich im März auf 24 abzusacken. Bei den Motoren hatten die AW im August 1944 mit 665 Stück den Höchststand seit Produktionsaufnahme 1942 erreicht gehabt. Aufgrund des Luftangriffs sank die Monatsstückzahl im September auf 360. Durch den Häftlingseinsatz konnte der Ausstoß im Oktober auf 550 Einheiten gesteigert werden. Von da an zeigte die Produktionskurve beständig nach unten. November: 500, Dezember: 450, Januar: 336, Februar: 235 und März: 84 Motoren, Aufstellung der AW über die monatlichen Produktionsstückzahlen 1939-1945 v. 18.6.1945, NA, RG243/77.a.16.

307 Siehe Ausfallmeldungen an den Sonderausschuß Zgkw, BAK, R3/3195. Die durchschnittliche Anzahl der Arbeitsstunden pro Belegschaftsangehörigen einschl. KZ-Häftlingen entwickelte sich monatlich wie folgt: August 44=238, Sept. 44=203, Okt. 44=180, Nov. 44=167, Dez. 44=157, Jan. 45=160 u. Feb. 45=112 Arbeitsstunden, Aufstellung der AW über die monatliche durchschnittliche Belegschaft und Gesamtarbeitsstunden 1939-1945 v. 19.6.1945, NA, RG243/77.a.16.

308 Vergleichende Aufstellung des Sonderausschusses Zgkw über die Fertigungszeit pro Einheit in den einzelnen Betrieben mit Stand v. 1.12.1944, BAK, R3/524, fol.3.

zeichnet durch ständige Zwangspausen und darauffolgende »intensive Arbeit in kürzestmöglicher Zeit«. Unter diesen Bedingungen wurde die Flexibilität und Disziplin der Arbeitskräfte zum Schlüssel für die Aufrechterhaltung der Produktion, während gleichzeitig die Kriegsumstände eine geordnete Arbeitsaufnahme zunehmend erschwerten.[309] Ende September 1944 zeigte sich außerdem nach der zunehmenden Resistenz unter den ZwangsarbeiterInnnen auch ein rapider Zerfall der Arbeitsdisziplin bei den deutschen ArbeiterInnen.[310] Die Werksleitung befürchtete »vor allem« Auswirkungen auf »die Leistung und Führung der zahlreichen ausländischen Arbeitskräfte«, deren Anteil an der Arbeiterschaft mit dem Eintreffen der Dachauer Häftlinge im Stammwerk auf mindestens 60% angewachsen war, und griff Anfang Oktober 1944 zu dem Mittel einer halbstündigen Arbeitszeitverkürzung für die deutsche Belegschaft, um dieser »die notwendige Ausspannung und die Erledigung wichtiger eigner Angelegenheiten« zu ermöglichen.[311] In Anspielung auf das alltäglich vor Augen geführte Schicksal der KZ-Häftlinge wurde nun aber auch des öfteren »dieselbe Uniform« angedroht.[312]

Abgesehen von dieser Disziplinierungsfunktion waren die KZ-Häftlinge wie keine andere Arbeitergruppe in den Adlerwerken auf Abruf verfügbar und deshalb prädestiniert, die Produktion in Gang zu halten, für immer umfangreichere außerbetriebliche Arbeitseinsätze bereitzustehen und überdies die Option der Untertageverlagerung zu sichern. Zur Beseitigung von Produktionshemmnissen und für Arbeitseinsätze diente nicht nur das Baukommando. Alternativ oder sogar zusätzlich zum Fabrikeinsatz wurde auch das Werkskommando für Aufräumarbeiten nach Bombenangriffen herangezogen – so »jagte« beispiels-

309 Betriebsrundschr. »Zur neuen Arbeitszeit« v. 3.10.1944, PS-AW, JCH-43/44. Kurzfristig angesetzten Sonderschichten zur Aufarbeitung überfälliger Materiallieferungen und insbesondere zur Beseitigung von Fliegerschäden standen Ende Sept. 1944 eine Abwesenheitsrate von 22% und eine Verspätungsquote von 5% in der Arbeiterschaft gegenüber. Siehe zu den Ursachen: Kap.II.6, Die Auswirkungen der Bombenangriffe.

310 Ebd. Neben 16% Krankenstand und unentschuldigtem Fernbleiben war ein massenhaftes Überziehen der Arbeitspausen zu beklagen, siehe Meldebogen 3 – Gesamtbestand der Gefolgschaft (Lohnempfänger) am 30.9.1944, NA, RG243/77.a.16; sowie Betriebsrundschr. »Zur neuen Arbeitszeit« v. 3.10.1944, PS AW, JCH 43/44.

311 Ebd. Insgesamt standen 2628 (47%) deutschen Lohnempfängern 2935 (53%) ZwangsarbeiterInnen gegenüber, wovon mindestens 740 deutsche und etwa 150 ausländische Arbeiter bereits in die Verlagerungsbetriebe abgezogen worden waren, Meldebogen 3 – Gesamtbestand der Gefolgschaft (Lohnempfänger) am 31.10.1944, NA, RG243/77.a.16; Fs. der AW über vorgenommene u. geplante Verlagerungen an den Rüstungsstab v. 21.8.1944, BAK, R3/424, fol.8; Aussage des Leiters des Aufräumtrupps ziviler Zwangsarbeiter Wilhelm R. im Strafverfahren Faust v. 3.5.1946 (Anm. 35), fol.14.

312 Eidesstattliche Erklärung des Schlossers Ludwig R. im Spruchkammerverfahren Engelmann v. 3.5.1948, HStAWi, 520/F, Dr. Franz Engelmann, fol.26.

weise die SS die Häftlinge nach der Nachtschicht gelegentlich »zur Verladestation, wo sie Waggons mit Schrott beladen mußten«.[313]

Die Adlerwerke hatten ursprünglich 850 Häftlinge angefordert, 1000 zugeteilt bekommen und schließlich auch noch das 200köpfige Bauvorkommando erhalten: eine ständig verfügbare Arbeiter-Reserve. Nicht zur Verfügung stand das in Regie der SS geführte Lagerinnenkommando, das bis Mitte Oktober aus 14 Häftlingen bestand und später auf bis zu 70 Häftlinge anwuchs.[314] Diese Häftlinge wurden eingesetzt für Lebensmitteltransporte, Küchendienst, Essensausgabe, Stubendienst, Schreib- und Dolmetscherarbeiten, in der Schuhmacherei und für private Dienste, wie beispielsweise zur Wartung des Fahrrades von Lagerkommandant Franz.[315] Hingegen konnte auf das Baukommando zurückgegriffen werden, das nun regulär Aufräum- und Reparaturarbeiten nach Bombenangriffen auf den Werksstraßen, in und an Werksgebäuden und den Zufahrtswegen zu leisten hatte.[316] Es wurde außerdem als Transport- und Ladekolonne, zum Schneeschaufeln, Kohleschippen und bei der Wiederinstandsetzung fliegergeschädigter Wohnungen von Werksangehörigen eingesetzt, wovon die bombengeschädigte Villa des stellvertretenden Vorstandsmitgliedes und Personalchefs Dr. Romberg nicht ausgenommen blieb.[317] Aus den Reihen des Baukommandos wurde auch ein sogenanntes »Stadtkommando« aufgestellt, das möglicherweise auch von der örtlichen Luftschutzpolizei zu Aufräumarbeiten nach Bombenangriffen und zur Bombenentschärfung angefordert wurde.[318]

Zuständig für die »Erörterung der arbeitstechnischen Fragen« mit Lagerkommandant Franz war der Arbeitseinsatzingenieur.[319] Lagerkommandant Franz machte klar, daß es dabei um die Lenkung beliebiger Kontingente zu vakanten Arbeitsplätzen ging: »Mir wurde mitgeteilt, in welcher Anzahl und an welchen

---

313 Mustafa, 1976, S.212.

314 Wochenbericht Kommandoführer v. 15.10.1944 (Anm.55); Aussage des AI (Anm. 9), fol.29.

315 Div. Häftlingsaussagen, HStAWi, 770/25. Erhalten ist ein Schichtplan für den »Stubendienst in der Werkstatt«, wobei nicht klar ist, ob es sich um eine Werkstatt im Lager oder im Werk handelte, NA, RG338/000-12-534.

316 Die Arbeiten des Baukommandos in der Folgezeit entsprachen der Definition der »Einsatzgruppe 1« ausländischer Arbeiter in den AW (die Arbeiten des Produktionskommandos weitgehend der »Einsatzgruppe 2«), siehe Kap.II.3, Staatliche und betriebliche Repression, Anm. 118. Es wurde fortan auch als »Arbeitskommando« bezeichnet, Aussage des AI (Anm. 9), fol.26; Organisationsschema Arbeitseinsatz (Anm. 289).

317 Aussage da Vorstandssekr. Emmy S. bei der KP Ffm v. 22.10.1946, HStAWi, 770/25, fol.35.

318 Der Häftling René Kern berichtete über die Existenz eines »Todeskommandos« im Baukommando, »wo wir wie Vieh von der SS eingekreist, unter den bedrohenden Schlägen und Waffen der SS gezwungen wurden, die Zeitzünder wie auch nicht explodierte Bomben zu entschärfen«, PA, René Kern, K/11.2.86. Die darüber Aufschluß gebenden Arbeitseinsatzakten der Luftschutzpolizei im Frankfurter Stadtarchiv sind in den 1970er Jahren verschwunden, siehe Kap.IV.4, Die versäumte Erinnerung durch die Stadt Frankfurt, Anm. 103.

319 Aussage des AI (Anm. 9), fol.27.

Arbeitsplätzen KZ-Häftlinge benötigt werden. Die erforderliche Einteilung habe ich hierauf vorgenommen.«[320] Und der Arbeitseinsatzingenieur sprach davon, daß »hin und wieder ein Austausch von einem Häftling des Baukommandos mit einem Häftling aus dem Produktionseinsatz aus arbeitstechnischen Gründen vorgenommen« wurde.[321] Damit war nicht nur gemeint, daß gelegentlich auch das Baukommando auf 400 Mann erhöht oder das Werkskommando zu anderen Arbeiten herangezogen werden konnte.[322] Gemeint war vor allen Dingen der umstandslose »Ersatz« von arbeitsunfähigen oder toten Häftlingen für die Produktion. In den Werkstätten, wo »ein solcher Wechsel recht häufig geschah«,[323] machte man sich seine Gedanken: »wenn einer mal weggekommen ist, ist ein Neuer dazugekommen. Wenn einer gestorben ist oder so. Es war immer die gleiche Zahl gewesen« – so ein Einrichter.[324] Der Häftling Kazimierz Doszla folgerte, daß die Werksleitung »gleichgültig ohne jeglichen Protest dem Treiben der SS zusah [...], die das Ziel hatte, uns auszurotten. Die Direktion interessierte sich nicht für die massenhaften Todesfälle der Häftlinge, sie verlangte nur weitere neue Opfer zur Vervollständigung der Arbeitskolonnen.«[325]

Die Unternehmenspolitik der Adlerwerke war in der letzten Phase des Krieges mit Blick auf die bevorstehende Friedenswirtschaft längst nicht mehr an Effizienz oder kurzfristigen Gewinnen orientiert. Der Konflikt im Vorstand zwischen »Durchhaltefanatikern« und »Geschäftsleuten« war nach dem Märzangriff 1944 beigelegt worden. Eindeutig an erster Stelle stand jetzt die Rettung der Firmensubstanz, was sich unschwer an den personellen Dispositionen ablesen läßt. Während die kaufmännischen und technischen Köpfe in Sachen Betriebsverlagerung ständig auf Reisen waren, überließ man die Anstrengungen der Rüstungsproduktion für den »Endsieg« und die Probleme des Arbeitseinsatzes der Hierarchieebene unterhalb der Betriebsdirektoren.[326] Und diese konnte weder gegen

---

320 Vernehmung Kommandoführer Franz v. 30.9.1964 (Anm. 31), Bl.17. Kajetan Kosinski schreibt dazu: »Auf die Arbeitsplätze wurden wir durch das Los verteilt«, PA, Kajetan Kosinski, K/10.6.93.

321 Aussage des AI (Anm. 9), fol.26f.

322 Wochenbericht Kommundoführer v. 15.10.1944 (Anm. 55); PA, Ryszard Olek, G/16.10.90; Mustafa, 1976, S.199f. René Kern berichtete davon, daß sich »die verschiedenen Abteilungen oft stundenlang um die Häftlinge [stritten]«, PA, René Kern, K/11.2.86.

323 Aussage des Werkmeisters Josef F. bei der KP Ffm v. 12.11.1946, HStAWi, 770/25, fol.58.

324 PA, Einrichter Bruno N., G/1987.

325 Aussage des Häftlings Kazimierz Doszla bei der KP Ffm v. 2.12.1946, HStAWi, 770/25, fol.105; vgl. das Schr. von K. Doszla an den Einrichter Wilhelm B. v. 21.8.1946, ebd., fol.70.

326 Der Betriebsdirektor vom Werk 1, Hermann F., war »zur Zeit des [Häftlings]Einsatzes mit umfangreichen Arbeiten einer Betriebsverlegung beschäftigt«, so daß »alle laufenden Betriebsarbeiten von den einzelnen Betriebsleitern, Obermeistern und Meistern erledigt werden mußten«, Aussage Hermann F. bei der KP Ffm v. 23.10.46, HStAWi, 770/25, fol.20. Das designierte Vorstandsmitglied Friedrich L. »war zur Zeit der Vorkommnisse im Zweigwerk in

die SS-Lagerführung noch gegen die »Hardliner« aus dem Gefolgschaftsamt und den Stab des Abwehrbeauftragten bessere Arbeitsbedingungen für die Häftlinge durchsetzen.[327] Stellt sich die Frage, inwieweit die rücksichtslose Behandlung der Häftlinge geeignet war, das mangelnde Interesse der Firmenleitung an ihrem effizienten Einsatz gegenüber den Rüstungs- und Parteidienststellen zu verdekken. Angesichts der durch die Fliegerangriffe entstandenen »Gefahr völliger Vernichtung« aller Kapitalwerte, wie sich Generaldirektor Hagemeier später einmal ausdrückte, blieb für Rücksichtnahmen auf die Firmenreputation, für die der Tod so vieler Häftlinge in der Nachkriegszeit voraussehbar eine schwere Hypothek sein würde, wohl kein Raum.

Arbeitsbedingungen – zum Verhalten der Werksangehörigen

»Eigentlich ging alles ineinander über: Arbeit, Rückkehr in die Halle, wo wir schliefen, Schlaf – und immer dasselbe – Hunger, Arbeit, Schlaf, keinerlei freie Zeit«, beschrieb Andrzej Branecki die Situation in den Adlerwerken.[328] Das SS-WVHA schrieb in seinen Arbeitseinsatzrichtlinien mindestens einen Elf-Stundentag vor. Dem wurde nur anfangs in der Tagesschicht entsprochen, während nachts zwölf Stunden gearbeitet wurde, beide Schichten mit jeweils einer halben Stunde Pause.[329] Die in der Produktion eingesetzten Häftlinge arbeiteten jeweils zur Hälfte in der Tages- bzw. Nachtschicht, teil- oder zeitweise

---

Bruchköbel eingesetzt«, Aussage von Friedrich L. bei der KP Ffm v. 8.8.46, ebd., fol.19. Der Leiter des Baustabes, Walter A., war seit dem Spätherbst 1944, im »Auslagerungsbetrieb Wächtersbach beschäftigt« und »nur noch vorübergehend in Frankfurt«, Aussage Walter A. bei der KP Ffm v. 22.10.1945, ebd., fol.35. Generaldirektor Hagemeier schließlich war durch die geplante Untertageverlagerung »in das Kaliwerk Ellers bei Fulda in Anspruch genommen«, siehe »Einsatz von Häftlingen bei den Adlerwerken« (Anm. 2), fol.35. Er zog es vor, das Kalibergwerk vor der Zerstörung durch Hitlers Befehl der »verbrannten Erde« zu retten, was ihm nach dem Krieg als Widerstandshandlung hoch angerechnet wurde, siehe Spruchkammerurteil v. 21.4.1948, AGFfm, HRB/386, fol.150.

327 Vgl. hierzu den nächsten Abschnitt sowie den offensichtlichen Dissens wegen der von der SS unterschlagenen Zigarettenprämien für die Häftlinge zwischen Meistern, Abteilungs- u. Betriebsleitern einerseits und der Werksleitung andererseits, Anm. 305.

328 PA, Andrzej Branecki, K/15.1.93; vgl. auch PA, Jerzy Kamasinski, G/15.10.90.

329 Vgl. dazu Karny, 1987. Zur Arbeitszeit s. Kaienburg, 1991, S.326 u. S.329f.; Wochenbericht Kommandoführer v. 15.10.1944 (Anm. 55); Kojer/Kaczmarski, 1985, S.3.

auch in wöchentlicher Wechselschicht.[330] Das Baukommando wurde nur in der Tagesschicht eingesetzt, die man ab Dezember 1944 ebenfalls auf zwölf Stunden ausdehnte.[331] An die vom SS-WVHA vorgesehene halbtägige Sonntagsruhe können sich die Häftlinge nicht erinnern – sie wurde zugunsten einer 84-Stundenwoche ignoriert.[332] Organisatorisch war dies durch die Einzelteilefertigung für Zulieferungen und eine Überstunden- und Schichtenregelung für das Aufsichtspersonal möglich, so daß unabhängig von der Fließbandmontage die Häftlinge länger beschäftigt werden konnten als der Gesamtbetrieb.[333] Der Vorstand argumentierte nach dem Krieg mit dem Begriff der »reinen Arbeitszeit«, die »von Oktober 1944 bis März 1945 im Durchschnitt arbeitstäglich kaum 6 Stunden erreicht« hätte, da Fliegeralarme und Materialengpässe »das Einlegen vieler Ruhepausen« bedingten.[334] Ein Stundenausfall in dieser Größenordnung läßt sich jedoch erst ab Februar 1945 und nur für das Produktionskommando bestätigen, da das Baukommando logischerweise nicht auf Zulieferungen angewiesen und nach Fliegerangriffen in besonderem Maße gefragt war. Nicht die Arbeit, sondern »wir waren weniger«, bemerkte denn auch Ryszard Olek.[335] Arbeitsunterbrechungen infolge Materialmangels mußten stehend an den Maschinen oder bei Luftangriffen zusammengedrängt in den zum Teil unsicheren Schutzräumen verbracht werden. »Wehe dem«, so Max Loock, »der vor Erschöpfung eingeschlafen wäre, dann sorgten die SS-Posten mittels Kolbenstößen für schnellstes Erwachen.«[336]

Die besonders von Fliegeralarmen betroffene Nachtschicht (Arbeitszeit 18-6 Uhr) mußte Arbeitsausfälle nach Schichtende nacharbeiten, d.h. »die Unterkünfte bis zum Mittagessen aufräumen, für die SS-Männer die Kartoffeln schälen oder sie wurde[n] zum Bahnhof getrieben, um Waggons mit Schrott zu entladen«.[337] In so einer Nachtschicht, berichtet der nach der Arbeitszeit zum Toilettenputzen verdonnerte Ryszard Olek, »konnte man es vielleicht zwei, drei Wochen aushalten«.[338] Sie bedeutete permanenten Schlafentzug: Neben den

---

330 Aussage des Direktionsassistenten Albert E. beim Hess. LKA v. 6.3.1963, ZStL, Bl.290; ferner Aussage des Häftlings Gottlieb Sturm (Anm. 165), fol.30; und Aussage des Häftlings Heinz Aber bei der KP Ffm v. 11.11.1946, HStAWi, 770/25, fol.56.

331 Aussage des Leiters der Hilfswachmannschaft Wilhelm R. in seinem Spruchkammerverfahren 1948, HStAWi, 520/F, R.; zur 12-stündigen Arbeitszeit siehe zahlreiche Häftlingsaussagen in HStAWi, 770/25.

332 PA, Kajetan Kosinski, K/10.6.93; PA, Wladyslaw Jarocki, K/3.2.93; PA, Andrzej Branecki, K/15.1.93; PA, Jan Kozlowski, K/18.1.93.

333 Vgl. die Aussage des Häftlings Jerzy Kamasinski über 2 Meister im Schichtdienst weiter unten im Text, PA, Jerzy Kamasinski, G/15.10.90.

334 »Einsatz von Häftlingen in den Adlerwerken« (Anm. 9), S.8.

335 PA, Ryszard Olek, G/16.10.90.

336 Bericht des Häftlings Max Loock (Anm. 168), fol.50.

337 Mustafa, 1976, S.200.

Zusatzarbeiten wurden die Häftlinge tagsüber mit der obligatorischen Leibesvisitation, die Diebstahl aus dem Werk verhindern sollte, mit Appellen und Alarmen auf Trab gehalten. Max Loock schätzte die den Häftlingen verbleibende Ruhezeit auf drei Stunden.[339] Die Richtlinien des SS-WVHA: keine Tagesarbeit für Nachtschichten, sieben- bis achtstündige und ungestörte Nachtruhe.[340]

Die Tagesschicht begann zwei Stunden vor Arbeitsbeginn, morgens um fünf Uhr, mit dem Wecken und Heraustreiben der Häftlinge auf die »Terrasse«. Um 5.30 Uhr gab es »Frühstück« in der Schlafhalle, danach ging es wieder auf den Dachboden zum Frühappell, der sich häufig bis zu einer Stunde hinzog.[341] Mit der neuen Schichtzeit ab Dezember 1944 (6.30 Uhr) wurde der Beginn der gesamten Morgenprozedur auf 4.30 Uhr vorverlegt.[342] Ab der zweiten Dezemberhälfte wurde der Frühappell und offenbar auch das »Frühstück« in den Aufenthaltsraum im dritten Stock verlagert, der zwar noch eine Baustelle war, womit aber wenigstens der eintretenden Kälteperiode Rechnung getragen wurde. Das »Frühstück« wurde nach dem Appell ausgegeben; kaum hatte der letzte Häftling seine Portion empfangen, trieben SS-Posten und der stellvertretende Leiter der Hilfswachmannschaft, Karl Faust, zum Arbeitseinsatz.

»Der Gang vom Aufenthaltsraum zur Arbeitsstätte«, so der Häftling Max Loock, »verdient es, besonders geschildert zu werden. Vom 3. Stock bis auf den Hof waren es ca. 100 Stufen, dann 100-150 Meter über den Hof zwischen den Fabrikgebäuden und nochmals 50 Stufen zum Arbeitsraum. Am schlimmsten waren hierbei die 100 Stufen abwärts. Wer dabei ohne Kolbenschläge und Gummischlauchschläge davonkam, konnte von Glück sagen. Auf dem Wege zwischen den Gebäuden stand eine SS-Postenkette und regierte mit Kolben und Gummischlauch. Jeder war froh, wenn er im Arbeitsraum an seiner Maschine stand.«[343] Am Abend nach der Arbeit (18 Uhr) wurden diejenigen Häftlinge, die nicht schon am Arbeitsplatz zusammengebrochen und von ihren Kameraden bereits zurückgetragen worden waren, »wie eine große Herde müder Schafe unter schwerster Bewaffnung und mit der Knute versehen« in das Lager zurückgetrieben. Appelle, Esseneinnahme: »Nachtruhe« – bei ständig brennendem Licht und permanenten Fliegeralarmen.[344]

---

338 PA, Ryszard Olek, G/16.10.90.
339 Bericht des Häftlings Max Loock (Anm. 168), fol.50.
340 Kaienburg, 1991, S.328.
341 Diese und alle weiteren Angaben zum Lageralltag bei: Kojer/Kaczmarski, 1985, S.3ff. Die Anweisungen des SS-WVHA sahen dagegen eine kräfteschonende Appelldauer vor, Kaienburg, 1991, S.327.
342 Siehe u.a. Bericht des Häftlings Max Loock (Anm. 168), fol.50.
343 Ebd.
344 Bericht Elisabeth B. (Anm. 34), fol.53.

Wie aus dem Vertrag einer anderen Firma, der »Ost-Maschinenbau GmbH«, bekannt ist, verlangte das SS-WVHA von der Industrie: »Sofern üblicherweise Arbeitsschutzkleidung gestellt wird, ist diese auch für die Häftlinge bereitzustellen.«[345] Die Häftlinge der Adlerwerke mußten in der Gefangenenkleidung arbeiten und schlafen. Dabei durften die Waschbecken der Werkstoilette, aufgrund der Situation im Lager für viele die einzige Reinigungsmöglichkeit, nicht in jedem Fall benutzt werden.[346] Dies führte dazu, daß die metalleingestaubten Häftlinge aus der Produktion wegen mangelnder Hygiene für Krankheiten besonders anfällig waren.[347]

Da in den Werkstätten der Häftlinge die durch Bomben zerstörten Fensterverglasungen lediglich durch Blechbeschläge ersetzt waren, mußte in »eisigen Fabrikhallen« gearbeitet werden. Dem Ofen am Frühstückstisch der Meister durften sich die Häftlinge »nicht nähern«.[348] Sowohl aus der Produktion als auch vom Baukommando wurden Fälle bekannt, wo Häftlinge, die sich auf der Maschinenmotorhaube oder an »offenen Kohlenkorböfen« zu wärmen versuchten, von einem Einrichter und von Karl Faust mißhandelt wurden.[349] Als ein Wachmann des bei Wind und Wetter arbeitenden Baukommandos für die Häftlinge Feuer machte und ein Regendach aufstellte, wurde dies von Karl Faust rigoros unterbunden.[350]

Schweißarbeiten bei Montagearbeiten riefen schwere Augenentzündungen hervor, da es nur in der Produktion Schutzbrillen gab. Die Häftlinge versuchten, sich durch selbstgebastelte Brillen zu behelfen.[351] Auch Arbeitshandschuhe, Arbeitsschuhe oder Bauhelme waren nicht vorhanden. Die Folgen für die Transport- und Ladekolonne im Baukommando beschreibt Jozef Marcinkowski: »Diese Gruppe erfüllte verschiedene Funktionen. Meistens jedoch wurde sie zum Güterbahnhof zum Entladen von Waggons mit Metallschrot getrieben. Das war schwere und gefährliche Arbeit. Die Häftlinge waren hungrig und schwach vor Erschöpfung. Sie hatten keine Schutzhandschuhe. Sie arbeiteten in Holzschuhen. Das Tempo beim Entladen war mörderisch. Das Altmetall war schwer und scharfkantig. Fast täglich kehrten sie mit Wunden zurück, das waren hauptsächlich Quetschungen an Händen und Füßen. Jede solche Quetschung und

345 Zitiert nach: Piper, 1991, Dok.3b.
346 Mustafa, 1976, S.199f.
347 Kojer/Kaczmarski, 1985, S.6.
348 Ebd., 1985, S.4; PA, Andrzej Branecki, K/22.3.93.
349 Aussage des Häftlings Gottlieb Sturm bei der KP Ffm v. 9.11.1946, HStAWi, 770/25, fol.47; Aussage der Werksangehörigen Luise R. im Strafverfahren Faust v. 14.5.1946 (Anm. 35), fol.90.
350 Aussage des Werksangehörigen Adolf G. v. 14.5.1945, ebd., fol.89.
351 PA, Josef Jozwiak, G/20.11.85.

sogar weniger komplizierte Verletzungen endeten mit Blutvergiftung und Tod.«[352] Wieviele Verletzte und Todesopfer der fehlende Arbeits- und Unfallschutz unter den Häftlingen forderte, ist unbekannt. Blutvergiftung, meist infolge Zellgewebseiterung, führte jedoch zu mindestens 34 Todesfällen und gehörte mit 7,3% zu den häufigsten Todesursachen.[353]

Lagerkommandant Franz behauptete nach dem Krieg, er habe »die kranken und gebrechlichen Häftlinge [...] der Leitung der Adlerwerke als arbeitsunfähig gemeldet«.[354] Der Vorstand führte hierzu aus, daß »die SS-Wachmänner Häftlinge, die nach Ansicht der Ärzte und des Lagerführers arbeitsfähig waren, schichtweise in die Adlerwerke [führten]. Zeigte sich bei der Arbeit, daß die Häftlinge schonungsbedürftig oder krank waren, wurden sie von den Abteilungsleitern der Adlerwerke an das Lager zur ärztlichen Untersuchung und Behandlung zurückgegeben.«[355] An anderer Stelle räumte er ein, daß »die schonungsbedürftigen Häftlinge mit leichten Arbeiten im SS-Lager beschäftigt [waren], oder sie waren vereinzelt im Werk tätig, wo die Arbeit ihren körperlichen Zustand und der Anweisung des SS-Lagerarztes angepasst war«.[356] Die beschriebene Rücksichtnahme erscheint sehr unglaubwürdig, da weder die Befunde der Betriebsärztin noch diejenigen der Häftlingsärzte überhaupt zur Kenntnis genommen wurden. Trotz Krankschreibung, so die Betriebsärztin Frau Dr. Hellriegel nach dem Krieg, hat man die Häftlinge »wieder an die Maschine gestellt«.[357] Ryszard Olek berichtet, welche Reaktion seine Erkrankung im Werk auslöste: »Ich habe zu Anfang an der Schleifmaschine, dann an der Bohrmaschine gearbeitet. Nach einer Weile habe ich schon eine nasse Hose gehabt, weil die Geschwüre an den Beinen aufgegangen sind. Da kam so ein Hitler-Deutscher und sagte: ›Arbeiten, schneller arbeiten!‹ Ich habe gesagt: ›Nichts Essen, nichts arbeiten‹ – halb polnisch, halb deutsch. Er holte einen SS-Mann. Der brachte mich in einen Duschraum und hat mich mit dem Gewehrkolben verprügelt. Er wollte mir damit auf den Kopf schlagen, wollte mich töten. Ich habe mir die Hände über den Kopf gehalten. Aber er hat mich nicht getötet, weil es ihm vielleicht in der Halle nicht recht war. Beim Abendappell hat man meinen Namen gerufen. Ich mußte den ganzen Abend während des Essens in einer gebückten Haltung stehen. Es stand ein SS-Mann dabei. Wenn ich umgefallen wäre, so hätte er mich erschossen.«[358] Ein Wachmann des Baukommandos gab zu Protokoll:

352 Mustafa, 1976, S.79.
353 StandAFfm, Sterberegister 1944/45.
354 Vernehmung Kommandoführer Franz 30.9.1964 (Anm. 31), Bl.19.
355 »Einsatz von Häftlingen in den Adlerwerken« (Anm. 9), S.7.
356 »Einsatz von Häftlingen bei den Adlerwerken« (Anm. 2), fol.39.
357 PA, Betriebsärztin Dr. Hellriegel, G/1990.
358 PA, Ryszard Olek, G/15.10.90.

»Ende Januar, Anfang Februar 1945 hatte ich einen polnischen Arbeiter, der mir gesagt hatte, daß er krank sei, sich neben hin stellen lassen. [...] Faust hat, als der dazukam, die Schaufel des Polen genommen und ihn mit dem Schaufelstiel geschlagen.«[359]

Aufgrund der schlechten Einarbeitung, Übermüdung und extremer Auszehrung liefen die Häftlinge ständig Gefahr, durch Arbeitsfehler Maschinenvorrichtungen oder Werkstücke zu beschädigen. Die Angst davor war allgegenwärtig, wie Ryszard Olek verdeutlicht: »Um so einen Kolben zu machen, mußte man an der Schleifmaschine schleifen. Wenn so ein Kolben kaputtgegangen wäre, wenn ich etwas falsch gemacht hätte, wäre ich erschossen worden. An der Maschine konnte man durch Überschleifen kleine Fehler machen. Sie haben das sehr, sehr bestraft.«[360] Die Disziplinarstrafgewalt über die Häftlinge auch am Arbeitsplatz lag beim SS-Lagerkommandanten und wurde nach Arbeitsschluß im Lager vor versammelter Arbeitsgruppe vollzogen. Beispielsweise wurde der Versuch einer Kontaktaufnahme zu zivilen Zwangsarbeitern mit mindestens fünf Stockhieben bestraft, 25 Stockhiebe erfolgten, wenn anläßlich von Fliegeralarmen die Häftlinge vergaßen, Maschinen oder das Licht im Arbeitsraum abzustellen. Bis zu 30 Stockhiebe wurden verabreicht, wenn die Häftlinge am Arbeitsplatz einschliefen.[361]

Produzierte ein Häftling Ausschuß, konnte die vorgeschriebene Meldung an den Lagerkommandanten unterlaufen werden, wenn Meister und Einrichter stillschweigend für Reparatur und Ersatzbeschaffung sorgten, wie dies im Fall von Ryszard Olek geschah: »Ich bin einmal eingeschlafen und da ist der Schleifstein kaputtgegangen. Damals hat der Deutsche [Meister] mich gerettet. Er hat einige Steine gebracht und es wieder gut gemacht – niemand hat davon etwas gehört.«[362] Meldungen von SS-Posten oder Kapos blieben ohne letzte Konsequenz, wenn sich wie bei dem als Dreher beschäftigten Häftling Stanislaw Madej der Meister für ihn verwendete, »als ich aus Versehen eine Maschine beschädigte. Nach der Rückkehr von der Arbeit wurde beim Appell unter anderen meine Nummer aufgerufen, mit der Absicht, das Todesurteil durch Erhängen auszuführen. Allein dank der Intervention meines Meisters wurde die Strafe in 30 Schläge mit dem Gummiknüppel umgewandelt.«[363] Wurden Arbeitsfehler als »Sabotage« interpretiert, drohte die Todesstrafe, vorausgesetzt, es erging eine Meldung von den Meistern und Einrichtern auf dem Dienstweg an die Betriebs-

359 Aussage des AW-Hilfswachmanns Wilhelm Andreas M. im Strafverfahren Faust v. 14.5.1946 (Anm. 35), fol.89.

360 PA, Ryszard Olek, G/16.10.90.

361 Bericht des Häftlings Max Loock (Anm. 168), fol.51; ferner Kojer/Kaczmarski, 1985, S.7.

362 PA, Ryszard Olek, G/16.10.90.

363 Fragebogen Stanislaw Madej v. Juni 1992, KZGMa.

führung, die dem Lagerkommandanten einen Bericht vorlegen mußte.[364] Allerdings soll der SS-Lagerkoch Weiß auch willkürlich Häftlinge erschossen haben, »weil sie an der Arbeit eine Kleinigkeit verkehrt gemacht hatten, und man habe dies als Sabotage ausgelegt«.[365] Die Androhung der Sabotagemeldung gehörte zu den systematischen Druckmitteln zur Aufrechterhaltung der Arbeitsdisziplin. Der im Werk I als Bohrer eingesetzte Häftling Jerzy Kamasinski: »Es waren zwei Meister, die hatten Wochenschichten. Ich hatte einen älteren Meister, der ein guter Mensch war. Der andere, ein junger, hat immer geschrien: ›Schnell, schnell‹. Als ich die Gewinde machte, hatte ich einmal vergessen, die Maschine in den Langsamlauf zu stellen. Das waren 1800 Umdrehungen, und es ist abgebrochen. Der Meister hat geschrien, daß ich schon so viele kaputtgemacht hätte. Wenn noch vier dazukämen, würde es als Sabotage betrachtet und ich würde aufgehängt werden.«[366]

Auf den Meistern, Einrichtern und Kolonnenführern lastete erheblicher Leistungsdruck von Seiten der Werksleitung, die nach den Angaben eines Einrichters die Direktive ausgab, »die Leute zur Arbeit anzutreiben« und bei Unterschreitung des Arbeitspensums Zurechtweisungen erteilte.[367] Der Leiter des Baukommandos drohte einem Kolonnenführer mit der Einweisung in das Lager Katzbach, wenn er »die Leute nicht mehr antreiben würde«.[368] »Ich bin immer gefragt worden, wieso tun Sie denn keinen melden?« – berichtete der Einrichter Bruno N.[369] Besagter Einrichter erreichte das Arbeitssoll durch ein gutes Verhältnis zu den Häftlingen, andere hielten dem Druck von oben nicht stand. Der als Kontrolleur bei den Schweißern in der Produktion eingesetzte Kazimierz Wlodarczyk berichtet davon, daß er nach einem Arbeitsfehler nicht nur von seinem Meister getreten, sondern daraufhin auch von SA-Männern des Werkschutzes attackiert wurde: »Plötzlich sind Männer in braunen Mänteln erschie-

---

364 Rundschr. des SS-WVHA an die Lagerkommandanten betreffs »Sabotage von Häftlingen in R-Betrieben« v. 11.4.1944, BAK, NS3/427.

365 Aussage des Heizers der Ackermannschule Czeslaw C. bei der KP Ffm v. 7.12.1946, HStAWi, 770/25, fol.113.

366 PA, Jerzy Kamasinski, G/15.10.90.

367 Der Häftling Gottlieb Sturm zitiert hier eine ihm gegenüber gefallene Äußerung des Einrichters Hans L., der dies indirekt vollauf bestätigte, siehe gegenüberstellende Aussagen des Häftlings Gottlieb Sturm und des Einrichters Hans L. bei der KP Ffm v. 9.11.1946, HStAWi, 770/25, fol.47. Der Kantinenpächter der AW, Friedrich L., wußte vermutlich aus Abteilungsleiterbesprechungen zu berichten, daß dort der Abwehrbeauftragte Dr. Engelmann immer verlangte, »daß die Gefangenen kurz und scharf angefasst werden müßten. Er war bestimmt der Hauptantreiber und derjenige, der mit kalter Berechnung die äußerste Ausnützung der Gefangenen verlangt und durchgedrückt hat«, Aussage bei der KP Ffm v. 9.11.1946, ebd., fol.46.

368 Aussage des AW-Hilfswachmanns Wilhelm M. im Spruchkammerverfahren von Wilhelm R. 1948, HStAWi, 520/F, R.

369 PA, Einrichter Bruno N., G/1987.

nen und es gab Schläge von hinten, von vorne, und dann habe ich geschrien, daß ich keine Schuld hatte.«[370] Darüber hinaus, so die Häftlinge, habe man sich zur Bestrafung der Kapos bedient, auch, wenn beispielsweise nur »ein Häftling mal keine Arbeitsnummer trug«.[371] Ein Werksangehöriger bestätigte, wie ein Kapo »die Häftlinge bei jeder nur denkbaren Gelegenheit prügelte. Sobald einer der Häftlinge mal einen Augenblick still stand, schlug er ihn mit der Faust oder aber irgendeinem Gegenstand, den er gerade in der Hand hatte, ins Gesicht und über den Kopf.«[372] Einige Häftlinge berichteten auch, die Meister hätten geschlagen.[373] Max Loock notierte seine Erfahrungen mit zwei Meistern, »die durch ihren allzugroßen Arbeitseifer, ja man kann wohl sagen Strebergeist, dazu beigetragen haben, daß mancher Häftling geschlagen, gestoßen und verprügelt wurde. Wenn diese Herren heute sagen, ja was wollen Sie von mir, ich habe doch keinen geschlagen, so soll das auch nicht behauptet werden, aber ihre Haltung und ihr Antreiben haben bewirkt, daß das, wovon sie sich freisprechen wollen, von der SS im reichlicheren Maß ausgeführt wurde.«[374]

Es gab eine Reihe von Häftlingen, die über das Verhalten der Werksangehörigen ein überwiegend positives Urteil fällten. Dabei gingen die Urteile über das Aufsichtspersonal mitunter der Stellung in der Häftlingshierarchie entsprechend weit auseinander. Über einen Meister, den Max Loock anklagte, äußerte der Kapo Johann Kopec, daß er sich »hervorragend benommen [hat], da er uns sogar Medikamente beschaffte«.[375] Auch konnten humane Gesten den Charakter persönlicher Gratifikationen tragen, wie im Fall von Ryszard Olek, der wegen seiner guten Arbeit als einziger in der Abteilung von seinem Meister Brot »in der Zeitung eingewickelt an die Maschine gelegt [bekam], damit es niemand sieht. Er hat große Angst gehabt.«[376] Andrzej Branecki: »Es gab welche, eine ganz kleine Gruppe, die uns geholfen haben, so wie sie konnten. Ich zum Beispiel hatte so einen Meister, der mir, als ich an der Maschine stand, ein Stückchen Brot gegeben hat. Aber er hat mir gesagt, ich soll nur dann das Brot nehmen, wenn der Großmeister mich nicht sieht, und der war bei der SA.«[377] Im Baukommando gab es etliche Kolonnenführer, die sich nicht durch die Scharfmachereien ihrer Führer beirren ließen und Unterstützung durch Passanten zuließen: »Es waren

370 PA, Kazimierz Wlodarczyk, G/15.12.93.

371 Aussage des Häftlings Gottlieb Sturm bei der KP Ffm v. 9.11.1946, HStAWi, 770/25, fol.47.

372 Aussage des Werksangehörigen Georg F. bei der KP Ffm v. 19.11.1946, ebd., fol.79.

373 Kojer/Kaczmarski, 1985, S.8; Aussage des Häftlings Gottlieb Sturm (Anm. 165), fol.31; PA, Kazimierz Wlodarczyk, G/15.12.93.

374 Bericht des Häftlings Max Loock (Anm. 168), fol.51a.

375 Aussage des Häftlings Johann Kopec bei der KP Ffm v. 16.11.1946, HStAWi, 770/25, fol.92.

376 PA, Ryszard Olek, G/16.10.90.

377 PA, Andrzej Branecki, G/18.12.93.

meist Kartoffeln, Kleinigkeiten, die uns zugesteckt wurden. Wie ich im Außendienst bei Straßenarbeiten war, habe ich auch ein Stück Brot zugeschmissen bekommen. Der Zivilführer von uns hat sich jedesmal umgedreht, wenn uns was zugeschmissen wurde.«[378] Max Loock würdigte die Hilfe des Prüfers Emil K.: »Obschon es bekannt gemacht war, [...] daß jeder Umgang mit uns als Landesverrat angehen und bestraft würde, hat Herr K. mir jeden Tag Brot, Marmelade, Mittagessen, Pellkartoffel, Kaffee und die Zeitung zugesteckt. Ebenfalls hat er öfters 2 Juden und noch anderen Häftlingen meiner Abteilung Lebensmittel gegeben. Ich für meine Person kann nur sagen, daß Herr K. mein Lebensretter war.«[379] Und auch Heinz Aber erwähnt ein Beispiel von Zivilcourage, den Einrichter Willi K., der ihm öfters Brot, Zigaretten und Zeitungen schenkte.[380] Es gab Betriebsangehörige, Nachbarn und vor allem auch zivile Zwangsarbeiter, die das Schicksal der Häftlinge zutiefst beunruhigte. Sprechen konnte man darüber nicht. So berichtete die Werksangehörige Elisabeth B.: »Ich kam morgens früher ins Büro und ging abends später weg, suchte die Leute und habe ihnen oft unter den schwierigsten Umständen und großem Herzklopfen heimlich etwas zu essen hingelegt. Heute bin ich froh, daß ich es getan habe. Es gab nur wenige Menschen, mit denen man mal ein klein wenig darüber reden konnte und die genauso handelten wie ich.«[381] Diese beherzte Haltung war nicht risikolos. Der Dreher Peter Stamm aus der Zahnradfräserei hatte einem Häftling Brot zustecken wollen, war erwischt worden und wurde »wegen verbotenen Umgangs mit KZ-Häftlingen« drei Tage im Polizeigefängnis inhaftiert.[382]

Die SS hielt sich in den Werkshallen nicht mit Appellen, Schikanen und Willkürakten, und auch nicht mit Mord und Totschlag zurück. Der Einrichter Bruno N. erwähnt, daß die Häftlinge von der SS mit einem »Ochsenziemer« am Arbeitsplatz geschlagen wurden.[383] Wenn die Häftlinge ein Anliegen, etwa auf die Toilette gehen zu dürfen, vorbrachten, hatten sie auf der Stelle zu traben.[384] Selbst harmlose Disziplinarvergehen konnten nach der Arbeitszeit mit dem Tod geahndet werden, wie die Aussage von Heinz Meyer deutlich macht: »Ein Häftling mußte einmal austreten, bekam aber dazu von dem Wachposten keine Erlaubnis. Der Häftling [...] verrichtete daraufhin seine Notdurft unmittelbar an der Maschine. Ich habe das gesehen, weil ich sein Nachbar am Arbeitsplatz war.

---

378 PA, Josef Jozwiak, G/20.11.85.

379 Bericht des Häftlings Max Loock (Anm. 168), fol.52.

380 Aussage des Häftlings Heinz Aber bei der KP Ffm v. 11.11.1946, HStAWi, 770/25, fol.56.

381 Bericht Elisabeth B. (Anm. 34), fol.54.

382 HStAWi, 486; vgl. die Aussage des Einrichters Hans K. bei der KP Ffm v. 14.11.1946, HStAWi, 770/25, fol.67; Bekanntmachung des Gefolgschaftsamtes I v. 16.12.1944, BRTA.

383 PA, Einrichter Bruno N., G/1987.

384 PA, Wladyslaw Jarocki, G/14.10.90.

Der SS-Posten hat das auch gesehen, ging zu dem Häftling und sagte, das sei Sabotage und er würde ihn melden. Am Morgen dann, nach der Schicht, als wir in unsere Unterkunft zurückgingen, wurde der Häftling von zwei SS-Posten abgeführt. [...] Später wurde dann erzählt, daß der Häftling im Fahrstuhl erschossen wurde.«[385] Kajetan Kosinski, der sogar vom Bajonett-Einsatz der SS gegen Häftlinge bei der Arbeit berichtet, erinnert sich, »wie an einem benachbarten Arbeitsplatz ein Aufseher einen Mithäftling erschlug, indem er mit dem Karabinerkolben auf ihn eindrosch, weil dieser seiner Meinung nach zu langsam arbeitete«.[386] Nach den Angaben von Werksangehörigen wurden verschiedentlich Interventionen zugunsten der Häftlinge unternommen, doch ohne Erfolg. Betriebsleiter Karl D. erinnerte sich an folgenden Vorfall: »Einmal an einem Mittag, sah ich, wie ein SS-Wachmann, das Gewehr auf dem Rücken, mit einem Ventilationsriemen auf einen Häftling einschlug, weil dieser ihm keinen Platz machte.«[387] Karl D. sprach den Wachmann auf seine Prügelei an und erhielt prompt einen Anruf von Lagerkommandant Franz, der sich jede Einmischung verbat. Bei anderer Gelegenheit drohte Franz gegenüber dem Abteilungsleiter Josef W.: »Sagen Sie ihren Leuten, daß ich, wenn ich den Hörer in die Hand nehme, mit der Gestapo sprechen würde.«[388] Der Leiter des Baustabes, Walter A., protestierte einmal gegen die Mißhandlung zweier Bauhäftlinge durch SS-Unterscharführer Lendzian, worauf ihm von Franz der »Schlafanzug« angedroht und er am nächsten Morgen zur Gestapo vorgeladen wurde.[389]

Symptomatisch für den Stil der Nachkriegsrechtfertigungen ist folgende Einlassung des Abwehrbeauftragten Dr. Engelmann: »Von Mißhandlungen während der Arbeit, auf dem Weg zur Arbeit oder im Lager selbst ist mir nichts bekannt.«[390] Wohlgemerkt, Engelmann bestritt damit auch die permanenten Mißhandlungen durch die SS. Dabei gab er selbst Anlaß zu Schlägen. Von den Häftlingen wurden »Ehrenbezeugungen« durch Abnahme ihrer Mützen gegenüber SS und Werksaufsicht verlangt, was wieder einmal nicht den Anordnungen des SS-WVHA entsprach.[391] Nach den Beobachtungen eines Einrichters wurde »in Gegenwart Dr. Engelmanns ein KZ-Häftling von einem SS-Mann geschlagen, weil er die Mütze nicht gezogen hatte«.[392] Bis auf eine Ausnahme, so

385 Aussage des Häftlings Heinz Meyer beim Hess. LKA v. 4.8.1969, ZStL, Bl.509.
386 PA, Kajetan Kosinski, K/10.6.93.
387 Aussage des Betriebsleiters Karl D. bei der KP Ffm v. 18.11.1946, HStAWi, 770/25, fol.72.
388 Aussage des Abteilungsleiters Josef W. bei der KP Ffm v. 12.11.1946, ebd., fol.59.
389 Aussage des Oberingenieurs Walter A. bei der KP Ffm v. 22.10.1946, ebd., fol.34.
390 Aussage des Abwehrbeauftragten Engelmann beim OStA des LG Ffm v. 7.7.1947, ZStL, Bl.159.
391 Kaienburg, 1991, S.327.
392 Aussage des Einrichters Karl S. v. 3.5.1948 im Spruchkammerverfahren Engelmann, 520/F, Dr. Franz Engelmann.

Generaldirektor Hagemeier nach dem Krieg, »ist mir auch nichts davon bekannt geworden, daß Häftlinge geschlagen, gequält oder mißhandelt wurden«. Gemeinsam mit Fertigungsleiter Sörensen habe er sogar einen Sonntag geopfert, Franz sowie den SS-Posten zu sich bestellt, »und wir konnten dann im Laufe einer Untersuchung feststellen, daß der betreffende Wachmann den Häftling nur angestoßen haben wollte. Ich selbst habe damals eindeutig zum Ausdruck gebracht, daß ich unter keinen Umständen dulde, daß in den Adlerwerken Häftlinge geschlagen werden. Außerdem bestand eine Betriebsanweisung, [...] nach der es verboten war, die Häftlinge zu schlagen.«[393] Diese Aussage von Hagemeier ist vor allem daran zu messen, wie es die Werksleitung mit ihrer selbst gestellten Hilfswachmannschaft hielt. Ihr Leiter, der SA-Truppführer Wilhelm R., pflegte ein geselliges Verhältnis zur SS.[394] Selbst belastet, gab er sich über die Exzesse seines Stellvertreters Faust unwissend. Dieser brachte durch sein Auftreten sogar seine Kollegen in Rage. Ein Hilfswachmann: »Er ging nur in der SA-Uniform rum und fühlte sich als kleiner Hitler. Bei den meisten Arbeitern der Adlerwerke war er unbeliebt und gefürchtet, denn nicht nur die Häftlinge verfolgte er, auch die deutschen Arbeiter, die nicht seine Gesinnung hatten, mußten befürchten, von Faust zur Anzeige gebracht zu werden. [...] Bei Belehrungen und Besprechungen war Faust der Wortführer und hierbei betonte er immer wieder, daß die Bewachungsmannschaften zu human wären und die Häftlinge nicht scharf genug anfassen würden. Seine Worte waren: ›Die gehören geschlagen und nochmals geschlagen.‹«[395] 21 Arbeiter stellten sich nach dem Krieg als Zeugen gegen Faust zur Verfügung.[396]

Faust und andere Protagonisten der Gewalt aus den Reihen der Adler-Truppe konnten sich offenbar jede Freiheit gegenüber den Häftlingen herausnehmen,

---

393 Aussage Generaldirektor Hagemeier beim OSTA des LG Ffm v. 7.7.1947, ZStL, Bl.151. Die Gültigkeit der erwähnten Betriebsanweisung, nämlich die »Grundsätze für die Behandlung der ausländischen Arbeiter« v. 15.2.1944 erstreckte sich lediglich auf »West- und Ostarbeiter«, BAK, All.Proz.7, Roll-No.18.

394 Aussage des Nachbarn der AW Peter Schwab bei der KP Ffm v. 22.11.1946, HStAWi, 770/25, fol.85.

395 Aussage des AW-Hilfswachmanns Josef K. im Strafverfahren Faust v. 9.4.1946 (Anm. 35), fol.31.

396 Faust wurde wegen einfacher Körperverletzung in 12 Fällen und gefährlicher Körperverletzung in 11 Fällen zu 3 Jahren Gefängnis verurteilt, Urteil des LG Ffm v. 6.9.1946, HStAWi, 461/30007. Außer Faust waren es noch zwei weitere Mitglieder der Hilfswachmannschaft, die eine besonders starke Affinität zum SS-Personal zeigten, und sich nach dem Krieg für Tätlichkeiten gegen die Häftlinge innerhalb und außerhalb des Werkgeländes vor Gericht zu verantworten hatten. Der Hilfswachmann und Maschinenarbeiter Heinrich K. wurde am 8.2.46 vom AG Ffm wegen gefährlicher Körperverletzung zu 7 Monaten Gefängnis verurteilt. Die Akten der Staatsanwaltschaft Darmstadt (AZ: 9a Ds 75/45) sind nicht überliefert. Der Hilfswachmann Karl G. wurde von den amerikanischen Behörden nach dem Krieg wegen Mißhandlung von Häftlingen in Internierungshaft genommen.

ohne befürchten zu müssen, zur Verantwortung gezogen zu werden. Weder stritt die SS um ihr »Gewaltmonopol«, noch wurden die Schläger von der Betriebsleitung zur Räson gebracht. Im Gegenteil, als Hilfswachmann Willi M. Faust dafür Vorhaltungen machte, daß er einen jungen Polen ins Gesicht geschlagen hatte, bloß weil dieser nicht richtig in seiner Gruppe gestanden hatte, mußte er sich binnen kurzer Zeit bei Dr. Engelmann melden. »Ich bekam sogar gesagt, daß ich mich ändern müsse, andernfalls ich selbst damit zu rechnen hätte, ins KZ gebracht zu werden.«[397] Und auch Josef K., der Mitleid mit den KZ-Häftlingen gezeigt hatte, wurde durch den Betriebsführer Hagemeier zurechtgewiesen: »Sie haben trotz wiederholter Belehrungen durch den Kommandanten sowohl wie durch den Abwehrbeauftragten nicht die erforderliche Zurückhaltung gegenüber den Strafgefangenen gewahrt und dadurch gegen die Wachvorschriften gröblich verstoßen. Ihr Verhalten während des Wachdienstes gibt Veranlassung, ihnen einen strengen Verweis zu erteilen.«[398] Josef K. mußte seinen Dienst quittieren, während Karl Faust im Februar 1945, als Einsatzmeister Wilhelm R. erkrankte, zum Leiter der Truppe avancierte und so weiter sein Unwesen treiben konnte.[399] Mit diesen unzweideutig ausgesendeten Signalen drehte die Werksleitung mit an der Spirale der Gewalt – sie nutzte die Spielräume, die ihr durch die Rahmenrichtlinien vom SS-WVHA bei der Gestaltung der Arbeitsbedingungen gegeben worden waren, ganz im Sinne der SS zu einer kompromißlosen Ausbeutung der Häftlinge.

5. Gewalt und Tod

Im Vergleich zu Auschwitz-Jawischowitz »warst du richtig ›ne Null in Frankfurt. Du warst überhaupt nichts. Du warst ein Werkzeug. Aus!‹«, erklärte Heinz Meyer.[400] »Man hat uns immer daran erinnert, daß wir dort überhaupt nichts zu sagen haben, daß sie mit uns machen können, was sie wollen. Wir waren keine Menschen, wir waren nur Roboter für die schlimmsten Arbeiten. Wir hatten

---

397 Aussage des Hilfswachmanns Willi M. im Strafverfahren Faust v. 11.3.1946 (Anm. 35), fol.34.

398 Der Text wurde im Strafverfahren Faust im Gerichtssaal verlesen. Gerichtsreporter Rudi Eims resümierte: »Neben dem Wachmann Faust fehlte der Direktor Hagemeier auf der Anklagebank«, siehe »Hungernde Häftlinge starben. Ein trübes Kapitel aus den Adlerwerken«, FR v. 19.9.1946.

399 Aussage des Hilfswachmanns Josef K. bei der KP Ffm v. 7.11.1946, HStAWi, 770/25, fol.44; Urteil des LG Ffm gegen Karl Faust v. 6.9.1946, HStAWi, 461/30007.

400 PA, Heinz Meyer, G/17.2.93.

nichts zu sagen, nichts. Nichts! Wir mußten machen, was sie sagten und sonst gar nichts. Wir wußten nicht, was uns erwartete. Jeden Tag!« So schildert Jerzy Kamasinski die permanente Demonstration absoluter Macht durch die Lager-SS.[401] Befragt nach Überlebensstrategien, erklärte Heinz Meyer die wesentlichste Abwehrreaktion: »Sich anpassen, nicht auffallen. Das war das einzige.«[402] Der Häftling durfte nicht auffallen, ihm durfte aber auch nichts auffallen.[403] Wladyslaw Jarocki: »Ein Gefangener hatte kein Recht, etwas zu wissen. Also stellte ich keine Fragen. Uns wurde gesagt, wir sollen nicht denken. Wir kannten keine Namen. Man hat die Nummern geschrien, und man mußte auf diese Nummer raustreten. Wenn nicht, dann gab es Prügel.«[404] Zu den Schutzmechanismen kam die Abstumpfung der Gefühlsreaktionen infolge der Erschöpfung. Der Häftling Josef Mock: »Durch die starke Unterernährung war man so apathisch, daß man sich um nichts kümmerte, wenn man nicht selbst betroffen war.«[405] Es gab nur einen Ausweg: Sowohl die Fähigkeit wahrzunehmen als auch die zu reagieren, mußte zur Selbsterhaltung blockiert werden.[406]

Prügel, Totschlag und Erschießungen

Die Berichte der Überlebenden lassen die bekannte, unglaubliche Menschenverachtung erkennen, die ihre Grundlage in der Herrenrassenideologie gegenüber den »Fremdvölkischen« hatte. Daneben sind mannigfaltige Motive für das hohe Maß an Gewaltbereitschaft vorstellbar. Angesichts der rasend schnell näherrükkenden Niederlage des Reiches können Angst- (auch vor dem Überleben zahlreicher Zeugen) ebenso wie Rachegefühle zusätzlich zur Eskalation des Terrors beigetragen haben.[407] So dienten beispielsweise zwei Kinder als ein Ventil für Aggressionen. Sie hatten die Namen »Churchill« und »Stalin« erhalten und

---

401 PA, Jerzy Kamasinski, G/15.10.90. Vgl. hierzu Sofsky, 1993, S.27ff., S.98ff. u. S.108f.; Bettelheim, 1980, S.163f.

402 PA, Heinz Meyer, G/17.2.93. Siehe auch die Aussage des Häftlings Franz Lehmann beim Hess. LKA v. 7.9.1971, ZStL, Bl.460ff. Vgl. hierzu Bettelheim, 1980, S.228.

403 Siehe hierzu Bettelheim, 1980, S.156; Sofsky, 1993, S.106.

404 PA, Wladyslaw Jarocki, G/14.10.90.

405 Aussage des Häftlings Josef Mock beim Hess. LKA v. 8.9.71, ZStL, Bl.498; vgl. auch Mustafa, 1976, S.202.

406 Siehe Bettelheim, 1980, S.171f.; Sofsky, 1993, S.106f.

407 Es stellt sich die Frage, ob eine Meldung aus dem RSHA vom November 1944, die Polen hätten Waffen nach Deutschland geschmuggelt, als Selbstrechtfertigung für die Brutalitäten der SS diente, vgl. Meldung wichtiger staatspolizeilicher Ereignisse v. 22.11.1944, BAK, R58/213, fol.199f.

wurden mit Namensschildern versehen zum Gaudium der SS als Laufburschen eingesetzt. »Später, als sich bei der Zuteilung der Schläge ständig eine ›erhöhte‹ Tendenz zugunsten des ›kleinen Stalin‹ zeigte, begriffen wir, daß es sich um spezielle ›Kommuniqués von der Front‹ handelte. Und wenn nach irgendeiner Niederlage der Engländer an der Westfront der ›kleine Churchill‹ von den SS-Männern eine zusätzliche Brotration erhielt, wurde es augenscheinlich, daß sich unsere Wächter auf diese Weise für die Schlappen Hitlers an den beiden Jungen rächten.«[408]

Die »Entgrenzung der Grausamkeit«[409] zur alltäglichen exzessiven Gewalt wurde durch verschiedene soziale Faktoren begünstigt. Der lagererfahrene Heinz Aber sah in der Tatsache, daß SS und Häftlinge auf engstem Raum unter einem Dach lebten, eine wesentliche Ursache: »Als Wachpersonal waren SS-Leute eingesetzt, die sich bis auf einige Ausnahmen schweinemäßig den Häftlingen gegenüber verhalten haben. Ich habe in keinem Lager eine derart schlechte Behandlung durch SS-Männer wie in diesem Lager erfahren. Das wurde dadurch begünstigt, daß die SS-Leute mit uns in dem gleichen Gebäude untergebracht waren und somit jeder seinen sadistischen Gefühlen freien Lauf lassen konnte, sofern er Lust dazu verspürte. In anderen Lagern war das nicht möglich, weil der SS im allgemeinen das Betreten des Lagers verboten war. Bei jeder sich bietenden Gelegenheit, z.B. beim Antreten oder bei Fliegeralarm, mußte alles im Laufschritt vonstatten gehen. Konnte ein Häftling nicht mehr schnell genug laufen, dann wurde er mit Kolbenstößen und Peitschenhieben traktiert. Die Peitschen hatten sich die SS-Leute aus Kabeln hergestellt.«[410]

Die SS setzte gezielt die Unberechenbarkeit bei der Auswahl ihrer Opfer als Mittel der Angsterzeugung ein.[411] Geprügelt wurde ohne Ankündigung oder Vorwarnung. »Schläge waren unser tägliches Brot«, resümierten Ryszard Kojer und Zygmunt Kaczmarski.[412] Neben der wahllosen Prügelei bot die Strafordnung eine Fülle von Vorwänden, ein Vergehen mit Schlägen, Essensentzug, »Bunker« und Stehappellen zu ahnden.[413] Den bruchstückhaften Informationen

---

408 Mustafa, 1976, S.198.

409 Sofsky, 1993, S.257.

410 Aussage des Häftlings Heinz Aber bei der KP Ffm v. 11.11.1946, HStAWi, 770/25, fol.56. Ryszard Olek schildert die allgegenwärtige Präsenz der SS im Schlafraum der Häftlinge, PA, Ryszard Olek, G/15.10.90.

411 Erinnert sei hier daran, daß der spätere Lagerälteste Aloys von Dromezinsky beim Empfang der Häftlinge »fürchterlich verprügelt« wurde, PA, Josef Jozwiak, G/20.11.85; vgl. Kapt. III.2, Die Häftlinge: Herkunft, Zusammensetzung und Status.

412 Kojer/Kaczmarski, 1985, S.6.

413 Eine undatierte Lagerordnung des KZ Natzweiler existiert in BAK, NS4/Na8; vgl. Faksimile bei Ziegler, 1986, S.24ff. Der Strafkatalog war zwar bis ins Detail geregelt, doch in der Praxis hing das Strafmaß in erheblichem Maße von dem zuständigen SS-Verantwortlichen ab,

der Überlebenden zufolge waren z.B. ein zerbrochener Napf, verschütteter Urin, auch verschmutzte Kleidung – obwohl unter den hygienischen Verhältnissen eine Farce – Strafanlässe; Prügel erhielt auch, wer sich nur wärmen wollte.[414] Lagerkommandant Franz hatte bei der Verhängung der öffentlichen Prügelstrafe de facto völligen Ermessensspielraum. Max Loock berichtet von 25, 30 und noch mehr erniedrigenden und entwürdigenden Schlägen auf das nackte Gesäß: »Diese Strafe wurde vor unser aller Augen vollzogen. Der Verurteilte wurde auf eine niedrige Bank gelegt, an Kopf und Beinen gehalten, so daß er sich nicht rühren konnte. Als Henker war der Küchenchef Weiß [...] tätig [...]. Geschlagen wurde mit einem Meter langen, 5 cm dicken Vollgummi.«[415] Die Häftlinge wurden auch gezwungen, ihre Leidensgenossen zu schlagen.[416] Josef Jozwiak schilderte, was passierte, als Häftlinge sich Decken mit ins Werk nahmen, um sich gegen die Kälte zu schützen: »Es war Winter, eiskalt. Was gab es da eine Schlägerei. Der Lendzian hat die Leute rausgesucht und hat uns gezwungen, sie zu schlagen. Ich habe einen Knüppel nehmen und denen auf die Hände schlagen müssen. Ich wurde gezwungen.«[417] Ryszard Kojer und Zygmunt Kaczmarski beschrieben eine für das gleiche »Delikt« verhängte andere Tortur, den Stehbunker: »Die Entdeckung einer zivilen Jacke (irgendeines alten Fetzens, der in den Trümmern gefunden wurde), den ein Gefangener zum Schutz vor Kälte unter der Bekleidung trug, war Anlaß für furchtbare Schläge und Einsperren in den ›Bunker‹. Das war ein kleiner, dunkler, feuchter Raum, der von der Halle, in der wir einquartiert waren, abgetrennt war.«[418] Gelang einem Häftling die Flucht, wurde eine Kollektivstrafe verhängt. Einer Vorstandssekretärin war zu Ohren gekommen, »daß an einem Tage alle Häftlinge arbeitsunfähig waren. Bei der Feststellung des Grundes stellte sich heraus, daß die Gefangenen die ganze Nacht mit erhobenen Händen hatten stehen müssen und ohne Frühstück gekommen waren, weil in der fraglichen Nacht einige Häftlinge ausgerissen waren.«[419]

Oft genügten schon wenige Schläge, um bei den geschwächten Häftlingen

---

Kaienburg, 1991, S.55f. u. S.57ff.

414 Mustafa, 1976, S.80; PA, Josef Jozwiak, G/20.11.85.

415 Bericht des Häftlings Max Loock (Anm. 168), fol.50. Die öffentliche Prügelstrafe, die Sofsky als »Aufführung absoluter Macht« bezeichnet (1993, S.251), wurde als verschärfte Form im April 1942 durch das SS-WVHA angeordnet und extensiv angewendet, Kaienburg, 1991, S.327.

416 Die Methode, Häftlinge mit dem Austeilen der Schläge zu beauftragen, war eine Neuerung, die ebenfalls auf die Anordnung des SS-WVHA vom August 1942 zurückging, vgl. Kaienburg, 1991, S.327.

417 PA, Josef Jozwiak, G/20.11.85.

418 Kojer/Kaczmarski, 1985, S.6f.

419 Aussage der Vorstandssekretärin Emmy S. bei der KP Ffm v. 22.10.1946, HStAWi, 770/25, fol.33.

den Tod herbeizuführen, und es gibt Hinweise auf zahlreiche Körperverletzungen mit Todesfolge.[420] Selbst ein Angehöriger der Lager-SS belastete Lendzian und Weiß nach dem Krieg mit einer Aussage darüber, wie man einen Häftling »fertigmachte«.[421] Er hörte den Häftling auf der Stube von Lendzian furchtbar schreien und wurde später durch den Häftlingsarzt darüber informiert, daß er an den Folgen der Schläge verstorben sei.[422] Es sind insgesamt acht Erhängungen und Erschießungen dokumentiert, doch sind diese ohne Zweifel nur die Spitze des Eisberges. Darüber hinaus gibt es ungeklärte Berichte über weitere Erschießungen,[423] über Häftlinge, die gezwungen wurden, aus dem vierten Stock zu springen[424] sowie über eine »Enthauptung«.[425] Ungeklärt ist der »Tod durch den Strang« von Jan Pielak am 10.1.1945.[426]

In den Häftlingsberichten werden immer wieder der stellvertretende Kommandant, Emil Lendzian, SS-Lagerkoch Martin Weiß und der Anfang Februar 1945 zum Lagerältesten ernannte Häftling Eduard Behrendt, Spitzname »Bobby«, erwähnt. Einige Details ihrer Greueltaten scheinen für pathologische Täterpersönlichkeiten zu sprechen. Lendzian, den Josef Jozwiak als »großen bulligen Mann« und als »gefürchteten, brutalen Schläger« charakterisierte, wurde von den Häftlingen (und auch von der SS) »Iwan der Schreckliche« und der »Tiger von Eschnapur« genannt, »weil er Leute totgeschlagen hat, hauptsächlich Kranke, die sich zum Arzt meldeten«, erklärte Kazimierz Doszla.[427] Ryszard Kojer und Zygmund Kaczmarski bezeichnen ihn als »geborenen Sadisten« und »Psy-

---

420 Z.B. Schädelbasisbruch u. Hirnblutung, Gräberliste nach dem Kriegsgräbergesetz, GuFAFfm. Ermittlungen der Justiz gegen die SS waren in Todesfällen in der Regel nicht zu befürchten, Jäger, 1982, S.222ff.

421 »Es war dies ein Ausdruck für das Töten eines Menschen, der in der deutschen Umgangssprache nicht geläufig war«, Bettelheim, 1980, S.263.

422 Vernehmung des SS-Unterscharführers Arthur M. durch das Hess. LKA v. 11.4.1969, ZStL, Bl.484f.

423 Der Häftling Jan Curkanow bezeugte (Aussage bei der KP Ffm v. 29.1.1947, HStAWi, 770/25, fol.110), daß sein Bruder Dimitrie mit 5 anderen Häftlingen von Lendzian erschossen wurde. Sein Tod ist nicht überliefert. Lagerkommandant Franz bestritt diese Erschießungen, Vernehmung Kommandoführer Franz v. 5.10.1964 (Anm. 73), Bl.32.

424 Das Gerücht, Weiß habe Häftlinge vom Dach springen lassen, wird durch den Betriebsangehörigen Heinrich O. erwähnt, Aussage bei der KP Ffm v. 27.11.1946, HStAWi, 770/25, fol.93. Es wird ebenfalls erwähnt von dem in der Nachbarschaft der AW lebenden Peter Schwab, Aussage bei der KP Ffm v. 22.11.1946, ebd., fol.83. Lagerkommandant Franz äußerte, ihm sei davon »nichts bekannt«, Vernehmung Kommandoführer Franz v. 5.10.1964 (Anm. 73), Bl.32.

425 Schr. des Stadtgesundheitsamtes an Bürgermeister Dr. Schlosser v. 27.2.1946, HStAWi, 770/25, fol.10.

426 Sterberegister 1944/45, StandesAFfm.

427 Aussage des Häftlings Kazimierz Doszla bei der KP Ffm v. 2.12.1946, HStAWi, 770/25, fol.105; Vernehmung des SS-Unterscharführers Arthur M. durch das Hess. LKA v. 11.4.1969, ZStL, Bl.492.

chopathen«, der sich durch »seine Bestialität beim Schlagen und Mißhandeln sogar der Ohnmächtigen und Sterbenden hervortat. Dieser Sadist konnte einen schwer an Ischias leidenden Gefangenen mit einer Nadel stechen, um ihn zu zwingen, die vor Schmerz steifen Glieder zu bewegen.«[428] Lagerkoch Weiß befriedigte seine sadistischen Triebe auch außerhalb des Lagers. Der Badeverwalter im städtischen Bad in der Ackermannschule erinnerte sich: »Es war dies ein etwa 30 bis 35jähriger Mann von mittlerer ›vollgefressener‹ Figur. Er hatte einen bestialischen Blick. Ich kann mich weiter genau erinnern, daß dieser SS-Mann die Häftlinge auf das schändlichste mißhandelte, sie grundlos schlug, bis ihnen das Blut von den betreffenden Körperteilen herunterlief, und dies, als die Leute nackt im Bad standen. Zu diesem Zweck hatte er sich einen Knüppel, der in meinen Räumlichkeiten stand, angeeignet, mit dem er die Häftlinge traktierte. Nachdem er das erste Mal weggegangen war, habe ich den Knüppel weggetan, damit der SS-Mann nicht wieder die Leute so mißhandeln konnte.«[429] Der Heizer der Schule, selbst Pole, bestätigte, daß Weiß die Häftlinge am häufigsten mißhandelte: »Die anderen SS-Männer beteiligten sich an den Mißhandlungen. Am meisten wurden die Leute geschlagen, wenn sie nackt waren. Sie verwendeten zum Schlagen der Leute einen Gummiknüppel, der innen noch einen Draht hatte.«[430] Ende Januar 1945, als Lendzian versetzt wurde, ernannte der Lagerkommandant den Kriminellen Eduard Behrendt zum neuen Lagerältesten.[431] Der 36 Jahre alte Schlachter »war groß gebaut wie ein Stier und sah aus wie Mussolini«.[432] Ryszard Kojer und Zygmunt Kaczmarski über den Mann »mit einem Bulldoggengesicht«:[433] »Daß er die sich kaum auf den Beinen haltenden Häftlinge von den Pritschen warf und sie zwang, zum Spiel eines Akkordeons zu tanzen, war ein Beweis der Anomalität dieses Menschen – daß er aber die Gesichter der Toten sanft tätschelte und sie anlachte, zeigte, daß er komplett pervers war.«[434]

---

428 Kojer/Kaczmarski, 1985, S.7.

429 Aussage des Badeverwalters Wilhelm T. bei der KP Ffm v. 7.12.1946, HStAWi, 770/25, fol.104.

430 Aussage des Heizers Czeslaw C. bei der KP Ffm v. 7.12.1946, ebd., fol.113.

431 Die Behauptung des Lagerkommandanten, die Kapos seien »meistens von den Häftlingen selbst bestimmt« worden, er habe sie jedenfalls nicht bestimmt, ist völlig abwegig, Vernehmung Kommandoführer Franz v. 30.9.1964 (Anm. 31), Bl.18. Die Erwartungen an die Auswechslung der polnischen Kapos durch die »Reichsdeutschen« aus dem Transport von Buchenwald bzw. Auschwitz Anfang Februar 1945 erfüllten sich nicht ausnahmslos. Zwei deutsche Kapos wurden »wegen Äußerungen über die schlechte Verpflegung der Häftlinge und abfällige Bemerkungen über den Lagerführer getreten und geschlagen«, Aussage des Häftlings Peter Keimling beim LG Wien v. 9.2.1965, DAÖW, Bl.79 der Strafakten.

432 PA, Wladyslaw Jarocki, G/14.10.90.

433 Kojer/Kaczmarski, 1985, S.10.

434 Ebd. Ryszard Olek erwähnte, daß Behrendt »die Leute bei der Brust genommen und mit dem

Innerhalb der SS hatte die ebenso systematische wie arbeitsteilige Ausübung von Terror gegen überwiegend Hilflose und Kranke sowohl interne Disziplin als auch Integration in das Täterkollektiv zur Voraussetzung. Es kam nicht allein auf das »Führerprinzip«, sondern auch auf die Überzeugungskraft und Rückendekkung des Lagerkommandanten an. Franz deckte oder duldete stillschweigend alle Verstöße gegen eine korrekte Häftlingsbehandlung. Persönlich ließ er sich nicht zu Mißhandlungen herab, was aus Häftlingsperspektive auch zu Fehlschlüssen hinsichtlich seiner Gesamtverantwortung führte: »Der Blonde, der Elegante, er hat geschrien, aber machte keinen Schaden.«[435] In den Erinnerungen von Häftlingen und Werksangehörigen sticht ein hohes Maß an Eitelkeit, Arroganz und Zynismus bei Franz hervor. Einen aufschlußreichen Einblick in sein Denken erlaubten beispielsweise die Anfang Februar 1945 an die neu eingetroffenen Häftlinge gerichteten Begrüßungsworte: »Was soll ich mit solch einem Gelumpe, davon habe ich genug und keiner will verrecken!«[436]

Nicht alle der zur SS abkommandierten Luftwaffenangehörigen übten nur blinden Gehorsam. Wenn der Häftling Franz Lehmann über ein Mitglied der Wachmannschaft hervorhebt: »Er schlug uns nicht, meldete uns auch nicht, wenn wir eine Kippe aufhoben«,[437] werden allerdings auch die hilflose Ohnmacht und die geringen Handlungsspielräume deutlich. Ebenso bei Henryk Kamasinki, der einen Posten positiv erwähnt, nur weil dieser die an Heiligabend leise singenden Häftlinge nach dem Abgang des Kommandanten ermutigte, ruhig lauter zu singen.[438] Daß die Möglichkeit bestand, die individuelle Beteiligung an den Verbrechen in den Adlerwerken zu verweigern, macht ein im Januar oder Februar 1945 deshalb vom Lager abkommandierter Unteroffizier der Luftwaffe deutlich, weil er mit den Häftlingen sympathisierte, Essen mit ihnen teilte und wegen ihrer Behandlung ständig im Streit mit Franz gelegen haben soll.[439] SS-Angehörige suchten sich nach dem Kriegsende mit dem Hinweis auf die funktionelle Auswechselbarkeit im Täterkollektiv zu verteidigen. So verwies ein SS-Mann, der Mißhandlungen regungslos zugesehen hatte, auf diesen Unteroffizier und darauf, daß dieser ja auch nichts erreicht habe.[440]

Hinterkopf gegen die Wand geschlagen« hat, PA, Ryszard Olek, G/16.10.90.

435 PA, Jerzy Kamasinski, G/15.10.90.

436 Bericht des Häftlings Max Loock (Anm. 168), fol.50.

437 Aussage des Häftlings Franz Lehmann beim Hess. LKA v. 1.6.1970, ZStL, Bl.470.

438 PA, Henryk Kamasinski, G/15.10.90.

439 Aussage des Häftlings Kazimierz Doszla bei der KP Ffm v. 2.12.1946, HStAWi, 770/25, fol.105; PA, Josef Jozwiak, G/20.11.85; Aussage des Nachbarn Peter Schwab bei der KP Ffm v. 22.11.1946, HStAWi, fol.83; Vernehmung des SS-Unterscharführers Arthur M. durch das Hess. LKA v. 10.4.1969, ZStL, Bl.483. Nach den vorliegenden Quellen wurde seinem Versetzungsersuchen stattgegeben, was den Schluß nahelegt, daß es sich um einen Einzelfall ohne destruktive Wirkung auf die Disziplin gehandelt haben muß.

Franz bestritt, irgendeinen Namen seiner Untergebenen zu kennen[441] und deckte, ganz nach dem SS-Kodex »meine Ehre heißt Treue«, ausnahmslos alle Verbrechen auch nach dem Krieg. »Von Mißhandlungen durch die SS-Bewachungsmannschaft, die heute als unmenschlich bezeichnet werden könnten, habe ich nie etwas gehört und auch nichts gesehen.«[442]

Hinrichtung durch den Strang

»Mehr noch als die Prügelstrafe demonstrierte die öffentliche Hinrichtung die Vollkommenheit absoluter Macht.«[443] Am 24.1.1945 wurden der Landarbeiter Wincenty Bochenski (54) und der Maler Wladyslaw Sumara (36) wegen »Sabotage« hingerichtet.[444] Es war wohl kein Zufall, daß man sich zur Statuierung eines Exempels in der Motorenabteilung entschloß, von deren Lieferungen die deutsche Schützenpanzerproduktion im Januar 1945 zu 75% abhängig war.[445] Weil er »den Produktionsausfall zu rechtfertigen« hatte, machte der Meister der Pleuelstangenfabrikation über den Betriebsleiter an die Werksleitung folgende Meldung: »Der KZ-Häftling Nr. [...] hat heute Nacht die Bohrvorrichtung total verbohrt. Er war von unserer Seite aus (Einrichter) gut angelernt.«[446] Nach dem Krieg wollte keiner die besagte Meldung auf dem Dienstweg weitergegeben haben.[447] Im bereits erwähnten Geheimschreiben des SS-WVHA vom April

---

440 Vernehmung des SS-Unterscharführers Arthur M. durch das Hess. LKA v. 11.4.1969, ZStL, Bl.485. Jäger (1982, S.158f.) kommt hinsichtlich des Befehlsnotstandes zu der Folgerung, daß eine nur schwer abzuschätzende Bedeutung dem subjektiven Befehlsnotstand (Putativnotwehr) eingeräumt werden muß, doch »bisher kein Fall nachgewiesen werden [konnte], in dem ein Befehlsempfänger wegen der Ablehnung oder Nichtausführung eines verbrecherischen Befehls Schaden an Leib oder Leben genommen hat«.

441 Vernehmung Kommandoführer Franz v. 17.2.1964 (Anm. 73), Bl.8.

442 Ebd., Bl.9. Auch auf konkrete Vorhalte wurden alle Exzeßtaten abgestritten, Vernehmung Kommandoführer Franz v. 30.9.1964 u. 5.10.1964 (Anm. 31 u. Anm. 73).

443 Sofsky, 1993, S.252f.

444 Sterberegister 1944/45, StandesAFfm; Leichenschauscheine, GuFAFfm.

445 Errechnet nach gesamter Monatsproduktion der SPW-Fahrgestelle, (Januar: 445/Februar: 360), BAK, R3/3195; sowie HL42-Motorenproduktion bei den AW (Januar: 336/Februar : 235), Aufstellung der AW über die monatlichen Produktionsstückzahlen 1939-1945 v. 18.6.1945, NA, RG243/77.a.16.

446 Aussagen des Werkmeisters N. N. bei der KP Ffm v. 12.11.1946 u. 22.11.1946, HStAWi, 770/25, fol.58 u. fol.81.

447 Aussage des Werkmeisters N. N. bei der KP Ffm v. 22.11.1946, ebd., fol.81; Aussage des Betriebsleiters Karl D. bei der KP Ffm v. 18.11.1946, ebd., fol.72. Die Durchschrift der Meldung wurde aus den Akten entfernt. Für absolute Willkür spricht die Information des Direktionsassistenten Albert E., der erklärte, ein Betriebsingenieur sei aufgefordert worden, 2

1944 war angeordnet worden, »in Fällen nachgewiesener Sabotage (dazu muß ein Bericht der Betriebsführung vorliegen), hier Antrag auf Exekution durch den Strang zu stellen. Vollzug soll dann vor allen angetretenen Häftlingen des betreffenden Arbeitskommandos durchgeführt werden, dabei ist der Grund der Exekution als Abschreckungsmittel bekanntzugeben.«[448] Die Exekutionen wurden durch das RSHA-Fernschreiben Nr. 146 vom 6.1.1945 angeordnet.[449] Die Gestapo verständigte den Lagerkommandanten von der Anordnung und entsandte vermutlich einen Vertreter. Unter den Häftlingen ist umstritten, ob auch ein Vertreter der Adlerwerke anwesend war.[450] Unbestritten ist hingegen, daß der erforderliche Strick bei der Einkaufsabteilung der Adlerwerke bestellt worden war und durch diese auch geliefert wurde.[451] Als Zeitpunkt der Hinrichtung wurde der 24.1.1945 um 12 Uhr festgesetzt. Die Häftlinge hatten sich am Richtplatz, dem zerbombten Dach der Lagerunterkunft, aufzustellen. Zu ihrer Bewachung war ein Maschinengewehr aufgestellt worden.[452] Das Wort ergriff zuerst Lagerkommandant Franz, dann verlas ein Zivilist, vermutlich der Angehörige der Gestapo, das Urteil, das angeblich anschließend übersetzt wurde.[453]

Der Häftling Peter Keimling: »Aufgehängt wurden die beiden Häftlinge in der Häftlingsunterkunft. Durch Bombenangriffe war ein Teil des Daches der Unterkunft zerstört, einige Balken waren jedoch erhalten geblieben. An einem solchen Balken wurden die beiden aufgehängt. Teilgenommen an dieser Exekution hat ein großer Teil der Häftlinge. Vor dem Aufhängen erklärte uns der Lagerführer, die beiden Häftlinge würden aufgehängt werden, weil sie Sabotage getrieben hätten, und so würde es jedem ergehen, der Sabotage betreibt. [...] Zur Abschreckung blieben die beiden eine Zeit lang hängen, ehe man sie abnahm und fortschaffte.«[454] Jerzy Kamasinski: »Der ›Tiger‹ [gemeint ist Lendzian]

Häftlinge namhaft zu machen, die durch Ausschuß aufgefallen waren, Aussage beim Hess. LKA v. 6.3.1963, ZStL, Bl.289f. Die Weitergabe der Meldung an die SS wurde von E. Franz bestätigt: »Mir wurde – von wem weiß ich heute nicht mehr – gemeldet, daß 2 Häftlinge sich auf ihrem Arbeitsplatz etwas zuschulden hätten kommen lassen«, Vernehmung Kommandoführer Franz v. 30.9.1964 (Anm. 31), Bl.22.

448 Schr. des SS-WVHA v. 11.4.1944, die Sabotage in R.-Betrieben betreffend, BAK, NS3/427.

449 Leichenschauschein W. Bochenski, GuFAFfm.

450 Kojer/Kaczmarski (1985, S.7) gehen explizit davon aus, daß ein Vertreter der AW teilnahm. Nicht auszuschließen ist aber auch, daß es sich um den Vertreter der Gestapo oder des SD in Zivil gehandelt haben könnte.

451 Dr. Engelmann erklärte, er habe die Auskunft erhalten, die Hinrichtung habe nichts mit den AW, sondern mit Warschau zu tun, was angesichts der Vielzahl von gegenteiligen Aussagen als Schutzbehauptung gewertet werden muß, Aussage vor dem OStA beim LG Ffm v. 7.7.1947, HStAWi, 770/25, Bl.157.

452 PA, Josef Jozwiak, G/20.11.85.

453 Vernehmung Kommandoführer Franz v. 10.9.1964, (Anm. 31), Bl.23.

454 Aussage des Häftlings Peter Keimling beim Hess. LKA v. 28.9.1961, ZStL, Bl.244.

bereitete die Hinrichtung vor. Er hat den beiden Jungs ganz kleine, niedrige Schemel untergestellt. Als man uns zusammengetrieben hat, stand die SS mit Karabinern um uns herum, weil sie Angst hatte, daß wir uns zur Verteidigung der beiden zusammentun könnten. Sie hatten die Hände hinten zusammengebunden. Der ›Tiger‹ kam von hinten. Die Beiden versuchten, nach dem Umstürzen des Hockers mit den Fußspitzen den Boden zu berühren. Da hat er sie dann nach hinten gezogen und fünf Minuten gehalten, um sie zu erdrosseln. Das ist so, als würde ich es jetzt sehen. Ein Erlebnis, das man niemals vergißt.«[455]

Im Sinne der SS handelte es sich um ein »ordnungsgemäßes« Verfahren, obwohl die Erhängung eigentlich zum Lohn von drei Zigaretten durch einen Schutzhäftling hätte erfolgen müssen,[456] und es üblicherweise auch nicht vorgesehen war, die Todesursache dem Standesamt zu melden.[457] Auch stellte der Betriebsarzt, nicht ein SS-Arzt, die Totenbescheinigung aus.[458]

Lediglich die Hinrichtung selbst war nach dem Kriegsende nicht zu leugnen. Doch von den Details wollte niemand mehr etwas wissen. Generaldirektor Hagemeier: »Später habe ich einmal gehört, daß davon gesprochen worden ist, daß Hinrichtungen stattgefunden haben sollen. Näheres ist mir nicht bekannt.«[459] Lagerkommandant Franz für seinen Teil »war wohl bei dieser Hinrichtung zugegen«, hatte aber »mit dieser Angelegenheit nichts im geringsten zu tun«.[460] Tatsächlich oblag ihm Antrag und Vollzug der Exekution sowie die Aufklärung über ihre Rechtmäßigkeit in Form eines »kameradschaftlichen Zusammenseins«.[461]

Fluchtversuche

Am 23.9.1944 wurden die Häftlinge Boleslaw Filipek, Waclaf Gajas und Miec-

455 PA, Jerzy Kamasinski, G/16.10.90. In den Erinnerungen taucht immer wieder das grausamste Detail der Hinrichtung, das Eingreifen des zu diesem Zeitpunkt bereits in das KZ-Außenlager Geisenheim abkommandierten Lendzian auf. So auch bei dem Häftling Josef Jozwiak, Aussage beim Hess. LKA v. 30.1.1969, ZStL, Bl.459f.; PA, Ryszard Olek, G/16.10.90.

456 Nbg. Dok. PS-1751.

457 Sterberegister 1944/45, StandAFfm.

458 Leichenschauschein W. Bochenski, GuFAFfm.

459 Aussage Generaldirektor Hagemeier vor dem OStA beim LG Ffm v. 7.7.1947, ZStL, Bl.148f.

460 Vernehmung Kommandoführer Franz v. 17.2.1964 (Anm. 73), Bl.9; vgl. Vernehmung Kommandoführer Franz v. 30.9.1964 (Anm. 31), Bl.23. Franz behauptete, er habe die Meldung aus dem Werk an den zuständigen SS-Hauptsturmführer anläßlich einer Inspektion lediglich weitergeleitet und einige Zeit später sei ein Wehrmachtsoffizier mit einem Exekutionsbefehl erschienen, ebd.

461 Nbg. Dok. PS-1751.

zyslaus Bienkowski, die wahrscheinlich einen Bombenangriff oder Außenarbeiten zur Flucht nutzen konnten, durch die Gestapo in das Strafgefängnis Frankfurt-Preungesheim eingeliefert.[462] Die drei Häftlinge wurden am 18.11.1944 in das KZ Dachau überstellt und starben dort alle.[463] Ihre Flucht zog verschärfte Bestimmungen an die Kolonnenführer aus den Adlerwerken nach sich.[464] Am 21.11.1944 brachen drei weitere Häftlinge unter ungeklärten Umständen aus dem Lager aus.[465] Zwei von ihnen, Marjan Okrzejs und Wladislaw Lapisek, gerieten Ende Januar 1945 in Wiesbaden in die Fänge der Gestapo. Auch sie wurden zuerst in das Strafgefängnis Frankfurt-Preungesheim, dann in die Adlerwerke und anschließend in das KZ Dachau überführt.[466] Am 8. Januar flohen – wahrscheinlich im Verlauf des Bombenangriffs auf die Adlerwerke – wieder zwei Häftlinge.[467]

Am 2.2.1945 wurde der Häftling Jan Kozlowski von der Gestapo zur Fahndung ausgeschrieben. Er erklärt die Umstände seiner Flucht: »Ich habe im 2. Stock im Werk II gearbeitet. Dort gab es neben der Toilette einen Raum, wo eine zerstörte Zwischenwand nur mit einem Gitter gesichert war. Mit dem Holzschuh habe ich das Gitter abgebogen und auf einer an der Wand hängenden Schiene bin ich nach unten gerutscht. Es hat geschneit und war sehr dunkel. Ich hatte eine Decke übergezogen, so daß der gestreifte Anzug nicht zu sehen war.«[468] Jan Kozlowskis Flucht, die von der SS erst am nächsten Abend entdeckt wurde, endete nach dem vergeblichen Versuch, Papiere und eine andere Arbeitsstelle zu finden, im Gestapo-Gefängnis in Mainz. Da er konsequent wiederholte, er sei aus dem bereits besetzten Saarbrücken evakuiert worden, wurde er für Enttrümmerungsarbeiten herangezogen.[469]

Im werksinternen Wochenbericht über die Belegschaftsstärke sind allein vom 13. bis 19.2.1945 acht Fluchtversuche festgehalten: Fünf Häftlinge wurden in der Woche vom 20.2. bis 26.2.1945 »wieder ergriffen«.[470] Drei Häftlinge wurden ermordet. »Auf der Flucht erschossen«, lautete für Kazimierz Glowacki, Wasil

---

462 Karteikarten des Strafgefängnisses Ffm-Preungesheim, HStAWi, 409/4, Nr.703/44, Nr.704/44 u. Nr.705/44. Josef Jozwiak erinnerte sich, daß vor der Ankunft des Haupttransportes aus Dachau bereits Häftlinge geflohen waren, PA, Josef Jozwiak, G/20.11.85.

463 KZGDa, Alphabetische Häftlingskartei.

464 Aussage des Leiters der Hilfswachmannschaft Wilhelm R. in seinem Spruchkammerverfahren 1948, HStAWi, 520/F, R.

465 Häftlingsstatistik der AW (Anm. 41).

466 HStAWi, 486; Wladislaw Lapisek starb im KZ Dachau kurz nach der Befreiung, Marjan Okrzejs überlebte das KZ Dachau, KZGDa, Alphabetische Häftlingskartei.

467 Häftlingsstatistik der AW (Anm. 41).

468 HStAWi, 486; PA, Jan Kozlowski, K/17.2.94; ITS, Dokumentenauszug Jan Kozlowski.

469 PA, Jan Kozlowski, K/17.2.94.

470 Zwei wiederergriffene Flüchtlinge wurden zu einem unbekannten Zeitpunkt in den »Strafbunker« gesteckt, PA, Ryszard Olek, G/15.10.90.

Jakimow und Semion Nikolojew die Eintragung auf den Leichenschauscheinen.[471]

Jerzy Kamasinski erinnerte sich, daß einige Russen »eine unter den Pritschen vergessene Rolle Stacheldraht benutzten, um sich nachts aus dem 4. Stock herunterzulassen. Die Flucht fand während eines Fliegeralarms statt und wurde entdeckt.«[472] Ryszard Kojer, Ryszard Olek und Jerzy Kamasinski sind sich darin einig, daß sich zumindest einer der Entflohenen wehrte, indem er Eisenstücke oder Ziegel auf die SS-Männer warf.[473] Es könnte sich um den am 13.2.1945 erschossenen Kazimierz Glowacki gehandelt haben. Ryszard Kojer und Zygmunt Kaczmarski beschrieben einen weiteren Fluchtversuch, bei dem vier Russen erschossen wurden, weil sie versucht hatten, mit einer zurückgelassenen Brechstange die Mauer in einer entfernten Ecke der Halle hinter den Pritschen zu durchbrechen: »Es war ihnen gelungen, ein wenig Putz von der Wand abzuschlagen. Aber das war Grund genug, sie zum Tode zu verurteilen. Das Urteil wurde in einer abgelegenen Toilette im dritten Stockwerk des Gebäudes durch Schüsse in den Hinterkopf vollstreckt.«[474] Diese Erinnerung deckt sich mit dem Bericht von Josef Jozwiak, der allerdings nur von zwei Mordopfern ausgeht: »Von dem polnischen Häftlingslagerältesten [...] wurde mir gesagt, daß man die Köpfe der beiden in die Klosettschüssel gedrückt und sie dann mittels Genickschuß erschossen habe.«[475] Demnach könnten die beiden Mordopfer Wasil Jakimow und Semion Nikolojew gewesen sein, die am 18.2.1945 erschossen wurden.

Was für eine Tortur das Überleben nach einer geglückten Flucht sein konnte, schildert der im Durcheinander eines Fliegeralarms geflohene französische

471 Kazimierz Glowacki, geb. am 1.8.1896 in Warschau, Beruf Maurer, gestorben am 13.2.1945 an einem Lungensteckschuß: »auf der Flucht erschossen«; Wasil Jakimow, geb. am 1.5.1925 in Minsk, Beruf Schlosser, gestorben am 18.2.1945 an einem Lungenschuß: »auf der Flucht erschossen«; Semion Nikolojew, geb. am 14.6.1919 in Piermonsjk, Beruf Fräser, gestorben am 18.2.1945 um 20 Uhr: »auf der Flucht erschossen«, Sterberegister 1944/45, StandesAFfm; sowie Gräberliste u. Leichenschauscheine, GuFAFfm.

472 PA, Jerzy Kamasinski, G/15.10.90. In Frage käme ein Nachtangriff am 14.2.1945 oder ein Tagesangriff mit starkem Bodennebel am 17.2.1945, vgl. Schmid, 1984, S.202 u. S.206f. Bestätigt wurde diese Flucht auch von einem SS-Angehörigen. Danach seien 5 Häftlinge aus dem Lager geflohen, in dem sie sich an Stricken aus dem Fenster in den Hof hinabgelassen und von dort das Lager verlassen haben, Vernehmung des SS-Unterscharführers Werner F. durch den StA beim LG Ffm v. 29.10.1970, ZStL.

473 PA, G/15.10.90. Ryszard Olek geht davon aus, daß es sich um mehrere erschossene Häftlinge handelte: »Sie haben sie dann später hoch gebracht und auf einen Tisch gelegt. Und als wir dann Essen holten, mußten wir zuschauen, wie sie da lagen. Es waren glaube ich drei. Ich habe die Hände gesehen, die zerschnitten worden waren, als sie sich mit dem Draht heruntergelassen hatten«, PA, Ryszard Olek, G/15.10.90.

474 Kojer/Kacmarski, 1985, S.11; vgl. auch PA, Jerzy Kamasinski, G/16.10.90.

475 PA, Josef Jozwiak, G/18.4.89.

Häftling René Kern: »Ich bin aus diesem Lager Ende Februar 1945 mit einem russischen Mitgefangenen entflohen und versteckte mich bis zur Befreiung in den Ruinen und Abwässerkanälen der Stadt. Wir aßen Abfälle, aus denen wir mit Tritten die Ratten vertrieben. Ich habe die Mauern abgeleckt und die Abwässer von Frankfurt getrunken. Ich lebte furchtsam wie ein Tier und zitterte bei jedem Lärm. Ich war mir bewußt, wenn ich noch einmal in Gefangenschaft geriet, würde ich grausam ermordet. Wir waren Tag und Nacht auf der Hut, wir mußten allen mißtrauen, durften von niemandem gesehen werden, sie hätten uns evtl. verraten können. Wir hatten Hunger und froren. Das Leben war extrem hart. Wir hatten den Instinkt wilder Tiere bekommen.«[476]

Insgesamt bis zu zwanzig Häftlinge könnten einen Fluchtversuch unternommen haben.[477] Eine genaue Aussage über die Anzahl der Fluchtversuche, über ihren Erfolg und ihr Scheitern, ist jedoch aufgrund unterschiedlicher Angaben in den Quellen nicht möglich.

Morde außerhalb der Werksmauern

Auf Fluchtversuch aus einem Konzentrationslager stand – ein ungeschriebenes Gesetz – der Tod.[478] Daß die Eintragung »auf der Flucht erschossen« auf dem Leichenschauschein auch Exekution bedeuten konnte, beweist die Hinrichtung von Georgi Lebedenko und Adam Golup,[479] an deren Ergreifung sich offenbar die halbe Nachbarschaft beteiligt hatte.[480] Ein Nachwächter schilderte, was er erlebte: »An einem Morgen um die Mitte des Monats März 1945 hörte ich plötzlich auf der Straße das Getrappel von Kommißstiefeln und lautes Rufen wie: ›Hierher in die Trümmer!‹ und ähnliches. Ich habe mich dann angezogen und bin auf die Straße. Dort sah ich den SS-Mann Martin [gemeint ist der

---

476 PA, René Kern, K/11.2.86.

477 Der BR der AW errechnete 13 Fluchtversuche, von denen fünf in die AW zurückgekehrt sein sollen. Die Annahme stützt sich ausschließlich auf die Werksstatistik und muß durch die Angaben der Gestapokartei (HStAWi, 486) und die Aussagen der Häftlinge nach oben korrigiert werden, Bericht des BR der AW für den ITS Arolsen v. 6.7.1947, ZStL, Bl.2.

478 Den Befehl, fliehende Häftlinge zu erschießen, erwähnt auch der SS-Angehörige Werner F., Vernehmung durch den StA beim LG Ffm v. 29.10.1970, ZStL; vgl. Anm. 75.

479 Georgi Lebedenko, geb. am 6.10.1923 in Kiew, Beruf Dreher, gestorben an einem Kopfschuß am 14.3.1945: »auf der Flucht erschossen«; Adam Golup, geb. am 12.6.1925 in Dniepropetrowsk, Beruf Bergmann, gestorben am 14.3.1945 durch einen Kopfschuß: »auf der Flucht erschossen«, Sterberegister 1944/45, StandesAFfm sowie Gräberliste u. Leichenschauscheine, GuFAFfm.

480 Grundsätzlich war bereits die von der Ortsgruppe gestellte Stadtwacht instruiert worden, auf fliehende KZ-Häftlinge aus den AW zu schießen, HStAWi, 520/F, H.

Lagerkoch Martin Weiß], den ich unter diesem Namen kannte und noch verschiedene andere SS-Wachleute, die eifrig nach einem flüchtigen Häftling suchten. Inzwischen hörte ich dann, daß in der Kriegkstraße ein erschossener KZ-Häftling liegen sollte. Ich ging darauf hin und sah vor dem Hause der Papierhandlung Lorenz einen toten Häftling auf dem Bauch liegen. Er hatte, wie ich festgestellt habe, einen Genickschuß erhalten.«[481] Eine andere Zeugin beobachtete ebenfalls die Jagd auf die Entflohenen: »Ich hörte auf der Straße lautes Schreien und Rufen, aus dem zu entnehmen war, daß jemand entflohen sei. Kurz danach hörte ich auch einen Schuß fallen und ist einer der Entwichenen vor dem Geschäft des Händlers Hill etwa, erschossen worden. Wie ich weiter vernehmen konnte, suchte man einen zweiten Menschen noch. Die Stimme auf der Straße war, wie ich mich genau erinnern kann, der SS-Mann Weiß, den ich vom Luftschutzkeller der Adlerwerke her kannte. Eine Mitbewohnerin meines Hauses [...] beteiligte sich mit dem Weiß zusammen an der Suchaktion nach dem entwichenen Häftling, indem sie mit einer Stallaterne sich auf die Straße bewegte und stets die Worte rief: ›Wo sind die, wo sind die?‹«[482]

Nachdem der zweite Entflohene im Keller des Hauses Lahnstraße 32 entdeckt worden war, informierten die Nachbarn die SS und sicherten den Eingang zum Keller.[483] Beim Eintreffen der SS hatte sich auf der Straße eine große Menschenmenge angesammelt.[484] Eine Augenzeugin schilderte, was dann passierte: »Weiß begab sich in den Keller, er hatte schon einen Revolver oder eine Pistole in den Händen gehalten. Der Häftling kam aber von allein die Treppe herauf und sagte zu Weiß, ›Kamerad nicht schießen‹, worauf Weiß seine Pistole wieder einsteckte und nach einem herumliegenden Knüppel griff. Auf der Straße dann wollte er den Häftling schlagen, worauf ich vom Fenster meiner im ersten Stock gelegenen Wohnung dem Weiß zurief, er solle den Häftling nicht schlagen. Weiß ließ tatsächlich den Knüppel fallen und auf der Straße erschoß er den Betreffenden von hinten mit einem Kopfschuß.«[485] Alle Zeugen stimmten darin überein, daß Weiß den keinerlei Gegenwehr leistenden jungen Russen aus kurzer Entfernung mit einem Genickschuß tötete. Nach einiger Zeit »kam dann Franz mit einigen Häftlingen, die eine Tragbahre mit sich führten, und brachten, nachdem Franz den Toten mit dem Fuß umgedreht hatte, diesen auf der Tragbahre weg. Im

---

481 Aussage des Nachtwächters Hermann S. bei der KP Ffm v. 27.11.1946, HStAWi, 770/25, fol.94.

482 Aussage der Hausfrau Paula H. bei der KP Ffm v. 28.1.1946, ebd., fol.98.

483 Aussage von Peter Schwab bei der KP Ffm v. 22.11.1946, ebd., fol.83.

484 Peter Schwab gibt die Anzahl der Augenzeugen mit ca. 30 Personen an, ebd. Wie der Häftling entdeckt und dann kaltblütig ermordet wurde, erzählt auch Hans Frick, 1966 u. 1981, S.45f. Der Schriftsteller beschrieb auch das Verhalten der Nachbarn.

485 Aussage der Hausfrau Frau Maria L. bei der KP Ffm v. 14.11.1946, HStAWi, 770/25, fol.68.

gleichen Augenblick sind etwa 600 Gefangene, vom Teves [einer Fabrik in der Nachbarschaft] herkommend, vorbeimarschiert, die alle die Leiche liegen sahen. Die Straße stand voller Menschen.«[486]

Die Leichen der Geflohenen wurden den Lagerinsassen zur Abschreckung präsentiert. Der Häftling Josef Mock: »Wir mußten in der Unterkunft antreten. Dann wurden die beiden Häftlinge, die tot auf einer Bahre lagen, an uns vorbeigetragen. Die Häftlinge waren erschossen worden. Außerdem hat man sie so geschlagen, daß man sie kaum erkennen konnte. [...] Ich erinnere mich noch, daß dieser Lagerführer bei den toten Häftlingen stand und uns sagte, so erginge es jedem von uns, der flüchten würde oder der Sabotage verüben würde.«[487]

Lagerkommandant Franz wollte in seiner Vernehmung durch die Staatsanwaltschaft von Erschießungen nichts wissen: »Fluchtversuche wurden hin und wieder unternommen, sie waren jedoch meistens erfolglos. Der nach der Flucht ergriffene Häftling wurde über meine Anordnung eine Zeitlang eingesperrt. Hinrichtungen wegen Flucht wurden von mir nicht angeordnet, da ich hierzu auch gar nicht befugt war.«[488] Und explizit befragt nach dem Mord in aller Öffentlichkeit: »Von der von dem Zeugen behaupteten Erschießung von Häftlingen bzw. eines Häftlings auf der Lahnstraße [...] ist mir nichts bekannt geworden.«[489]

---

486 Peter Schwab schilderte die geistige Verfassung des Mörders nach der Tat: »Weiß kam dann später zu mir in das Geschäft und wollte mir die Hand reichen. Ich wies sie jedoch zurück mit dem Bemerken: ›Daran klebt Blut, das war Mord!‹ Im gleichen Moment griff er nach seiner Pistole. Dietrich [befreundeter SS-Mann], der dabeistand – er war der ständige Begleiter von Weiß –, sagte: ›Jawohl, Herr Schwab hat recht, das war Mord! Franz hat das auch gesagt.‹ Ich verdanke dem Dietrich, der Weiß sofort in den Arm griff und noch weiter auf ihn einwirkte, mein Leben. Kurz darauf kam Weiß, der einen kopflosen, verwirrten Eindruck machte, nochmals in mein Geschäft und hatte ein großes Stück Schweinefleisch in der Hand, in das er hineinbiß und dabei rief: ›Das müßte Russenfleisch sein!‹ Er riß sich den Rock auf und ich sehe heute noch seine dampfende stark behaarte Brust vor mir. Dabei rief er: ›Ich wollte drei Liter Russenblut saufen, sie haben mich aber nicht saufen lassen!‹ Er meinte damit das Blut des soeben von ihm erschossenen Häftlings«, Aussage bei der KP Ffm v. 22.11.1946, ebd., fol.86.

487 Aussage des Häftlings Josef Mock beim StA des LG Ffm v. 8.6.1970, ZStL, Bl.497f. Max Loock bemerkte, daß es sich um Kopfschüsse aus nächster Nähe handelte, Bericht des Häftlings Max Loock (Anm. 168), fol.51. Die gleichen Morde beschreibt Heinz Aber, Aussage bei der KP Ffm v. 11.11.1946, HStAWi, 770/25, fol.56.

488 Vernehmung Kommandoführer Franz v. 5.10.1964 (Anm. 73), Bl.22.

489 Ebd., Bl.30.

In ihrer Unterkunft im Dachgeschoß waren Häftlinge wie SS bei Luftangriffen gleichermaßen einem hohen Risiko ausgesetzt. Damit die SS die Luftschutzkeller rechtzeitig erreichen konnte, trieben sie die schlaftrunkenen und geschwächten Häftlinge mit äußerster Brutalität vor sich her. Für Jozef Marcinkowski war insbesondere der nächtliche Fliegeralarm ein Alptraum: »Nicht, weil ich mich vor den Bomben fürchtete – wir haben das mit Freude gesehen –, sondern weil ich keine Kraft hatte, die Treppen hochzulaufen. Wir mußten während einer Nacht oft einige Mal sieben Stockwerke hoch und wieder herunterlaufen. Es gab Nächte, in denen es Entwarnung gab, als wir gerade im Keller angekommen waren. Wenn wir dann wieder oben angekommen waren, gab es erneut Alarm. In den ersten Tagen lief ich mit dem zweiten ›Hundert‹ in den Keller und mit dem siebten ›Hundert‹ zurück nach oben. Ich spürte und später hörte ich ganz genau das Knirschen meiner eigenen Kniegelenke und das der anderen. Von Tag zu Tag wurde es lauter und schmerzhafter.«[490] Ryszard Kojer und Zygmunt Kaczmarski betonten, daß ein Fliegeralarm immer Anlaß für Schläge und Mißhandlungen war: »Mehrmals geschah es, daß man während der Nacht alle Gefangenen aus dem Schlafsaal im vierten Stock in den Keller trieb. Sogar im Falle eines Voralarms vermochte man uns stundenlang nachts in den Kellerräumen stehen zu lassen, denn auf dem feuchten Boden konnte man sich nirgends setzen. [...] Das war eine bewußte und beabsichtigte Marter und Mißhandlung der Gefangenen.«[491] Der Häftling Max Loock erwähnt, daß auch von der Schußwaffe Gebrauch gemacht wurde: »Beim Fliegeralarm wurden wir in den Luftschutzkeller getrieben, was gerade nachts eine lebensgefährliche Angelegenheit war, denn wenn die SS in ihrem Schlaf gestört wurde, mußten wir es am Körper aushalten. Da kam es dann vor, daß man einfach einen Häftling auf der Treppe erschoß, mit der Begründung, er habe fliehen wollen.«[492] Der in der Nachbarschaft der Adlerwerke lebende Peter Schwab bestätigte den Schußwaffeneinsatz: »Ich habe einmal in Gegenwart vieler anderer Zivilpersonen gesehen, wie der SS-Mann F. einem Gefangenen, als er die Wendeltreppe beim Alarm zum Luftschutzkeller herunterkam, in den Kopf, und zwar von vorn durch die

490 Mustafa, 1976, S.199.

491 Kojer/Kaczmarski, 1985, S.7.

492 Bericht des Häftlings Max Loock (Anm. 168), fol.51. Der Häftling Josef Mock sagte aus, er habe beim Aufsuchen des Luftschutzkellers einen Schuß hinter sich gehört und vom Hörensagen erfahren, ein Häftling sei erschossen worden, Aussage bei der StA beim LG Ffm v. 10.11.1970, ZStL, Bl.498.

Stirn schoß, so daß dieser sofort tot die Treppe herunterfiel. Am nächsten Tag wurde dann erzählt, er sei auf der Flucht erschossen worden.«[493]

Die Betriebsführung nutzte als Einsatzzentrale einen eigenen Schutzraum im Werk I, der werksintern als »Heldenbunker« firmierte.[494] Während der Arbeitszeit suchten die Häftlinge im Werk I gemeinsam mit ihren Abteilungen die Kellerräume unter den Massivgebäuden auf.[495] Häftlinge, die sich im Einsatz im Werk II befanden, wurden dagegen in einem abgeschlossenen Kellerraum zurückgelassen, der nicht unter einem Gebäude, sondern direkt unter einer Fahrstraße im Hof lag und von Betriebsangehörigen als »Gummibunker« bezeichnet wurde.[496] Nach den Angaben des Werkluftschutzleiters soll Lagerkommandant Franz gegenüber der Werksleitung darauf bestanden haben, daß die Häftlinge bei Fliegeralarm im Werk II blieben und nicht zu den Schutzräumen im etwa 600 Meter entfernten Werk I geführt wurden, woraufhin ihm der »Gummibunker« für die Häftlinge zugewiesen wurde.[497]

Am 8.1.1945 zwischen 11.16 und 11.32 Uhr legten rund 180 Flugzeuge einen Bombenteppich zwischen Frankfurt-Nied und dem Hauptgüterbahnhof. Mit 21 Treffern durch Sprengbomben handelte es sich um den umfangreichsten Angriff auf die Adlerwerke seit dem März 1944.[498] Eine Sprengbombe traf den Kellerraum der Häftlinge im Werk II. Henryk Kamasinski befand sich mit seiner Schicht in diesem Kellerraum: »Die SS-Männer haben uns eingesperrt und sie selbst sind zu einem Luftschutzraum geflüchtet. Die Bombe ist direkt in die Mitte gefallen. Es waren unheimlich viele Menschen darin. Einer lag über dem anderen. Es war ein Massaker. Ich habe das Glück gehabt, daß die Bombe etwa

---

493 Aussage Peter Schwab bei der KP Ffm v. 22.11.1946, HStAWi, 770/25, fol.83. Zweifellos konnte Peter Schwab ein sehr detailliertes Bild von der SS und den Verhältnissen im Lager geben, umso mehr muß es verwundern, daß er von der Staatsanwaltschaft wegen seiner »Haßgefühle« und seiner politischen Einstellung (KPD) – so die offizielle Begründung – nicht als Zeuge der Anklage akzeptiert wurde. Was die beschriebene Erschießung auf der Treppe zum Luftschutzkeller angeht, stellten auch die Aussagen des Häftlings Josef Mock und eines SS-Mannes zwar eine Wahrscheinlichkeit für das Vorliegen der Tat dar, reichten aber – nach Auffassung des Staatsanwalts – nicht zur Überführung des Beschuldigten. Das Verfahren gegen den SS-Unterscharführer Werner F. wurde trotz starker Verdachtsmomente eingestellt, vgl. Der Leiter der StA beim LG Ffm v. 22.11.1971, ZStL, Bl.1072. Der Lagerkommandant bestritt gleichfalls den Tathergang, Vernehmung Kommandoführer Franz v. 5.10.1964 (Anm. 73), Bl.32.

494 Gefolgschaftsmitglieder erhielten einen Ausweis, der Zutritt wie Kontrolle des im Werk I zugewiesenen Luftschutzraumes ermöglichte, siehe Anschlag Nr. 480 v. 10.3.1944, BRTA.

495 PA, Einrichter Bruno N., G/1987.

496 Aussage des technischen Angestellten Heinrich O. bei der KP Ffm v. 27.11.1946, HStAWi, 770/25, fol.93.

497 Ebd.

498 StdAFfm, MA 3.811, fol.19; Verzeichnis der AW über die Bombeneinschläge v. Juni 1945, NA, RG243/77.a.16.

zweieinhalb Meter von mir entfernt einschlug. Ich habe nicht einmal einen Kratzer abbekommen. Aber in den Ohren hörte ich das noch ein Jahr lang. Ich hatte Schmerzen beim Atmen. Die Decke ging nach oben. Durch die Lücken hat man die Menschen herausgeholt. Ein schreckliches Massaker. Wir waren eingesperrt. Wir hatten keine Fluchtmöglichkeit gehabt. Man hat Leitern hereingestellt und hat uns auf diese Weise aus dem Raum herausgeholt.«[499] Der Nachbar Peter Schwab sah, »wie die Menschen aus den Löchern herausgezogen wurden, teilweise noch lebend, einige Schritte fortliefen und dann, noch während ihnen das Blut aus Mund und Nase stürzte, tot zusammenbrachen. Ein gelber Lastwagen, von einem Fahrer der Adlerwerke gesteuert, fuhr in schnellem Tempo rückwärts in den Leichenhaufen hinein. Die Toten wurden jetzt darauf geworfen.«[500]

Eine besonders erschütternde Darstellung gab eine Betriebsangehörige: »Da ich dem Roten Kreuz angehörte, kam ich sofort zum Einsatz. Je nach Art der Verletzung musste ich die Häftlinge entkleiden. Es ist kaum zu beschreiben, welch ein Bild sich mir zeigte. Alte Lumpen, Koltern und Stücke von Zementtüten hatten sie sich mit Kordel um ihre abgemagerten, nur noch aus Haut und Knochen bestehenden Körper geschnürt. Andere hatten sich völlig verschmutzte Jacken von schon längst verstorbenen Häftlingen zum Schutz vor der Kälte untergezogen. Blutüberströmt und kohlschwarz durch die Verschüttung sassen welche vor mir. Ich habe sie behutsam gesäubert und einigermassen notdürftig verbunden. Viel Verbandsmaterial durften wir ja nicht für diese Leute verwenden, also wieder mit Vorsicht wirken. Sie waren fast alle krank, man merkte es an dem tiefen Husten. Einige weinten bei mir, erzählten mir von ihren Frauen und strichen mir zum Dank über die Hände. Dies werde ich nie vergessen können. Fast drei Stunden war ich noch bei ihnen, bis der Lastwagen kam, um sie ins Krankenhaus zu fahren. Auf meine Bitte hin, es möge doch jemand beim Einladen helfen, wurden einige nicht vom Unglück betroffene Häftlinge geschickt. Leichter Verletzte und solche ohne offene Wunden wurden wieder zurück ins Lager gebracht. Hiermit war meine Aufgabe erledigt, und ich konnte trotz aller Bemühungen nichts mehr von den Leuten und dem Ausgang der Verletzungen in Erfahrung bringen. Nur der Totenwagen kam noch ständig. Täglich zogen nun die Häftlinge, die bis jetzt noch übrig waren, zu der Unglücksstelle, um dort die Überreste ihrer Kameraden auszugraben. Einer der Wachleute liess sogar die Bemerkung fallen, man müsse vorsichtig sein, daß sich nicht einer von den Strolchen einen Fleischklumpen zum Essen wegnehmen würde.«[501]

---

499 PA, Henryk Kamasinski, G/15.10.90.
500 Aussage Peter Schwab bei der KP Ffm v. 22.11.1946, HStAWi, 770/25, fol.84.
501 Bericht Elisabeth B. (Anm. 34), fol.54.

Nach der Bergung durch die Rettungskräfte wurden Schwerverletzte in das Stadtkrankenhaus transportiert,[502] was der Werkluftschutz-Bereichsstelle einen Rüffel des Oberfeldarztes der Polizei eintrug, da die »Transportfahrzeuge der Adlerwerke stundenlang ihrem eigentlichen Zweck entzogen wurden«.[503] Sieben Werks- und drei Wehrmachtsangehörige des Kriegsgefangenenlagers der Adlerwerke sowie eine »Ostarbeiterin« starben bei diesem Angriff; keiner der SS-Männer wurde verletzt.[504] Die Betriebsleitung meldete anderntags die Opferzahlen an den Rüstungsstab: »Wir rechnen mit etwa 10 Deutschen und 50 KZ-Häftlingen. Verwundet wurden etwa 100 Arbeitskräfte, in der überwiegenden Mehrzahl gleichfalls KZ-Häftlinge.«[505] Die SS-Lagerleitung ihrerseits machte eine Meldung über die beim Angriff vernichtete Häftlingsbekleidung, die vor Augen führen sollte, wie pedantisch genau angeblich inventarisiert wurde. Das SS-WVHA erteilte daraufhin die Abschreibegenehmigung u. a. auch für »62 Paar Fußlappen«.[506]

Zu den Opfern des Angriffs zählten keineswegs nur die Toten des 8.1.1945. Die körperlichen Abwehrkräfte gegen Infektionen bei den Verletzten waren sehr gering, es herrschte auch ein extremer Mangel an Hygiene. Ryszard Olek schildert die »Wundversorgung«: »Man hat diese Verbände überhaupt nicht mehr erneuert. In diesen Wunden haben sich Infektionen gebildet, mein Freund ist auf diese Weise gestorben. Es kamen die Läuse in die Wunde und haben ihn praktisch lebendig aufgefressen.«[507] Laut Sterberegister des Städtischen Krankenhauses starben dort zwischen dem 8.1. und 18.1.1945 sechs bis sieben Häftlinge an Verletzungen, die als eine Folge des Luftangriffs gelten können.[508] Das Standesamt registrierte im Zeitraum vom 8.1.–27.1.1945 insgesamt 56 Tote durch »Terrorangriff«.[509]

---

502 Die Angaben der mit der Katastrophe befaßten Stellen über die Opferzahl wichen nach dem Bombenangriff voneinander ab. Das Stadtgesundheitsamt meldete, man habe »42 Verletzte (es handele sich dabei um polnische Zivilgefangene) ärztlich versorgt. Von diesen Gefangenen wurden 16 im Krankenhaus aufgenommen und in Kellerräumen, in welchen auch kranke Russen verpflegt werden, untergebracht«, Schr. an das Kriegsfürsorgeamt/Obdachlosenpolizei v. 8.1.1945, StdAFfm, MA 3.811, fol.27. Nach Luftschutzakten wurden 50 Häftlinge als verschüttet gemeldet und 47 in das Städtische Krankenhaus aufgenommen, Schr. des Bauamtes v. 9.1.1945, StdAFfm, MA 3.811, fol.26.

503 Schr. Leitender Luftschutzarzt an die Werkluftschutzbereichsstelle Hessen; Schr. an den Kreisführer des Deutschen Roten Kreuzes v. 12.1.1945, StdAFfm, LS 245.

504 LSAK-West v. 10.1.1945, StdAFfm, LS 246.

505 Fs. AW an den Rüstungsstab v. 9.1.1945, BAK, R3/525, fol.3.

506 Antrag des KZ Natzweiler an das SS-WVHA betr. Abschreibung v. »G«Bekleidung durch Feindeinwirkung v. 30.1.1945 und die Abschreibegenehmigung des SS-WVHA v. 5.2.1945, BAK, NS3/388. Vgl. zu den Abschreibungen den Abschnitt III.3, Unterkunft, Kleidung, Hygiene.

507 PA, Ryszard Olek, G/14.10.90.

508 Sterberegister 1945, UniKFfm.

Wie der im Werk geprägte Begriff »Gummibunker« deutlich macht, war allgemein bekannt, wie unsicher der Keller war. Das wußten auch die SS-Posten, die hinter den Häftlingen abschlossen und selbst einen echten Luftschutzkeller aufsuchten. Ryszard Kojer und Zygmunt Kaczmarski über die Verantwortung der Adlerwerke bei der Wahl des »Bunkers« unter dem Fabrikhof: »Die Direktion der Fabrik wendete uns gegenüber dieselben Methoden wie das SS-Kommando an.«[510]

Vorstandsvorsitzender Hagemeier gab sich nachträglich ahnungslos: »Es ist aber nicht richtig, daß während des Fliegeralarms für die Häftlinge nicht vorgesorgt gewesen ist, während die Werksleitung in besonderen Bunkern gesessen habe. Ein Teil der Herren der Betriebsführung hat sich selbstverständlich in der Nähe der Telefonzentrale und des Befehlsstandes aufhalten müssen. Meines Wissens saßen die Häftlinge mit in den gleichen Kellern wie die Werksangehörigen selbst.«[511] »Meines Wissens waren die KZ-Insassen während des Alarms genauso in Sicherheit, wie die deutschen Werksangehörigen«, betonte auch der Abwehrbeauftragte Engelmann. »Es hätte dies aber an jeder anderen Stelle ebenso durch eine solch schräg einschlagende Bombe passieren können.«[512]

6. Krankheit und Tod

Die ärztliche Betreuung und Pflege der Häftlinge gehörte zu den Aufgaben der SS. Doch zur Erfüllung dieser Verpflichtung sah man sich fast drei Monate außerstande. Ein Sanitätsdienstgrad befand sich nicht unter den Angehörigen der Bewachungsmannschaft,[513] und erst Mitte Oktober 1944 konnte das in ein »Krankenlager« umgewandelte KZ-Außenlager Vaihingen mit Kranken aus

---

509 Sterberegister 1945, StandesAFfm. Die Schätzungen des BR beliefen sich auf 62 tote Häftlinge, Bericht des BR der AW für den ITS Arolsen v. 6.8.1947, ZStL, Bl.2. In Anbetracht der hohen Opferzahl ist der Verzicht auf eine Erwähnung im Standardwerk von Schmid, 1984, unverständlich.

510 Kojer/Kaczmarski, 1985, S.8.

511 Aussage Generaldirektor Hagemeier vor dem OStA beim LG Ffm v. 7.7.1947, ZStL, Bl.150.

512 Aussage des Abwehrbeauftragten Engelmann vor dem OStA beim LG Ffm v. 7.7.1947, ZStL, Bl.160.

513 Jedem Außenkommando war ein dem Standortarzt des Stammlagers unterstellter Sanitätsdienstgrad und ein meist ziviler Arzt, zumeist der Werksarzt, zugeordnet. Lagerkommandant Franz erwähnte in seiner Vernehmung durch die Staatsanwaltschaft die Überwachung der Kranken durch einen SS-Arzt, Vernehmung Kommandoführer Franz v. 30.9.1964 (Anm. 31), Bl.18.

anderen Außenkommandos belegt werden.[514] Mitte November wurde mit dem Eintreffen von Häftlingsärzten die Voraussetzung für ein »Krankenrevier« im Lager selbst geschaffen. Bis dahin übernahmen Werksärztin und Sanitätsstation der Adlerwerke die Betreuung. Nach dem Abtransport von 58 Kranken, zumeist älteren Männern, in das KZ Dachau,[515] wurde der Gesundheitszustand der verbliebenen 1139 Häftlinge vom Lagerkommandanten als »gut« deklariert. Dies deckt sich sowohl mit Häftlingsaussagen, nach denen ihre Reserven anfänglich noch nicht aufgebraucht waren,[516] als auch mit den Beobachtungen der Werksärztin, Frau Dr. Hellriegel: Die Häftlinge »kamen mit ganz normalen Krankheiten, Erkältungen, Magenschmerzen usw. [...], meistens Erkältungen und Blasenerkrankungen. Das war typisch. Sie hatten viel zu wenig an. Und dann hatten sie natürlich Läuse und Skabies und ich weiß nicht was. Skabies sind jede Menge roter Kratzeffekte am Körper. [...] Der Allgemeinzustand ließ schon zu wünschen übrig, doch zum Skelett abgemagert war keiner. Es waren ganz normale Leute. Es war kein Dicker darunter, aber eben auch keiner im reduzierten Zustand.«[517]

Die Beobachtungen der Werksärztin stehen im Gegensatz zu der nach dem Krieg aufgestellten zentralen Schutzbehauptung des Vorstandes der Adlerwerke über den angeblich schlechten Gesundheitszustand der Häftlinge bereits bei ihrem Eintreffen in Frankfurt.[518] Gegenüber den amerikanischen Ermittlungsbehörden suchte man diese Behauptung durch eine Manipulation des Krankenstandes zu untermauern. Bereits im Juli 1944 – zwei Monate vor der Lagereröffnung – wurde die Krankenstatistik mit dem Vermerk »der hohe Ausfall bei sonstigen Ausländern beruht vorwiegend auf dem Gesundheitszustand der KZ-Häftlinge«

---

514 Das im Frühsommer 1944 für das Projekt »Stoffel«, dem Bau einer unterirdischen Flugzeugfabrik, eingerichtete Außenlager Vaihingen (Enz) wurde ab Oktober 1944 mit Kranken aus anderen Außenkommandos des KZ Natzweiler belegt, Böckle, 1978, S.203ff.

515 Der Heilpfleger der AW erinnerte sich, daß Lendzian ihn bat, eine Anzahl Häftlinge herauszufinden, die seiner Ansicht nach für einen solchen Abtransport in Frage kämen. Er suchte etwa 50, in der Hauptsache ältere Männer, heraus und fragte nach einiger Zeit, was aus ihnen geworden sei. Lendzian erklärte ihm, »diese seien mit noch weiteren Häftlingen in einen Eisenbahnwaggon verladen worden, die Türen habe man verplombt, und ob diese Häftlinge noch lebend hingekommen seien, wisse er nicht«, Aussage Karl H. bei der KP Ffm v. 18.11.1946, HStAWi, 770/25, fol.71.

516 Wochenbericht Kommandoführer v. 15.10.1944 (Anm. 55); vgl. u. a. PA, Josef Jozwiak, G/20.11.85; Kojer/Kaczmarski, 1985, S.8.

517 PA, Betriebsärztin Dr. Hellriegel, G/1990.

518 Aufschlußreich ist der Widerspruch zu der Behauptung des Vorstandsvorsitzenden, »die Werksärzte« wären »über den Gesundheitszustand der Häftlinge entsetzt« gewesen, siehe »Einsatz von Häftlingen in den Adlerwerken« (Anm. 9), S.3. Die Aussage der Betriebsärztin, die immerhin über ein Vierteljahr die Häftlinge mitbetreut hatte, wurde für das Entnazifizierungsverfahren nicht benötigt. Sie hatte sich geweigert, einen »Persilschein« für den Vorstandsvorsitzenden auszustellen, PA, Betriebsärztin Dr. Hellriegel, G/1990.

nachgebessert.[519] Tatsächlich zeigte der Krankenstand im September keine Erhöhung, sondern eine Verringerung von 3,8% (12 Kranke) auf 2,5% (13), im Oktober nochmals eine Verringerung auf 0,7% (9). Erst im November 1944 gab es einen Anstieg auf 10,2% (118). Nach zwei, drei Monaten Aufenthalt in den Adlerwerken setzte sich der Anstieg der Krankenziffern steil fort: im Dezember auf 14,3% (128), im Januar auf 33,6% (292) und im Februar auf 34,3% (386).[520] Mit einer medizinisch begründeten Krankschreibung haben die angeführten Daten nichts zu tun, doch korrespondieren diese Zahlen mit der Entwicklung der Todesziffern: zwei Tote im September, sechs im Oktober 1944, 25 im November 1944, 51 im Dezember 1944, 143 im Januar 1945, 118 im Februar 1945 und 183 im März 1945.[521] Die Adlerwerke waren über diese katastrophale Entwicklung genaustens informiert, da nicht nur der Gesamtkrankenstand, sondern aus den Krankenbüchern der Werksambulanz nummernmäßig auch die Einzelschicksale ersichtlich waren.[522] Die medizinische Versorgung erwies sich aufgrund ständiger Interventionen der Lagerführung als schwierig bis unmöglich, wie der folgenden Passage aus dem Gespräch mit Frau Dr. Hellriegel zu entnehmen ist: »Im Lager selbst war ich nur ganz wenige Male. Man hatte mir verboten, es zu betreten, weil ich mich wegen des Essens so aufgeregt hatte. Es war das Essen für eine Woche oder für einen Monat. Und dann haben sie gesagt, dann haben sie halt nichts. Wie die das gesagt haben, zweifelte ich an meinem Verstand. Mir kam das entsetzlich vor, und ich habe mich bemüht, etwas zu organisieren. Man konnte mit den Leuten natürlich auch nichts reden. Man mußte sich auf zu

519 Die Häftlinge wurden in der Krankenstatistik unter der Rubrik »Sonst. Ausländer« aufgeführt, unter der anfänglich nur die sowjetischen Kriegsgefangenen und die italienischen Militärinternierten subsumiert wurden. Diese Rubrik führte als Soll im Juli 1944 328 Personen, im August 318 Personen, im September 512 Personen (hier ist erstmals das Bauvorkommando von 200 Häftlinge enthalten) und im Oktober schließlich 1348 Personen (hier wurde der Haupttransport aus Dachau mit 1000 Häftlingen aufgenommen, während die italienischen Militärinternierten fortan bei den Westarbeitern geführt wurden), Meldebogen 3 – Gesamtbestand der Gefolgschaft (Lohnempfänger), Juli 1944 – Februar 1945, NA, RG243/77.a.16.

520 Ebd.

521 Diese Entwicklung der Totenziffern findet sich bis auf den Monat März 1945 in der Häftlingsstatistik der AW (Anm. 41). Die Zahl der in diesem Dokument aufgeführten Toten im Januar 1945 bezieht sich auf den Zeitraum v. 1.1.1945 – 29.1.1945, die Zahl der Toten im Februar 1945 auf den Zeitraum v. 30.1.1945 – 27.2.1945. Die Aufstellung fährt dann mit der Entwicklung am 27.2.1945 fort und endet mit dem 11.3.1945 bei insgesamt 459 Toten. Für den letzten Zeitraum v. 27.2.1945 – 11.3.1945 werden 114 Tote registriert. Im Grabregister v. 1.2.1954 sind weitere 69 Verstorbene mit Todesdatum ab dem 12.3.1945 aufgeführt, GuFAFfm. Demgegenüber nennt die KP Ffm, Mordkommission, in ihrem Bericht über die eingeäscherten KZ-Häftlinge der AW auf dem Hauptfriedhof Ffm v. 31.10.1946 (HStAWi, 770/25, fol.41) folgende Entwicklung: Oktober 3, November 20, Dezember 58, Januar 161, Februar 119 u. März 163 Tote. Vgl. Anm. 579.

522 Aussage der Krankenschwester Johanna K. bei der KP Ffm v. 28.10.1946, HStAWi, fol.36. Demnach wurden auch die nicht unfallbedingten Krankheitsursachen erfaßt.

erhebende Befunde, z.B. Urinuntersuchung und Lungeabhören, Furunkel aufschneiden und verbinden u.ä. beschränken. Es gab keinen Dolmetscher. Es konnte ihnen niemand klar machen, was sie haben, z.B. Angina. Da war einer, der hatte einen unglaublich geschwollenen Finger. Als ich das Skalpell in die Hand nehme, fing der Mann zu weinen an und fiel auf die Knie. Ein anderer erklärte mir in schlechtem Deutsch, er glaubt, sie bringen ihn um. Ich war vom Donner gerührt. Ich habe ihn dann in die Chirurgische Polioklinik gebracht, und die haben es anästhesiert und aufgeschnitten. Er wurde nicht aufgenommen, sondern kam gleich wieder zurück. In diesem Behandlungsraum konnten vielleicht zehn Leute stehen, da standen dann 30. Ich habe ihnen gesagt, fünf Leute bleiben, wer raus geht, soll die nächsten holen. Dann haben sie sich im Hof aufgereiht. Das war Winter. Die hatten keine Unterwäsche, nur etwas leinenartiges, Hosen. So ging es nicht. Und dann haben sie sich doch wieder reingequetscht. Das waren Unmenschlichkeiten gewesen, wo sie als junger Mensch einfach entsetzt sind. Es war völlig lächerlich. Im Winter standen die Leute im Wind, mit fast nichts an – statt sie einzeln zu schicken. Es war kalt, die Häftlinge haben keine Heizung gehabt, praktisch nichts angehabt. Ich war nur wenige Male dort, aber mich wundert es nicht, daß die Leute so krank wurden, bei der Bekleidung. Man hat mir nachträglich – nach 1945 – gesagt, sie haben die Leute krankgeschrieben, und die sind zurückgekommen und man hat sie wieder an die Maschine gestellt. Die haben sich um überhaupt nichts gekümmert, wenn sie das behaupten, kann ich ja nur lachen.«[523]

Das couragierte Auftreten der Ärztin wurde nicht zuletzt deshalb zum Ärgernis, weil sie auf einer korrekten ärztlichen Leichenschau bestand: »Ich hatte eine einzige Leiche untersucht, die einen Bluterguß in der Blinddarmgegend hatte, und da habe ich einen großen Bahnhof gemacht und habe gefordert, er muß seziert werden, ich unterschreibe nicht [Es handelte sich um den polnischen Arbeiter Stanislaw Lewicki, der am 10.9.1944 infolge innerer Blutungen verstarb].[524] Was ich unterschrieben habe – das waren nicht sehr viele – und es war an keiner einzigen Leiche ein äußeres Merkmal. Unter diesen wenigen Toten habe ich nie mehr einen mit einer äußeren Verletzung gesehen. Ich habe damals verlangt, daß er in die Pathologie kommt, aber ob sie es gemacht haben, weiß ich natürlich auch nicht. Was ich gesehen habe, war normal, und ich habe jeden gesehen.«[525] Lagerkommandant Franz hielt es für ratsam, sich persönlich zur Staatsanwaltschaft zu bemühen, um zu versichern, daß bei dem toten Häftling ein Verschulden von seiten fremder Personen nicht vorliegt.[526] Die Einschaltung

523 PA, Betriebsärztin Dr. Hellriegel, G/1990.
524 Es war der einzige Fall, bei dem die StA eingeschaltet wurde, HStAWi, 461/18537.
525 PA, Betriebsärztin Dr. Hellriegel, G/1990.

von Staatsanwaltschaft, Kriminalpolizei und Institut für Gerichtsmedizin macht deutlich, daß es möglich gewesen wäre, wenn schon nicht das Massensterben, dann doch zumindest einzelne Fälle von Totschlag zu unterbinden.[527] Doch wurde diese Möglichkeit, nach der Kündigung der Betriebsärztin, durch die Einrichtung eines »Krankenreviers« und den Einsatz von Häftlingsärzten erschwert. Am 12.11.1944 wurden zwei französische Ärzte aus dem KZ Neuengamme »überstellt«, um das »Krankenrevier« im dritten Stock des Lagers zu betreuen. Es handelte sich um den 36 Jahre alten Zahnarzt Alfred Schreiber und den 60 Jahre alten praktischen Arzt Louis Courtadon, beide »politische Schutzhäftlinge«.[528] Die Betreuung der Häftlinge lag nun in ihren Händen, die Versorgung mit Medikamenten blieb Aufgabe der Betriebsärztin, die »kiloweise Skabiesmittel« und auch Stärkungsmittel übergab.[529] Anfang Dezember 1944 wurde Frau Dr. Hellriegel dann durch Dr. Siegfried K. abgelöst. Die Betriebsärztin, die ihren Nachfolger mit den Verhältnissen bei den KZ-Häftlingen vertraut machte, engagierte sich auch für die Aufnahme des an Typhus erkrankten Dr. Courtadon im Hilfskrankenhaus Köppern.[530] Ihr Entsetzen war groß, als der Franzose mit unbekanntem Ziel abtransportiert wurde. Dr. Courtadon wurde am 2.12.1944 in das Lager Vaihingen gebracht, wo er am 30.1.1945 offiziell an »Grippe« verstarb.[531]

Dr. Alfred Schreiber muß angesichts der Unmöglichkeit, den rapiden Anstieg der Krankenzahlen aufzuhalten, tiefe Ohnmachtsgefühle empfunden haben. Zwar wurden mit den Transporten aus Buchenwald zwei weitere Ärzte in das Lager entsandt,[532] doch wie Zeugenaussagen über die Zustände in dem im

---

526 Siehe die Aussage von Kommadoführer Franz beim 20. Polizeirevier v. 12.9.1944, HStAWi, 461/18537.

527 Ebd. Daß es möglich war, die Unterschrift unter Totenscheine mit fingierter Todesursache zu verweigern, ist z.B. dem Bericht von Schmid (1987, S.503) über das »Goldfisch-Projekt« von Daimler-Benz zu entnehmen.

528 Beide Ärzte waren am 7.6.1944 nach Neuengamme gekommen. Dr. Schreiber wurde von dort zunächst in das Außenlager Misburg überstellt, siehe Dokumentenauszüge, ITS. Jozef Marcinkowski schilderte in seinen Erinnerungen Dr. Alfred Schreiber: »Er war energisch und beherrscht. [...] Die Haare waren ihm nicht völlig abrasiert worden. Man hatte ihm einen schmalen Streifen durch die Mitte des Kopfes ausrasiert. Das tat man auch mit manchen von uns, u.a. mit mir. Es sollte bedeuten, daß wir einer besonders gefährlichen Kategorie von ›Banditen‹ angehörten«, Mustafa, 1976, S.202.

529 PA, Betriebsärztin Dr. Hellriegel, G/1990.

530 Die 1913 in Köppern, etwa 20 km vom Frankfurt entfernt, errichtete Pflegeanstalt diente als Ausweichkrankenhaus. 1943 wurde eine »Krankenhaus-Sonderanlage« eröffnet und belegt.

531 Dokumentenauszug, ITS.

532 Mustafa, 1976, S.202. Nach den Informationen von Marcinkowski handelte es sich um einen Österreicher und einen Jugoslawen, Dr. Juliusz und Dr. Kostic. Nähere Angaben fehlen, da die Transportlisten aus Buchenwald nicht vollständig überliefert sind. Nach den Angaben des Häftlings Johann Kopec waren noch ein ungarischer und ein deutscher Arzt ins Lager

Oktober eröffneten »Krankenrevier« und der zur Jahreswende 1944/45 zusätzlich eingerichten »Schonung« deutlich machen, fehlten alle Voraussetzungen für eine adäquate medizinische Versorgung. Es mangelte an Medikamenten, Verbandsmaterial und Instrumenten,[533] die Kranken lagen ohne Strohsack auf den blanken Brettern und hatten keine Decken zum Zudecken,[534] und schlimmer noch: Der akuten Gefährdung hunderter kranker Häftlinge begegnete die SS mit ineffektiven, peinigenden, tödlichen Maßnahmen und organisierter Vernachlässigung. Über die Belegung des »Krankenreviers« bestimmte ausschließlich der stellvertretende Lagerkommandant Lendzian. Nach seiner Auffassung beruhte jede Krankmeldung auf Simulation. »Die Kranken heilte man mit dem Stock«, erläuterten Ryszard Kojer und Zygmunt Kaczmarski und fügten hinzu: »Der Vertreter des Kommandanten oder ein anderer SS-Mann [...] schlug solch einen kranken Gefangenen, der beim Appell vortrat und sagte, er sei krank, mit dem Stock, einem dicken Kabel oder Pritschenbrett. So eine ›Heilbehandlung‹ verringerte natürlich den Krankenstand auf ein Minimum.«[535]

Nach den Erinnerungen des Häftlings Gottlieb Sturm hatte das »Krankenrevier« etwa 20 Betten, »in denen jedoch ständig etwa 40-50 Mann untergebracht waren. Unter den Kranken befanden sich viele z.T. noch junge Leute, die Wasser hatten und am Unterkörper völlig gelähmt waren. Die Exkremente dieser Leute gingen, da sie völlig gefühllos waren, in die Betten ab. Da sich niemand um diese Leute kümmerte, sie säuberte und frisch bettete, herrschte ein pestilenzartiger Gestank in dieser Krankenstube, und die Kranken verfaulten buchstäblich im eigenen Dreck.«[536] Jozef Marcinkowski kam am 29.11.1944 mit hohem Fieber in das »Revier« und blieb dort bis zum 13.3.1945. »Die Umstände hier waren furchtbar, aber im Vergleich zur «Schonung» und zur Arbeit in den Adlerwerken erschienen sie mir wie das Paradies. Wir bekamen Verpflegung wie Gesunde,

---

gekommen, die beide nach dem Evakuierungsmarsch in Buchenwald an Typhus starben, Aussage bei der KP Ffm v. 16.11.1946, HStAWi, 770/25, fol.92. Lt. Gräberliste (GuFAFfm) waren unter den Verstorbenen auch zwei Sanitäter. Ob diese zum Einsatz kamen, ist nicht bekannt.

533 Angehörige der Werksambulanz, die zumindest anfänglich auch im Lager selbst tätig waren, erklärten, man habe den Häftlingsärzten an Medikamenten und Verbandstoffen alles gegeben, was zur Verfügung stand bzw. angefordert wurde, doch sei ein dreißigfacher Verbrauch gegenüber der sonstigen Belegschaft festzustellen gewesen, Aussage Johanna K. bei der KP Ffm v. 28.10.1946, HStAWi, 770/25, fol.36. Nach dem Bericht eines Obermeisters starb ein Häftling, weil ihm mit unsauberen und verrosteten Instrumenten ein Geschwür aufgeschnitten worden war. Er will die Instandsetzung veranlaßt haben, Aussage des Abteilungsleiters Josef W. bei der KP Ffm v. 24.10.1946, ebd., fol.21.

534 Aussage des Heilgehilfen Karl H. bei der KP Ffm v. 18.11.1946, ebd., fol.71.

535 Kojer/Kaczmarski, 1985, S.4. Den gleichen Sachverhalt beschreibt der Häftling Kazimierz Doszla in seiner Aussage bei der KP Ffm v. 2.12.1946, HStAWi, 770/25, fol.105.

536 Aussage des Häftlings Gottlieb Sturm (Anm. 165), fol.30.

trotzdem starben wir massenweise. Die meisten Kranken litten an Zellgewebsentzündung, Tuberkulose, Durchfall und Blutvergiftung. Das einzige Medikament zum Einnehmen war Aspirin, zur äußerlichen Anwendung Ichtyol. Statt Mull und Bandagen wurde Toilettenpapier verwendet, aber das sehr sparsam. Die Fenster waren vergittert. Sie konnten nicht geöffnet werden. Es herrschte ein furchtbarer Mief – Urin, Eiter und faulende Körper. In der Ecke des Reviers standen zwei Kübel, solche, wie man sie bei uns für Abfälle benutzt. Morgens waren sie voll. Diejenigen, die noch etwas bei Kräften waren – und derer gab es nicht viele – mußten sie zur Toilette tragen. Wenn die Träger auf dem ca. 80 Meter langen Weg auch nur einen Tropfen verschütteten, erhielten sie schwere Prügel. Während der nächtlichen Alarme – und es wurden immer mehr – hatte nur Dr. Alfred das Recht, in den Bunker zu gehen. Uns schloß man ein und überließ uns unserem Schicksal.«[537]

Welche Schreckensgestalten der Stellvertreter des Kommandanten, Lendzian, und der Lagerälteste, der Kapo »Bobby«, für die Kranken waren, wurde bereits beschrieben. Wie Ryszard Kojer und Zygmunt Kaczmarski schilderten, wurden die Schwerkranken und Sterbenden von Lendzian »mit kaltem Wasser übergossen, sogenanntes ›Waschen‹«. »Bobby« quälte die Häftlinge durch »das ständige Lüften des ›Reviers‹ (trotz herrschenden Frostes). Gleichzeitig verbot er, den im ›Revier‹ aufgestellten Eisenofen zu heizen (den eigenen Ofen jedoch befahl er solange zu heizen, bis alle zugeteilte Kohle verbraucht war).«[538]

Nicht nur das »Krankenrevier« war ein Seuchenherd. Gottlieb Sturm vertrat die Auffassung, daß der Ausbruch von Typhus im März 1945 »neben der schlechten Ernährungslage besonders auf die große Unsauberkeit« im Lager zurückzuführen war.[539] Kajetan Kosinski berichtet: »Typhus war in Frankfurt wie eine Epidemie. Das betraf fast alle. [...] Es gab eigentlich gar keinen Arzt, der das feststellen konnte. Ich habe bloß gemerkt, daß ich krank bin. Ich habe hohes Fieber gehabt, konnte nichts sehen. In Buchenwald bin ich gleich in die Typhusquarantäne gekommen.«[540] Es kann davon ausgegangen werden, daß sich viele Typhuskranke im Evakuierungstransport nach Bergen-Belsen, aber auch unter den ab Mitte März 1945 nicht mehr amtlich beurkundeten Todesfällen befanden.[541]

---

537 Mustafa, 1976, S.79.

538 Kojer/Kaczmarski, 1985, S.10.

539 Aussage des Häftlings Gottlieb Sturm (Anm. 165), fol.30. Vgl. auch den auf Einsicht in die ITS-Unterlagen beruhenden Hinweis auf eine »Typhusepidemie« in: »Heimatgeschichtlicher Wegweiser zu Stätten des Widerstandes und der Verfolgung 1933-1945 Hessen«, 1984, S.27.

540 PA, Kajetan Kosinski, G/14.12.93, K/10.6.93.

541 Der an Typhus erkrankte Dr. Schreiber wurde nach dem Bericht der Betriebsärztin kurz vor der Evakuierung dem städtischen Krankenhaus zur Behandlung zugewiesen, PA, Betriebsärz-

Die »KZ-Hungerkrankheit«, auch als KZ-Kachexie bezeichnet, war in ihrem Anfangsstadium durch Abmagerung, Muskelschwäche und zunehmende Verringerung der Bewegungsenergie gekennzeichnet. In dieser Phase war noch keine größere Schädigung des Organismus eingetreten. Je nachdem, wie lange die Aushungerung dauerte, traten dann bei fortschreitender Abmagerung und Schwächung Hungerödeme (Wasseranlagerungen) als Folge von Eiweiß-, Fett- und Vitaminmangel auf. Jozef Marcinkowski beschreibt die Auswirkungen der Hungerernährung: »Noch bevor man zu Ende gegessen hatte, mußte man in die Hosen pinkeln. [...] Nach 18 Tagen meines Aufenthaltes hatte ich ein geschwollenes Gesicht, die Lenden voller Geschwüre und kranke Nieren.«[542] Daß die Häftlinge unter unbezwingbarem Harndrang infolge der Muskelschwächung litten, gibt folgende Schilderung wieder: »Wir liegen mit ca. 600 Mann in einem Raum, alle erkältet, niemand von den Gefangenen kann den Urin halten. Der Posten steht an der Tür und beobachtet jede Bewegung, so daß wir uns nachts ganz geräuschlos herausschleichen müssen, wenn wir zum Urinlassen rauswollen. Dabei macht einer den anderen naß, so daß wir morgens förmlich im Urin schwimmen.«[543] Dieses Symptom zeigte sich meist einige Monate nach dem Eintreten des Nahrungsmangels und blieb gleichzeitig mit der Ödembildung bestehen, bis die »Hungerkrankheit« die übermäßige Entwässerung des Endstadiums erreicht hatte.[544] Jozef Marcinkowski: »Wir bekamen Schwellungen und schmerzhafte Geschwüre. Am schlimmsten am Gesäß und in der Lendengegend. [...] Dann kamen ›Phlegmonen‹ [eitrige Zellgewebsentzündung]. Die Hoden schwollen einigen bis zur Größe eines Kürbisses an.«[545] Mit der fortschreitenden Aushungerung entwickelten sich die Ödeme immer stärker. Bei Häftlingen, die längere Zeit stehen mußten, befielen sie der Reihe nach Unterschenkel, Oberschenkel, Gesäß, Hodensack, Bauch. Zu den Ödemen kam der Durchfall, der zu einem rapiden Flüssigkeitsverlust führte. Das Endstadium der »Hungerkrankheit« zog immer die Austrocknung der Ödeme nach sich. Die Häftlinge magerten bis zum Skelett ab. Das Infektionsrisiko war wegen des Mangels an Hygiene und der geschwächten Körperabwehr sehr hoch. Die Häftlinge konnten daher an einer Angina oder nach einer einfachen Verletzung bei der Arbeit durch Blutvergiftung sterben.[546]

---

tin Dr. Hellriegel, G/1990. Siehe auch Aussage der Krankenschwester Johanna K. bei der KP Ffm v. 28.10.1946, HStAWi, 770/25, fol.36; sowie Aussage des Häftlings Johann Kopec bei der KP Ffm v. 16.11.1946, ebd., fol.92.

542 Mustafa, 1976, S.205.

543 Peter Schwab gab die Erzählung eines Häftlings wieder, Aussage bei der KP Ffm v. 22.11.1946, HStAWi, 770/25, fol.82f.

544 Vgl. Michel, 1955, S.155.

545 Mustafa, 1976, S.198.

Das Krankheitsbild wurde neben den geschilderten somatischen Symptomen entscheidend von psychischen Faktoren mitbestimmt, die über die »Hungerkrankheit« hinausgehend den Lebenswillen zerstörten.[547] Die Menschen reagierten im Zusammenhang mit ihren quälenden Hungergefühlen in der Anfangsphase gereizt und streitsüchtig. Die Einbildungskraft richtete sich selektiv auf das Essen. Das Endstadium zeichnete sich durch Niedergeschlagenheit, Apathie und immer größere Schläfrigkeit aus. Die individuellen Charakterzüge der Kranken verschwanden immer mehr,[548] sie wurden gleichgültig gegenüber ihrer Umgebung, ihr Gesichtsausdruck wurde teilnahmslos, die Körperhaltung veränderte sich: gebeugter Kopf und ein langsamer, schleppender Gang waren charakteristisch. Aufgrund der niederen Körpertemperatur, die in der Regel unter 36°C absank, zitterten sie vor Kälte. Was von der SS anfänglich oft für eine Form des passiven Widerstandes gehalten wurde, die Langsamkeit der Bewegungen, aber auch der Sprache und des Denkens, war charakteristisch für den Zustand des »Muselmannes«, die äußerste Erschöpfung des Organismus und den psychischen Zusammenbruch. Die von der SS betriebene Zerstörung aller individuellen Persönlichkeitsmerkmale und das Gefühl extremer Machtlosigkeit fand so seine körperliche Entsprechung.[549] Die »Muselmänner« hatten kein Fieber, ihre Krankheit war nicht ansteckend, weshalb für sie im vierten Stock ein Teil der Halle abgetrennt wurde, wo sie am Rande des Lagerbetriebes dahinvegetierten.

Überlebende beschrieben die in der sogenannten »Schonung« herrschende Allgegenwärtigkeit des Todes in der letzten Phase des Lagers. Jozef Marcinkowski: »Gegen Ende Januar 1945 lagen dort über 300 Personen. ›Jureczek‹, ein Friseur aus Warschau, ehemaliger Häftling in Majdanek, pflegte diese Kranken. Die ›Muselmänner‹, die dort lagen, waren todkrank, ebenso diejenigen im Revier, die auch der beste Arzt ohne Medikamente und Nahrung nicht am Leben erhalten konnte.«[550] Der Häftling Max Loock erinnerte sich der ersten Reaktion, die das Erscheinungsbild der »Muselmänner« bei ihm hervorrief: »Diese Menschen waren im wahrsten Sinne des Wortes nur mehr Skelette. Es war für uns Neuangekommene alle ein Rätsel, daß solche Zustände überhaupt möglich waren.«[551] Der hier zum Ausdruck kommende Schock über die Verfassung der

---

546 So beschreibt Jozef Marcinkowski u.a. den Tod eines Häftlings an Gangräne (Brand der Gewebe u. Knochen), ebd., S.29.

547 Vgl. Ryn/Klodzinski, 1987, Bd. 2, S.113ff.

548 »Die Leute wurden zusehends ärmlicher und schmächtiger und sahen sich zuletzt so ähnlich, daß eine Unterscheidung kaum möglich war«, Aussage des Direktionsassistenten Albert E. beim Hess. LKA v. 6.3.1963, ZStL, Bl.289.

549 »Der Tod konnte aufgrund psychischer Überlastung eintreten«, Ryn/Klodzinski, 1987, Bd. 1, S.92.

550 Mustafa, 1976, S.203.

551 Bericht des Häftlings Max Loock (Anm. 168), fol.50.

»Muselmannen« zeigt nicht nur, was für eine emotionale Ablehnung sie hervorriefen, sondern auch, wie drastisch sich die Verhältnisse im Lager »Katzbach« von Buchenwald unterschieden.

Die Adlerwerke nahmen nach 1945 für sich in Anspruch, aus humanitären Erwägungen auf den Abtransport von Kranken gedrängt zu haben, doch faktisch ging es natürlich um eine Entlastung von den zu erwartenden Toten. Neben dem bereits erwähnten Rücktransport von 58 Häftlingen am 12.10.1944 in das KZ Dachau wurden drei Transporte in das nach dem Ausbruch von Flecktyphus sich zum Sterbelager entwickelnden Lager Vaihingen zusammengestellt: am 24.11.1944 mit einem, am 2.12.1944 mit 26 und am 22.12.1944 mit 160 Häftlingen.[552] Die Kranken wurden »auf Zeltplanen zum Wagen gebracht und dann in das Innere des Wagens hineingeschubst. Es habe sich um etwa 16-18 Häftlinge gehandelt, während der Wagen nur für zwei liegende Kranke vorgesehen war«, schilderte der Heilpfleger der Adlerwerke einen Abtransport.[553]

Die Entwicklung zum Massentod beschreiben Ryszard Kojer und Zygmunt Kaczmarski: »Die Zahl der Todesfälle betrug zuerst einen pro Tag, wuchs mit der Zeit auf einige und nach ein paar Monaten auf 10 bis 20 pro Tag.«[554] Der Tod war kein außerordentliches Ereignis. Wladyslaw Jarocki: »Wenn es hieß: Alles antreten, und der sich nicht bewegte, wußte man Bescheid. Es ging immer ein Totenkommando herum, die haben durch die Pritschen gesehen. Die haben die Männer heruntergezogen und die Leichen fielen auf den Boden.«[555] Der Häftling Gottlieb Sturm: »Ich kann mich erinnern, daß zu meiner Zeit jeweils 3 Tote in einen Sarg gebettet waren. Es wurde jeweils abgewartet, bis etwa 50 – 60 Tote zusammen waren. [...] Ich habe einmal im Februar 1945 festgestellt, daß an einem Tag 42 Mann in dem Lager gestorben sind.«[556]

Neben einigen KZ-Häftlingen aus der Sowjetunion handelte es sich nahezu ausschließlich um die aus Warschau deportieren Polen, die (neben dem Bauvorkommando) am längsten den sich ständig verschlechternden Lagerbedingungen

---

552 Böckle, 1978, S.210. Die Angaben von Bärbel Böckle beruhen auf einer Recherche beim ITS Arolsen, als dieser noch für die Forschung zugänglich war. In der Werksstatistik wurde die Anzahl der am 2.12.1944 abtransportieren Häftlinge dagegen mit 16 angegeben, Häftlingsstatistik der AW (Anm. 41). Desweiteren wurde darin in der Zeit v. 20.2.1945 – 26.2.1945 eine weitere »Überstellung« von 11 Häftlingen aus dem Lager heraus aufgeführt, die wiederum bei Böckle nicht verzeichnet ist, ebd. Der BR der AW schließlich machte Angaben über Krankentransporte am 2.1.1945 mit 16 und am 26.2.1945 mit 11 Häftlingen, Bericht des BR der AW für den ITS v. 19.9.1947, ZStL, Bl.2.

553 Der Heilpfleger Karl H. gab die Erzählung eines Kollegen zu Protokoll, Aussage bei der KP Ffm v 18.11.1946, HStAWi, 770/25, fol.71f.

554 Kojer/Kaczmarski, 1985, S.5.

555 PA, Wladyslaw Jarocki, G/14.10.90.

556 Aussage des Häftlings Gottlieb Sturm (Anm. 165), fol.30.

ausgesetzt waren.[557] Nicht allein der Aufenthaltsdauer, sondern auch der Tatsache, daß diese Häftlinge bisher keine KZ-typischen Entbehrungen erlitten hatten, kam dabei entscheidende Bedeutung zu. Sie mußten im Lager »Katzbach« am ehesten unter einen schockartigen Streß geraten – zumal sie mit zu den Parias der Lagergesellschaft zählten.[558] Die in der Schlußphase des Lagers eintreffenden Neuzugänge aus dem KZ Buchenwald hatten dagegen bereits Lager- bzw. Hafterfahrung. Erhöhte Überlebenschancen hatten ansonsten nur Funktionshäftlinge. Lagerkommandant Franz selbst stellte die Dimension des Massensterbens in Abrede: »Die Sterblichkeit im Lager war ziemlich hoch, es erscheint mir aber völlig unmöglich, daß während des Bestandes des Lagers 524 Personen ums Leben gekommen sein sollen.«[559]

Die große Zahl der Leichen stellte ein Problem dar, da diese »ordnungsgemäß« dem Friedhof zugeführt werden mußten. Zur Problemlösung trug Betriebsarzt Dr. Siegfried K. bei, der an 319 Toten weder die gesetzlich vorgeschriebene eigene Untersuchung noch Meldungen über Tbc oder Typhus an das Gesundheitsamt vornahm.[560] Er beschränkte sich darauf, anhand der Diagnose der Häftlingsärzte die Totenscheine auszustellen.[561] Grundsätzlich waren Leichenschauscheine dem zuständigen 20. Polizeirevier vorzulegen, was ab 1945 bündelweise geschah.[562] Die Polizei beglaubigte, daß die Umstände des Todes auf keine strafbare Handlung hinwiesen, und stellte zum Zwecke der Feuerbestattung einen Beistellschein bzw. gegebenenfalls die Freigabe zum Zwecke der Leichenöffnung aus. Die Toten des Lagers »Katzbach« wurden namentlich im Sterberegister des Standesamtes registriert, die Eintragung des Sterbefalles bescheinigt. Lagerkommandant Franz hatte sich entsprechend einem allgemeinen Befehl des Reichsführers SS Himmler[563] und rechtzeitig vor Beginn des Massensterbens mit einem Schreiben an das Bauamt, Abteilung Bestattungswe-

---

557 Der Prozeß der Anpassung an die Lagerbedingungen richtete sich nach der körperlichen und psychischen Konstitution und war von Beruf und sozialer Herkunft beeinflußt. Die Toten waren zwischen 16 und 59 Jahre alt; ihr Durchschnittsalter betrug rund 39 Jahre; 53% der Gestorbenen waren jünger als 40 Jahre, errechnet nach der Gräberliste (GuFAFfm) und dem Sterberegister (StandAFfm) auf der Basis von 504 vorhandenen Altersangaben der insgesamt 528 Toten.

558 Vgl. Ryn/Klodzinski, 1987, Bd. 1, S.107.

559 Vernehmung Kommandoführer Franz v. 5.10.1964 (Anm. 73), Bl.26.

560 Bericht des Stadtgesundheitsamtes an Bürgermeister Dr. Schlosser v. 27.2.1946, HStAWi, 770/25, fol.10.

561 Aussage Dr. Siegfried K. bei der KP Ffm v. 18.3.1946, ebd., fol.12.

562 Peter Schwab (Aussage bei der KP Ffm v. 22.11.1946, ebd., fol.82) war Zeuge, als sich ein Beamter des 20. Reviers weigerte, eine sehr hohe Zahl von Totenscheinen zu unterschreiben.

563 Siehe den Befehl Himmlers vom Oktober 1944, zitiert nach: Ziegler, 1986, S.266. Demnach hätten die Häftlinge die Beerdigung selbst vorzunehmen gehabt und waren die Leichen »so zu bekleiden, daß man sie nicht als Häftlinge erkennen kann«.

sen, gewandt, in dem er bekanntgab, daß Häftlingsleichen künftig »dem nächstgelegenen Krematorium zur Feuerbestattung zu übergeben« seien.[564] Das Bestattungsamt verfügte daraufhin die Urnenbestattung ohne »Notkreuz« auf dem »Gräberfeld für Ausländer«, Gewann 30, das die Stadtverwaltung 1943 vom Friedhof der Jüdischen Gemeinde konfisziert hatte.[565] Bis der Leichenwagen kam, stapelte man die Toten auf dem zerstörten Bodenraum im fünften Stock und im Keller.

Nach der Auflösung des Lagers machten Werksangehörige einen grausamen Fund: »Im 4. Stock standen 6 Särge, wovon einer offen war. Wir sahen darin einen nackten Toten liegen. Als wir dann die anderen Särge untersuchten [...], stellten wir fest, daß sie auch Tote bargen und zwar [...] jeweils mit zwei Mann. In einem direkt daneben liegenden Raum sahen wir dann eine große Anzahl Toter liegen. Alle waren nackt und spindeldürr, so daß wir zu der Überzeugung kamen, daß diese Menschen verhungert waren. Den jüngsten unter den Toten schätzte ich auf höchstens 16 Jahre [...]. Ich habe die Toten in diesem Raum dann gezählt und es waren hier allein 27 Mann. Im übrigen war es allgemein bekannt, daß schon eine ganze Zeit zuvor täglich etwa 6 Särge im Durchschnitt auf einen Lkw verladen und fortgefahren wurden.«[566]

Eine vom Stadtgesundheitsamt 1946 vorgenommene Untersuchung bemühte sich auf der Grundlage von 129 Todesfällen im Februar 1945, Erklärungen für die hohe Sterblichkeit im Lager zu finden.[567] Folgende Möglichkeiten wurden erörtert:

---

564 Schr. des Kommandoführers an das Bestattungsamt Ffm v. 24.10.1944, StdAFfm, Miszellen 46.

565 Siehe die Planskizze »Gräberfeld für Ausländer«, Bauamt/Bestattungswesen/Gartenwesen, Ffm, Dezember 1943, GuFAFfm. Lt. Auskunft der Verwaltung des Jüdischen Friedhofes handelte es sich um einen noch nicht einparzellierten Erweiterungsteil des Jüdischen Friedhofes, der aus Glaubensgründen nach dem Krieg nicht wieder zurückgefordert werden konnte.

566 Aussage des Werkmeisters Hermann W. bei der KP Ffm v. 13.11.1946, HStAWi, 770/25, fol.65.

567 Es handelte sich um einen Teil von 319 durch das Statistische Amt vorgelegten Todesfall-Formbögen aus dem Zeitraum von Dezember 1944 – März 1945. Bei der Durchsicht der von den KZ-Ärzten erstellten Diagnosen ergab sich: »allgemein eine erschreckende Monotonie in der Angabe der Diagnosen. Es besteht der Eindruck, daß sie schematisch immer ein Krankheitssymptom allein angeben. Im besonderen ist hervorzuheben [...]: Tuberkulose und zwar fast ausschließlich Lungentuberkulose 59, Herzmuskelschaden 39, Verschiedenes 34, erschossen 3 Fälle. Bei Verschiedenes sind 9 Fälle mit Blutvergiftungen nach Zellgewebsentzündungen, Furunkeln oder ähnlichem enthalten. [...] Die Herzerkrankungen in dieser gehäuften Zahl bei teilweise noch jungen Menschen sind unklar. Auffallend sind die zahlreichen Fälle von Blutvergiftungen. Derartige Todesfälle bei äußerlichen Eiterungen gehören immerhin zu den Seltenheiten. Bei den Erschossenen ist unklar, ob es sich um Hinrichtungen gehandelt hat. Bei den anderen Monaten finden sich auch Fälle wie: ›Tod durch Enthauptung, Tod durch den Strang‹. [...] Die Ursache der Gesamtzahl der Todesfälle wie auch die Einzelursachen können darin liegen, daß die gemachten Angaben aus irgendwelchen Gründen unrichtig sind. In diesem

»1. Es hat sich um ein sehr großes Lager gehandelt. Die Abgänge durch Tod stehen in einem normalen Verhältnis zur Gesamtzahl der Besetzung. Diese müßte dann allerdings schon weit über 10 000 betragen haben.

2. In dem Lager war eine Krankensammelstelle [...].

3. Die Besatzung bestand aus völlig entkräfteten und ausgehungerten Menschen, welche widerstandslos auch bei kleinen Krankheitsbelastungen dahinstarben.

4. Die ärztliche Leitung bzw. die ärztliche Versorgung hat aus verschiedenen Gründen, die nicht unbedingt in der Person des Arztes liegen müssen, versagt.«[568]

Die »aus den Todesursachen sich ergebenden Momente sind derart, daß eine normale Todesursache nicht mehr nachgewiesen erscheint«, stellten die Autoren des Untersuchungsberichtes fest.[569] Nicht allein, daß die Bescheinigung eines »natürlichen« Todes direkte Gewalteinwirkung keineswegs ausschloß, es handelte sich in jedem Fall um unsichere Diagnosen, und zwar zum einen, weil sich Erkrankungen wie Lungentuberkulose oder Herzmuskelschaden unter den Bedingungen des Lagers schlechterdings nicht diagnostizieren ließen, zum anderen aber auch, weil es sich trotz der Vielzahl der Fälle um praktisch deckungsgleiche Endstadiumkrankheitsbilder handelte, die es schwer machten, die Symptome auseinanderzuhalten. Sie können summarisch als Folge der in den Adlerwerken systematisch betriebenen Verelendung erklärt werden.

Hervorhebenswert ist das erste Szenario des Untersuchungsberichts, bei dem allerdings weder der Abtransport Hunderter Sterbenskranker nach Bergen-Belsen, die Morde auf dem Evakuierungsmarsch noch die Todesfälle kurz nach der Befreiung berücksichtigt wurden. Die Vorstellung, es habe sich, gemessen an der Zahl von 528 Toten,[570] womöglich um ein Lager in der Größenordnung von

Sinne spricht die eigenartige Häufung der Todesfälle während der Vormittagsstunden«, Bericht des Stadtgesundheitsamtes an Bürgermeister Dr. Schlosser v. 27.2.1946, ebd., fol.10.

568 Ebd.

569 Ebd.

570 Gräberliste nach dem Kriegsgräbergesetz v. 1.2.1945, GuFAFfm. Die vom Bestattungsamt für die Mordkommission erstellte Liste der Einäscherungen v. 31.10.1946 enthält dagegen nur 524 Todesfälle, wovon die Ermittlungsbehörden auch immer ausgingen, HStAWi, 770/25, fol.41. Standesamtlich registriert wurden bis einschließlich 11.3.1945 wiederum nur 443 Todesfälle, danach brach die Registrierung ab, obwohl vom 12.3.1945 an insgesamt noch 107 Häftlinge eingeäschert wurden und dem Grabregister zufolge noch 69 Häftlinge starben. Auch die Häftlingsstatistik der AW (Anm. 41) bricht am 11.3.1945 bei der Registrierung der Todesfälle ab, gibt aber im Gegensatz zum Standesamt 459 Todesfälle bis zu diesem Zeitpunkt an, was zusammen mit den danach im Grabregister aufgeführten 69 Toten die Gesamtzahl von 528 Verstorbenen ergibt. So viele Häftlinge sind auch begraben. Da sich auf dem Friedhofsamt 494 Leichenschauscheine oder Standesamtsmitteilungen befinden (GuFAFfm), erklären sich die Differenzen wahrscheinlich dadurch, daß zuerst die Standesamtsmeldungen eingestellt

10 000 Häftlingen gehandelt, macht eindringlich bewußt, daß das Lager »Katzbach« ein Todeskommando war.

7. Die Evakuierung

Das Näherrücken der Front machte sich ab 7.3.1945 durch gezielte Angriffe alliierter Bomber- und Tieffliegerverbände auf die angrenzenden Gleisanlagen des Hauptbahnhofes bemerkbar.[571] Bereits seit dem 9.3.1945 konnte das Produktionskommando wegen der abgeschnittenen Materialzufuhr sowie eines Bombentreffers nicht mehr beschäftigt werden, und am 12.3.1945 hörte die Werksstatistik über die »Belegschaftsstärke Arbeitskommando ›Katzbach‹« bei einem »Bestand« von 874 Häftlingen zu zählen auf.[572] Deutsche Arbeiter begannen damit, die Maschinen abzubauen, und der Arbeitseinsatzingenieur fuhr auf Weisung des Vorstandes zur Kommandantur des KZ Natzweiler, »um dort die Loslösung des Kommandos von den Adlerwerken zu erwirken«.[573] Aufgrund dieser Initiative dürfte die Evakuierung in zwei Etappen zerlegt worden sein. Zuerst entledigte man sich binnen weniger Tage der marschunfähigen Kranken, die nur per Bahn abtransportiert werden konnten, um dann zehn Tage später die restlichen Häftlinge zu Fuß in den Tod zu schicken.

---

wurden und danach auch die Ausfertigung der Leichenschauscheine, so daß nur noch unmittelbar auf dem Friedhof die Toten registriert wurden (Die Liste der Mordkommission hatte nachweislich die ersten Todesfälle übersehen). Unter ihnen befinden sich 10 Tote ohne alle Angaben. In anderen Fällen sind Fehleintragungen wahrscheinlich. Bei mindestens 11 Toten im Polnischen Grab handelt es sich um Russen bzw. Ukrainer. Vgl. Anm. 521.

571 Schmid, 1984, S.205.

572 Häftlingsstatistik der AW (Anm. 41). Siehe Verzeichnis der AW über die Bombeneinschläge v. Juni 1945, NA, RG243/77.a.16. Die Zeugenangaben variieren zw. 8.-10.3.1945; Kojer/Kaczmarski, 1985, S.12; »Einsatz von Häftlingen bei den Adlerwerken« (Anm. 2), fol.39. Nach den Angaben des BR der AW befanden sich letztmals am 9. oder 10.3.1945 noch 874 Häftlinge für die AW im Arbeitseinsatz, Bericht des BR der AW für den ITS Arolsen v. 6.8.1947, ZStL, Bl.2.

573 PA, Stanislaw Madej, G/14.12.93; und Aussage des AI (Anm. 9), fol.27. Zum Schluß hieß es, so bestätigt Einrichter Bruno N. aus der Motorenabteilung, »die Maschinen kommen alle weg«, PA, Bruno N., G/1987. Und tatsächlich staunten die Offiziere des »British Intelligence Objectives Sub-Committee«, die am 1.8.1945 die AW inspizierten, nicht schlecht: »All the machines have been cleaned down, jigs, fixtures and (in most cases) cutting tools removed, and it is obivous that the complete plant was ready for shipment to another factory or factories«, Evaluation Report No. 334 v. 7.1.1946, IWM, Speer/BIOS.

Der Todestransport nach Bergen-Belsen

Wladyslaw Jarocki beschreibt, daß die SS außer den 360 Todkranken im »Revier« und in der »Schonung« möglichst jeden Marschunfähigen in den Zug abschieben wollte: »Voraus ging eine Selektion. Bei der Zusammenkunft hat man uns bekanntgegeben, daß wir zu Fuß nach Buchenwald gehen werden. Wer sich nicht mehr wohl fühlt, keine Kraft mehr hat, fährt mit Waggons. Viele Kollegen von meiner Gruppe habe ich davon überzeugt, daß sie nicht in die Waggons gehen sollten. So etwas Gutes sei den Deutschen nicht zuzutrauen. Es war, als hätte ich es geahnt. Ich hatte ein gutes Gefühl gehabt.«[574] Die Berichte der wenigen Überlebenden geben keinen Anlaß daran zu zweifeln, daß SS und Adlerwerke den Tod der Häftlinge einkalkulierten oder zumindest billigend in Kauf nahmen.

Die Brüder Jerzy und Henryk Kamasinski sowie Jozef Marcinkowski überlebten diesen Transport und den Aufenthalt in Bergen-Belsen wie durch ein Wunder. Jozef Marcinkowski nennt in seiner Autobiographie den 13.3.1945 als Termin für den Transport. An diesem Morgen wurden die Häftlinge in die Waggons teils getragen, teils gejagt.[575] Danach hätten die Waggons noch drei Tage und Nächte auf den Gleisen gestanden: »Sie verfrachteten uns zu je 60 in einen Güterwaggon, der reichlich mit ungelöschtem Kalk bestreut war. Die SS-Männer schmissen in jeden Waggon 15 Brote, drei Würfel Margarine und anderthalb Kilo Salami. Dann wurden die Waggons plombiert.«[576] Nach den Angaben von Angestellten der Adlerwerke handelte es sich um zehn bis zwölf Waggons, was durch Häftlingsaussagen bestätigt wird.[577] In den Waggons befanden sich jeweils zwischen 40-60 Häftlinge; die verschiedenen Angaben über die Anzahl der Evakuierten schwanken zumeist zwischen 400 bis 500, der stellvertretende SS-Transportführer nennt die auffällig genaue Zahl von 530-535 Häftlingen.[578] Nach den Tagebuchaufzeichnungen von Ryszard Kojer und Zygmunt Kaczmarski wurden ungefähr 500 Häftlinge, darunter »fast die Hälfte

---

574 PA, Wladyslaw Jarocki, G/14.10.90. Anderen Häftlingen wurde von der SS auch erzählt, der Zug würde in ein »Erholungsheim« fahren, vgl. Bericht des Häftlings Max Loock (Anm. 168), fol.51.

575 Mustafa, 1976, S.82; vgl. PA, Josef Jozwiak, G/18.4.89.

576 Mustafa, 1976, S.82. Jerzy und Henryk Kamasinski geben an, sie wären am Abend verladen worden und bereits nach zwei, drei Stunden sei der Zug losgefahren, PA, G/15.10.90.

577 »Einsatz von Häftlingen bei den Adlerwerken« (Anm. 2), fol.39; PA, Henryk u. Jerzy Kamasinski, G/15.10.90; Aussage des Häftlings Gottlieb Sturm (Anm. 165), fol.30.

578 Der BR der AW beispielsweise nannte dem ITS Arolsen 1947 »ohne jede Gewähr« eine Zahl von »400 oder 480 Mann«, ZStL, Bl.2; Aussage des SS-Unterscharführers Friedrich Heinrich H. bei der KP Mannheim v. 17.2.1948, GLAKa, 309/206.

Sterbende«, am Freitag, den 16.3.1945, zu je 60 Personen in Güterwaggons verladen, die »noch zwei Tage auf den Gleisen bei den Fabrikmauern« gestanden hätten.[579] Bestätigt werden ihre Zeitangaben durch die Aussagen derjenigen SS-Männer, die, in einem Personenwaggon abgeteilt von den Gefangenen, den Transport nach Bergen-Belsen zu bewachen hatten.[580] Das SS-WVHA bzw. die Kommandantur Natzweiler hatte diesen Auftrag an einen Teil der SS-Bewachungsmannschaft des Außenlagers der Daimler-Benz AG in Mannheim-Sandhofen vergeben.[581] Diese war auch am 16.3.1945 zur Stelle, konnte oder wollte aber den Zug nicht finden, worauf sie unverrichteter Dinge nach Mannheim zurückkehrte. Transportführer SS-Hauptscharführer Ridinger hatte Skrupel – er wußte, daß »der ganze Transport aus Typhus- und Magenkranken bestand«. In Mannheim wurde ihm der »Scharfmacher«, SS-Unterscharführer Friedrich Heinrich H., als Stellvertreter zugeteilt, der erst zwei Tage später, am Sonntagmorgen, den 18.3.1945, den Zug »aufstöberte«.[582]

Jozef Marcinkowski beschreibt, was sich zwischenzeitlich in den Waggons abspielte: »Wir [...] schrien vor Müdigkeit, Durst und auch deswegen, weil wir unsere ›Geschäfte‹ nicht erledigen konnten. Am Ende erledigten wir das so, wie wir gerade standen. In dieser Zeit starben in unserem Waggon zehn Kranke. Wir stapelten sie am Ende des Waggons einen auf den anderen. Brot, Margarine und Salami hatten wir sofort verschlungen, so daß wir unheimlich hungrig waren und grausamen Durst litten, als sich der Zug [...] ins Ungewisse in Bewegung setzte.«[583] Niemand wußte, so einer der SS-Transportbewacher, wieviele Tote sich in den Waggons befanden.[584] Im Lager ging das Gerücht um, daß 70 oder 80 Häftlinge auf dem Rangiergleis der Adlerwerke gestorben seien, der stellvertretende SS-Transportführer wollte bei der Übergabe nur von acht Verstorbenen gehört haben, erinnerte sich aber gleichzeitig, »daß bereits schon in Frankfurt besprochen wurde, einen mittleren Wagen leerzumachen, um darin die Toten zu

---

579 Kojer/Kaczmarski, 1985, S.11.

580 Daß für die SS-Bewachungsmannschaft ein Personenwaggon zur Verfügung stand, konnte Josef Jozwiak beobachten, PA, G/18.4.89.

581 Wegen der Erschießung eines Häftlings aus den AW auf dem Bahnhof Lollar wurden nach dem Krieg gegen den Transportführer, SS-Hauptscharführer Gerhard Ridinger, sowie seinen Stellvertreter, SS-Unterscharführer Friedrich Heinrich H., durch den OStA beim LG Mannheim zwei Ermittlungsverfahren durchgeführt, wodurch nähere Einzelheiten über die Transportumstände bekannt sind. Das Ermittlungsverfahren gegen den geständigen Täter Friedrich Heinrich H. wurde wegen »Unzurechnungsfähigkeit« eingestellt, ebenso dasjenige gegen den als Befehlsgeber beschuldigten Gerhard Ridinger, GLAKa, 309/206 u. 221. Für den Quellenhinweis danken wir Peter Koppenhöfer, Mannheim.

582 Aussage des SS-Hauptscharführers Gerhard Ridinger beim AG Mannheim v. 22.2.1948, GLAKa, 309/221.

583 Mustafa, 1976, S.83.

584 Aussage des SS-Mannes Franz B. bei der KP Mannheim v. 1.4.1948, GLAKa, 309/206.

bergen. Es konnte aber des Fliegeralarms wegen in Frankfurt nicht durchgeführt werden.«[585]

Bereits kurze Zeit nach der Abfahrt, zwischen 11 und 12 Uhr auf dem Bahnhof in Lollar hinter Gießen, wurde der Zug erstmals Ziel eines Tieffliegerangriffs. Während der zwei Angriffswellen suchte die SS Deckung und ließ die Häftlinge in den verschlossenen Waggons zurück. Wieviele Gefangene dabei ums Leben kamen, ist unbekannt. Die Angaben über die Gesamtzahl der Toten nach diesem Vorfall schwanken zwischen 50 und 300.[586] Jozef Marcinkowski gibt dafür eine Erklärung: »In unserem Waggon hatten wir 18 Gestorbene und zwei vom Angriff Getötete. Wir sagten jedoch, daß wir nur fünf hätten. Die Wärter öffneten die Waggons, kamen jedoch nicht herein, weil der Mief, der sie empfing, nicht auszuhalten war. Die Verheimlichung der richtigen Zahl der Toten hatte den Zweck, evtl. mehr Portionen Brot zu erhalten.«[587]

Einigen Freiwilligen wurde für das »Umladen« der Leichen Wasser versprochen. Jozef Marcinkowski: »Wir mußten sie aus den Waggons herausziehen, entkleiden und in den Waggon direkt hinter der Lokomotive tragen. Dort schichteten wir sie wie die Zementsäcke aufeinander und bestreuten sie mit Kalk. Der Kalk befand sich in Säcken. Wahrscheinlich haben wir in der Eile auch einige im Sterben Liegende herausgezogen, aber niemanden hat das erschüttert. Die Kleidung legten wir sorgfältig zusammen – Ordnung mußte sein. Zur Belohnung erhielten wir einen Eimer Wasser. Aber Schöpfbecher gaben sie uns nicht. Als die Leute den Eimer sahen, stürzten sie sich alle wie wild auf ihn. Der Eimer kippte um, das Wasser sickerte in den Boden.«[588] Die SS-Männer, die den Häftlingen trotz Verbots Wasser gebracht hatten, wurden von SS-Transportführer Ridinger scharf zurechtgewiesen. Er drohte ihnen für den Fall der Wiederholung mit dem Kriegsgericht.[589] Am späten Sonntagnachmittag setzte der Zug seine Fahrt in Richtung Kassel fort, in den Waggons trieb der Durst die Häftlinge zum Wahnsinn. Jozef Marcinkowski: »Jemand brüllte ›Wasser! Wasser!‹, kroch den Waggon entlang, mit einem Messer wild um sich stechend. Verwundete und zu Tode Getroffene brüllten. Ein Schrei ›Erschlagt den Verrückten!‹ brachte uns auf die Beine. Alles geriet in Aufruhr. [...] Die erste Portion eigenen Urins trank

---

585 Kojer/Kaczmarski, 1985, S.11; Aussage des Häftlings Gottlieb Sturm (Anm. 165), fol.30; Aussage des SS-Unterscharführers Friedrich Heinrich H. bei der KP Mannheim v. 17.2.1948, GLAKa, 309/206.

586 Aussage des Reichsbahninspektors Christian R. bei der KP Gießen v. 2.1.1948, GLAKa, 309/206; Aussage des SS-Unterscharführers Friedrich Heinrich H. bei der KP Mannheim v. 17.2.1948, ebd.; Mustafa, 1976, S.84.

587 Ebd., S.83.

588 Ebd., S.84.

589 Aussage des SS-Mannes Heinz S. beim AG Lampertsheim v. 13.4.1948, GLAKa, 309/221.

Sanitäter G. Nach ihm begannen andere, das gleiche zu tun. Einer pinkelte dem anderen direkt in den Mund. Es gab keinerlei Gefäße.«[590]

Immer wieder geriet der Zug unter Beschuß, am Ende waren die Waggons, so Jerzy Kamasinski, durchlöchert »wie ein Sieb«.[591] Keinerlei Verpflegung, keinerlei Hilfe für die Verletzten – sieben Tage, nachdem die Waggons versiegelt worden waren, erreichte der Transport am Freitag, den 23.3.1945, schließlich sein Ziel.[592]

Jozef Marcinkowski: »Eine Gruppe von SS-Männern stand weit vom Zug entfernt und hielt sich Taschentücher vor die Nase. [...] Wir hörten die Aufforderung, die Waggons zu verlassen. Ich war der dritte, der aus eigener Kraft den Waggon verließ. Als schon keiner mehr ausstieg und alle Waggons genügend gelüftet waren, schauten die Deutschen hinein. Ich sah, wie einige von ihnen sich an den Kopf faßten und ihre Betroffenheit ausdrückten. In jedem Waggon lagen Berge von Leichen; nur die Mitte war frei, wenn man den Kot nicht rechnet.«[593] Die Anzahl der Toten, so ein SS-Transportbewacher, »wurde damals auf etwa 180 geschätzt«.[594] 16 Häftlingen soll unterwegs die Flucht gelungen sein. Leichen, Verletzte, Kranke und Marschunfähige wurden mit einem Lkw zu den Krematorien gefahren. In Fünferreihen marschierte der Rest von ungefähr 100 Häftlingen zum Lager. Jozef Marcinkowski: »Wir schritten in die H ö l l e. Es war kein Schrei zu hören, es gab kein Hin- und Herlaufen. Überall rundherum lagen Leichen, und es war fürchterlich stickig. Vor uns sahen wir einen breiten, sumpfigen Weg. An seinem Ende war ein nicht sehr großes Gebäude mit einem Kamin, aus dem dieser Rauch entstieg. Rechts vom Wege erstreckte sich ein großer Platz, auf ihm waren wie Holzstöße die Leichen aufgeschichtet. Links – eingezäunt mit Stacheldraht – Reihen von Baracken. Zwischen ihnen wieder Leichen und langsam dahinschleichende Schatten lebender Skelette.«[595]

Dennoch erschien den Häftlingen, die in zwei Baracken aufgeteilt wurden, ihre neue Unterkunft anfangs »wie ein Palast«, schließlich, so Jozef Marcinkowski, starben wir »wie die Fliegen«: »Wir lagen im verlausten Kot in der Baracke 18 in Bergen-Belsen. Der Boden war naß und stinkig. Weiße Läuse krochen hin und her. Wir waren vor Hunger aufgedunsen. Unsere Kleidung stank

---

590 Mustafa, 1976, S.84f.
591 PA, Jerzy Kamasinski, G/15.10.90.
592 Mustafa, 1976, S.207.
593 Ebd., S.206f.
594 Aussage des SS-Mannes Franz B. bei der KP Mannheim v. 1.4.1948, GLAKa, 309/206.
595 Mustafa, 1976, S.210. Allein im März 1945 starben in Bergen-Belsen 18 168 Menschen oder kamen mit den Transporten bereits tot an – spätestens ab Mitte März bot das Lager den erschütternden Anblick, wie ihn die Bilddokumente der englischen Armee für die Nachkriegswelt festhielten, siehe Kolb, 1962, S.136-149; Kolb, 1984, S.39-52.

wie eine Kloake. Wir litten an Durchfall, Ruhr, Bauchtyphus und der Teufel weiß, an was noch.«[596] Nach den Angaben von Jozef Marcinkowski überlebten das Inferno von Bergen-Belsen lediglich acht Häftlinge aus den Adlerwerken.[597]

Im Lager »Katzbach« war inzwischen trotz der Räumung des »Reviers« und der »Schonung« das Sterben unter den Häftlingen weitergegangen – die Folge der Ausbeutung ihrer Arbeitskraft bis zum letzten Moment.[598] Der Leiter des Sonderausschusses Zugkraftwagen hatte den Adlerwerken am 10.3.1945 eine scharfe Rüge erteilt, weil sie einerseits über Materialmangel klagten, andererseits der Naxos-Union als Unterlieferant keine Arbeitskräfte zur Verfügung stellten.[599] Stattdessen wurden etwa 250 KZ-Häftlinge für die Reichsbahn zu Ausbesserungsarbeiten an die Gleisanlagen getrieben, doch erwies sich dies aufgrund permanenter Fliegerangriffe als zwecklos.[600] Inwieweit die Adlerwerke in Verbindung mit der Evakuierung der Maschinen selbst noch auf einen betriebsinternen Arbeitseinsatz spekulierten, muß dahingestellt bleiben.[601]

Am 23.3.1945 stand endgültig das gesamte Werk still.[602] Ryszard Kojer und Zygmunt Kaczmarski: »Einige Tage lang taten wir nichts. Wir saßen auf der

596 Mustafa, 1976, S.216f.

597 Ebd., S.210. Nach den Angaben von Jerzy Kamasinski waren es mehr Überlebende gewesen, doch wären viele gleich nach der Befreiung durch die Engländer am 15.4.1945 gestorben, PA, Jerzy Kamasinski, G/15.10.90; vgl. hierzu Kolb, 1984, S.50.

598 Die Gräberliste nach dem Kriegsgräbergesetz v. 1.2.1954 verzeichnete einen Todesfall am 18.3.45, GuFAFfm. Das Bestattungsamt Ffm verzeichnete zw. dem 17.-22.3.1945 eine Anzahl von 47 Einäscherungen, Bericht der KP Ffm über eine beim Bestattungsamt Ffm vorgenommene Überprüfung der Liste der eingeäscherten KZ-Häftlinge v. 31.10.1946, HStAWi, 770/25, fol.41.

599 »In früheren Briefen haben Sie zum Ausdruck gebracht, dass Ihnen so viel Arbeitskräfte zur Verfügung stehen, dass Sie damit 350 Fahrgestelle einschließlich Ersatz monatlich herstellen können. Ich möchte daher davon absehen, auf der einen Seite Arbeitskräfte vor Einberufungen zu schützen [Die Naxos-Union wollte gegen die Einberufung von Arbeitskräften zum Volkssturm Einspruch erheben], während diese auf der anderen Seite in überreichlichem Masse vorhanden sind. Im gegenseitigen Einvernehmen mit der Naxos-Union müssten Sie die erforderlichen Massnahmen ergreifen, damit die hohe Ersatzteilforderung erfüllt wird«, Einschr. Sonderausschußleiter J. Schweda an die AW v. 10.3.1945, BAK, R3/293, fol.2.

600 Kojer/Kaczmarski, 1985, S.12.

601 Es mochte noch Zufall sein, daß der Evakuierungsmarsch am Kalibergwerk Neuhof-Ellers vorbeiführte, doch war dort seit 19.3.1945 ausgerechnet Hagemeier vor Ort, um, wie es hieß, den Führerbefehl der »verbrannten Erde« für die Kali-Stollen zu verhindern, vgl. »Einsatz von Häftlingen bei den Adlerwerken« (Anm. 2), fol.39. Was aber waren seine Motive, nachdem die Untertageverlagerungspläne der AW längst ad acta gelegt worden waren, wenn nicht die Einlagerung der Maschinen, zumal der in Frankreich requirierten Werkzeugmaschinen der Motorenabteilung? Sollten hierbei die Häftlinge behilflich sein? Doch schließlich »war ja dann der Amerikaner schneller da, wie die Maschinen weg waren«, PA, Einrichter Bruno N., G/1987.

602 Aufstellung der AW über den monatlichen Energieverbrauch 1939-1945 v. 18.6.1945, NA, RG243/77.a.16.

›Terrasse‹, klaubten die Läuse aus der Kleidung und zerdrückten sie zwischen den Fingernägeln. Dabei betrachteten wir den sonnigen Himmel, an dem ungestört die alliierten Flugzeuge kreisten. Es waren schon schöne warme Sonnentage. Es war ständig – Tag und Nacht – durchgehend Fliegeralarm, aber niemand fürchtete sich mehr davor und niemand versuchte mehr, sich in Sicherheit zu bringen.«[603] Schätzungsweise 350 Häftlinge (rein rechnerisch zwischen 305 und 405) befanden sich zu diesem Zeitpunkt noch im Werk.[604]

Der Todesmarsch nach Buchenwald

Am 24.3.1945 um 22 Uhr gab Gauleiter Sprenger den Räumungsbefehl für Frankfurt.[605] Lagerkommandant Franz, so erinnert sich Ryszard Olek, kam am Abend aus der Stadt und hat sofort zum Appell befohlen.[606] Ryszard Olek: »Sie haben uns sehr schnell getrieben: ›Raus, raus, schnell, schnell, schnell, auf geht's!‹ [Original in Deutsch]« Einige Häftlinge versuchten, sich unter den Pritschen zu verstecken – Schüsse fielen.[607] In aller Eile wurden vier einachsige Handwagen der Adlerwerke herangekarrt, um, so erinnert sich Max Loock, »für kranke und ältere, nicht marschfähige Leute eine Transportmöglichkeit zu haben. So sagte man uns. In Wirklichkeit sollten wir schnell eines Besseren belehrt werden. 2 Wagen wurden mit Gepäck von der SS beladen, 1 Wagen für die Verpflegung, der letzte war schwer besetzt mit kranken Leuten, welche bis dato im Krankenrevier gelegen hatten.«[608] Die Häftlinge zogen in Viererreihen und in geschlossener Marschformation, seitlich eskortiert vom Gros der SS-Bewachungsmannschaft, »durch die ausgebrannte und zerstörte Stadt – in dieser Nacht war die Stadt voller Flüchtlinge – Richtung Osten«.[609]

---

603 Kojer/Kaczmarski, 1985, S.12.

604 Kojer/Kaczmarski gehen von ungefähr 350 Häftlingen aus, ebd. Am 12.3.1945 hatten sich der Werksstatistik zufolge noch 874 Häftlinge in den AW befunden, wovon nach der Gräberliste noch weitere 69 starben. Wieviele Häftlinge von den demzufolge restlichen 805 Häftlingen den Evakuierungsmarsch antraten, würde sich nur sicher ermitteln lassen, wenn die Zahl der nach Bergen-Belsen abtransportierten Häftlinge feststünde. Da zwischen 400 und 500 Häftlinge in den Zug kamen, dürften rechnerisch zwischen 305 und 405 Häftlinge den Marsch angetreten haben, vgl. die bereits oben angeführten diversen Dokumente.

605 Schmid, 1984, S.212.

606 PA, Ryszard Olek, G/16.10.90. Den SS-Leuten erklärte Franz beim Abmarsch, »daß es nach Buchenwald ginge«, Vernehmung des SS-Unterscharführers Artur M. durch das Hess. LKA v. 10.4.1969, ZStL, Bl.489.

607 PA, Ryszard Olek, G/16.10.90.

608 Bericht des Häftlings Max Loock (Anm. 168), fol.51; vgl. zur Herkunft der Handwagen Vernehmung SS-Unterscharführer Artur M. v. 10.4.1969, ZStL, Bl.489.

An der Spitze des Zuges befand sich Lagerkommandant Franz,[610] gleich dahinter kamen die drei Gepäckwagen der SS, von insgesamt je elf Häftlingen – zwei vorne an der Deichsel sowie jeweils drei an den Seiten und hinten – gezogen und geschoben. Jeder der ausgehungerten und erschöpften Häftlinge, so Josef Jozwiak, versuchte an einen dieser seitlichen oder hinteren Plätze heranzukommen, um sich abstützen und Brot ergattern zu können.[611] Zu den Glücklichen zählte in der ersten Nacht Heinz Aber: »Sie können sich nicht vorstellen, wie schnell ich ein Kilo Brot aß. Es war dunkel und der Posten an meiner Seite paßte nicht auf, aber ich vermute, er wußte was passierte. Vielleicht hatte er noch etwas menschliches Mitgefühl.«[612] Allerdings zog die Kolonne später auch an einem Erschossenen vorbei, »der noch ein Stück Brot in der Hand« hielt.[613]

Gemieden wurde der »Krankenwagen« am Ende des Zuges, überladen mit Typhuskranken, drei bis vier antreibende SS-Posten im Rücken.[614] Einer der Kranken hatte eine Tabaksdose retten können und verschenkte diese aus Dankbarkeit an einen der Häftlinge, die den Wagen ziehen mußten.[615] Unter ihnen befand sich Wladyslaw Jarocki: »Man hat uns aus den letzten fünf dazu ausgewählt. Ich wußte im Unterbewußtsein, daß ich mich retten mußte, denn ich sah keine Chance bei so vielen Kilometern, den Wagen bis nach Buchenwald zu ziehen. Das war unmöglich. Bei einer der ersten Pausen, unter einer Brücke oder einem kleinen Tunnel, es war Nacht, habe ich mich in die Gruppe [Marschkolonne] reingeschlichen. Das war sehr riskant. Als wir die Stadtgrenze hinter uns gelassen hatten, hörte ich hinter mir Maschinenpistolensalven. Ich kannte das, weil ich selber eine Maschinenpistole hatte [während des Warschauer Aufstandes]. Die Schüsse gingen auf die, die auf dem Wagen lagen und auch auf diese, die den Wagen gezogen haben. Und so begann es.«[616]

Die SS hatte offensichtlich nur darauf gewartet, die letzten Häuser von

---

609 Kojer/Kaczmarski, 1985, S.12; vgl. die Aussage des Häftlings Josef Mock bei der StA des LG Ffm v. 10.11.1970, ZStL, Bl.502f.

610 Vernehmung SS-Unterscharführer Artur M. v. 10.4.1969, ZStL, Bl.489; vgl. seine Vernehmung durch die StA beim LG Ffm v. 5.4.1971, ZStL, Bl.494; Vernehmung des SS-Unterscharführers Hermann W. durch die StA beim LG Ffm v. 1.12.1970, ZStL, Bl.446; Vernehmung des SS-Unterscharführers Werner F. durch die StA des LG Ffm v. 29.10.1970, ZStL, Bl.432.

611 PA, Josef Jozwiak, G/20.11.85.

612 PA, Heinz Aber, K/24.3.86.

613 Aussage der Hausfrau Anna S. aus Dörnigheim bei der KP Ffm v. 20.6.1945, HStAWi, 770/25, fol.5.

614 Aussage des Häftlings Gottlieb Sturm (Anm. 165), fol.31; Aussage des Häftlings Josef Mock bei der StA des LG Ffm v. 10.11.1970, ZStL, fol.503.

615 Aussage des Häftlings Franz Lehmann bei der StA des LG Ffm v. 4.6.1971, ZStL, Bl.474.

616 PA, Wladyslaw Jarocki, G/15.10.90. Die Benutzung einer Maschinenpistole bestätigte Heinz Aber, PA, K/24.3.86.

Frankfurt-Fechenheim zu erreichen, um sich ohne großes Aufsehen derjenigen zu entledigen, die das Tempo beeinträchtigten. Was sich am Sonntagmorgen, den 25.3.1945, etwa zwischen 6 und 7 Uhr auf den viereinhalb Kilometern entlang der Chaussee nach Dörnigheim abspielte, war jedoch nur der Auftakt dieses erbarmungslosen Todesmarsches.[617] Zuerst erleichterte man den Wagen, indem man Kranke auf die Böschung warf und sie durch Kopfschüsse ermordete.[618] Es handelte sich dabei wahrscheinlich um die letzten fünf auf Frankfurter Gemarkung ermordeten KZ-Häftlinge aus den Adlerwerken. Man fand ihre Leichen Wochen später, teils eingegraben in zugeschütteten Schützengraben auf Äckern und Wiesen.[619] Bei einem sechsten Häftling hatte man den Schuß nicht richtig angesetzt: »Es befand sich eine Einschuß-Stelle in Höhe des rechten Kiefergelenkes und eine Ausschußwunde an der rechten Wangenschleimhaut in der Mundhöhle«, hieß es im Bericht des von ihm konsultierten Arztes, der ihm Verpflegung und ein Versteck bot.[620] Der Häftling erzählte, daß er drei Tage nichts zu Essen bekommen hätte, und als er vor Erschöpfung zusammengebrochen sei, habe man auf ihn gefeuert. Die Exekutionen erfolgten direkt an der Reichsstraße oder ein paar Meter abseits am Main. Der Friedhofswärter von Dörnigheim bestattete weitere elf Häftlinge, und da die Leichen zum Teil halb im Wasser lagen, ist anzunehmen, daß Erschossene auch in den Main geworfen wurden.[621] Nach den Angaben von Gottlieb Sturm wurden in dieser Nacht bereits

617 Datum und Uhrzeit wurden von einem Radfahrer bestätigt, der am Sonntagmorgen kurz nach 6 Uhr hinter Fechenheim auf dem parallel zur Reichsstraße entlangführenden Radweg am Main beobachtete, wie ein »am Boden liegender Mann« von einem Soldaten oder SS-Angehörigen erschossen wurde, Aussage des Hilfspolizeibeamten Martin S. bei der KP Ffm v. 19.6.1945, HStAWi, 770/25, fol.4.

618 Aussage des Häftlings Gottlieb Sturm (Anm. 165), fol.31; Bericht des Häftlings Max Loock (Anm. 168), fol.51a.

619 Bericht der Mordkommission Ffm v. 19.6.1945, HStAWi, 770/25, fol.3. Wie die KP eruierte, wurden diese Häftlinge seinerzeit auf dem Friedhof Ffm-Fechenheim auch beerdigt, ebd. Ihr Verbleib kann heute jedoch nicht mehr ermittelt werden, Schr. des GuFAFfm an die Autoren v. 22.3.1993. Es konnten zwar 21 Umbettungen, davon 20 namentlich bekannte und eine unbekannte Wasserleiche (»vermutlich Russe«), von Ffm-Fechenheim auf den Hauptfriedhof oder Ffm-Oberrad ermittelt werden, doch bleibt fraglich, ob sich darunter auch die Häftlinge befanden. Keine dieser Umbettungen erfolgte jedenfalls, was naheläge, in die Gemeinschaftsgrabstätte der KZ-Häftlinge auf dem Hauptfriedhof, siehe Grabregister nach dem Kriegsgräbergesetz v. 1.2.1954, GuFAFfm. Der Häftling Johann Kopec war später bei Ausgrabungen zugegen und konnte den Lehrer Kowalski aus Polen und Johann Wengrzyk aus Oberschlesien identifizieren. Beide befinden sich weder in der Umbettungsliste noch in der Gemeinschaftsgrabstätte, ebd.; siehe Aussage des Häftlings Johann Kopec bei der KP Ffm v. 26.11.1946, HStAWi, 770/25, fol.92.

620 Aussage des Arztes Dr. med. A. H. bei der KP Ffm v. 27.4.1945, HStAWi, 770/25, fol.1.

621 Aussage des Friedhofsarbeiters Heinrich N. aus Dörnigheim bei der KP Ffm v. 19.6.1945, HStAWi, 770/25, fol.5. Der Verbleib dieser elf unbekannten Häftlinge ist geklärt. Sie wurden im Zuge der Zusammenfassung der Soldatenfriedhöfe in Hessen in den zentralen Ehrenfried-

24 Häftlinge erschossen, bevor die erste Wegstrecke in einem Waldstück in der Nähe von Hanau endete.[622]

Vier weitere Nachtmärsche lagen vor den Häftlingen (tagsüber suchte die SS Schutz vor alliierten Tieffliegern im Gebüsch und in den Wäldern). Den Häftlingen standen für die Übernachtungen im Freien nur jeweils eine Decke zur Verfügung – trotz des frühlingshaften Wetters lag an den Ausläufern des Vogelsberges und der Rhön noch Schnee.[623] Die Route führte auf der Reichsstraße 40 über Langenselbold, Gelnhausen, Wächtersbach, Schlüchtern sowie Neuhof und bog bei Eichenzell auf die Reichsstraße 27 ab, über Fulda nach Hünfeld – insgesamt 120 Kilometer. Daß die ausgemergelten Gefangenen die hinter Gelnhausen steil an- und absteigend beginnende Marschstrecke überhaupt bewältigten, erscheint fast unglaublich. Sie bekamen »praktisch kein Essen«, lediglich ein wenig Brot mit Margarine. Trinken durften die Häftlinge an Brunnen und aus den Rinnsteinen, die Bachausläufe der Kinzig hingegen waren Tabu. Quirin S. beobachtete, wie einige Häftlinge dabei erschossen wurden, als sie vor Durst »an den neben der Straße fließenden Bach gingen, um zu Trinken«.[624] Überhaupt jeder, so erinnerte sich Peter Keimling, der nur »einen Schritt aus der Reihe machte«, wurde erschossen.[625] An Flucht war daher kaum zu denken. Josef Jozwiak berichtete von einem 17jährigen, der sich mit einem Schulterschuß auf ähnliche Weise retten konnte wie der Häftling in Fechenheim. Ryszard Olek glaubt an die Flucht von zumindest einigen der Häftlinge, die über ein Brückengeländer in einen Fluß sprangen, worauf die SS sofort das Feuer eröffnete. Andere versuchten sich in einem Dorf in der Nähe Fuldas im Stroh zu verstecken. Sie fielen alle den Kugeln der SS zum Opfer.[626]

Die marschunfähigen Häftlinge hatten nur eine Chance, wenn sie von Kame-

---

hof nach Schlüchtern umgebettet, Schr. des StandAMaintal an die Autoren v. 31.3.1992. Die Umbettungsprotokolle in Schlüchtern weisen sogar 13 unbekannte männliche Kriegstote aus Dörnigheim v. 25.3.1945 u. 31.3.1945 aus (zu späteren Leichenfunden in der Gemarkung Dörnigheim siehe Anm. 651). Davon sind sechs »unbekannte polnische Kriegstote« v. 25.3.1945 in den Gräbern Nr. 328-333 begraben. Es handelt sich dabei um die einzigen identifizierbaren Grabstätten von Häftlingen der AW auf dem Evakuierungsmarsch, siehe Umbettungsprotokolle, StandASch.

622 Aussage des Häftlings Gottlieb Sturm (Anm. 165), fol.31; der Häftling Max Loock nennt in seinem Bericht (Anm. 168, fol.51a) 34 Häftlinge; der Häftling Heinz Aber nennt dagegen nur 15 Häftlinge, siehe seine Aussage bei der KP Ffm v. 11.11.1946, HStAWi, 770/25, fol.57.

623 Siehe u.a. Fragebogen Andrzej Branecki, Oktober 1992, KZGMa.

624 Kojer/Kaczmarski, 1985, S.13; Fragebogen Andrzej Branecki, Oktober 1992, KZGMa; Aussage eines nur an dieser Stelle und nicht im Register aufgenommenen Häftlings bei der StA des LG Ffm v. 3.5.1971, ZStL, Bl.514.

625 Aussage des Häftlings Peter Keimling beim AG Bochum für das LG Wien v. 9.2.1965, DAÖW, Bl.81 der Strafakte.

626 PA, Josef Jozwiak, G/20.11.85; PA, Ryszard Olek, G/16.10.90; Aussage des Häftlings Heinz Aber bei der KP Ffm v. 11.11.1946, HStAWi, 770/25, fol.57.

raden untergehakt wurden und nicht zusammenbrachen oder entdeckt wurden. Andrzej Branecki war es nicht möglich, »durch eine solche Hölle zu gehen und danach normal weiterzuleben«. Der damals Fünfzehnjährige kann den Vorfall nicht vergessen, der sich ereignete, nachdem zwei seiner erschöpften Kameraden aus dem Schlaf nicht mehr aufwachten: »Zumindest hatten sie einen leichten Tod. Keinen solchen wie einer von uns, den wir schon ziemlich lange stützten, denn er hatte keine Kraft mehr zu gehen. Er legte sich auf den Boden und bedeckte sich mit einer Decke, ein SS-Mann entsicherte den Karabiner und wartete, bis er sich aufdeckte, und erst dann schoß er ihm in den Kopf, welcher zerspritzte, daß nur der Rumpf zurückblieb.«[627] Der blutbesudelte Lagerälteste Eduard Behrendt vertraute sich nur seinem alten Mithäftling aus Jawischowitz, Heinz Aber, an: »Sein Gesicht war aschgrau. Er sagte, er hätte niemals so etwas gesehen. Er war ein Berufsverbrecher, der die meiste Zeit seines Lebens im Gefängnis und im KZ verbracht hatte. Er war kein Mann, der Tote niemals zuvor gesehen hatte. Mir sagte er, ich solle mich vom Ende der Marschkolonne fernhalten.«[628] Behrendt hatte von der SS den Auftrag, die Zusammengebrochenen aufzulesen, die Marschunfähigen herauszusuchen, und sie an das Ende der Kolonne zu bringen, wo er das Opfer festhielt, während ein SS-Mann schoß.[629] Schon auf dem Evakuierungsmarsch des KZ-Außenlagers Jawischowitz war Behrendt Henkershelfer der SS gewesen, und er war mehr als nur eine willfährige Marionette der SS. Er dehnte die Selektion auch auf ihm mißliebige und jüdische Gefangene aus. Aus Angst vor der »Bulldogge« versuchten die Betroffenen sich immer in der Mitte der Marschkolonne zu verstecken.[630]

Unter den Evakuierten befanden sich vermutlich 24 jüdische Häftlinge.[631] Wie sich der Häftlingskapo Peter Keimling erinnerte, wurde schon vorher im Lager »gemunkelt, daß sie alle den Fußmarsch nicht überleben sollten«.[632] Zum Ziehen und Schieben des »Krankenwagens« wurden in erster Linie jüdische Häftlinge eingesetzt, um sie so bis zur völligen Erschöpfung zu treiben und dann durch Kopfschuß umzubringen.[633] Josef Mock über Behrendt: »Er sagte den

627 Fragebogen Andrzej Branecki, Oktober 1992, KZGMa.

628 PA, Heinz Aber, K/24.3.86.

629 PA, Wladyslaw Jarocki, G/14.10.90; Kojer/Kaczmarski, 1985, S.12; PA, Heinz Aber, K/24.3.86.

630 PA, Heinz Meyer, G/17.2.93; Kojer/Kaczmarski, 1985, S.12; zur Evakuierung Jawischowitz' vgl. Strzelecki, 1975, S.249; PA, Ryszard Olek, G/16.10.90. Eduard Behrendt wurde später ebenso wie der Oberkapo aus den AW wegen seiner Taten auf dem Evakuierungsmarsch von Angehörigen des Buchenwalder Lagerkomitees erschlagen, div. Häftlingsaussagen.

631 Aussage des Häftlings Gottlieb Sturm (Anm. 165), fol.31.

632 Aussage des Häftlings Peter Keimling beim AG Bochum für das LG Wien v. 9.2.1965, DAÖW, Bl.81 der Strafakte.

633 Aussage des Häftlings Josef Mock bei der StA des LG Ffm v. 10.11.1970, ZStL, Bl.502f.;

SS-Leuten, diese Häftlinge sind ›Saujuden‹ und diese Häftlinge könnten nicht mehr marschieren. Die Häftlinge wurden an den Straßenrand geführt und dann erschossen.«[634] Heinz Meyer sollte eigentlich das gleiche Schicksal erleiden: »Mithäftlinge haben das aber verhindert, und zwar durch Unterhaken, so daß man mich nicht herausziehen konnte. Bei der nächsten Verpflegungsausgabe, die Behrendt mit einem Wachposten durchführte, bekam ich nichts. Mit den Worten ›Das Judenschwein braucht nicht zu fressen, der verreckt sowieso‹, wurde mir meine Ration vorenthalten.«[635] Der 20jährige Bruder von Ryszard Olek war ein mutiger Mann, der sich im Lager sogar einmal gegen einen SS-Mann zur Wehr gesetzt hatte. Doch auf dem Evakuierungsmarsch wurde ihm seine Hilfsbereitschaft zum Verhängnis. Zdzislaw Olek stützte einen an Typhus erkrankten jüdischen Häftling gemeinsam mit dessen Sohn – ein verzweifelter und letztlich gescheiterter Versuch, den bereits lauernden SS-Mann von seinem Vorhaben abzuhalten. Er steckte sich dabei mit Typhus an und wurde infolgedessen auf einem späteren Evakuierungstreck selbst erschossen.[636]

Demgegenüber gab es auch einige polnische Häftlinge, die jüdische Häftlinge – »Jüdgie, Jüdgie« – denunzierten mit Ausrufen wie: »Da läuft noch einer, da vorne ist noch einer, und so.«[637] Über diese »Spannungen« redet Heinz Meyer ungern – obwohl er selbst beinahe zum Opfer eines solchen Verrates geworden wäre. Bereits hinter Gelnhausen beobachtete Gottlieb Sturm, wie die restlichen jüdischen Gefangenen von der SS auf einer Wiese zusammengetrieben und erschossen wurden.[638] Kurz vor Marschende wollte die SS schließlich auch die bis dahin Unerkannten vernichten. Heinz Meyer hat noch heute vor Augen, wie die Häftlinge in Reih und Glied auf einem jüdischen Friedhof Aufstellung nehmen mußten und es hieß: »'Juden raus'. Keiner ist vorgetreten. Und dann hieß es: ›Der: Jude‹, und dann haben sie mich auch rausgefummelt mit dem Heinz Aber.«[639] Die zwei bekamen von Lagerkommandant Franz »mit den Worten: ›Du Saujud, schaufel Dir Dein Grab!‹ einen Spaten, um damit eine Grube auszuheben. [...] Während dieser Tätigkeit kamen einige Wehrmachts- und SS-Offiziere zu Franz und sprachen mit ihm.«[640] Ohne diese Intervention

---

Bericht des Häftlings Max Loock (Anm. 168), fol.51.

634 Aussage des Häftlings Josef Mock beim Hess. LKA v. 8.6.1970, ZStL, Bl.500.

635 Aussage des Häftlings Heinz Meyer beim Hess. LKA v. 4.8.1969, ZStL, Bl.511.

636 PA, Ryszard Olek, G/16.10.90.

637 PA, Heinz Meyer, G/17.2.93.

638 Aussage des Häftlings Gottlieb Sturm (Anm. 165), fol.31.

639 PA, Heinz Meyer, G/17.2.93.

640 Aussage des Häftlings Heinz Meyer beim Hess. LKA v. 4.8.1969, ZStL, Bl.505. Auf die Frage der Beamten, wieso ihm Lagerkommandant Franz noch in Erinnerung war, antwortete Heinz Meyer: »Weil er der Führer des Kommandos war und weil ich insofern ›näheren Kontakt‹ mit ihm hatte, als er mich aufforderte, mir mein Grab selbst zu schaufeln«, ebd.

wären beide vermutlich erschossen worden – so waren es am Ende vier jüdische Häftlinge, die den Evakuierungsmarsch überlebten.[641]

Aufgrund dieses Erlebnisses ist sich Heinz Meyer sicher, daß es Lagerkommandant Franz war, der »die Juden raushaben« wollte.[642] Ludwig Aigner behauptete sogar, daß sämtliche Erschießungen »über Auftrag des Kommandanten Franz« ausgeführt wurden.[643] Der SS-Unterscharführer Artur M. wollte nach dem Kriegsende allerdings von einem Erschießungsbefehl Franz' nichts gewußt und keine einzige Tat beobachtet haben. Er gab weiter an, daß die Meldungen immer der Wahrheit entsprechend »Auf der Flucht erschossen« lauteten und diese von Franz »ohne Kommentar zur Kenntnis« genommen wurden.[644] Handelte es sich dabei um die verabredete Sprachregelung einer Tätergemeinschaft? Offenbar war die Verantwortung auf mehrere Schultern verteilt, und die Schützen am Ende der Kolonne rotierten.[645] Sechs Häftlinge konnten unabhängig voneinander und teilweise unmittelbar nach dem Krieg mehrere SS-Männer namentlich benennen, die geschossen haben sollen.[646] Dabei fiel u.a. viermal der Namen des SS-Kochs Martin Weiß, und selbst SS-Unterscharführer Artur M. bestätigte, daß dieser sich »damit gebrüstet hat, Häftlinge erschossen zu haben«.[647] Der Aussage von Max Loock zufolge war Weiß, der es sich nicht nehmen ließ, seine Opfer gemeinsam mit Eduard Behrendt auszusuchen, der Haupttäter.[648] Doch Lagerkommandant Franz selbst ließ gleich am ersten Tag des Evakuierungsmarsches nach übereinstimmenden Aussagen zweier Häftlinge einen typhusverdächtigen Häftling vom Karren herunterholen und erschoß ihn mit der Pistole »eigenhändig im Straßengraben.«[649] Der Lagerkommandant stritt dies und überhaupt jegliche Kenntnis von Erschießungen nach dem Krieg ab; er

641 Aussage des Häftlings Heinz Aber bei der KP Ffm v. 11.11.1946, HStAWi, 770/25, fol.57.

642 PA, Heinz Meyer, G/17.2.93.

643 Aussage des Häftlings Ludwig Aigner bei der KP Wien v. 20.4.1961, ZStL, Bl.257.

644 Vernehmung des SS-Unterscharführers Artur M. bei der STA des LG Ffm v. 5.4.1971, ZStL, Bl.494.

645 Der Häftling Gottlieb Sturm war Zeuge eines Gespräches unter SS-Leuten mit dem Inhalt: »Ich habe heute Nacht noch einen schweren Dienst, ich muß umlegen«, (Anm. 165), fol.30.

646 Aussage des Häftlings Ludwig Aigner bei der KP Wien v. 20.4.1961, ZStL, Bl.257; Aussage des Häftlings Gottlieb Sturm (Anm. 165), fol.30; Aussage des Häftlings Heinz Aber bei der KP Ffm v. 11.11.1946, HStAWi, 770/25, fol.57; Aussage des Häftlings Jan Curkanow bei der KP Ffm v. 15.4.1947, ebd., fol.110; Aussage des Häftlings Johann Kopec bei der KP Ffm v. 26.11.1946, ebd., fol.91; Bericht des Häftlings Max Loock (Anm. 168).

647 Vernehmung des SS-Unterscharführers Artur M. durch das Hess. LKA v. 11.4.1969, ZStL, Bl.490.

648 Aussage des Häftlings Max Loock beim Hess. LKA v. 6.2.1962, ZStL, Bl.302; vgl. Aussage des Häftlings Kazimierz Doszla bei der KP Ffm v. 5.12.1946, HStAWi, 770/25, fol.105.

649 Aussage des Häftlings Ludwig Aigner bei der KP Wien v. 20.4.1961, ZStL, Bl.257; bestätigt durch die Aussage des Häftlings Max Loock bei der OStA Ffm v. 3.10.1962, ZStL, Bl.308.

zeigte sich über den Todestransport nach Bergen-Belsen unwissend und bestritt selbst seine Teilnahme am Evakuierungsmarsch.[650]

Insgesamt waren es mindestens 25, schätzungsweise eher 70 Häftlinge, die tot zusammenbrachen oder von der SS erschossen wurden; einige wenige konnten fliehen.[651] Am 29.3.1945 erreichte die Kolonne Hünfeld, von wo die

---

650 Zunächst behauptete Franz, nur bis Februar 1945, dann, nur bis Anfang März 1945 überhaupt Lagerkommandant gewesen zu sein. Schließlich gab er an, er sei am 22.3.1945 mit dem Fahrrad aus dem Lager in Richtung Hamburg »geflüchtet«, hätte aber in Ffm-Höchst Gewissensbisse bekommen, und sei deshalb am 24.3.1945 zu den AW zurückgefahren. In diesem Zeitraum sei der Abtransport mit der Bahn erfolgt, und auch die zu Fuß abmarschierten Häftlinge wären schon weg gewesen. Erst durch »Umfragen« hätte er die Marschrichtung erfahren, woraufhin er am Mittag des 25.3.1945, »kurz vor dem Verladebahnhof, wieder zu der Gruppe der Häftlinge« gestoßen sei, die nachmittags per Güterwaggons nach Buchenwald abgefertigt worden wäre. Folgerichtig wollte Franz bei Tötungshandlungen nicht dabei gewesen sein: »Ob auf dem Marsch von Frankfurt/M. bis zu dem Ort, wo die KZ-Häftlinge in Eisenbahnwaggons verladen wurden, welche erschossen wurden und was der Grund für die Tötung allenfalls war, weiß ich nicht«, Vernehmung Kommandoführer Franz v. 5.10.1964 (Anm. 73), Bl.25. Keiner der Widersprüche in dieser Aussage, nicht einmal die falsche zeitliche Zusammenlegung des Bahntransportes mit dem Evakuierungsmarsch und dessen Verkürzung auf einen Tag, führte zu kritischen Nachfragen der Justiz. Interesse zeigte man lediglich dafür, ob Franz bei seiner Rückkehr mit dem Pförtner gesprochen habe, und zwar deshalb, weil sich in den Akten ein Kronzeuge fand: Dem Abwehrbeauftragten Dr. Engelmann war zwar der vom AI bewirkte Abtransport nach Bergen-Belsen gänzlich entfallen, dafür wollte er sich jedoch noch daran erinnern können, daß die Gestapo den Räumungsbefehl gegeben und Lagerkommandant Franz »nach dem Abtransport der Häftlinge mit dem Fahrrad bei dem Portier des Werkes vorgesprochen und sich nach den Häftlingen erkundigt« hätte, Aussage beim OStA des LG Ffm v. 7.7.1947, ZStL, Bl.157.

651 Dies ist im Vergleich zu den meisten Häftlingsangaben und der Annahme der Ermittlungsbehörden, die von 120-190 Erschossenen ausging (vgl. HStAWi, 770/25), eine sehr niedrige Zahl, die jedoch auf der Differenz zwischen den in Ffm sehr wahrscheinlich abmarschierten und den in Buchenwald definitiv angekommenen Häftlingen basiert. Nur 16 Opfer wurden 1945, wie geschildert, aufgefunden und beerdigt. Viele haben wohl anonym in den Gemeinschaftsgräbern der unbekannten Kriegstoten ihre letzte Ruhestätte gefunden, von denen es in den 17 der 19 Städte und Gemeinden entlang der Evakuierungsroute insgesamt 72 mit 6288 Kriegstoten vor der Errichtung des zentralen hessischen Ehrenfriedhofes in Schlüchtern gab oder teilweise noch gibt. (»Am Rande der Straßen«, o.J., S.67) Die Umbettungsprotokolle in Schlüchtern aber lassen eine eindeutige Identifikation nur in den erwähnten Fällen zu (vgl. Anm. 621). In Erlensee, Gelnhausen und Langenselbold wurden vor den Umbettungen einige unbekannte tote »Ostarbeiter« und KZ-Häftlinge teilweise mit Schußverletzungen bisher anderen Lagern zugeordnet. (siehe »Heimatgeschichtlicher Wegweiser zu Stätten des Widerstandes und der Verfolgung«, 1984, S.71-75) Auf Anfrage der Autoren bei sämtlichen Standesämtern entlang der Evakuierungsroute konnte lediglich in Langendiebach noch ein möglicher Häftling aus den AW identifiziert werden. Allerdings antworteten die Standesämter Bad Soden-Salmünster und Neuhof gar nicht, die Standesämter Petersberg und Fulda verweigerten eine Auskunft mit Hinweis auf das Personenstandsgesetz. Viele Opfer sind wohl außerdem bis heute gar nicht gefunden worden. So fand man weitere fünf Tote 1946, 1958 und 1963 bei Straßenbauarbeiten in Dörnigheim und auf der Gemarkung Gelnhausen zwischen Höchst und Wirtheim. Zu identifizieren waren die Skelette immer durch einen zertrümmerten Schädel oder anhand einer Aluminiummarke mit der eingestanzten Werksnummer der AW,

überlebenden Häftlinge mit Güterwaggons in das KZ Buchenwald gefahren wurden. Am 30.3.1945 trafen dort 280 Häftlinge aus den Adlerwerken ein.[652] Einige von ihnen blieben in den Krankenblocks des KZ Buchenwald und wurden dort am 11.4.1945 von der amerikanischen Armee befreit, andere wurden einem SS-Eisenbahnbauzug zugeteilt und in Österreich befreit. Der größte Teil aber wurde in noch schlimmeren Evakuierungsmärschen über Flossenbürg in das KZ Dachau getrieben und dabei umgebracht. Lediglich knapp 40 Häftlinge aus den Adlerwerken erreichten am 27.4.1945 das KZ Dachau und wurden zwei Tage später von der amerikanischen Armee befreit.[653]

---

vgl. »Skelette an der Straße«, FR Nr. 232 v. 7.10.1963.

652 Undatierte Liste des KZ Buchenwald mit aufgeschlüsselten Häftlingszahlen über ingesamt 26 »nach Buchenwald wegen Feindnähe zurückgenommene Kommandos«, darunter »Adlerwerke, Frankfurt: 280«, BAK, NS4Bu/44; siehe auch unvollständige Häftlingsliste des KZ Buchenwald über Neuzugänge aus Ffm, »Listenstärke: 280 Häftlinge«, v. 30.3.1945, ZStL, Bl.18-21.

653 Kojer/Kaczmarski, 1985, S.13f.

IV.

Die »Aufarbeitung« nach dem Krieg

Auf dem Dachboden des Werkes I waren nach der Evakuierung des Lagers »haufenweise« – so ein Adler-Arbeiter – tote Häftlinge zurückgeblieben.[1] Die damit verbundene Hoffnung ihrer nach Buchenwald getriebenen Kameraden, daß »die amerikanischen Truppen hier das beste Beweismaterial« vorfinden würden, erfüllte sich indessen nicht.[2] Als Einheiten der dritten US-Army am 28.3.1945 die Stadt besetzten, war das grausige Zeugnis längst beseitigt. Die letzten 25 toten Häftlinge waren von den Adlerwerken in aller Eile am 25.3.1945 dem Hauptfriedhof »beigestellt« worden. Die von der Vorstandssekretärin entgegen dem ihr erteilten Auftrag nicht vernichtete Akte zum Lager »Katzbach« verschwand unauffindbar aus dem Panzerschrank. Was vom Lagermobiliar übriggeblieben war, wurde von den Arbeitern als Brennmaterial verfeuert.[3]

Im Bereich des Landesarbeitsamtes Hessen (Frankfurt) lebten gegen Kriegsende allein 35 000 Polen und 96 000 SowjetbürgerInnen.[4] Die US-Behörden hatten den nunmehr unter dem Sammelbegriff »Displaced Person« (DP, Heimatlose Person) befreiten ZwangsarbeiterInnen Fürsorge und Repatriierung in die Ausgangsstaaten zugesagt.[5] Doch nachdem das »Normengefüge der NS-Zwangsarbeiterpolitik«[6] zerbrochen war, herrschten in den Lagern zunächst einmal chaotische Verhältnisse.[7] Die Befreiung bedeutete nach der Flucht des Lagerpersonals zumeist den kompletten Ausfall der Versorgung, so daß die

1 Fritz Wötzold, G. v. 25.8.1982, eigene Transkription, S.2, HMFfm, Sammlung E. Peters.

2 Bericht des Häftlings Max Loock an den BR der AW v. 9.11.1946, HStAWi, 770/25, fol.50.

3 Feuerbestattungsbuch 1943-1945, GuFAFfm; Aussage der Vorstandssekretärin Emmi S. bei der KP Ffm v. 22.10.1946, HStAWi, 770/25, fol.33; PA, Karl Sieben, G/1987.

4 »Der Arbeitseinsatz im Großdeutschen Reich«, Jg. 1944, Nr.11/12.

5 Die Zuständigkeit für die DPs lag zuerst bei SHAEF (Supreme Headquarters Allied Expeditionary Force), deren Vorplanung darauf abzielte, jede Beeinträchtigung der militärischen Operationen auszuschalten bzw. zu reduzieren, um zum frühestmöglichen Zeitpunkt das Problem auf die Zuständigkeit ziviler Verwaltungen übertragen zu können. Es folgte als entscheidendes Regelpapier das Administrative Memorandum No. 39 v. 18.11.1944, nach dem die DPs zu befreien, zu versorgen und in ihre Ausgangsstaaten zu repatriieren waren. Das Allierte Oberkommando ging von 11 332 700 DPs aus mindestens 20 Nationen aus, davon allein etwa 6,362 Mio. in den drei Westzonen. Als die SHAEF aufgelöst wurde, traten drei Militärregierungen an dessen Stelle, mit denen UNRRA (United Nations Relief and Rehabilitation Administration) Verträge über die Zuständigkeit für die DPs schloß. Am 30.6.1947 stellte UNRRA ihre Tätigkeit ein und wurde abgelöst durch IRO (International Refugee Organization), die bis Anfang der fünfziger Jahre tätig war. Mit der sozialpolitischen Restabwicklung des DP-Problems wurden die westdeutschen Behörden beauftragt.

6 Jacobmeyer, 1985, S.47.

7 Bericht der amerikanischen Journalistin M. Higgins, in: Jacobmeyer, 1985, S.38.

solcherart Befreiten vor dem Nichts standen. In den Adlerwerken waren die vorhandenen Lebensmittelvorräte und Rauchwaren auf Anweisung von Direktor Engelmann schnell noch abtransportiert worden.[8] Nur schwer waren die registrierten DPs dazu zu überreden, vorläufig weiter in ihren ehemaligen Lagern auszuharren und auf ihre Versorgung zu warten. Viele wollten nicht mehr Objekt behördlicher Maßnahmen sein und durchzogen auf der Suche nach Nahrung und Vergeltung marodierend die Stadt. Dem Bericht eines antifaschistischen Griesheimer Stadtteilkomitees zufolge war ein Lager – es könnte sich um das Lager der Adlerwerke in der Froschhäuser Straße gehandelt haben – im Besitz von Waffen und schickte sich an, Vergeltung zu üben, was aber durch Griesheimer Bürger und die Polizei verhindert werden konnte.[9] Man suchte auch die Verantwortlichen der Adlerwerke. Doch Engelmann war rechtzeitig in ein Ausweichlager nach Wächtersbach geflüchtet, und auch der Oberlagerführer hatte sich wohlweislich abgesetzt. Auf der Suche nach ihm wurde seine Wohnung gestürmt und geplündert.[10] Ein als Dolmetscher und Wachmann eingesetzter Schlosser der Adlerwerke wurde Ende April 1945 in der Nähe des Griesheimer Lagers erstochen aufgefunden. Als Mordmotiv wurde die Züchtigung von ZwangsarbeiterInnen vermutet.[11]

Das Hauptaugenmerk der öffentlichen Auseinandersetzung um die DPs richtete sich schon bald auf Berichte über Plünderungen und Nahrungsmitteldiebstähle sowie Racheakte, vornehmlich von DPs aus Polen und der Sowjetunion. Daß bis dahin wehrlose Opfer nun selbst zu Tätern wurden, schien ihr moralisches Recht auf Anklage in Frage zu stellen, schlimmer noch, es erlaubte den Rückgriff auf die alten rassistischen Einstellungen der NS-Propaganda. Bei aller Entrüstung über die DP-Kriminalität wurde dabei nur allzu gerne übersehen, daß die von den Nazis verursachte Leidensgeschichte der ZwangsarbeiterInnen am Tage der Befreiung nicht zu Ende war.[12] Nach oft jahrelanger Sklavenarbeit für den Feind demoralisiert, fühlten sich viele nach dem Abklingen des »Befreiungstaumels« einem ungewissen Schicksal überlassen. Es ist eine kaum bekannte, bestürzende Tatsache, daß seelische Depression und mangelnde Vorkehrungen

---

8 Aussage des Betriebsratsvorsitzenden der AW, Rehkopf, HStAWi 520/F, Dr. Franz Engelmann. Nach Aussage des Zeugen N. im Spruchkammerverfahren gegen einen Betriebsleiter handelte es sich um Wein, Zigaretten und Schuhe, HStAWi, 520/F, A.

9 Bericht Moritz Pause, DADW, AN 894.

10 Einzelerkenntnisse HStAWi, 520/F, E. u. Z.

11 Information des Betriebsrates Rehkopf, HStAWi, 770/25; Einzelerkenntnisse, HStAWi, 520/F, Dr. Franz Engelmann u. Z.; sowie Sterberegister, StandAFfmH.

12 Vgl. Herbert, 1985, S.342f. Herbert weist darauf hin, daß es gerade im Bereich der Plünderungen Kontinuitäten in der Bandenkriminalität über das Kriegsende hinaus gegeben hatte. Darüber hinaus wurde der hohen Kriminalitätsrate unter Deutschen viel weniger Aufmerksamkeit geschenkt bzw. häufig der Verdacht auf DPs gelenkt.

zur Betreuung der ehemaligen ZwangsarbeiterInnen in Frankfurter Sammellagern zu kollektiven Trunkenheitsexzessen mit schrecklichen Konsequenzen führten. Im April und Mai 1945 kam es zu Massenvergiftungen von SowjetbürgerInnen mit Methylalkohol: in Schwanheim und Fechenheim gab es mindestens 80 Todesfälle, und ebenso viele Menschen starben im Durchgangslager der I.G. Farben in Höchst.[13]

Die Rückführung der ZwangsarbeiterInnen stellte für die Besatzungsbehörden keine leichte Aufgabe dar. Während die meisten AusländerInnen aus dem Westen schon bald in die Heimat zurückkehrten, stand ein Teil der »OstarbeiterInnen« und Kriegsgefangenen von sowjetischer Seite unter Kollaborationsverdacht und verweigerte nicht selten aus Angst vor Repressionen die Rückkehr. Immerhin verließen allein zwischen dem 22. und 26.5.1945 zehn Züge den Frankfurter Ostbahnhof: 18 254 Personen fuhren mit ihnen zurück in die Sowjetunion.[14]

Zurück blieben die zerstörten oder verlassenen Unterkünfte, die unter Federführung des Fürsorgeamtes wegen der Seuchengefahr zunächst vollkommen abgeriegelt wurden.[15] Als das Fürsorgeamt das Lager in der Froschhäuser Straße zur Unterbringung deutscher Rückwanderer benötigte, wandte man sich an die Adlerwerke, die sich bereit erklärten, die Restbestandteile des Lagers zu verkaufen. Zum Selbstkostenpreis wurden 46 Doppelbetten und 61 Einzelbetten aus der Hinterlassenschaft des ZwangsarbeiterInneneinsatzes angeboten.[16]

---

13 Sterberegister Städt. Krankenhaus v. 1.1.1943-3O.9.1945, UniKFfm; Sterberegister, StandAFfmH.

14 Aktennotiz Polizeirat Mührdel v. 24.5.1945, StdAFfm, MA 7O47/7, Bd. 1; DADW, AN 282O.

15 StdAFfm, MA 7O47/7, Bd. 1; u. Niederschr. v. 25.5.1945, StdAFfm, MA 7O47/7, Bd. 1.

16 Schr. des 20. Polizeireviers v. 18.8.1945 sowie Schr. der Ordnungspolizei v. 2O.8.1945, StdAFfm, LS 218-220. Zunächst fanden ausgebombte Griesheimer BürgerInnen hier ein vorübergehendes Quartier, StdAFfm, Hausstandsbücher 661-2693. Zu Beginn der fünfziger Jahre wurden auf den vorhandenen Fundamenten Ersatzunterkünfte für obdachlose Familien und heimatlose Ausländer aus Bayern errichtet, vgl. Korrespondenz zwischen Fürsorge-, Revisions- und Organisationsamt, Sept./Okt. 1952, StdAFfm, MA 7047/6, Bd. 1. Die spätere Verwendung für Aussiedler wurde dokumentiert im Archiv: Kirche in Not – Ostpriesterhilfe in 6240 Königstein (Sign. III/516FF und III/597-512).

1. Die amerikanischen und deutschen Ermittlungen 1945–1948

Die Genehmigung zur Aufnahme der Produktion, die die Adlerwerke am 26.7.1945 von den amerikanischen Behörden erhielten, versprach die ungestörte Umsetzung der Nachkriegsplanungen.[17] Mehr als die Erkenntnis, daß die Adlerwerke »KZ-Gefangene in starkem Maße beschäftigt« haben, war offenbar bis zum Sommer 1945 nicht zu den War Crimes Investigating-Teams der dritten US-Army durchgedrungen.[18] Dies änderte sich schlagartig, als die amerikanische Militärregierung am 31.7.1945 das Feuerbestattungsbuch des Hauptfriedhofes beschlagnahmte, und ihr daraufhin bei einer Durchsuchung in der Firma am 1.8.1945 die in der Schublade des Arbeitseinsatzingenieurs vergessene Häftlingsstatistik der Adlerwerke in die Hände fiel. Sie übergab die Beweisdokumente der War Crimes Branch beim Theater Judge Advocate des amerikanischen Armeehauptquartiers U.S.F.E.T. mit Sitz in Wiesbaden, das zuständig war für die Ermittlungen in den sogenannten Dachauer Prozessen.[19] Am 3.8.1945

17 Wochenberichte OB, StdAFfm, SD 1/20.

18 Vermerk der IHK Ffm v. 28.5.1945, IHKFfm, XIII/6. Zuständig für die Verfolgung von Kriegsverbrechen außerhalb des Internationalen Militärtribunals in Nürnberg gegen die Hauptkriegsverbrecher waren die jeweiligen Besatzungsbehörden. Vorarbeiten leistete die United Nations War Crimes Commission sowie in der amerikanischen Zone das Hauptquartier der amerikanisch-britischen Streitkräfte SHAEF bis zu seiner Auflösung im Juli 1945. In der amerikanischen Zone folgte eine Unzahl verschiedener Dienststellen mit unübersichtlichen, sich auch überschneidenden Kompetenzen. Zentrale Befugnisse lagen bei der War Crimes Branch beim Theater Judge Advocate ETOUSA (European Theater of Operations, United States Army). Mit der Einrichtung des USFET (United States Forces European Theater)-Hauptquartiers in Frankfurt und eines War Crimes Evidence and Investigation Center im Mai 1945 gingen diese über auf die War Crimes Branch beim Theater Judge Advocate USFET mit Sitz in Wiesbaden. Chef der War Crimes Branche der amerikanischen Armee wurde der Deputy Jude Advocate for War Crimes, zunächst Oberst Claude Mickelwait, im Mai 1946 Oberst Clio E. Straight. Neben der War Crimes Branch des amerikanischen Militärs wurde bei der Legal Division der amerikanischen Militärregierung (Office of Military Government for Germany United States – OMGUS) ebenfalls eine War Crimes Branch eingerichtet. Die OMGUS-Abteilung wurde zuständig für die zwölf Nürnberger Nachfolgeprozesse, die USFET-Abteilung für die sogenannten Dachauer Prozesse. Für Ermittlungen und Verhaftungen waren verschiedene War Crimes Investigating Teams unter dem Kommando der dritten und siebten US-Army der zwölften US-Army Group zuständig. Der CIC (Counter Intelligence Corps) war ebenfalls involviert. Im Juli 1946 wurden schließlich die Kompetenzen gebündelt und die War Crimes Branch zur eigenständigen Abteilung beim USFET erhoben. Dienstsitz wurde München. Zuständig für die Ermittlungen in Sachen Adlerwerke (File-No. 000-12-534) wurde die 7708th War Crimes Group, USFET. Siehe zum gesamten Komplex Sigel, 1992, S.16-26

erhob ein Ermittlungsoffizier erste Anschuldigungen: »Die Arbeits- und Ernährungsbedingungen [der KZ-Häftlinge] waren so katastrophal, daß bei den Arbeitsleistungen, welche vom Werk und den Wachmannschaften verlangt wurden, der Hungertod eine unausbleibliche Folge war. Hinzu kommt noch, daß die Häftlinge, welche nach kurzer Zeit körperlich so geschwächt waren, daß sie kaum noch auf den Beinen stehen konnten, bei Nichterfüllung der vorgeschriebenen Leistung buchstäblich totgeprügelt wurden. [...] Die Hauptverantwortlichen – der Betriebsführer Ernst Hagemeier, die Personalchefs und Betriebsleiter – befinden sich heute fast alle noch im Werk und wollen mit dieser Sache nichts zu tun gehabt haben. Der Betriebsführer schiebt immer die Verantwortung auf diejenigen ab, welche direkt – aber immerhin mit seinem Einvernehmen – für die ›Katzbachwerker‹ eingesetzt waren. Hagemeier ist, wie man stark behauptet, im Besitze eines grossen Teiles der Aktien und hat darum auch heute das größte Interesse, daß alles Unliebsame, was in den letzten Jahren im Werk vorkam, bemäntelt wird.« Bereits am Tag zuvor hatte man den Abwehrbeauftragten Dr. Engelmann festgenommen, und noch am gleichen Tag wurden Generaldirektor Hagemeier und Arbeitseinsatzingenieur Viktor H. vom Counter Intelligence Corps (CIC) wegen des Verdachts von Kriegsverbrechen verhaftet.[20]

Die Ermittlungen führten im September 1945 zur Anklage gegen den Generaldirektor, weil dieser am Tod und der Mißhandlung von ausländischen Arbeitern und KZ-Häftlingen mitgewirkt habe.[21] Rund 40 Prokuristen, Oberingenieure und Betriebsräte der Adlerwerke, allen voran Vorstandsmitglied und Fertigungsleiter Sörensen, setzten sich daraufhin mit einem Schreiben an den Stadtkommandanten der Militärregierung für Hagemeier ein. Da man für den Wiederaufbau des Werkes »die wirtschaftlichen Erfahrungen und Beziehungen des Herrn Hagemeier sowie sein umfassendes Wissen auf unseren Arbeitsgebieten empfindlich« entbehre, bat man Oberst Phelps um Einflußnahme auf das Untersuchungsverfahren, damit der Generaldirektor »baldigst wieder zur Verfügung« stehe. »Ebenso wie die deutschen Werksangehörigen«, hieß es in dem Schreiben, seien »auch die ausländischen Arbeiter und die KZ-Häftlinge, die in den Adlerwerken tätig waren, nach Recht und Menschlichkeit behandelt worden.«[22] Die

19 StdAFfm, MA 4217/1; NA, RG338/000-12-534.

20 ISC Maryland, XE092319, fol.58 u. fol.18.

21 »Subject is accused of being instrumental in the death and maltreatment of foreign workers and concentration camp inmates employed at the Adler Werke Frankfurt/Main, Germany, where subject was director. Subject denies above charge«, Identification of prisoner, darin enthalten Hinweis auf Schr. des Deputy Judge Advocate for War Crimes, Oberst Claude B. Mickelwait, v. 21.9.1945, ebd., fol.62.

22 Schr. der AW an den Chef der amerikanischen Militärregierung, Oberstleutnant Phelps, v. 17.9.1945, HStAWi, 520/F, Ernst Hagemeier.

War Crimes Branch setzte wenig beeindruckt lediglich den Arbeitseinsatzingenieur wieder auf freien Fuß, während sie Hagemeier und den mitangeklagten Engelmann insgesamt 20 Monate in Internierungshaft behielt.[23] Ein Prozeß vor einem amerikanischen Militärgericht kam jedoch nicht zustande.

Anstelle der fast vollständig vernichteten Unterlagen zum Lager »Katzbach«, deren vergebliche Suche das CIC bis in das Jagdhaus von Hagemeier führte, wurden für die 1946 gebildete War Crimes Group die sogenannten »Grundsätze« mit großem Aplomb aus der Schublade gezogen.[24] Wie bereits ausgeführt, handelte es sich um eine im Kontext der kriegsbedingten Neuorientierung Anfang 1944 verfaßte Betriebsanweisung zur rationelleren Ausbeutung der zivilen ZwangsarbeiterInnen, die sich nicht auf die KZ-Häftlinge erstreckte, und die bereits nach wenigen Monaten zur Makulatur geworden war. Nach heutiger Erkenntnislage stellt das Dokument eine grobe Verfälschung der wahren Verhältnisse und Verantwortlichkeiten der Betriebsführung für die erbärmlichen Arbeits- und Lebensbedingungen der ZwangsarbeiterInnen dar.[25] Der erwünschte Eindruck wurde jedoch nicht verfehlt: »Subject Statements sound very reliable«, lautete das Urteil der Ermittlungsbehörden.[26] Unter dem Vorzeichen der beginnenden Rücksichtnahme der amerikanischen Regierung auf NS-Industrielle war damit die Einstellung der beiden Verfahren in greifbare Nähe gerückt.[27]

Selbst der Dresdner Bank und ihrem Aufsichtsratsvorsitzenden Carl Goetz blieben aufgrund der politischen Großwetterlage eine geplante Anklage in den Nürnberger Nachfolgeprozessen erspart.[28] Symptomatisch war, daß Goetz vor dem Internationalen Militärgerichtshof in Nürnberg gegen die Hauptkriegsverbrecher lediglich als Entlastungszeuge für seinen alten Bekannten Fritz Sauckel in Erscheinung trat, dem er bescheinigte, daß er vor allem »den Fremdarbeitern bei der Unterbringung das Gefühl des Eingesperrtseins« ersparen wollte. Bezüglich der Greuel des Zwangsarbeiterprogramms, zumal des SS-WVHA, als dessen Hausbank die Dresdner Bank fungiert hatte, durfte sich Goetz durchgängig naiv und unwissend zeigen: »Nachdem mir aus den Veröffentlichungen das

---

23 Zu Engelmann siehe ISC Maryland, XE164572.

24 BAK, All.Proz.7, Roll-No.18.

25 Sie wurden auf die Unzulänglichkeit ausführender Werksangehöriger geschoben: angesichts der Größe des Betriebes hätte Hagemeier schließlich nicht jeden Verstoß gegen die »Grundsätze« erfahren und ahnden können, Interrogation Hagemeier v. 21.8.46, ISC Maryland, XE092319, fol.43.

26 Ebd.

27 Von den insgesamt 3 887 eingeleiteten Ermittlungsverfahren wurden nur 489 in den Dachauer Prozessen auch eröffnet, wobei Rüstungsmanager für die War Crimes Group so gut wie nicht vor Gericht zu bringen waren, Sigel, 1992, S.8, S.39 u. S.99.

28 OMGUS, 1986, S.CXXXf. Lediglich die Firmen Flick, Krupp und I.G. Farben wurden wegen Kriegsverbrechen angeklagt.

Ausmaß der Gewalttaten in KZ-Lagern bekanntgeworden ist, überlege ich und grüble, wie das obige Bild mit den jetzt aufgedeckten Vorkommnissen in Einklang zu bringen ist.«[29] Wohlgemerkt äußerte sich hier in Personalunion auch der Vorsitzende des Aufsichtsrates der Adlerwerke, unter dessen Augen im Lager »Katzbach« Verhältnisse entstanden waren, wie sie nun von den großen Konzentrationslagern in grauenvollen Bildern um die Welt gingen.

Trotz des Anfang 1947 von den Amerikanern gefaßten Beschlusses zur Beendigung der Dachauer Prozesse, hatte die War Crimes Group noch deutliche Skrupel, die massiven Kriegsverbrechen in den Adlerwerken einfach zu den Akten zu legen. Doch bot sich mit der Vorlage einer eidesstattlichen Erklärung des ehemaligen Dachau-Häftlings Karl Johann Wagner durch den Generaldirektor im September 1946, das KZ Dachau habe in die Adlerwerke überwiegend kranke Häftlinge überstellt, die Möglichkeit, die Verbrechen in den Adlerwerken praktisch ungeschehen zu machen.[30] Die Abwälzung der Verantwortung für die hohe Sterblichkeit auf die SS in Dachau wurde zum Dreh- und Angelpunkt der Verteidigung und machte Hagemeier vom »Verdächtigen« zum »Zeugen«. Im Zusammenhang mit dem Dachauer Prozeß Nr. 66, u.a. gegen den SS-Arbeitseinsatzführer des KZ Dachau, Friedrich Schassberger, gab er am 13.2.1947 eine umfassende schriftliche Stellungnahme zum »Einsatz von Häftlingen bei den Adlerwerken« ab.[31] Darin wurde mit keinem Wort die SS-Bewachungsmannschaft in den Adlerwerken unter Kommandoführer Franz belastet. Diese hätte, so Hagemeier, »nach bestem Können« und quasi in vereinten Kräften mit den Adlerwerken das vom KZ Dachau angerichtete Unheil vergeblich wiedergutzumachen versucht.[32] Im Prozeß kamen daher die Todesfälle in den Adlerwerken nur in der Anklage gegen Schassberger zur Sprache, der am 26.7.1947 u.a. deshalb zu lebenslänglicher Haft verurteilt wurde.[33] Damit war der Fall für die Amerikaner erledigt, und nach einem Routinecheck ihrer Mitgliedschaften in NS-Organisationen wurden Engelmann und Hagemeier im April 1947 aus

29 Affidavit Carl Goetz v. 21.3.1946, StAN, KV Prozesse IMT, U7.

30 Siehe die eidesstattliche Erklärung Wagners v. 1.9.1946 in ISC Maryland, XE092319, fol.60. Auch enthalten in HStAWi, 520/F, Ernst Hagemeier. Karl Johann Wagner (nicht zu verwechseln mit dem Dachau-Häftling Karl Wagner, siehe Richardi, 1991) stammte aus Frankfurt und war als Schutzhäftling seit 1939 im KZ Dachau inhaftiert, zuletzt als Blockältester von Block 14, siehe KZGDa, Alphabetische Häftlingskartei. Ein halbes Jahr nach seiner »eidesstattlichen Erklärung« sprach Wagner übrigens dann im Prozeß anstatt vom »überwiegenden Teil« nur noch von 300 kranken Häftlingen, die angeblich von den »Erholungsblocks« aus Dachau in die AW überstellt worden seien, Aussage v. 21.2.1947, HStAM, Dachauer Kriegsverbrecherprozesse, Mikrofilm 66.

31 ISC Maryland, XE092319, fol.20 u. fol.35-40.

32 Ebd., fol.37.

33 Urteil v. 26.2.1947, HStAM, Dachauer Kriegsverbrecherprozesse, Mikrofilm 66, S.205.

amerikanischer Haft entlassen. 1951 wurde das Urteil gegen Schassberger u.a. wegen der Unglaubwürdigkeit der Zeugen in zehn Jahre Haft abgewandelt.[34]

Rechtsgrundlage von Ermittlungen und Gerichtsverfahren durch die vier Besatzungsmächte oder durch betroffene Nationen wie etwa Polen, das in Sachen des KZ Adler kein Auslieferungsbegehren anmeldete,[35] war das alliierte Kontrollratsgesetz Nr. 10 vom Dezember 1945, betreffend die »Bestrafung von Personen, die sich Kriegsverbrechen, Verbrechen gegen den Frieden oder gegen die Menschlichkeit schuldig gemacht haben«.[36] Relevant im Falle »Katzbach« waren die darunter subsumierten Gewalttaten oder Vergehen gegen Leib und Leben, Mord, Mißhandlung und Versklavung.[37] Auch deutsche Instanzen konnten nach ihrer Wiederzulassung auf dieser Basis tätig werden, jedoch bis 1950 nur dann, wenn Deutsche gegen Deutsche oder gegen Staatenlose tatverdächtig geworden waren.[38] Signifikant war außerdem der im Überleitungsvertrag mit der Bundesrepublik 1955 fortgeltende Grundsatz, daß nach einem abgeschlossenen Verfahren durch alliierte Strafverfolgungsbehörden in gleicher Sache keine erneute Anklage erhoben werden durfte.[39] Damit war jede weitere strafrechtliche Handhabe gegen Hagemeier und Engelmann ausgeschlossen.[40]

Es ist davon auszugehen, daß dieses denkbar formalistische und unspektakuläre Ende der strafrechtlichen »Aufarbeitung« gegen die Betriebsführung bei

---

34 Revisionsurteil v. 16.5.1951, HStAM, Dachauer Kriegsverbrecherprozesse, Mikrofilm 66.

35 Schr. der Glowna Komisja Badania Zbrodni Hitlerowskich W Polsce an die Autoren v. 20.11.1985. Die Untätigkeit der polnischen Ermittlungsbehörden erklärt sich dadurch, daß sie sich in bezug auf die beiden »Hauptverantwortlichen« auf die amerikanischen Erkenntnisse stützten mußten, daß nur wenige polnische Zeugen überlebten, und weitere Tatanzeigen aus dem Werk heraus nicht gemacht wurden. Im Falle des Parallellagers Mannheim-Sandhofen von Daimler-Benz führte eine Anzeige des provisorischen Betriebsrates gegen Werksangehörige, die an einem Todesurteil gegen einen polnischen KZ-Häftling wegen »Sabotage« beteiligt waren, zu amerikanischen Ermittlungen und im Anschluß daran zur Aburteilung in Polen, vgl. »Das Daimler-Benz-Buch«, 1987, S.543ff.

36 Zitiert nach: Rückerl, 1984, S.107.

37 Den Tatbestand der Versklavung sahen amerikanische Richter bei der Beschäftigung von KZ-Häftlingen durch Firmen nur dann als gegeben an, wenn »Werksdirektoren oder Vorstandsmitglieder von sich aus mit der SS Fühlung nahmen, um Häftlinge als Arbeitskräfte überstellt zu bekommen«, was man lediglich bei einigen Direktoren der I.G. Farben als erwiesen betrachtete. Dieser Punkt spielte aufgrund der Unkenntnis der Zusammenhänge keine Rolle, so daß die Frage der Verstrickung der Zentrale praktisch der gesamten deutschen Schützenpanzerfertigung, die AW unter Vorstandsmitglied Sörensen, und die Wechselwirkung mit der Festnahme der Warschauer Bevölkerung unaufgeworfen blieb, Broszat, 1967, S.120.

38 Rückerl, 1984, S.108. Das OLG Ffm wurde überhaupt erst im März 1946 durch die Militärregierung wiedereröffnet, StdAFfm, S1/38.

39 Bis 1955 war in beiden Fällen eine Ausnahme nur möglich durch ausdrücklichen Befehl des Direktors der Militärreg. für Bayern.

40 ISC Maryland, XE092319, fol.13. Vgl. Rückerl, 1984, S.138f.

entsprechender Koordination zwischen deutschen und amerikanischen Dienststellen zu verhindern gewesen wäre. Im April 1945 war die Frankfurter Mordkommission durch eine Anzeige der »Antifaschistischen Organisation Fechenheim« zu den Mordfällen auf dem Evakuierungsmarsch in Frankfurt-Fechenheim und Dörnigheim auf den Plan getreten.[41] In den Adlerwerken erfuhr die Kriminalpolizei zwar von der Verhaftung einer der beiden »Hauptverantwortlichen«, wie sie später einmal formulieren sollte, aber die Motive der Amerikaner wurden ihr von Firmenseite vorenthalten. Nach einer Erhebung des Statistischen Amtes, durch die »eine auffällige Häufung« von 371 Todesfällen »in der Zeit von Dezember 44 bis März 45 in dem Lager für ausländische Arbeiter in der Kleyerstraße 17« registriert worden war,[42] beauftragte der Oberbürgermeister das Stadtgesundheitsamt, Licht ins Dunkel der Ursachen der hohen Sterblichkeit im KZ in den Adlerwerken zu bringen. Das Fazit lautete, daß »Fahrlässigkeit oder auch Verbrechen als Todesursache mit in Frage kommen«.[43] Die Expertise wurde jedoch nicht den für Kriegsverbrechen an Ausländern zuständigen Amerikanern übergeben, sondern landete im März 1946 über den Polizeipräsidenten wieder bei den Kriminalbeamten der Mordkommission, die erst jetzt, und, da es sich ausschließlich um ausländische Opfer handelte, praktisch ohne gesicherte Rechtsgrundlage zum Tatkomplex zu ermitteln begannen. Der Grund dafür lag auf der Hand. Der Frankfurter Polizeipräsident war direkt dem Oberbürgermeister unterstellt, bei dem die gebündelte Berichtspflicht an die amerikanische Stadtkommandantur lag. Oberbürgermeister von Juni 1945 bis Juli 1946 war der parteilose Dr. Kurt Blaum (der CDU nahestehend), ein ehemaliger Wehrwirtschaftsführer, dem einer Umfrage der Militärregierung unter der Bevölkerung zufolge »Gleichgültigkeit gegenüber Verfolgten des Naziregimes« vorgeworfen wurde, und den ehemalige Nationalsozialisten als »idealen Mann für die Stelle des Oberbürgermeisters« betrachteten.[44]

Daß die Amerikaner auch durch das neue Stadtoberhaupt Walter Kolb (SPD) nicht über den Stand der Ermittlungen informiert wurden, lag dagegen vermutlich an den anfänglich dürren und einseitigen Erkenntnissen der Kriminalpolizei.[45] Ein Zwischenbericht an die Stadtkanzlei im August 1946, der sich aus-

---

41 Anzeige der Antifaschistischen Organisation Ffm-Fechenheim v. 26.4.1945, HStAWi, 770/25, fol.1.

42 Schr. Statistisches Amt an OB v. 7.2.1946, ebd., fol.9.

43 Schr. Stadtgesundheitsamt an Bürgermeister Dr. Schlosser v. 27.2.1946, ebd., fol.10.

44 Zitiert nach: Boehling, 1985, S.493.

45 Ermittlungsoffiziere des ITS, die nach dem Verbleib von sieben polnischen Staatsangehörigen forschten, erhielten die irreführende Auskunft, es stünde gegen Hagemeier evtl. ein »Verfahren vor dem Kriegsverbrecher Gerichtshof Nürnberg« an, weshalb »sachdienliche Untersuchungsberichte [...] an die Staatsanwaltschaft in Nürnberg« abgegeben worden seien, Schr. Internationale Flüchtlings-Organisation, Internationaler Suchdienst, an Mr. Everhardus, Senior Tra-

schließlich auf Angaben von Werksangehörigen stützen mußte, benannte Lagerkommandanten Franz als »Hauptschuldige[n]«, demgegenüber »die Direktion der Adlerwerke [...] keinerlei Einfluß auf die Vorgänge in diesem Lager ausüben [konnte]«.[46] Ein zweiter Bericht im Dezember 1946 ging nicht mehr an die Stadtkanzlei, sondern an den Oberstaatsanwalt beim Landgericht Frankfurt, an den das Verfahren damit abgegeben wurde. Unter dem Eindruck einer Recherche beim Bestattungsamt,[47] die weit mehr Todesfälle offenbarte, als bis dahin angenommen wurde, und aufgrund erster Erfolge bei der Suche nach überlebenden Häftlingszeugen im Herbst 1946, war die Kriminalpolizei zu völlig neuen Erkenntnissen über Art und Ausmaß der Verbrechen im Lager »Katzbach« gekommen: »Die Zustände in dem Arbeitslager waren katastrophal und in jeder Hinsicht menschenunwürdig. Es gab ein schlechtes, in Qualität und Quantität völlig unzureichendes Essen, was zur Folge hatte, daß die schon schwachen Körper der Häftlinge ganz verfielen. Die Unterbringung in fensterlosen Räumen, die dünne Bekleidung, ohne jede Möglichkeit, die Wäsche wechseln zu können, die Tatsache, daß das ganze Lager verlaust war und keine Möglichkeit erhielt, sich reinigen zu können, die unzulängliche Verpflegung und der Umstand, daß die Häftlinge bei jeder nur denkbaren Gelegenheit geprügelt, gestoßen und getreten wurden, bewirkten eine über jedes normale Maß weit hinausgehende Sterbeziffer unter den Häftlingen, die sich von Tag zu Tag steigerte und für die Zeit vom 26.10.44 bis 22.3.45 die Zahl von insgesamt 524 Toten erreichte. [...] Die Vernehmung einiger Herren in leitender Position haben bisher, wie nicht anders zu erwarten war, nichts Belastendes für die Betriebsführung ergeben. Eine endgültige Klärung der Schuldfrage der Betriebsführung dürfte erst nach einer Zeugenaussage der Herren Hagemeier, Engelmann und der SS-Leute aus der Lagerführung möglich sein.«[48]

Die engagierten, aber überlasteten Kriminalbeamten hatten sich durch die Einschaltung des Oberstaatsanwaltes eine Intensivierung der Ermittlungen, Fahndungserfolge nach SS-Angehörigen und womöglich auch eine Koordinierung mit der War Crimes Group der Amerikaner versprochen und deshalb die Einsetzung eines Sondersachbearbeiters wie »in anderen größeren Sachen wie

---

cing Officer, ITS, v. 8.9.1949, DADW, AN 2245.

46 Schr. Polizeipräsident an Magistrat, Hauptverwaltungsamt, v. 17.8.1946, HStAWi, 770/25, fol.25.

47 Außerdem hatte der Gerichtsreporter der FR im September 1946 anläßlich der Verurteilung des stellv. Leiters der Adler-Hilfswachmannschaft, Karl Faust, zu drei Jahren Gefängnis wegen gefährlicher Körperverletzung in einem parallelen Verfahren des LG Ffm gefordert, der Generaldirektor solle auf die Anklagebank, »Hungernde Häftlinge starben«, Rudi Eims in der FR v. 19.9.1946.

48 Bericht der KP Ffm v. 6.12.1946, HStAWi, fol.107.

Hadamar, Eichberg usw.« angeregt.[49] Doch das Verfahren wurde in der höheren Instanz nicht einmal mit einem Aktenzeichen versehen und so lange verschleppt, bis schließlich Hagemeier und Engelmann aus amerikanischer Haft entlassen und ihre weitere Strafverfolgung damit ausgeschlossen war. Ihre Vernehmung durch die Staatsanwaltschaft im Juli 1947 zielte deshalb nur noch auf das noch ausstehende Spruchkammerverfahren. Mit den Erkenntnissen der Kriminalpolizei konfrontiert, sah sich der Generaldirektor jedoch immerhin gezwungen, seine Dachauer Aussagen in der Kernfrage, wo und durch wen die Verbrechen stattgefunden hatten, stark zu relativieren, aber nur, um wiederum jede Mitverantwortung und Mitschuld der Adlerwerke von sich zu weisen: »Wenn die Zustände im dem KZ-Lager so gewesen sind, wie ich dies heute im einzelnen im Rahmen dieser Vernehmung erfahren habe, dann muß ich sagen, daß die Schuld hierfür nach meiner Auffassung allein die Leitung des KZ-Lagers selbst trifft.«[50]

In der Einstellungsverfügung vom November 1947 gelang der Frankfurter Staatsanwaltschaft schließlich die Quadratur des Kreises. Unbestritten blieb das Ermittlungsergebnis, daß »in diesem KZ [...] insgesamt 524 Personen verstorben waren«, und »die gleichen, zum mindesten aber ähnliche Zustände geherrscht haben müssen, wie diese durch Presse und Rundfunk von den großen KZ-Lagern bekannt geworden sind«, – aber es gab angeblich keine greifbaren Täter.[51] Hinsichtlich der nun auch vom Generaldirektor schwer belasteten SS-Angehörigen lautete die lapidare Folgerung, daß »jegliche Anhaltspunkte fehlen, durch die diese heute noch wegen ihrer damaligen Handlungen zur Verantwortung gezogen werden könnten.« Im gleichen Atemzug kam man der Betriebsführung, namentlich Generaldirektor Hagemeier, mit der konzilianten Einstellungsbegründung entgegen, »daß die Ernährungslage der Häftlinge wohl ausschließlich der zuständigen SS-Führung zur Last fällt. [...] Auch hinsichtlich der Behandlung der Häftlinge während der Arbeitszeit hat sich die Leitung der Adlerwerke strafrechtlich nichts nachweisen lassen. Im Gegenteil haben die, in diesem Punkt zum Teil vertraulich geführten Ermittlungen ergeben, daß Direktor Hagemeier oft ein menschliches Verständnis für die Lage der Häftlinge gezeigt und ihre Lage zu bessern sich oft bemüht hat, was aber in der Regel der Fälle an den SS-Bestimmungen und der starren Haltung der Bewachungsmannschaft gescheitert ist.«[52]

Inhalt und Tonart der Einstellungsverfügung von Oberstaatsanwalt Dr. Ko-

---

49 Schr. Mordkommission an OStA beim LG Ffm v. 13.12.1946, HStAWi, 770/25, fol.117.
50 Aussage Hagemeiers beim OStA des LG Ffm v. 7.7.1947, ZStL, Bl.151.
51 Einstellungsverfügung v. 24.11.1947, ZStL, Bl.184.
52 Ebd.

sterlitz lassen ein überaus großes Verständnis für die Motivlage des Generaldirektors ebenso wie eine beschämende Ignoranz gegenüber den Opfern erkennen.[53] Die strafrechtliche Würdigung befaßte sich weder ernsthaft mit den Arbeits- und Lebensbedingungen der KZ-Häftlinge, noch wurden die zahlreichen Erschießungen und Erhängungen in den Adlerwerken und die Morde auf dem Evakuierungsmarsch durch die SS auch nur mit einem Wort erwähnt. Vollends deutlich wurde die Farce dieser Verfahrenseinstellung im Fall Engelmann. Zwar konnte man nicht umhin, ganz allgemein einzuräumen, daß der Hauptverantwortliche für den Zwangsarbeitereinsatz »jegliches menschliches Verständnis für die Lage der Ostarbeiter und KZ-Häftlinge vermissen ließ und die ihm erteilten scharfen Bestimmungen für den Einsatz dieser Häftlinge erbarmungslos durchgeführt hat, ohne in eigener Verantwortung hier und da eine Abweichung zuzulassen«.[54] Doch berief man sich hier auf die fehlende Rechtsbasis einer Anklageerhebung, ohne zu beachten, daß diese bei Hagemeier natürlich auch nicht bestanden hatte.

Bis März 1948 gelang es dem Oberstaatsanwalt, die Kriminalpolizei und die Stadtkanzlei über die sang- und klanglose Einstellung der Ermittlungen im unklaren zu lassen. Weitere drei Monate vergingen, bis die Akten dem Magistrat zugestellt wurden, zu einem Zeitpunkt, als endgültig nicht mehr mit einem Verfahren vor einem amerikanischen Militärgericht zu rechnen war. Eingestellt wurden auch die Ermittlungen gegen den Betriebsarzt der Adlerwerke, der noch nicht in amerikanischer Haft gewesen war. Die Stadtkanzlei zeigte sich deshalb in hohem Maße irritiert: »Die Begründung der Einstellung des Verfahrens gegenüber diesem Arzt ist ganz unverständlich. Vor allem ist es doch vollkommen unzutreffend, daß die Frage, ob der Arzt die Totenscheine unterschreiben durfte, ohne die Leichen gesehen zu haben, eine rein ärztliche Standesfrage sei; sie ist im Gegenteil von ausgesprochen strafrechtlicher Bedeutung. [...] Auch die Ansicht des Staatsanwaltes, daß die Todesfälle sich ganz natürlich erklären ließen und daß auch die Todesursachen, wie er schreibt, ›als durchaus gerechtfertig erscheinen‹, steht doch durchaus im Gegensatz zu den seinerzeit z.B. in dem Schreiben des Stadtgesundheitsamtes geäußerten Annahmen.«[55]

---

53 Die mangelnde Bereitschaft zur Information der Öffentlichkeit war 1951 bei der Ablösung des Oberstaatsanwalts durch den damaligen Justizminister Zinn maßgebend, vgl. FR v. 20.12.1951 und 19.1.1950. Einen gewissen Einblick in das Denken des Staatsanwaltes gibt allerdings auch die Tatsache, daß er dem Tatzeugen Peter Schwab, dank dessen Hilfe die KP den ausländischen Wohnort zweier SS-Männer hatte ermitteln können, mangelnde Objektivität deshalb vorwarf, weil er »in der Widerstandsbewegung gestanden hat«, Einstellungsverfügung v. 24.11.1947, ZStL, Bl.185.

54 Ebd.

55 Schr. Stadtkanzlei an Stadtgesundheitsamt v. 8.7.1948, StdAFfm, MA 2201, Bd. 2.

Offenbar zur Revision entschlossen, bat die Stadtkanzlei im Juli 1948 das Stadtgesundheitsamt um eine »sorgfältige Prüfung« der Verfahrenseinstellung, damit der Magistrat über ein weiteres Vorgehen entscheiden könne. Doch am 21.9.1948 hatte die Angelegenheit auch, »soweit sie die Stadt betrifft, nunmehr ihre Erledigung gefunden«.[56]

2. Rehabilitation und verspätete Ermittlungen 1948-1967

Im Laufe des Jahres 1948 wurde endgültig entschieden, daß die Adlerwerke als Reparationsleistung den gesamten Maschinenpark für die Automobilfertigung im Frühjahr 1949 abzuliefern hatten.[57] Oberbürgermeister Walter Kolb wehrte in öffentlicher Rede eine historische Folgehaftung der Adlerwerke selbst ab und erklärte, daß sich darin das »verflossene System auswirke, [...] und wir, wenn auch schuldlos, für das haften müssen, was andere gefehlt haben«.[58] In Wirtschaftskreisen formulierte er als Ziel gemeinsamer Bemühungen, »im Interesse des Rufes der Stadt Frankfurt als Stätte einer alteingesessenen Automobilproduktion mit allem Nachdruck auf diesem Sektor einen gerechten Ausgleich sicherzustellen«.[59] Und dieser konnte in den Adlerwerken nur durch die lange geforderte Wiedereinsetzung des Hauptaktionärs Hagemeier in seine Vorstandsaufgaben bewerkstelligt werden. Dafür mußte noch die Hürde des Entnazifizierungsverfahrens genommen werden, das auf der Grundlage des alliierten Gesetzes zur Befreiung von Nationalsozialismus und Militarismus von einer bei der Landesregierung gebildeten Spruchkammer durchzuführen war, die Sühnemaßnahmen nach dem Grad der Beschuldigung verhängen konnte. Hagemeier hätte auf der Erkenntnisbasis der Kriminalpolizei mit einer Einstufung als »Hauptschuldiger«, mit der Einziehung seines Aktienpaketes und einem jahrelangen Beschäftigungsverbot im Vorstand zu rechnen gehabt.[60] Die Einstellungsverfügung der Frankfurter Staatsanwaltschaft aber wertete die Spruchkammer als

56 Ebd.; Schr. Stadtkanzlei an OStA beim LG Ffm v. 21.9.1948, ebd.
57 AW, GB 1947.
58 Zitiert nach: Mick, 1985, S.87f.
59 Nschr. über eine Bespr. mit Vertretern der Wirtschaft über die Auswirkungen der Demontage v. 19.10.1947, S.4, StdAFfm, MA 3438.
60 Vgl. Auszüge Befreiungsgesetz bei Kropat, 1979, S.239ff.

»volle Rehabilitation« Hagemeiers, worauf ihn die Anklage von vornherein als »minderbelastet« einstufte.[61]

Für den Fall eines differenzierteren Nachfragens wurden drei wesentliche Dokumente präsentiert: eine »Erklärung zum Einsatz von Häftlingen in den Adlerwerken« nebst Erinnerungsprotokoll über das Vertragswerk zum Lager »Katzbach«, eine Erklärung zum »Einsatz von Ost- und Westarbeitern sowie Kriegsgefangenen« und wieder die »Grundsätze für die in den Adlerwerken [...] tätigen Gastarbeiter«, deren Gültigkeit auch für die KZ-Häftlinge beansprucht wurde.[62] Die sorgfältig aufeinander abgestimmten Dokumente ergaben ein »Gesamtbild«, das alle in den Adlerwerken ausgebeuteten Zwangsarbeiter der verschiedenen Kategorien zu einem einzigen Objekt der Fürsorge der Adlerwerke nivellierte, und sie zudem auch noch mit den deutschen Arbeitern und Angestellten auf eine Stufe stellte: »Die im Krieg bei den Adlerwerken beschäftigt gewesenen Kriegsgefangenen, ausländischen Arbeiter und Häftlinge wurden mit derselben Sorgfalt und dem gleichen sozialen Empfinden betreut, wie die deutschen Arbeiter und Angestellten.«[63] Störende Abweichungen von diesem Gesamtbild wurden erklärt durch die fehlenden Einflußmöglichkeiten auf die SS oder das individuelle Versagen subalterner Mitarbeiter der Adlerwerke. Die Kammer brachte den Vorstandsvorsitzenden nicht mit Einzelheiten in Verlegenheit. Jede nähere Untersuchung der Praktiken des Ausländereinsatzes unterblieb.

Mit einer 45-köpfigen Zeugenarmada, die vom SS-General, Gestapochef, Nazi-Aktivisten, Wirtschaftsführer, Ministerialbeamten, leitenden Adler-Angestellten, einfachen Werksangehörigen bis hin zum Betriebsratsvorsitzenden reichte, war es der Verteidigung gelungen, die Spruchkammer sichtlich zu überfordern. Ihr blieben in diesem schriftlichen Verfahren ohne Belastungszeugen nicht nur die »Arisierungen« der Adlerwerke und die grundlegenden Unternehmensverhältnisse im »Dritten Reich« verborgen, sondern sie minderte in einer atemberaubenden Tatbestandsbeschreibung die zahllosen Verbrechen an Zwangsarbeitern zu »Mißstände[n], die während des Krieges beim Einsatz von ausländischen Zivilarbeitern, Kriegsgefangenen und politischen Häftlingen aufgetreten waren«. »Soweit sein Einfluß reichte und nur irgendwie erstreckt werden konnte«, urteilte die Kammer im April 1948 über den ihr in dieser Funktion unbekannten Hauptaktionär, hat er »sich um das persönliche Wohl dieser Arbeitskräfte in weitestgehendem Maße gekümmert und für ihre gesundheitliche Betreuung, angemessene Verpflegung und ausreichende Bekleidung

---

61 Spruchkammerurteil v. 21.4.1948, AGFfm, HRB/386.

62 Alle drei Dokumente sind enthalten in: HStAWi, 520/F, Ernst Hagemeier.

63 Auszug aus der Verteidigungsschrift v. 8.1.1948 an den Öffentlichen Kläger bei der Spruchkammer in Sachen des Betroffenen Ernst Hagemeier, ebd.

Sorge getragen«. Hagemeier wurde als »Mitläufer« entnazifiziert und mußte lediglich eine Geldbuße in Höhe von 1000 DM zugunsten des »Wiedergutmachungsfonds« zahlen.[64]

Unmittelbar nach Rechtswirksamkeit des Spruchkammerurteils konnte der Generaldirektor im Juli 1948 wieder den Vorsitz im Vorstand der Adlerwerke einnehmen. Nur wenige Monate später ging man mit Arbeitsplatz- und Steuerargumenten in die Offensive, um das Werk von amerikanischen »Beschränkungen« zu befreien.[65] Drei Jahre nach Kriegsende schien – unbemerkt von der Öffentlichkeit – der endgültige Schlußstrich unter die Verbrechen in den Adlerwerken gezogen.

Dr. Engelmann, 1947 in der Anklageschrift noch als »rücksichtsloser und brutaler Sachwalter der NS-Betriebsabwehr« bezeichnet, war durch die Spruchkammer in der Anklage zunächst folgerichtig als »Hauptschuldiger« eingereiht worden. Im Berufungsverfahren 1950 gelang ihm die Aufnahme in die Gruppe der »Minderbelasteten«.[66] Im Beschluß der Kammer wurde die Verdrehung der Tatbestände mit ihrer Rechtfertigung zusammengeführt. Danach hätten die Adlerwerke hinsichtlich der Unterbringungsverhältnisse von Ausländern und KZ-Häftlingen »durch die Sorge des Betroffenen günstig« abgeschnitten. Und schlußendlich: »Erfahrungsgemäß gibt es in jeder Nationalität neben hochwertigen Menschen auch minderwertige, die selbst in Betrieben ihrer eigenen Heimat zu Beanstandungen Anlaß geben dürften.«[67]

Der Kreis schloß sich 1953, als man gerade die Wiedergutmachungsverfahren der »Arisierungs«-Ära schadlos hinter sich gebracht und vom Magistrat das Straßenstück günstig erworben hatte, das zwischen den ehedem in jüdischem Besitz befindlichen Grundstücken lag, so daß sich die lukrative Flächenexpansion auf dem knappen Frankfurter Boden erst jetzt wirklich vollendete.[68] Auch der produktionstechnische Wiederaufbau der Adlerwerke war abgeschlossen, und die erste Nachkriegsdividende an die Aktionäre wurde fällig.[69] Adler befand

64 Spruchkammerurteil v. 21.4.1948, AGFfm, HRB/386. Die Verteidigung von Hagemeier hatte für ihren Mandanten sogar beansprucht, »aktiven Widerstand [...] gegen die NS-Gewaltherrschaft« geleistet zu haben. Eine Behauptung, die sich vorwiegend auf seine bereits dargestellten Konflikte mit Parteikreisen bezog, Auszug aus der Verteidigungsschrift v. 8.1.1948 an den Öffentlichen Kläger bei der Spruchkammer in Sachen des Betroffenen Ernst Hagemeier, HStAWi, 520/F, Ernst Hagemeier.

65 Siehe Schr. AW an Besatzungsamt Ffm v. 15.11.1948, StdAFfm, Unverzeichneter Bestand Wirtschaftsamt.

66 Klageschrift v. 7.6.1948 u. Beschluß v. 7.2.1950, HStAWi, 520/F, Dr. Franz Engelmann.

67 Ebd.

68 Beschluß der Stadtverordnetenversammlung v. 3.4.1952 u. Magistratsbeschl. v. 7.4.1952, StdAFfm, MA 3413/148, Bd. 1.

69 Siehe Adlerhorst Nr. 1/53; vgl. die Besprechung des Geschäftsberichtes für 1953, in: »Aufbau der Adlerwerke abgeschlossen«, FR Nr. 92 v. 21.4.1954.

sich wieder im »Höhenflug«, und dabei mochte man die alten Helfershelfer der Kapitalbildung 1944/45 nicht ganz vergessen: Mit außergewöhnlichen Sachspenden unterstützten die Adlerwerke an exponierter Stelle der deutschen Industrie die Schule des War Criminal Prison No.1 in Landsberg, wo die ehemaligen Funktionäre des SS-WVHA als Lehrkräfte ihrer Rehabilitation entgegenstrebten.[70] Ein Jahr später feierte man beim festlichen Bankett in der Frankfurter Börse das 25jährige Dienstjubiläum Hagemeiers. Der alte und neue Aufsichtsratsvorsitzende Carl Goetz gehörte zu den erlauchten Rednern, die »die menschlichen Eigenschaften von Ernst Hagemeier in oft humorvollen Worten zu schätzen« wußten.[71] Generaldirektor Hagemeier erhielt in diesen Jahren das Bundesverdienstkreuz, der Aufsichtsratsvorsitzende Carl Goetz das Große Verdienstkreuz mit Stern und Schulterband des Verdienstordens der Bundesrepublik Deutschland.[72] Hagemeier starb 1966.[73]

Wie sehr lokalpatriotisches Sentiment gegenüber dem Traditionsbetrieb das wirkliche Geschehen zudeckte, zeigte sich beispielhaft, als 1970 Oberbürgermeister Walter Möller sich nicht nur zum symbolträchtigen Vergleich des Firmen- und Stadtwappens, sondern auch zu der Bemerkung veranlaßt sah, die Adlerwerke hätten »mit ihren Produkten stets versucht, die gesellschaftliche Entwicklung zu fördern und mitzugestalten«.[74]

1958 drohte der Skelettfund eines erschossenen KZ-Häftlings in der Gemarkung Dörnigheim die »ruhige Entwicklung des Zeitgeschehens« zu stören.[75] Der Mordfall führte auf der Basis des deutschen Strafgesetzbuches automatisch zur Wiederaufnahme des gesamten Verfahrens. Dabei konnten zahlreiche Angehö-

70 SS-Gruppenführer Georg Lörner, Pohls Vertreter im SS-WVHA, unterrichtete Steuerrecht und SS-Hauptsturmführer Karl Sommer, stellvertretender Leiter des für den KZ-Arbeitseinsatz zuständigen Amtes DII, dozierte »Buchführung für Fortgeschrittene«, Klee, 1991, S.140f. Hagemeier hielt gleichzeitig »den Zeitpunkt für gekommen«, wieder Traditionspflege zu betreiben: so sein Geleitwort im neuaufgelegten »Adlerhorst« Nr. 1, in dem man dann 1955 die Firmengeschichte als »die Geschichte von Pionierleistungen« und als »ein Spiegelbild deutscher Wirtschaftsgeschichte« würdigte, Adlerhorst Nr. 1/1953; Nr. 1/1955; Nr. 3/1955.

71 »Ehrung für Ernst Hagemeier«, FR Nr. 65 v. 18.3.1954.

72 Who's who in Germany, 1960, S.530; OMGUS, 1986, S.313, Anm. 20.

73 Im gleichen Jahr ging der 1944/45 verantwortliche Betriebsdirektor des Werkes I in Ruhestand, und »die alten Adlerleute feierten stillvergnügt bei Volksliederklängen, Kunstradvorführungen und spanischer Folklore, dargeboten von den Gastarbeitern des Werks, und fühlten sich mit Vorstand, Direktoren und leitenden Werksangehörigen ganz in Familie«, FR Nr. 287 v. 10.12.1966.

74 »Zur ›Philosophie‹ der Adlerwerke«, FR v. 26.10.1970.

75 Die Stadtkanzlei hatte ein Gratulationsschreiben des OB zum 65. Geburtstag von Hagemeier ausgearbeitet, das seiner »hervorragenden Verdienste« beim Wiederaufbau Frankfurts gedachte und ihm »eine weitere ruhige Entwicklung des Zeitgeschehens« wünschte. Der OB ließ auffallend nüchtern umformulieren und die Zweideutigkeiten streichen, Entwurf u. Schr. OB an Hagemeier v. 27.7.1953, StdAFfm, MA 4520/10.

rige der SS-Bewachungsmannschaft, insbesondere durch die Einschaltung der 1958 eingerichteten Zentralen Stelle der Landesjustizverwaltungen in Ludwigsburg, ermittelt und vernommen werden. Dies jedoch erst, nachdem im Jahre 1960 die Delikte Totschlag sowie Körperverletzung mit Todesfolge verjährt waren, so daß sich die Ermittlungen nur noch auf Mord und nicht mehr auf die sich aus den Arbeits- und Lebensbedingungen ergebenden Haupttodesursachen beziehen konnten, womit die schweren Anschuldigungen der Betriebsführung gegen die SS-Lagerleitung strafrechtlich obsolet geworden waren. Umgekehrt waren auch die bereits ausführlich dargestellten Schuldzuweisungen des 1964 ermittelten SS-Lagerkommandanten Franz an die Werksleitung nicht mehr strafrelevant. Deshalb reduzierten sich die bis in die siebziger Jahre andauernden Ermittlungen auf Einzelstraftatbestände hinsichtlich der Erschießungen und Erhängungen in den Adlerwerken und beim Evakuierungsmarsch, wobei die Einstellungsverfügung von 1947 eine ausschlaggebende Rolle spielte.[76]

Da die Staatsanwaltschaft 1947 die Mordfälle nicht für erwähnens- und untersuchungswürdig befunden hatte, lagen nur wenige konkrete Tatanschuldigungen aus den damaligen Ermittlungsakten der Kriminalpolizei vor, deren Zeugen außerdem mittlerweile verstorben waren. Anhaltspunkte für neue Zeugenermittlungen und daraus resultierende gerichtsverwertbare Aussagen von KZ-Häftlingen, die kaum die Namen ihrer Peiniger kannten, den Tathergang aber detailliert hätten wiedergeben müssen, waren 20 Jahre nach den Morden illusorisch. Eine Anklage auf Basis des Aktenmaterials aber hielten die Strafverfolgungsbehörden bis auf einen Fall für aussichtslos. Da der stellvertretende SS-Lagerführer Lendzian bereits Anfang der fünziger Jahre verstorben war, blieben von den Hauptverdächtigen ohnehin lediglich Lagerkommandant Franz und Lagerkoch Martin Weiß übrig. Das Mordverfahren gegen Franz wurde an die österreichischen Strafverfolgungsbehörden abgegeben. Franz, der sich nicht schuldig bekannte, konstruierte, wie oben im einzelnen dargestellt, ein absurdes Lügengebäude über seine Rolle in den Adlerwerken und auf dem Evakuierungsmarsch. Daß zumindest ein Indizienprozeß hinsichtlich eines von Franz gegebenen Erschießungsbefehles auf dem Evakuierungsmarsch hätte gelingen müssen, drängt sich angesichts der eklatanten Widersprüche in den seinerzeitigen Aussagen geradezu auf. Doch wurde das Verfahren 1967 sang- und klanglos eingestellt.[77] Franz starb 1985.

Im Falle des Lagerkochs Martin Weiß aber, der des Mordes eindeutig überführt war, stellte die Staatsanwaltschaft 1965 einen jährlich zu erneuernden nationalen Haftbefehl aus – obwohl sein Aufenthaltsort im Ausland seit Ende

76 Vgl. hierzu ZStL, IV 419 AR 1754/64-67.
77 Einstellungsverfügung der Staatsanwaltschaft beim LG Wien v. 13.2.1967, DAÖW.

des Krieges bekannt war. Hinweisen des Schriftstellers und Tatzeugen Hans Frick zufolge soll sich Mitte der sechziger Jahre Generalstaatsanwalt Fritz Bauer »den Ermittlungen nach dem Mann in Rumänien angenommen« haben.[78] Da jedoch mit Rumänien kein Rechtshilfeabkommen bestand, soll die Möglichkeit des Zugriffs auf den Mörder gefehlt haben. Eine Einreise Weiß' sei aufgrund vorgewarnter Angehöriger in der Bundesrepublik nicht mehr zu erwarten – so die Erkenntnis der Strafverfolgungsbehörden über die Folgen ihrer offensichtlich ungeschickten Recherchen. Der seit den 70er Jahren zuständige Spezialdezernent in NS-Sachen, Staatsanwalt Peter Bötte, fand sich 1986 nach einer Anregung durch das Justizministerium zu einem Gespräch mit der Schülergruppe, die sich der Erforschung der Lagergeschichte angenommen hatte, bereit.[79] »Normalerweise«, so äußerte sich Bötte zum nationalen Haftbefehl für SS-Koch Weiß, »gibt es in NS-Sachen keine internationalen Haftbefehle.«[80] Daß jedoch »Interpol« mittlerweile seit Jahren in NS-Sachen eingeschaltet werden kann, war für ihn, der allein schon die Befassung mit den Akten zur Vorbereitung des Gespräches »mehr oder weniger als Nötigung« empfand, kein Anlaß, initiativ zu werden.[81]

Zu ergänzen bleibt ein fortdauernder »Nebeneffekt« des ad absurdum geführten Haftbefehls gegen Weiß: eine Einsichtnahme in den Großteil des mehr als 1000seitigen Aktenmaterials kann nicht gestattet werden, da es sich bis heute um ein schwebendes Verfahren handelt.[82] Ohne Akteneinsicht aber keine historische Aufarbeitung und ohne diese kein öffentliches Interesse, was nach den unsäglichen Erfahrungen zahlreicher NS-Verfahren oftmals einzig und allein den justitiablen Verfolgungswillen überhaupt zu erzeugen imstande ist.[83]

---

78 »Ich kannte den Mörder...« – Ein Interview mit dem Schriftsteller Hans Frick, FR Nr. 132 v. 9.6.1966.

79 Die Ablösung von Staatsanwalt Peter Bötte forderte die »Frankfurter Rundschau« anläßlich der »Verharmlosung von NS-Verbrechen«, siehe »SS-Prozeß: Staatsanwalt überrascht durch Milde«; u. Kommentar: »Staatsanwalt ohne Fingespitzengefühl«, FR Nr. 292 v. 17.12.1986.

80 Mitschr. des Gespräches der Schülergruppe mit StA Bötte v. 27.6.1986 (das Gespräch durfte nicht auf Tonträger protokolliert werden).

81 Dreßen, 1990, S.89. Auf die Anfrage der Autoren an den Leitenden OStA beim LG Ffm, ob geprüft wurde, inwieweit mittlerweile »Interpol« eingeschaltet werden kann, wurde am 20.7.1993 lediglich mitgeteilt, »daß die Fahndungsmaßnahmen noch fortgeführt werden«, Schr. StA beim LG Ffm an die Autoren v. 20.7.1993.

82 Ebd.

83 Als die Schülergruppe 1985 diesen Kreislauf zu durchbrechen versuchte, nützten weder eine Dienstaufsichtsbeschwerde beim Generalstaatsanwalt noch beim Hessischen Justizministerium. Dabei waren die Akten zuvor schon zur Abgabe an das Archiv vorgesehen gewesen, Schr. des Leitenden OStA beim LG Ffm an die Schülergruppe v. 11.10.1985, Schr. Hess. Justizministerium an die Schülergruppe v. 11.2.1986, Schr. Hess. LKA an HStAWi v. 29.9.1986, Schr. OStA beim LG Ffm an die Schülergruppe v. 4.7.1985.

3. Die Entsorgung der Geschichte durch Triumph-Adler

Als der ehemalige »Katzbach«-Häftling Heinz Meyer die Adlerwerke in den fünfziger Jahren mit der Bitte um eine Entschädigungsleistung konfrontierte, hatte das Unternehmen nicht einmal ein Wort des Bedauerns für die erlittenen Leiden übrig – »kess und frech haben sie geschrieben, damit hätten sie nichts zu tun«.[84]

Die Verwunderung über das »unerhörte« Ansinnen des ehemaligen Sklavenarbeiters erklärt sich aus einem Selbstverständnis, wie es beispielhaft einer 1970 erschienenen Chronik der Adlerwerke, heute Triumph-Adler, entnommen werden kann. Kein Wort zu den »Arisierungen« und zur Herstellung von Schützenpanzerfahrgestellen, kein Wort über Zwangsarbeiter, kein Wort über das KZ-Außenlager. Statt dessen ist die Rede vom »höheren Befehl« (1. Weltkrieg) und von »kriegswirtschaftlichen Verpflichtungen« (2. Weltkrieg), womit die Rüstungsproduktion im nachhinein ausschließlich als Ergebnis staatlichen Zwanges hingestellt wird. Beklagt werden dagegen unverschuldete Kriegs-(folge)schäden und alliierte Reparationsforderungen: »Die Bilanz ist trostlos: Ungeheure Verluste an Maschinen und Material. Die Forderungen für umfangreiche Leistungen an das jetzt nicht mehr existierende Reich müssen abgeschrieben werden. [...] Damit nicht genug: 1136 Werkzeugmaschinen müssen als Reparationsleistung abgeliefert werden, ein harter Schlag.«[85]

Diese unsäglich weißgewaschene Betriebschronik diente offensichtlich keinem anderen Zweck als dem der Desorientierung. 1986 antwortete der Vorstand von Triumph-Adler auf eine Bitte um eine diesbezügliche Stellungnahme, daß es »einen Rechtsnachfolger der damaligen Firma Adler für die in diesem Zusammenhang stehenden Fragen nicht mehr [gibt]. Unsere Recherchen haben ergeben, daß die zur Zeit im Unternehmen beschäftigten Vorstandsmitglieder in der in Frage kommenden Zeit in den Adler-Werken nicht beschäftigt waren. Sie waren damals im Kindesalter. Unterlagen über die damalige Zeit sind nach unseren Kenntnissen nicht mehr vorhanden.«[86] Der Vorstand exkulpierte sich damit rechtlich wie moralisch von jeder Verantwortung. Es kann jedoch keine Frage sein, daß Triumph-Adler de facto wie de jure »Rechtsnachfolgerin« der »Adlerwerke vorm. Heinrich Kleyer AG« ist – oder sollte die Formulierung »für

84 PA, Heinz Meyer, G/17.2.93.
85 AW, 1970, S.16.
86 Schr. des TA-Vorstandes an die Schülergruppe v. 14.4.1986.

die in diesem Zusammenhang stehenden Fragen« sich tiefergründig ausschließlich darauf beziehen, daß nur für das KZ- Außenlager jede Haftung abgelehnt wird? Vor dem Hintergrund der vieldiskutierten Forderung einer Rechtspflicht zur Entschädigungsleistung war das Schicksal der Überlebenden für die Firma offensichtlich aus Sorge um die möglichen rechtlich- finanziellen Folgen nicht erörterungswürdig. Peinlich geriet die flankierende Stellungnahme des damaligen Betriebsratsvorsitzenden gegenüber der recherchierenden Schülergruppe, ihm sei »wegen der Gefährdung der Arbeitsplätze bei Adler nicht an einer negativen Publizität durch die Geschichte des Außenlagers gelegen«.[87] Befragt nach seinen Gefühlen über einen solchen Umgang mit der Vergangenheit antwortete uns der ehemalige Häftling Wladyslaw Jarocki: »Man soll mit uns reden. Die Konzerne, die uns eingestellt haben, scheinen Angst vor uns zu haben. Für die sind wir die Gespenster der Vergangenheit. Die warten, bis wir ganz aussterben, und das ist ihnen ja auch schon fast gelungen.«[88] Nach der kategorischen Weigerung der Industrie, für polnische Zwangsarbeiter Entschädigung zu zahlen, ist nun eine staatliche Stiftung – angesichts der großen Zahl der Betroffenen mit nur minimalen Beträgen – eingesprungen.[89]

Im Unterschied zu dem im öffentlichen Rampenlicht stehenden Mercedes-Konzern, dessen KZ-Außenlager Mannheim-Sandhofen 1986 in die Schlagzeilen kam,[90] blieben die Adlerwerke von jedem öffentlichen Interesse an ihrer Vergangenheit im »Tausendjährigen Reich« verschont. Und dies, obwohl nicht nur beide KZ-Außenlager parallel aus dem KZ Dachau »beliefert« worden waren, sondern »Katzbach« auch die weitaus größere Tragödie genannt zu werden verdient.[91]

Die Adlerwerke schrieben nach dem Krieg alles andere als eine Erfolgsgeschichte, was sie aus der »jubiläumsfähigen Erinnerung« katapultierte, die sich gegenwärtig als »strukturierende Technik öffentlicher Erinnerung« durchsetzt.[92]

---

87 Interview des BR durch die Schülergruppe v. 20.6.1985, S.17. Mitveranlaßt durch die Veröffentlichung unserer Studie, kamen die Vertrauensleute und Betriebsräte der AW und der IG Metall mit ihrem neuen Betriebsratsvorsitzenden Lothar Reininger am 10.12.1992 zu einer, von den Medien nicht beachteten, eindrucksvollen Trauerkundgebung am Grab auf den Hauptfriedhof.

88 PA, Wladyslaw Jarocki, G/14.10.90.

89 Vgl. »Billige Aussöhnung mit Polen«, FR v. 17.10.1991; »Polnische Opfer enttäuscht«, FR v. 2.10.1993.

90 Vgl. Der Spiegel, Nr. 15, 1986: »Die Herren nahmen nur die Kräftigsten«; Koppenhöfer, 1987.

91 Die Unterschiede in der Erinnerungsarbeit sind groß. Die Stadt Mannheim übergab 1982 offiziell eine Gedenktafel, nachdem eine aus Eigeninitiative recherchierende Studentin das Vorhandensein des KZ-Außenlagers Mannheim-Sandhofen dokumentiert hatte. Es folgte 1989 eine Einladung an die Überlebenden, 1990 die Einrichtung einer Gedenkstätte, Mannheimer Morgen v. 8.3.1982, 2./3.9.1989, 20.7.1990 u. 9.11.1990.

92 Baier, 1989, S.41. Nach dem Verkauf an Grundig 1957 folgte der Erwerb der fusionierten

Der Crash-Kurs des Unternehmens führte ab 1990 zum sukzessiven Verkauf des historischen Werksgeländes incl. Firmenname Adlerwerke an die Unternehmensgruppe Roland Ernst.[93] Der 1993 noch 300 Beschäftigte umfassende Frankfurter Restbetrieb von Triumph-Adler wurde nach Griesheim verlagert.

Die zahlreich erschienenen Nachrufe auf die historische Produktionsstätte waren unisono Empfehlungen, mit einem ungetrübt harmonischen Geschichtsbild die postindustrielle Nachfolge, durch eine Fabrik für Werbung und Kommunikation, anzutreten.

4. Die versäumte Erinnerung durch die Stadt Frankfurt a. M.

Auch außerhalb der engen Grenzen der Firmenhistoriographie stellt sich die Frage, warum das »KZ-Außenlager Frankfurt/Adlerwerke« bisher so wenig Aufmerksamkeit gefunden hat. Wo immer aus überregionalem oder regionalem Interesse auch über »Katzbach« informiert wurde, finden sich, aufgrund fehlender Grundlagenforschung vor Ort, gravierende Fehler und Auslassungen.[94] In der im Schuleinsatz verbreiteten Broschüre »Frankfurt 1933-1945. Von der NS-Machtergreifung bis zur Zerstörung der Stadt« finden ZwangsarbeiterInnen überhaupt keine Erwähnung. In einem vom Magistrat in Auftrag gegebenen stadtgeschichtlichen Standardwerk, der 1986 erschienenen Studie »Das Leben

---

Firmen Triumph-Adler durch die US-Firmengruppe Litton Industries 1969, die an den Volkswagen-Konzern verkaufte. Von VW als sprudelnder Verlustquell geziehen, wurde sie an Olivetti übergeben. Zwar konnte das Ende für den Frankfurter Betrieb mehrmals durch den Druck der Straße abgewendet werden, doch war der Stellenabbau des permanent notleidenden Unternehmens seither enorm.

93 Der von Olivetti erzielte Verkaufspreis für das 55 000 Quadratmeter große Grundstück belief sich auf eine Viertel Milliarde DM, FR v. 1.10.1991 u. 5.10.1991; »Projekt für rund eine Milliarde Mark, Vebau GmbH baut ehemalige Triumph-Adler-Werke um: Wohnen, Kultur, Büros«, FR v. 29.10.1992.

94 Beispielhaft läßt sich hier eine Schrift der »Bundeszentrale für politische Bildung« aus dem Jahr 1987 anführen. Danach handelte es sich »um Überlebende des Warschauer Ghettos im April/Mai 1943, die in das Konzentrationslager Natzweiler in Frankreich deportiert und von dort 1944 in das Außenkommando des Lagers Natzweiler bei den Adlerwerken in Frankfurt gebracht wurden.« Abgesehen von der Verwechslung des »Warschauer Ghettos« mit dem »Warschauer Aufstand«, der Tatsache, daß es sich keineswegs ausschließlich um polnische KZ-Häftlinge handelte, sowie einer falschen Funktionsbestimmung des Stammlagers Natzweiler, wäre auch zu korrigieren, daß sich das Lager nicht »bei«, sondern inmitten der AW befand, Gedenkstätten für die Opfer des Nationalsozialismus, 1987, S.329.

zur NS-Zeit in Frankfurt«,[95] wird das Thema Zwangsarbeit ebenso ausgespart wie ihr mit Abstand schlimmstes Kapitel: »Das berüchtigte Lager Katzbach.«[96] Der Hinweis auf eine noch ausstehende Forschungsaufgabe fehlt der vierbändigen Ausgabe. (Zur Erinnerung: Es gab in Frankfurt immerhin rund 148 Zivilarbeiter-, sieben »Ostarbeiter«- und 18 Kriegsgefangenenlager.)[97] Dieter Rebentisch, Leiter des Instituts für Stadtgeschichte, erklärt in einem Aufsatz über die NS-Zeit in Frankfurt: »Dieses Außenlager war nach und nach mit insgesamt 1600 Häftlingen belegt, von denen 397 während des Aufenthaltes starben.«[98] Die falsche Angabe der Opferzahl erscheint nebensächlich gegenüber einer Formulierung, die kaschiert, daß ihr Tod die Folge der mörderischen Arbeitsbedingungen war.[99]

Als die recherchierende Schülergruppe in den Katakomben des Garten- und Friedhofsamtes 1986 zwei verstaubte Aktenbände, u.a. mit den Leichenschauscheinen der KZ-Häftlinge (»Letzter Wohnort: Kleyerstraße«) ausgegraben hatte, löste sie einen »Riesenwirbel« aus. Der damalige Friedhofsleiter sah sich daraufhin veranlaßt, 1987 ein einziges Dokumentenblatt zur Lagergeschichte an das Stadtarchiv resp. Institut für Stadtgeschichte abzugeben, das unter der treffsicheren Konkordanz »Miszellen« abgelegt wurde.[100] Es handelt sich dabei

---

95 Wippermann, 1986.

96 Zitiert nach Vera Rüdiger, in: Der Hessische Minister für Wissenschaft und Kunst, 1985, S.20.

97 Verzeichnis der Lager in Ffm, HStAWi, 483/7328; sowie StdAFfm, MA 7047/7, Bd. 1.

98 Rebentisch, 1991, S.512.

99 Weder mit der »Vernichtung durch Arbeit« in den Adlerwerken noch mit den Verflechtungen des Lagers »Katzbach« mit dem KZ-Lagersystem will Dieter Rebentisch sich lange aufhalten. Stattdessen wird mit fragwürdigen Vergleichen der Versuch unternommen, das Thema auf den Nenner der Zwangsarbeit in Frankfurt zu reduzieren: »In den Adlerwerken [...] und anderen Rüstungsbetrieben arbeiteten KZ-Häftlinge unter SS-Bewachung. Die Zahl der Todesopfer unter Kriegsgefangenen, Zwangsarbeitern und Häftlingen war hoch. Allein auf dem Friedhof Westhausen befinden sich fast 5000 Gräber italienischer Kriegsopfer. Beinahe ebenso viele Opfer forderte der Bombenkrieg unter der Frankfurter Bevölkerung«, Dieter Rebentisch, »Im Krieg schwoll der Terror an«, FR v. 22.2.1994, Sonderbeilage 1200 Jahre Frankfurt. Festzustellen ist dagegen: Nur in den AW gab es KZ-Häftlinge [gemäß 42 Abs.2 BEG]. Die u.a. bei VDM eingesetzten AEL-Häftlinge wurden dagegen von »Notdienstverpflichteten« in blauer Uniform [»Blaue Division«] bewacht und unterstanden disziplinär dem Chef der Frankfurter Gestapo, HStAWi, 520/DZ, Nr.519/644; vgl. Diamant, 1988, S.209f. Und zu den Opferzahlen: Auf dem Friedhof Westhausen wurden Italiener im Rahmen einer Umbettungsaktion nicht nur aus Frankfurt, sondern von Friedhöfen aus ganz Hessen begraben, vgl. »Heimatgeschichtlicher Wegweiser«, 1984, S.28.

100 Daß das Institut für Stadtgeschichte noch im Sommer 1990 die behördeninterne Auskunft erteilte, daß »sich aus allen verfügbaren Unterlagen kein Hinweis auf nationalsozialistische Einrichtung in der Kleyerstraße« ergäbe, womit das KZ gemeint war, kann nicht mehr überraschen, siehe handschriftlichen Vermerk des GuFAFfm v. 6.8.1990 auf einem Antwortschreiben des Stadtrates Koenigs v. 9.7.1990 an die ökumenische Polenhilfe, Grabakte E 157, GuFAFfm. Parallelen zum Umgang mit dem AEL Heddernheim, das nicht zuletzt durch die hartnäckige Initiative eines ehemaligen Insassen der Erinnerungslosigkeit entrissen wurde,

um das Schreiben des Lagerkommandanten an das Bauamt-Bestattungswesen, in dem dieser rechtzeitig vor dem Massensterben in den Adlerwerken bekanntgab, Häftlingsleichen künftig »dem nächstgelegenen Krematorium zur Feuerbestattung zu übergeben«.[101] Das Begleitschreiben des Friedhofsleiters liest sich wie ein Plädoyer für einen diskreten Umgang mit der unliebsamen Vergangenheit: »Soviel ich weiß, wird damit ein heikles Thema berührt. Bis jetzt ist die Existenz der Außenstelle des Konzentrationslagers Natzweiler bei den Adlerwerken womöglich geleugnet worden.«[102] Was wie eine private Verschlußsache behandelt wurde und seitens der Stadtarchivare auf kein Interesse stieß, die Aktenbände mit sämtlichen Leichenschauscheinen – heute sind sie unauffindbar.[103]

Der vom Friedhofs- und Bestattungsamt herausgegebene »Wegweiser zu den Grabstätten bekannter Persönlichkeiten auf Frankfurter Friedhöfen« aus dem Jahre 1985 verweist auf Gewann E 157, Plan Nr. 91: »Gräber von 528 polnischen KZ-Häftlingen«,[104] vergißt allerdings, daß hier auch sowjetische Häftlinge begraben wurden und erwähnt mit keinem Wort, daß es sich um das Gemeinschaftsgrab der im KZ-Außenlager Frankfurt/Adlerwerke verstorbenen KZ-Häftlinge handelt. Die unscheinbare Anlage fernab der Frankfurter Ehrengräber ist mit einem alten, verwitterten Steinkreuz mit der polnischen Inschrift: »Ofiarom niemieckich Obozow Koncentracyinych. 1948 Rodacy« versehen.[105] Doch nicht die Stadt oder gar die Adlerwerke haben dieses Grab finanziert. Die amerikanischen Behörden hatten zunächst die Aufstellung von Holzkreuzen an der ursprünglichen Bestattungsstätte auf dem von den Nazis konfiszierten jüdischen Friedhofsgelände angeordnet, bis dann die polnische Geistlichkeit, vertreten durch den Kaplan Edmund Chart, im Juni 1948 bei der Umbettung das Grab neu anlegen und das Steinkreuz errichten ließ. Fünf Polen aus der Baugewerbeschule, so die damalige Auflage des Friedhofsamtes, mußten für den Ausbau der

---

sind unübersehbar. Der Magistrat hatte die Forderung nach einer Gedenkstätte 1983 im Vertrauen auf eine Auskunft des Stadtarchivs zuerst einmal als »örtlich und inhaltlich nicht gesichert« abgelehnt, »Wie die Stadt ihre Geschichte bewältigt«, FR v. 15.8.1983.

101 Schr. Kommandoführer Franz an das Bauamt-Bestattungswesen v. 24.10.1944, StdAFfm, Miszellen 46.

102 Schr. des Friedhofsleiters an den Leiter des Stadtarchives v. 8.4.1987, ebd.

103 Schr. GuFAFfm an die Autoren v. 3.11.1993. Der Erhalt weniger daraus erstellter Kopien und Abschriften wäre damit einzig und allein der Schülergruppe zu verdanken. Der Umgang mit den Dokumenten der Lagergeschichte verdient auch in anderer Hinsicht nachlässig bis skandalös genannt zu werden. Wer Details des Häftlingseinsatzes nach Bombenangriffen erforschen möchte, wird im Vorwort der Repertorien der Luftschutzakten negativ beschieden. Der Aktenband »Arbeitseinsatz 1941-1945« gilt seit dem Umzug des Magazins in den siebziger Jahren als verschollen.

104 Friedhofs- und Bestattungsamt Ffm, 1985, S.24.

105 Die Inschrift auf deutsch: »Für Opfer aus deutschen Konzentrationslagern. 1948 Landsleute«.

Anlage eine Woche lang selbst mit Hand anlegen. Der Kostenvoranschlag von 2500 DM war im voraus zu zahlen. Auf die Rückzahlung im Falle niedrigerer Kosten mußte verzichtet werden, Mehrkosten dagegen waren zu tragen.[106]

Als am 8.5.1949 in Hamburg anläßlich eines Befreiungstreffens der KZ-Lagergemeinschaften im Rahmen eines Staatsaktes ein Ehrendenkmal auf dem Ohlsdorfer Friedhof für die Opfer der faschistischen Verfolgung errichtet werden sollte, hatte sich der Hamburger Senat an die Ministerpräsidenten der Länder mit der Bitte gewandt, Urnen mit symbolischer Asche aus den Konzentrationslagern zur Verfügung zu stellen.[107] Frankfurt überreichte zwei Urnen, je eine für das Arbeitserziehungslager Heddernheim und für das KZ-Außenlager Frankfurt/Adlerwerke, mit einer Urkunde, deren Text vom Bestattungsamt verfaßt, lautete: »Diese Urne enthält Erde aus dem Zwangsarbeiterlager Frankfurt am Main bei der Adler-Werke AG, Kleyerstraße, Zweigstelle des Arbeitslagers Natzweiler/Elsaß.« Der Begriff »Konzentrationslager« wurde sowohl für das Stammlager wie das Außenlager bewußt vermieden. Der im Magistrat zuständige Stadtrat ordnete darüber hinaus an: Die Ortsbestimmung »bei der Adler-Werke AG« ist ersatzlos zu streichen.[108]

Bis 1972 wurde die Anonymität der KZ-Opfer gewahrt, dann veranlaßte das Hessische Innenministerium die Einfassung des Grabes mit Steinplatten, auf denen die Namen der 528 Toten eingraviert wurden.[109] Erst als 1974 Eigentümer benachbarter Grabstätten beim Oberbürgermeister wegen des »unschönen Zustandes« der Gedenkstätte Anstoß nahmen, erfolgte die dazugehörige »gärtnerische Umgestaltung«.[110] 1986 wurde eine mit dem Privatauto aus Polen antransportierte und an der Grenze ordentlich verzollte Marmorplatte mit der polnisch-deutschen Inschrift »Den Opfern des Faschismus« unerbeten auf das Grab gelegt. Eine unaufdringliche Erinnerung an das Vergessen. Gleichwohl wollte das Friedhofsamt die auf Privatinitiative des »Bundes der Polen Zgoda e.V.« niedergelegte Platte zunächst wieder entfernen lassen, weil sie gegen Bestimmungen des Kriegsgräbergesetzes verstoße.[111]

Historisches Gedächtnis läßt sich nicht strukturieren, vergegenwärtigt man nicht das Unversöhnte der Geschichte – die Zumutung. Über rund fünf Jahrzehnte »Aufarbeitung« läßt sich nichts anderes berichten, als daß das Andenken der Opfer kaum geehrt wurde, die Überlebenden weder Gerechtigkeit im Sinne einer

---

106 Niederschr. Bauverwaltung-Bestattungsamt v. 11. u. 15.6.1948, GuFAFfm, Akte Polengrab.

107 StdAFfm, MA 6035/32, Bd. 1.

108 Siehe Schr. Stadtrat Miersch an das Bestattungsamt v. 18.3.1949, GuFAFfm, Akte Polengrab.

109 Finanziert wurde dies aus Mitteln der Spielbank, GuFAFfm, Akte Polengrab.

110 Siehe Schr. Friedhofsamt an Frau B. K. v. 27.11.1974 u. 4.12.1974, GuFAFfm, Grabakte E 157.

111 Auskünfte an die Autoren vom Vorsitzenden und Betreuer des »Bundes der Polen Zgoda e.V.«, Herrn Tadeusz W.

juristischen Verurteilung für die an ihnen begangenen Verbrechen noch Entschädigung für das zugefügte Leid erfahren haben, und die Vernichtung im KZ-Außenlager »Frankfurt/Adlerwerke« aus dem Gesichtskreis öffentlicher Wahrnehmung systematisch verbannt wurde.

Dem gemeinsamen Gedächtnis endlich (und für viele erstmals) ein Geschehen wieder zugänglich zu machen, in dem die Stadtgeschichte eine ihrer unmenschlichsten Äußerungen erreichte, war wesentliches Motiv von neun Überlebenden, Ende Dezember 1993 einer Einladung der Stadt Frankfurt am Main zu folgen.[112] In ihrer Anwesenheit wurde durch die Dezernentin für Kultur und Freizeit, Linda Reisch, in den Adlerwerken eine Gedenktafel enthüllt – eine für die Überlebenden wichtige Geste.[113] Doch scheint der Umstand, daß die Gedenktafel bis heute im Keller eingelagert wurde,[114] das Bedürfnis zu symbolisieren, ein nicht hinreichend geglättetes Thema möglichst schnell wieder dem Vergessen anheimfallen zu lassen. Weder im Stadtjubiläumsjahr 1994 noch im »Supergedenkjahr« 1995 stand der Versuch einer Auseinandersetzung mit der Vernichtung in Frankfurt, ihrer Abwehr und Verdrängung sowie deren Nachwirkungen auf dem Programm.[115]

---

112 Erst als die TAZ sich des Themas annahm und Vergleiche mit dem Trauerspiel um den Börneplatz anstellte, wurde die Einladung auf den Weg gebracht, vgl. »Keine Einladung für Überlebende des KZ Adler-Werke, Frankfurter Magistrat verschleppt seit zwei Jahren Einladung an Zwangsarbeiter«, Klaus-Peter Klingelschmitt in der TAZ v. 19.4.1993. Den Autoren wurde kurz darauf vorgehalten, die Stadt habe sich auf dem Gebiet der Aufarbeitung »in einer Weise engagiert, die (...) von vielen Historikern in der Bundesrepublik als exzeptionell angesehen wird«, Schreiben der Dezernentin für Kultur und Freizeit, Linda Reisch, vom 25.4.93. Abgesehen vom Gestus der Selbstdarstellung, ist die Umgangsweise, die wir als Initiatoren der Einladung in den Verhandlungen mit der Stadt erfahren haben, nur zu begreifen vor dem Hintergrund des Übergangs öffentlicher Aufarbeitung von der »Bewegung« in die Institution.

113 »Rückkehr in die Stadt ihrer Alpträume – Ehemalige Zwangsarbeiter in Frankfurt«, Claudia Michels in der FR Nr. 291 v. 15.12.1993; siehe auch »›Manche wollen diesen Schandfleck nicht sehen‹, Gedenktafel erinnert an KZ-Außenlager in den Adlerwerken/Empfang für frühere Häftlinge«, FAZ Nr. 291 v. 15.12.1993.

114 Vgl. Heimatgeschichtlicher Wegweiser zu den Stätten des Widerstandes und der Verfolgung 1933-1945, Hessen I, Ffm 1995, S. 76.

115 An Ansatzpunkten für eine öffentliche Aufarbeitung mangelte es nicht:

- »Eine großartige Zukunft (...) und eine große Vergangenheit. Wir wollen diese lebendige Industriegeschichte Frankfurts erhalten, damit aus diesem Geist neue Ideen entstehen« – heißt es über die Adlerwerke in großformatigen Anzeigen zum »Galluspark«, vgl. Planen und Bauen, Nr. 4, Dezember 1995. Das fortgesetzte Auseinanderklaffen von Geschichte und Topographie spricht für sich. Was aus dem Schreckensort der Häftlinge werden soll, ist kein Thema.
- Kein politischer Repräsentant der Stadt sah sich aufgerufen, die Überlebenden zur Kranzniederlegung auf den Hauptfriedhof zu begleiten. Nur ein faux pax aus Gedankenlosigkeit? Der Weg wird nach wie vor zu den »polnischen Kriegsopfern« gewiesen – eine Präzisierung erfolgte nicht. Wegen des unverändert bescheidenen Zustandes der Grabanlage engagiert sich seit Ende 1995 der Verein »Leben und Arbeiten im Gallus und Griesheim« für Gestaltung und Pflege, »Andenken an Nazi-Opfer. Mitarbeiter der Adlerwerke übernehmen Grabpflege«, FR Nr. 271 v. 21.11.1995.

Was sich in der Setzung eines einmaligen Zeichens erschöpft, wird post festum als bloße Bekundung von Betroffenheit gegenüber den Opfern angesehen werden müssen, verweist aber auch einmal mehr auf das aktuelle Dilemma, daß zum einen der Prozeß der Aufarbeitung im Metadiskurs über seine Zulässigkeit und Art erstickt wird, zum anderen die »ritualisierten Worte des Gedenkens im ununterbrochenen Geräuschfluß der Mediengesellschaft tatsächlich der Gefahr einer kommunikativen Abnutzung« ausgesetzt sind.[116]

Eineinhalb Jahre nach der Erstveröffentlichung dieses Buches bleibt die Hoffnung auf Irritation – als Stimulanz der Erinnerung. Es stimmt zuversichtlich, daß mehrere Hundert zumeist junge Menschen im Frühjahr 1995 an die »Evakuierung« der Häftlinge in die Konzentrationslager Bergen-Belsen und Buchenwald mit einer Kundgebung unter dem Leitsatz »Gegen Verdrängung, Vergessen und Verfälschung der Geschichte« erinnerten.[117] Und um den Überlebenden beizeiten konkret helfen zu können, rief die Initiative ehemaliger Adler-Mitarbeiter, der Verein »Leben und Arbeiten im Gallus und Griesheim«, zu einer humanitären Hilfeleistung auf, die 60 500 DM ergab und den elf bekannten Überlebenden 1995 zur Verfügung gestellt werden konnte.[118]

– Der Generalbevollmächtigte der Dresdner Bank erklärte, daß ein Zusammenhang zwischen seinem Unternehmen und dem KZ Adler »an den Haaren herbeigezogen« sei und man sich überdies »gegenüber den ehemaligen Häftlingen nicht in der Pflicht (sehe), weil Entschädigungszahlungen Sache des Staates seien«, »60 500 Mark an Überlebende. Adlerwerke: Verein sammelt Geld für ehemalige KZ-Häftlinge«, FAZ Nr. 160 v. 31.7.1995.

116 Jürgen Habermas: Aufgeklärte Ratlosigkeit. Warum die Politik ohne Perspektiven ist. Thesen zu einer Diskussion, in: FR Nr. 303 v. 30.12.1995.

117 »Todesmarsch. Gedenken an NS-Opfer«, FR Nr. 72 v. 25.3.1995.

118 »Betriebsräte spenden für ehemalige KZ-Häftlinge. Versöhnungsgeste gegenüber >Adler<-Zwangsarbeitern«, FR Nr. 160 v. 13.7.1995.

V.

Anhang

1. Kurzbiographien der Vorstands- und Aufsichtsratsmitglieder im Zweiten Weltkrieg[1]

BASSON, Otto: geb. 27.9.1878, Vorstand von 1934 bis 11.1.1945(✝); Stellvertretender Betriebsführer; Wehrwirtschaftsführer; Mitglied im NSKK, NSV, RBdT sowie RLB.

BUSEMANN, Ernst Dr.: geb. 1876, Vorsitzender des Aufsichtsrates von 1934 bis 30.10.1939(✝); VdVorstand Degussa AG; Wehrwirtschaftsführer. Außerdem: VdVorstand Metallgesellschaft AG; StVdAR Dresdner Bank; Mitgl. Beirat Reichsgruppe Industrie; Leiter Bezirksgruppe Hessen Reichsgruppe Industrie; Vizepräs. IHK Ffm; Mitgl. Engerer Beirat Wirtschaftskammer Hessen.

DEUSS, Hanns Dr.: geb. 18.2.1901, Aufsichtsrat von 1938 bis 1942; Dir. Dresdner Bank Filiale Ffm; NSDAP-Mitgl. seit 1.5.1933. Außerdem: Vorstand Frankfurter Wertpapierbörse; StVors. Neue Baugesellschaft Wayss & Freytag AG u. Mitteldeutsche Hartstein Industrie AG; AR Main-Gaswerke AG, Main-Kraftwerke AG, Schriftgießerei D. Stempel AG.

ECKARDT, Karl: geb. 10.11.1896, Aufsichtsrat von 1939 bis 1945; Gauwirtschaftsberater der NSDAP für Hessen-Nassau bis 1942; NSDAP-Mitgl. seit 1.4.1930. Außerdem: GenDir. Schuhfabriken J.& C.A. Schneider; VdAR Neue Heimat Gemeinnützige Wohnungs- und Siedlungsgesellschaft der DAF im Gau Hessen-Nassau AG; AR Philipp Holzmann AG u. Maschinenfabrik Moenus AG; Verwaltungsratsmitgl. Frankfurter Sparkasse von 1822; Beiratsmitgl. Reichsbank; Oberbereichsleiter NSDAP; Reichsehrenrichter der DAF; Ratsherr Stadt Ffm. Beteiligt auch an »Arisierungen« in den Niederlanden und Belgien. Jahreseinkommen 1943: 577 000 RM.

GESSNER, Franz: geb. 7.3.1892, Stellvertretender Vorstand von 1938 bis 1945; NSDAP-Mitgl. seit 1.5.1933. Außerdem Mitglied der DAF und des NSV.

GOETZ, Carl: geb. 12.6.1885, Vorsitzender des Aufsichtsrates von 1939 bis 1945. Davor stellvertretender Vorsitzender des Aufsichtsrates seit 1934; VdAR Dresdner Bank AG. Außerdem: VdAR Deutsch-Südamerikanische Bank; StVdAR AEG, Degussa AG, Gesellschaft für elektrische Unternehmungen AG; AR Allianz Versicherungs AG, Fried. Krupp AG, Mauser-Werke AG, Vereinigte Stahlwerke AG; Vizepräs. Verwaltungsrat der Internationalen Bank in Luxemburg; Beiratsmitgl. Deutsche Reichsbank; Mitgl. Deutsche Jägerschaft, DAF, RLB, NSV.

HAGEMEIER, Ernst: geb. 27.7.1888, Vorsitzender des Vorstandes von 1929 bis 1945; Wehrwirtschaftsführer; NSDAP-Mitgl. seit 1.5.1933; SS-Untersturmführer bis 1937. Außerdem: Bezirksbeauftragter Hauptausschuß Kfz beim Rüstungsministerium; StVdAR Benno Schilde Maschinenbau AG; AR Wintershall AG, Exportgemeinschaft Deutscher Automobil-Fabriken AG, Gerling-Versicherungskonzern; Vors. Landes-Ausschuß der Dresdner Bank für Hessen und Frankfurt; Mitgl. DAF, NSV, NSKK, Deutsche Jägerschaft, RLB.

---

1 St/VdAR=Stellvertretender/Vorsitzender des Aufsichtsrates
VdVorstand=Vorsitzender des Vorstandes

HAVERBECK, Edgar: geb. 30.1.1891, Aufsichtsrat von 1943 bis 1945; Vorstand Deutsche Waffen- und Munitionsfabriken AG; Wehrwirtschaftsführer. Außerdem: AR Mauser-Werke AG, VDO Tachometer AG; Leiter Fachabteilung Blechbearbeitungsmaschinen und Pressen der Fachgruppe Werkzeugmaschinen in der Wirtschaftsgruppe Maschinenbau; Beiratsmitgl. Reichsstelle für Metalle.

KLEYER, Erwin: geb. 3.7.1888, Aufsichtsrat von 1938 bis 1945; Sohn des Firmegründers; NSDAP-Mitgl. seit 1.5.1933. Außerdem: Finnischer Konsul; AR Franken-Allee AG im Frankfurter Gallusviertel.

KÖTTGEN, Carl Dr.: geb. 29.8.1871, Aufsichtsrat von 1934 bis 1945; AR Siemens-Schuckertwerke AG. Außerdem: AR Bochumer Verein für Gußstahlfabrikation AG. Ehemals: VdVorstand Siemens-Schuckertwerke AG; Vors. Vereinigung Deutscher Arbeitgeberverbände; Mitgl. des Kleinen Arbeitskonvents DAF; Vors. Reichskuratorium für Wirtschaftlichkeit; Vors. Verein Deutscher Ingenieure; Mitinitiator Adolf-Hitler-Spende der Deutschen Wirtschaft v. Juni 1933; Mitgl. NSKK, NSV.

MALLINCKRODT, Gustav Wilhelm von: geb. 14.8.1892, Aufsichtsrat von 1931 bis 1945; StVdAR Ambi-Budd Preßwerk GmbH. Außerdem: AR Bayerische Motorenwerke AG, Budd International Corporation in Philadelphia; Mitglied des Ausschusses der Schering AG; Mitgl. NSV.

MÖRING, Heinrich: geb. 2.11.1879, Aufsichtsrat von 1943 bis 1945; Vorstand Gesellschaft für elektrische Unternehmungen AG. Außerdem: AR AEG; Leiter Fachgruppe Werkzeugmaschinen der Wirtschaftsgruppe Maschinenbau.

REINING, Rudolf: geb. 28.1.1877, Stellvertretender Vorstand von 1938 bis 1.10.1941 (†).

RIENECKER, Georg O.: geb. 1.4.1898, Aufsichtsrat von 1943 bis 1945; Direktor Dresdner Bank Filiale Ffm. Davor: Vertreter der Handelstrust West N.V., einer Tochtergesellschaft der Dresdner Bank in den Niederlanden zur »Arisierung« kriegswichtiger Industrien. Davor: Direktor Dresdner Bank-Filiale München. Außerdem: AR Bayerische Motorenwerke AG.

ROMBERG, Gotthard Dr.: geb. 8.5.1900, Stellvertretender Vorstand von 1942 bis 11.1.1945(†); Leiter des Hauptgefolgschaftsamtes.

SCHLOSSER, Hermann: geb. 8.10.1889, Aufsichtsrat von 1939 bis 1945; VdVorstand Degussa AG; NSDAP-Mitgl. ab 1939; Wehrwirtschaftsführer. Außerdem: Mitgl. Landes-Ausschuß Dresdner Bank für Hessen und Frankfurt; VdAR Auergesellschaft AG; AR Allianz Versicherungs AG, Metallgesellschaft AG; Mitgl. Verwaltungsrat der Deutschen Gesellschaft für Schädlingsbekämpfung mbH (Lieferant Zyklon B für Auschwitz); Vizepräs. Exekutiv-Komitee Kali-Werke AG.

SCHNEIDER, Alfred: Aufsichtsrat von 1927 bis 1942; Bankdirektor Commerzbank Filiale Ffm a.D.

SCHRÖDER, Freiherr Kurt von: geb. 24.11.1889, Stellvertretender Vorsitzender des Aufsichtsrates von 1939 bis 1945; Mitglied des Aufsichtsrates seit 1929; Mitinhaber Bankhaus J.H.Stein; NSDAP-Mitgl. seit 1.2.1933; Wehrwirtschaftsführer; SS-Brigadeführer. Außerdem: AR Ambi-Budd Preßwerk GmbH, Braunkohle-Benzin AG, Dynamit Nobel AG, C. Lorenz AG; Präsident IHK/Gauwirtschaftskammer Köln;

Beiratsmitgl. Deutsche Reichsbahn, Deutsche Reichsbank, Reichswirtschaftskammer; Leiter Fachgruppe Privatbankiers in der Wirtschaftsgruppe Privates Bankgewerbe; Mitgl. Reichsverkehrsrat, Bank für Internationalen Zahlungsausgleich in Basel; Schwedischer Konsul; Führendes Mitgl. »Freundeskreis Reichsführer SS« Heinrich Himmler.

SÖRENSEN, Rosleff: geb. 13.4.1895, Stellvertretender Vorstand von 1938 bis 1941; Vorstand von 1942 bis 1945; Mitglied der dänischen NSDAP bis 1941; Mitgl. des NSFK, der DAF, des NSBDT, der Deutschen Jägerschaft sowie des RLB; Leiter des Arbeitsausschusses 3to-Zgkw beim Sonderausschuß Zugkraftwagen.

TEPE, Hermann Dr.: geb. 17.11.1893, Aufsichtsrat von 1932 bis 1945; Vorstand der Zuckerkreditbank AG. Außerdem Mitgl. DAF und NSV; Hauptmann beim OKW.

Quellen:

AW, GB/Jahresabschluß 1944; BAK, Z45F-2/181/2; Das deutsche Führerlexikon, 1934; Degussa, 1988; Dresdner Bank: GB; FR; FVB; Handbuch des Aufbaus der gewerblichen Wirtschaft; HStAWi, Abt.483; Kühnrich, 1983; OMGUS, 1986; Roth, 1988; StdAFfm, MA 2410/1; Wer leitet ?, 1942.

2. Kurzbiographien der zitierten KZ-Häftlinge

ABER, Heinz: geb. 1925, Angestellter, wurde als Jude im März 1941 in Breslau verhaftet, kam bei der Evakuierung des KZ-Außenlagers Auschwitz-Jawischowitz in das KZ Buchenwald und wurde Anfang Februar 1945 in die Adlerwerke »überstellt«. Heinz Aber nahm am Evakuierungsmarsch teil.

AIGNER, Ludwig: geb. 1904, Koch, war österreichischer Teilnehmer im Spanischen Bürgerkrieg, wurde 1941 in Frankreich verhaftet. Er gelangte bei der Evakuierung des KZ-Außenlagers Auschwitz-Jawischowitz über Buchenwald Anfang Februar 1945 in die Adlerwerke.

BRANECKI, Andrzej: geb. 1930, Schüler, kam aus dem Warschauer Aufstand am 12.9.1944 in das KZ Dachau, von dort nach Mannheim-Sandhofen zum KZ-Außenlager von Mercedes-Benz. Ende Januar 1945 wurde er in einem Transport von 174 Häftlingen aus Buchenwald in die Adlerwerke »überstellt«. Andrzej Branecki nahm am Evakuierungsmarsch teil.

CURKANOW, Jan: geb. 1913, Arbeiter, aus dem Warschauer Aufstand deportiert, kam er über das KZ Dachau am 29.9.1944 in die Adlerwerke. Jan Curkanow nahm am Evakuierungsmarsch teil.

DOSZLA, Kazimierz: geb. 1896, Angestellter, kam aus dem Warschauer Aufstand über

Dachau am 29.9.1944 in die Adlerwerke. Kazimierz Doszla nahm am Evakuierungsmarsch teil.

JAROCKI, Wladyslaw: geb. 1920, Radarstellenarbeiter, kam aus dem Warschauer Aufstand in das KZ Dachau und von dort in das KZ-Außenlager Mannheim-Sandhofen. Wurde von Daimler-Benz nach Buchenwald abgeschoben und gelangte von dort Ende Januar 1945 in die Adlerwerke. Wladyslaw Jarocki nahm am Evakuierungsmarsch teil.

JOZWIAK, Josef, geb. 1909, Kellner, wurde im August 1944 von Warschau nach Dachau deportiert und kam am 29.9.1944 in die Adlerwerke. Josef Jozwiak, der dem Lagerinnenkommando angehört hatte, wurde auf dem Evakuierungsmarsch schwer verletzt.

KACZMARSKI, Zygmunt: geb. 1910, Koch, wurde beim Warschauer Aufstand verhaftet und kam über Dachau am 29.9.1944 nach Frankfurt. Gemeinsam mit Ryszard Kojer schrieb er die Lagergeschichte nieder. Zygmunt Kaczmarski nahm am Evakuierungsmarsch teil.

KAMASINSKI, Henryk: geb. 1917, Friseur, kam aus dem Warschauer Aufstand über Dachau am 29.9.1944 in die Adlerwerke. Er überlebte den Todestransport in das KZ Bergen-Belsen.

KAMASINSKI, Jerzy: geb. 1922, Friseur, kam aus dem Warschauer Aufstand über das KZ Dachau am 29.9.1944 in die Adlerwerke. Die Brüder Kamasinski gehörten zu den wenigen Überlebenden des Bahntransportes nach Bergen-Belsen und wurden dort durch die Britische Armee befreit.

KEIMLING, Peter: geb. 1899, Schuhmacher, kam über Buchenwald Anfang Februar 1945 in die Adlerwerke und wurde Kapo. Er nahm am Evakuierungsmarsch teil.

KERN, René: geb. 1924, Arbeiter, gelangte als französischer Zivilarbeiter nach Darmstadt, wurde wegen »Arbeitsvertragsbruch« inhaftiert. Nach Gestapohaft in der Gutleutkaserne wurde er der SS in den Adlerwerken übergeben. Réne Kern konnte aus dem Lager fliehen.

KOJER, Ryszard Dr.: geb. 1916, Pharmazeut, kam aus dem Warschauer Aufstand und wurde in Dachau für die Adlerwerke selektiert, wo er mit dem Haupttransport am 29.9.1944 eintraf. Er nahm am Evakuierungsmarsch teil. Dr. Ryszard Kojer verfaßte auf Grundlage seines geretteten Tagebuches gemeinsam mit Zygmunt Kaczmarski Aufzeichnungen über seine Erlebnisse in den Adlerwerken.

KOPEC, Johann: geb. 1893, Angestellter, kam mit dem Transport Anfang Februar 1945 aus Buchenwald in die Adlerwerke und wurde Kapo. Er nahm am Evakuierungsmarsch teil.

KOSINSKI, Kajetan: geb. 1927, Elektriker, kam aus dem Warschauer Aufstand in das KZ Dachau, war zuerst im KZ-Außenlager Mannheim-Sandhofen und gelangte dann über das KZ Buchenwald Ende Januar 1945 in die Adlerwerke. Kajetan Kosinski war Teilnehmer des Evakuierungsmarsches.

KOZLOWSKI, Jan: geb. 1927, Dreher, kam aus dem Warschauer Aufstand in das KZ Dachau und gelangte mit dem Haupttransport von 1000 Polen am 29.9.1944 in die Adlerwerke. Jan Kozlowski konnte im Februar 1945 fliehen.

LEHMANN, Franz: geb. 1922, wurde 1940 verhaftet, kam aus dem KZ Auschwitz über das KZ Buchenwald am 1.2.1945 in die Adlerwerke und nahm am Evakuierungsmarsch teil.

LOOCK, Max: geb. 1895, Gastwirt, kam am 1.2.1945 über das KZ Buchenwald in die Adlerwerke und nahm am Evakuierungsmarsch teil. Max Loock wurde durch seinen 1946 verfaßten Bericht an den Betriebsrat der Adlerwerke zu einem wichtigen Zeugen.

MADEJ, Stanislaw: geb. 1918, Automechaniker, kam aus dem Warschauer Aufstand nach Dachau und wurde für das KZ-Außenlager Mannheim-Sandhofen selektiert. Er gelangte über das KZ Buchenwald Ende Januar 1945 in die Adlerwerke. Stanislaw Madej nahm am Evakuierungsmarsch teil.

MARCINKOWSKI, Jozef: geb. 1911, Wahrsager und Statist am Warschauer Theater, kam aus dem Warschauer Aufstand über Dachau am 29.9.1944 in die Adlerwerke. Er überlebte das Inferno von Bergen-Belsen. Jozef Marcinkowski veröffentlichte unter dem Pseudonym »Mustafa« 1976 in Polen und in den USA einen autobiographischen Roman über seine Erlebnisse.

MEYER, Heinz: geb. 1923, Dekorateur, wurde als Jude erstmals im Juli 1941 durch die Gestapo verhaftet. Er kam im Februar 1942 in das KZ Auschwitz und arbeitete im Kommando Auschwitz-Jawischowitz der Hermann Göring Werke. Heinz Meyer gehörte zu einer Gruppe von Häftlingen aus Auschwitz-Jawischowitz, die in einem Transport von 226 Häftlingen Anfang Februar 1945 über das KZ Buchenwald in die Adlerwerke kam. Heinz Meyer nahm am Evakuierungsmarsch teil.

MOCK, Josef: geb. 1918, Kaufmann, wurde als Deserteur in das KZ Buchenwald eingewiesen und kam Anfang Februar 1945 in die Adlerwerke.

OLEK, Ryszard: geb. 1924, Sänger, kam aus dem Warschauer Aufstand über das KZ Dachau zusammen mit seinem Vater und seinem Bruder am 29.9.1944 in die Adlerwerke. Ryszard Olek überlebte als einziger seiner Familie die Evakuierung aus den Adlerwerken.

STURM, Gottlieb: geb. 1897, Maler und Lackierer, kam über das KZ Buchenwald Anfang Februar 1945 in die Adlerwerke und nahm am Evakuierungsmarsch teil.

WLODARCZYK, Kazimierz: geb. 1907, Bautechniker und Radrennfahrer, kam aus dem Warschauer Aufstand über das KZ Dachau mit dem Haupttransport von 1000 Häftlingen am 29.9.1944 in die Adlerwerke. Kazimierz Wlodarczyk nahm am Evakuierungsmarsch teil.

3. Gemeinschaftsgrab der KZ-Häftlinge

Kasimir Romankiewicz (Schuhmacher, 42 Jahre alt); Wladislaw Rydz (Dreher, 25); Eugeniusz Claracaki; Feliks Giertrudziak (Elektriker, 41); Stanislaw Szczeblowski (Seiler, 41); Zymunt Wscislak (Arbeiter, 38); Stefan Hoffmann (Drucker, 46); Johann Lewandowski (Arbeiter, 48); Czeslaus Domanski (Arbeiter, 37); Konstanty Wisniewski (Arbeiter, 43); Franziszek Korolczyk (Landwirt, 47); Alexander Wasiliew (Schlosser, 26); Tadeusz Kazubski (Arbeiter, 32); Wladyslaw Dwornik (45); Stanislaw Fatura (40); Boleslaw Glarzewski (34); Bronislaw Pelcer (Metallschleifer, 24); Stanislaus Mlijnik (Beamter, 47); Stanislaw Buchalski (Landwirt, 40); Tadeusz Kubasiewicz (Arbeiter, 49); Marian Ryback (Ofensetzer, 33); Ludwig Frasik (Tischler, 37); Wladyslaw Koroczakowski (Kutscher, 41); Josef Ciszewski (Schneider, 38); Stefan Szymanski (Landwirt, 37); Wladislaw Malinowski (Maurer, 46); Josef Divoky (Schweißer, 19); Kasimir Smuga (Schuhmacher, 45); Heinrich Fijolek (Landarbeiter, 21); Wladyslaw Jedrachowicz (Schneider 51); Ludwik Golat (Arbeiter, 18); Wladislaus Krupa (Arbeiter, 40); Boleslaw Budzynski (Beamter, 40); Stanislaw Barzym (Arbeiter, 25); Stanislaw Grzebien (36); Tomasz Grzybowski (35); Ludwik Garbowski (35); Johann Michalski (55); Johann Mielezorek; Josef Przybylowicz (Landwirt, 31); Ceslaus Wrzesien (29); Lyryl Gryglewicz (Bäcker, 37); Kazimierz Bem (Elektriker, 35); Leonhard Chniurki (45); Eugeniusz Chrapczynski (29); Viktor Fracz (40); Franciszek Serok (Aufzugsmonteur, 30); Antoni Klebowski (Bäcker, 39); Sigismund Nowak (Arbeiter, 34); Adam Golup (Bergmann, 19); Mieczyslav Bielecki (36); Theodor Bartnicki (Schlosser, 34); Waclaw Niciak (Beamter, 35); Wladyslaw Biernacki (Bäcker, 45); Edmund Piotrowski (Gärtner, 40); Juhan Dabrowski (Fabrikbeamter, 51); Edmund Daskowski (Elektromonteur, 39); Jan Bak (Maler, 41); Michal Jedrzejewski (Schlosser, 46); Stanislaw Wypych (Tischler, 50); Josef Jagielo (Arbeiter, 53); Feliks Ciecwierz (Landwirt, 42); Stanislaw Strzelecki (Landarbeiter, 47); Wasolin Aleksander; Antoni Nabit (Arbeiter, 50); Josef Walaszczyk (Elektriker,48); Julian Jedraszczak (Zimmerer, 51); Franziszek Kasprzyca (Zollbeamter, 47); Jerzy Noskowski (Klempner, 23); Roman Nowak; Josef Ruo; Jan Reinstein (Tischler, 52); Jan Zglinski (Beamter, 40); Edward Podwysoeki (38); Leo Wilamowski (36); Semion Nikolojew (25); Jan Smolarski (35); Henryk Kawalko (33); Stanislaw Banka (29); Henryk Paldyna (40); Boleslaw Kamienski (34); Roman Dabrowski (34); Stanislaw Jazurek (42); Alfons Edward Kowalski (39); Josef Bowolik (Schneider, 32); Stanislaw Kossakiowicz (Beamter, 53); Edward Reczulski (Schlosser, 34); Antonie Bogarki (Angest.,49); Wladislaw Pucholczyk (Mechaniker, 41); Antonie Bogdan (Arbeiter, 51); Roman Rodzniatowski (Zeichner, 34); Kasinür Lisiewicz (35); Stefan Jelosvskow (34); Stefan Rejnowski (Landarbeiter, 36); Aleksander Denisiewicz (Arbeiter, 47); Wladyslaw Reczek (Maler, 52); Stanislaw Brzezinski (46); Stefan Kuzfik (40); Leon Roman Kaninski (41); Stanislaus Boren (56); Zdzislaw Rutkowski (36); Jan Pielak (52); Boleslaw Owczarek (32); Stanislaw Derbin (54); Stefan Ziemklewicz (38); Edward Gajowniczek (34); Georg Barcikowcki (21); Aleksander Kafarski (45); Franceszek Czerwinski (50); Josef Mazus (42); Withold Grabowski (24); Jan Duda (37); Marek Bartnik (44); Marian

Wisniewski (46); Stanislaw Grzegarzewski (33); Antonie Kedzierski (Schlosser, 25); Zbigniew Kasperski (34); Tadeusz Lewandowski (Elektromonteur, 41); Mieczyslaw Kordyzak (40); Czeslaw Gawrylak (Bäcker, 34); Stefan Badzynski (Landwirt, 39); Stanislaus Augustyniak (Kaufmann, 57); Alexander Mankowski (Landwirt, 56); Wladyslaw Dziecziekewski (Kaufmann, 46); Stefan Zadarnowski (Forst-Ing., 43); Rudolf Czapia (Bergmann, 39); Bogdan Napiorkowski (24); Georg Bielocerkowski (25); Ladislaw Demianczuk (Schneider, 32); Julian Sobieraj (Arbeiter, 33); Stanislaw Szozesny (Schuhmacher, 37); Unbekannt; Eugeniuss Jarzyna (21); Michael Czuduk (31); Henryk Dalkowitz (39); Ryszard Przybytniak (41); Rudnikjulion (53); Wladyslaw Techmanski (49); Theodor Gawrylkiewicz (54); Sigfryd Chachlowski (19); Marian Szpak (53); Adam Sasin (46); Jan Grabowski (48); Wasil Jakimow (19); Boleslaw Losiak (30); Michal Sabala (50); Kazimierz Glowacki (48); Josef Pye (49); Anton Lasota (33); Anzelm Poplawski (52); Heinrich Golasinski (34); Jan Stanczuk (41); Josef Wlodarczyk (44); Franz Guzoeski (37); Stanyslaw Serwatka (33); Nareyk Kowal (54); Johann Wojcik (50); Anton Wysocki (48); Franciszek Nowak (33); Aleksander Chachlowski (52); Josef Piechucki (43); Daniel Glowacki (26); Tadeusz Kasmierczak (Feuerwehrmann, 21); Kazimir Strasburger (30); Zygmund Dobrogost (27); Alexander Krzeminski (54); Edward-Jan Bevensee (Schneider, 28); Ludwik Bruszewski (Schlossergehilfe, 53); Jan Bach (55); Zigmunt Greleski (36); Aleksander Horodynski (44); Josef Szczeszek (41); Stefan Dabrowski (33); Zygmunt Wasiliew (18); Jan Karnaszewski (54); Jan May (36); Stanislaw Jadczak (46); Lucjan Wolf (50); Zbigniew Przewzniczek (30); Stefan Horn (53); Feliks Arkita (32); Tadeus Demczyk (36); Eugeniuss Merlan Kazubski (22); Josef Arkita (25); Wladyslaw Owczarek (38); Wladyslaw Chencki (26); Roman Floder (42); Stanislaus Bielak (23); Wladyslaus Kulis (47); Wladislaus Minikowski (42); Antoni Chorazewicz (44); Josef Sosenko (49); Stefan Wawer (45); Ryszard Jablonowski (21); Tadeus Sochacki (44); Anton Mierszwinski (47); Julian Pieszczanka (Juwelier, 42); Stanislaw Szymczak (Gärtner, 33); Edward Troczynski (Arbeiter, 39); Josef Bury (Koch, 37); Jakob Aronüniak (Tapezierer, 30); Wladislaw Szeliga (51); Georgi Lebedenko (Dreher, 21); Kasimir Mikolajczyk (32); Leonaid Chmurski (Arbeiter, 45); Josef Ruc (Tischler,37); Franziszek Ceglowski (Arbeiter, 48); Marian Kownacki (Angestellter, 41); Stefan Majka (Maurer, 50); Stefan Kaszub (Beamter, 38); Wladyslaw Pietrzak (Schuhmacher, 49); Czeslaw Ratkiewicz (Schuhmacher, 27); Johann Korneljus Michalski (Automechaniker, 55); Adam Walczak (Schuhmacher, 35); Jerzig Nostowski; Tadeusz Budzynski (Beamter, 44); Josef Turski (Beamter, 31); Josef Goloniewski (Gärtner, 55); Jan Cywinski (Fleischer, 45); Johann Cybulski (Portier, 33); Peter Anatozewski (49); Cazarius Bartecki (22); Julian Jadraszcak; Kasimir Domansknicz; Henryk Jankowski (25), Max Baumgart (Landwirt und Kaufmann, 43); Karol Ryszard Szewczuk (Laborant, 27); Zdzislaw Mielczarek (Tischler, 25); Jan Staroska (Drucker, 29); Stanislaw Glowczynski (Fleischer, 36); Madislaw Radkowski; Jan Stefan Krolokowski (Maurer, 34); Jan Krupa (Landwirt, 44); Alfons Gawlak (Baumeister, 34); Viktor Mosciki; Tomasz Grzeszek (Arbeiter, 36); Kasprzyka Franzisek Kay (Zollbeamter, 47); Alexander Solowjew (21); Stefan Michalak (Schuhmacher, 37); Jan Ciesünski (Kellner, 52); Piotr Gorecki (Stableger, 37); Ignatz Kowalik (Kraftfahrer, 43); Wlodzinierz Jedrezcjewski (Bäcker, 20); Stanislaw Glarzewski (Angest., 43); Roman Nowak (Bäcker, 20); Antoni

Wieczorek (Kellner, 46); Eugeniusz Merchel (Böttcher, 34); Henryk Kiljan (Fleischer, 29); Kasimierz Krupa (Dienstbote, 42); Michael Adamski (Beamter, 57); Maria Niedzwiecki (17); Janusz Parczewski (24); Josef Stefan Suchodolski (36); Ryszard Bajanczyk (32); Aleksander Majaewski (19); Viktor Pietrucha (42); Wladyslaw Buczak (37); Wladyslaw Krysztow (53); Zenon Wilczynski (20); Karol Jastrzebski (40); Boleslaw Chorazy (30); Czeslaw Jurek (16); Marcin Michalski (55); Michael Eiolek (33); Ludwik Kloszewski (33); Aleksander Chwist (47); Stanislaw Kostera (42); Antoni Jastrzebski (38); Johann Gmitrzak (50); Stefan Pawlak (20); Czeslaw Gontarczyk (42); Waclaw Wojtowicz (39); Stanislaw Bernat (42); Stefan Brzustoski (41); Jan Guziak (39); Edmund Golecki (45); Wladyslaw Sumara (36); Eduard Moscicki (19); Marian Stanislaus Welka (35); Josef Kalski (43); Marian Bisinski (30); Jan Jagodzinski (41); Stanislaw Krolinkowski (41); Zygmunt Szlacheta (31); Mieczyslaw Pasiennik (40); Wladyslaw Rekawek (36); Mieczyslaw Sicinski (24); Jerzy Ignacy Lurüewski (38); Heinrich Wojcik (31); Michael Gwara (41); Michel Drzewiecki (51); Jan Szyjer (34); Zygmunt Czupryn (43); Georg Klarowiez (28); Stefan Dabrowski (51); Henryk Zachery (37); Viktor Jezwik (35); Franciszek Slawinski (25); Antoni Kaminski (39); Stephan Dmowski (49); Leon Rusek (41); Roman Lasocki (44); Stanislaw Lewicki (37); Tadeusz Walewski (24); Romnald Filipkowski (54); Ludwig Ksiezny (41); Zeman Mustalkowski (46); Johann Wojeiochowski (36); Adam Maykowski (26); Wlodzimierz Lebiecki (34); Josef Goral (51); Edward Lenart (35); Wincenty Bochenski (43); Jan Radzikowski (35); Josef Baranski (48); Zdzislaw Bosiacki (41); Josef Dabrowski (46); Eugeniusz Kostrzynski (32); Eugeniusz Kubiak (22); Anton Dybowski (44); Tadeusz Swistak (Arbeiter, 22); Czeslaw Borninski (45); Jan Kubacki (49); Stean Klein (42); Tadeusz Garbowski (45); Henrik Glowatzki (35); Stanislaw Kwiatkowski (33); Alfons Kielczewski (49); Kasimir Jawerski (17); Withold Malareski (24); Josef Galkowski, 40); Tadeusz Ksenzak (23); Michal Maraszek (13); Roman Lukaszewski, (32); Josef Stefanski (37); Jan Lewocki (39); Vincenty Wieczorek (43); Czesiaw Lewandowski (21); Wladislaus Pawluc (43); Stefan Grabowski (43); Georg Stepowski (26); Stefan Walczak (49); Henryk Arkita (22); Aleksander Wasielczak (54); Wladislaw Ciechanowsky (37); Jakob Arominiak (45); Richard Kopystecki (48); Eugeniusz Borasiewicz (39); Boleslaus Dawidowski (41); Jakob Zielinski (35); Bohdan Ozupkowski (33); Wladyslaw Woycicki (37); Wladyslaw Wiktrowicz (32); Roman Natkowski (45); Franciszeck Kornas (46); Antoni Pawlowski (35); Stefan Piasecki (42); Edmund Wejs (40); Boleslav Polkowski (53); Antoni Krzesiak (55); Josef Zumer (30); Tadeusz Sankowski (41); Franziszek Gade (44); Zygmunt Kurowski (21); Waclaw Bujak (37); Konstanty Durmaj (55); Stanislaw Szkuta (32); Josef Szamota (50); Zygmunt Marconi (51); Wladimir Boganow (48); Josef Kowalski (53); Wladislav Ozimski (24); Zygmunt Iwanicki (44); Kasimierz Szczeszek (43); Franciszek Stelmachowski (47); Franz Koturzewski (43); Jan Slowik (34); Stefan Jezwicki (33); Ludwik Palarczyk (48); Waclaw Kulesza (39); Hierinim Poplawski (51); Lucjan Leki (47); Kazinüers Pyrzak (46); Vincenty Boniecki (36); Feliks Kapelewski (50); Zygmunt Frontczak (17); Feliks Madarowski (53); Franz Kukhnsi (36); Antoni Kusmierski (35); Waclaw Kilinski (36); Stanislaw Mielczarek (42); Wladyslaw Bienkowski (38); Kazimierz Suski; Joseph Wrzosek (54); Jan Promowicz (41); Zdzislaw Jaworski (59); Franz Wajciechowski (31); Wladyslaw Marszal (43); Feliks Gabryalowicz (52); Stanislaw

Rutkowski (49); Eugeniuss Jakobieki (46); Stanislaus Zieba (39); Josef Kijowski (49); Vincenty Buta (53); Jan Jezierski (55); Jan Ranachowicz (49); Josef Macios (41); Piorr Chojnacki (46); Stanislaus Hylinski (24); Johann Oldak (42); Aleksander Pijanowski (39); Walerian Kozlowski (50); Feliks Przybylowski (34); Josef Boczon (39); Josef Slawinski (53); Valenty Itczak (37); Jan Bombrych (34); Zygmunt Ligman (29); Kazimierz Zalewski (38); Stanislaw Szczesny (37); Kaszimierz Bulski (37); Edward Sztykiel (47); Aleksander Tarkowski (47); Josef Chiechomski (48); Johann Felis (25); Kazimierz Dabrowski (43); Stanislaw Zaniewski (37); Czeslaw Lopienski (49); Stefan Kakel (16); Michael Jakubowski (37); Heinrich Szarek (30); Wladyslaw Grzelak (29); Tadeusz Berejsza (23); Stanislaw Bialezyk (46); Alfred Domanski (45); Ludwik Korbasinski (Beamter, 49); Stefan Wypych (32); Wiktor Malaszewski (Kraftf./Automech., 33); Wladislaw Jarzabek (32); Stanislaw Bobrowski (41); Glebocki Franziszek (53); Paul Wlodarczyk (36); Adolf Kliem (53); Johann Zerynger (33); Henryk Rowicki (46); Bronislaw Nowak (46); Stanislaw Wawer (41); Witold Majewski (44); Marian Bednarski (43); Kasimir Urbanski (48); Stanislaw Bujanowski (28); Zenon Kasztelan (34); Wladyslaw Molenda (34); Stanislaw Pilat (45); Thadaus Joziewicz (19); Tadeusz Grzymkowski (32); Wladyslaw Firlej (30); Zdzislaw Golembiowski (45); Stefan Adamkiewicz (42); Wladyslaw Bojanczik (34); Stanislaw Majewski (28); Stefan Kondratowicz (42); Anton Dybowski (44); Zdzislaw Bosiacki (41); Zygmunt Galgan (16); Henryk Lasocki (42); Edward Jan Niczke (40); Stanislaw Kwiatkowski (32); Stanislaw Borowski (42); Stanislaw Gaska (44); Josef Pazio (46); Eugebius Wladislaw Borowik (42); Witold Piasecki (38); Josef Slepowronski (41); Stanislaus Kulpinski (39); Jan Loza (20); Florian Garus (42); Josef Andrzejewski (50); Tadeusz Fleiszer (42); Wlodzimierz Netler (21); Franz Marciniak (49); Marian Piszkiewicz (44); Stanislaw Kozlowski (44); Cezry Osinski (17); Tadeusz Zakrzewski (28); Wolodzimierz Lebiecki (34); Bogdan Boguslawski (39); Stanislaw Borowski (41); Johann Kaminski (27); Zenon Kotynski (27); Wladyslaw Brzozowski (46); Czeslaw Dylewski (31); Czeslaw Malkowski (31); Franz Kubis (35); Glowacki Stefan (36); Piotr Zalewski (44); Leonard Sikorski (34); Feliks Solka (36); Wiktor Susko (37); Eugeniusz Szlaga (18); Janusz Tarnawski (22); Brunon Walewski (35); Stanislaw Wisniewski (40); Jan Wojcik (21); Josef Stempien (56); Kasimir Sobczak (34); Jan Stawicki (39); Josef Szadurski (46); Symon Talasiewicz (55); Boleslaw Urban (47); Wladyslaw Wojcicki (37); Ludwik Wisniewski (32); Johann Wronkowski (39); Michael Dalecki (46); Eduard Zaradkiewicz (32); Waclaus Zaluski (42); Wladislaw Wolski (41); Josef Wiatrowski (42); Jan Szeliga (51); Czeslaw Galwicz (41); Feliks Wojdak (49); Szezepan Zjawinski (37); Roman Heinrich (53); Starüslaw Wyrzykowski (49); Jan Wiezejski; Janusz Koczorowski (18); Heinrich Borsuk (40).

4. Tabellen und Grafiken

		1939-1945 Gesamt	1939	1940	1941	1942	1943	1944	1945
1.	Eintonner Zugkraftwagen 1to. Zgkw D7	3.372	832	933	581	631	395	--	--
2.	Leichter Schützenpanzerwagen 1to. Zgkw D7p = le.SPW	1.915	--	--	263	352	1.300	--	--
3.	Dreitonner Zugkraftwagen 3to. Zgkw HKL6	950	--	--	165	554	231	--	--
4.	Mittlerer Schützenpanzerwagen 3to. Zgkw HKL6p = m.SPW	3.467	--	--	--	--	1.120	2.133	214
	Zgkw/SPW 1.-4. zusammen:	9.704	832	933	1.009	1.537	3.046	2.133	214
5.	Motoren HL 42 für Zgkw/SPW nach Position 1.-4.	15.214*	--	--	--	2.031	6.150	6.378	655*
6.	Zahnräder für Motoren HL 42	36.782	--	--	13.225	19.321	3.681	555	--
7.	Gleisketten für 3to. Zgkw/SPW nach Position 3. und 4.	3.064	--	--	337	769	1.264	694	--
8.	Aufbauten für 3to. Zgkw HKL6 ** nach Position 3.	870	--	--	165	544	161	--	--
9.	Getriebe für 1to.Zgkw/SPW nach Position 1. und 2.	10.035	1.137	1.699	2.285	2.435	2.399	80	--
10.	Getriebe für 3to. Zgkw/SPW *** nach Position 3. und 4.	4.417	--	--	165	554	1.351	2.133	214
	Getriebe Zgkw/SPW zusammen:	14.452	1.137	1.699	2.450	2.989	3.750	2.213	214
11.	Getriebe für Panzer "Tiger" I/II Olvar A und B zusammen	1.850	--	--	--	130	875*	819*	26
12.	Torpedoteile (Maschine, Druckregler, Kurbelwellen Gt12) gesamt	13.458	--	641	3.902	3.161	4.153	1.438	163
13.	Bordfunkgeräte (Sender,Empfänger, Fernschr. Lorenz) gesamt	61.136	--	803	15.804	19.650	22.561	1.011*	1.307*
14.	Militär-Kraftfahrzeuge (Kübel-/Lieferwagen 3Gd,3Gs,W61) gesamt	3.205*	2.423*	782*	--	--	--	--	--
15.	Aufschlagzünder für 10,5 cm Granate AZ 23	150.400	85.000	65.400	--	--	--	--	--
16.	Kleinteile für Flak-/Sperrwaffen-/Luftwaffen-/Marinegerät gesamt	242.634	--	143.981	98.653	--	--	--	--
17.	Kleinteile für Maschinengewehr MG 34	311.890	--	90.540	221.350	--	--	--	--
18.	Anlasswellen u. Ritzel für Kampfflugzeug Junkers Ju 88 gesamt	1.758	--	852	806	100	--	--	--
19.	Geschosshüllen 15 cm DOH/Turbinenkopfst. für 15 cm Granate gesamt	68.461	--	21.500	46.961	--	--	--	--
20.	Antriebe für Flugmotoren	24	--	--	--	4	4	16	--
21.	Beringpresse für Granatenproduktion	25	--	4	21	--	--	--	--
22.	Doppelscheibenräder	1.320	--	120	1.200	--	--	--	--

		Weltkrieg insgesamt		1942		1943		1944	
		Adler / Gesamt	v.H.	Adler / Gesamt	v.H.	Adler / Gesamt	v.H.	Adler / Gesamt	v.H.
1.	Eintonner Zugkraftwagen 1to. Zgkw D7	3.444 / 17.500	20	631 / 2.868	22	395 / 2.724	15	0 / 873	0
2.	Leichter Schützenpanzerwagen 1to. Zgkw D7p = le.SPW	1.915 / 7.500	26	352 / 1.344	26	1.300 / 2.895	45	0 / 1.694	0
3.	Dreitonner Zugkraftwagen 3to. Zgkw HKL6	950 / 9.000	11	554 / 1.572	35	231 / 2.133	11	0 / 1.308	0
4.	Mittlerer Schützenpanzerwagen 3to. HKL6p = m.SPW	3.467 / 16.000	22	0 / 1.188	0	1.120 / 4.248	26	2.133 / 7.805	27
5.	Motoren HL 42 für Zgkw/SPW* nach Position 1.-4.	15.214 / 50.000	30	2.031 / 6.972	29	6.150 / 12.000	51	6.378 / 11.680	55
6.	Getriebe für 1to. Zgkw/SPW* nach Position 1. und 2.	10.037 / 25.000	40	2.436 / 4.212	58	2.403 / 5.619	43	80 / 2.567	3
7.	Getriebe für Panzer "Tiger" I/II Olvar A und B zusammen**	1.850 / 1.835	100	130 / 78	100	875 / 647	100	879 / 1.002	100

⇑ **Produktionsanteile der Adlerwerke an Deutschlands Heeresfertigung im Zweiten Weltkrieg (in Stück / von Hundert)**

Quellen: National Archives Washington, RG243/77.a.16; Privatsammlung Adlerwerke, AA-K; Boelcke, 1969, S.24; Eichholtz, 1985, Bd. II, S.660-664; Spielberger, 1984, div.
Anmerkungen: *Errechnet nach der Gesamtzahl der fertigmontierten Fahrzeuge, Ersatzteilausstoß unberücksichtigt. **Ebenda. Insgesamt wurden bis März 1945 abweichenden Quellen zufolge 1.835 bzw. 1.839 „Tiger" I und II gebaut. Da Adler 1942 und 1943 weit über Bedarf produzierte, wird hier angenommen, daß aus diesen Vorräten auch 1944 die Montagefirma zu 100% durch Adler beliefert wurde.

⇐ **Rüstungsproduktion der Adlerwerke im Zweiten Weltkrieg (in Stück)**

Quellen: Imperial War Museum London, Speer/BIOS nones various; National Archives Washington, RG243/77.a.16; Privatsammlung Adlerwerke, AA-K.
Anmerkungen: Position 1.-4.: Fahrgestelle ohne Motoren, Getriebe, Gleisketten und Aufbauten. *Gravierende Abweichungen je nach Quelle: Pos.5.=15.313/754, Pos.11.=zus. 1.697, Pos.13.=4.686/476, Pos.14.=2.545/2.033/512. **Nur enthalten in: Privatsammlung Adlerwerke. ***Eigene Berechnung auf Basis der gefertigten Fahrgestelle 3to Zgkw und m.SPW.

1.	Adlerwerke	le.SPW 1.135 m.SPW 1.120	2.255	33,2%
2.	Auto-Union	m.SPW	1.520	22,4%
3.	Hanomag	m.SPW	1.322	19,5%
4.	Demag	le.SPW	1.020	15,0%
5.	Büssing	le.SPW	368	5,4%
6.	Skoda	m.SPW	293	4,3%
7.	MNH*	m.SPW	14	0,2%
			6.792	100,0%

Deutschlands Hersteller von Schützenpanzerfahrgestellen März - Dezember 1943 (in Stück)

Quelle: Bundesarchiv Koblenz, R3/3195.
Anmerkungen: le.SPW=Leichter Schützenpanzerwagen, m.SPW=Mittlerer Schützenpanzerwagen. *Maschinenfabrik Niedersachsen Hannover.

1.	Adlerwerke	5.299	21,6%
2.	Borgward	4.836	19,7%
3.	Krauss-Maffei	4.229	17,2%
4.	Saurerwerke	2.544	10,4%
5.	Famo*	2.420	9,9%
6.	Büssing	1.887	7,7%
7.	Hanomag	1.584	6,5%
8.	M.W.C.**	819	3,3%
9.	Demag	777	3,2%
10.	Frühwald & Jäger	163	0,7%
11.	Krupp	?***	
		24.558	100,2%

Beschäftigte in der deutschen Zugkraftwagenindustrie Stand 31. Mai 1943

Quelle: Bundesarchiv Koblenz, R41/240.
Anmerkungen: 100,2%=Aufrundungsfehler. *Fahrzeug- und Motorenwerke in Breslau. **Mechanische Werke Cottbus. ***Krupp konnte infolge Verlagerung wegen „Feindeinwirkung" nicht berichten.

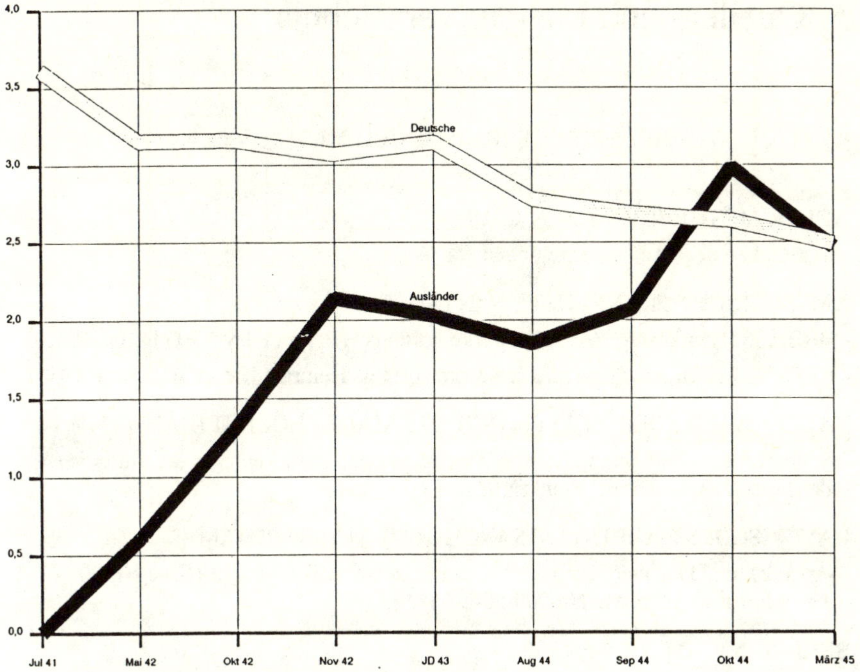

Deutsche und ausländische ArbeiterInnen der Adlerwerke im Zweiten Weltkrieg (in Tausend)

Quelle: National Archives Washington, RG243/77.a.16.
Anmerkung: JD43=Jahresdurchschnitt 1943.

5. Quellen- und Literaturverzeichnis

a) Archivalien / ungedruckte Quellen

ADLER-MOTORVETERANEN-CLUB

- Materialien über Adler-Vertretungen vor 1945

AMTSGERICHT FRANKFURT/MAIN (AGFfm)

- HRB/386 (Handelsregister: Adlerwerke vormals Heinrich Kleyer AG bis ca. 1950)
- HRB/7287 (Handelsregister: Adlerwerke vormals Heinrich Kleyer AG ab ca. 1950)

BAUAUFSICHTSBEHÖRDE FRANKFURT/MAIN – HÖCHST (BABFfmH)

- Schriftverkehr und Baupläne zum Zwangsarbeiter-Barackenlager der Adlerwerke in der Froschhäuser Straße, Frankfurt/Main-Griesheim

BAYERISCHES HAUPTSTAATSARCHIV, MÜNCHEN (HStAM)

- Prozeßakten Dachauer Kriegsverbrecherprozesse: Mikrofilm 13 (Case-Nr. 000-50-2-13), Mikrofilm 66 (Case-Nr. 000-50-2-66)

BERLIN DOCUMENT CENTER (BDC)

- SS/Parteiakten: Erich Franz, Karl Siegfried Ritter von Georg, Ernst Hagemeier, Dr. Waldemar Meyer, Gustav Röhr, Kurt Freiherr von Schröder, Ernst Heinrich Schmauser
- Rasse- und Siedlungshauptamt-SS: Emil Lendzian, Arthur M.

BETRIEBSRATSARCHIV TRIUMPH – ADLER AG, FRANKFURT/MAIN (BRTA)

- Aushänge und Betriebsmitteilungen der Adlerwerke im 2. Weltkrieg

BUNDESARCHIV ABTEILUNGEN POTSDAM (BAP)

- 31 (Reichswirtschaftsministerium)
- Nürnberger Prozesse, Fall XI
- Filme-Nr. 719, 1575, 1740, 2327, 3598, 42052, 43040

BUNDESARCHIV KOBLENZ (BAK)

- All.Proz.7 (Amerikanische Prozesse außerhalb Nürnbergs)
- NL49 (Nachlaß Arnold Rechberg)
- NS3 (SS-Wirtschafts-Verwaltungshauptamt)
- NS4Bu (KZ Buchenwald)
- NS4Na (KZ Natzweiler)
- NS19 (Persönlicher Stab Reichsführer SS)

- NS24 (Nationalsozialistisches Kraftfahr-Korps)
- R2 (Reichsfinanzministerium)
- R3 (Reichsministerium für Rüstung- und Kriegsproduktion)
- R7 (Reichswirtschaftsministerium)
- R13III (Wirtschaftsgruppe Maschinenbau)
- R13IV (Wirtschaftsgruppe Fahrzeugindustrie)
- R41 (Reichsarbeitsministerium)
- R58 (Reichssicherheitshauptamt)
- ZSg. Schumacher (Sammlung Schumacher zur NS-Geschichte)
- Z45F (Verfilmte OMGUS-Bestände aus den National Archives, RG260)

BUNDESARCHIV – MILITÄRARCHIV FREIBURG (BA-MA)
- RW19 (Wehrwirtschaftsinspektion IX, Kassel)
- RW20-9 (Kriegstageb. Rüstungsinspektion IX, Kassel, bis 9/42)
- RW20-12 (Kriegstageb. Rüstungsinsp. XII, Wiesbaden, ab 10/42)
- RW21-19 (Kriegstagebuch Rüstungskommando Frankfurt/Main)
- RW24 (Rüstungsdienststellen in Frankreich)
- RW46 (Wehrwirtschafts- und Rüstungsamt)

DAIMLER – BENZ AG, ARCHIV-GESCHICHTE-MUSEUM, STUTTGART (DBAG)
- Bestand Kissel, I, IV, V, VII, XI, XIV
- Bestand Werlin, 3, 4

DEGUSSA FIRMENARCHIV, FRANKFURT/MAIN
- DL3 (Busemann)
- DL5 (Roessler)
- PCA (Durferrit GmbH)

DEPARTMENT OF THE ARMY, US ARMY INTELLIGENCE AND SECURITY COMMAND, FREEDOM OF INFORMATION / PRIVACY OFFICE, MARYLAND (ISC MARYLAND)
- XE/092319-T1F021 (Ernst Hagemeier)
- XE/129346-TS (Karl Heinrich Barthelmes)
- XE/164572-TS (Dr. Franz Engelmann)

DEUTSCHES LITERATURARCHIV – SCHILLER NATIONALMUSEUM, MARBACH
- Nachlaß Frank Arnau

DEUTSCHES MUSEUM MÜNCHEN

- Firmenkatalog

DOKUMENTATIONSARCHIV DES DEUTSCHEN WIDERSTANDES, FRANKFURT/MAIN (DADW)

- AN 2245 (ITS Arolsen)
- AN 894, 2313, 2820, 3568

DOKUMENTATIONSARCHIV DES ÖSTERREICHISCHEN WIDERSTANDES WIEN (DAÖW)

- Strafermittlungsakten der Staatsanwaltschaft beim Landgericht Wien gegen Erich Franz, Geschäftszahl: 27b Vr 5949/64

GARTEN- UND FRIEDHOFSAMT FRANKFURT/MAIN (GuFAFfm)

- Akte Polengrab (ab 1948)
- Feuerbestattungsbuch 1943-1945
- Grabakte E 157 (ab 1970)
- Gräberliste der Gemeinschaftsgrabstätte der KZ-Häftlinge auf dem Hauptfriedhof nach dem Kriegsgräbergesetz v. 27.5.1952, aufgestellt am 1.2.1954
- Leichenschauscheine der KZ-Häftlinge
- Parzellierungspläne 1944

GENERALLANDESARCHIV KARLSRUHE (GLAKa)

- 309 (Staatsanwaltschaft beim Landgericht Mannheim, Nr. 206 u. Nr. 221: Ermittlungsverfahren zum Bergen-Belsen Transport, AZ: 1a Js 10954/47 u. 1a Js 976/48)

HAMBURGER STIFTUNG FÜR SOZIALGESCHICHTE DES 20. UND 21. JAHRHUNDERTS (HSG)

- OMGUS-Beweisstücke Dresdner Bank

HAMBURGER WELTWIRTSCHAFTSARCHIV

- Presseausschnittsammlung Adlerwerke 1930-1944
- Presseausschnittsammlung Ernst Hagemeier

HESSISCHES HAUPTSTAATSARCHIV, WIESBADEN (HStAWi)

- 405 (Regierungspräsidium Wiesbaden)
- 407 (Polizeipräsidium Frankfurt/Main vor 1945)
- 409/3 (Gerichtsgefängnis Frankfurt/Main)
- 409/4 (Strafgefängnis Frankfurt/Main-Preungesheim)
- 461 (Staatsanwaltschaft bei dem Landgericht Frankfurt/Main)
- 461/30007 (Strafsache des Landgerichtes Frankfurt/Main gegen Karl Faust, AZ: 2 Js 411/46)

- 483 (NSDAP, Gaue Hessen-Nassau und Kurhessen)
- 486 (Gestapo-Kartei Frankfurt/Main)
- 518 (Entschädigungsbehörde)
- 519 (Landesamt für Vermögenskontrolle u. Wiedergutmachung Hessen)
- 519/A (Rückerstattungsakten)
- 519/D (Devisenstelle S in Frankfurt/Main)
- 519/V (Vermögenskontrollakten)
- 520 (Spruchkammerakten)
- 649 (Amerikanische Militärregierung in Hessen)
- 770 (Polizeipräsidium Frankfurt/Main nach 1945)
- 770/25 (Kriminalpolizeiliche Strafakte über KZ-Adlerwerke, AZ: 5 Js 108/47, Duplikat: 770/26)

HISTORISCHES MUSEUM FRANKFURT/MAIN (HMFfm)
- Sammlung Elke Peters zum Frankfurter Industrieviertel

INDUSTRIEGEWERKSCHAFT METALL, ARCHIV, FRANKFURT/MAIN (IGMA)
- Geschäftsberichte des Deutschen Metallarbeiter-Verbandes
- Jahr- und Handbuch des Deutschen Metallarbeiter-Verbandes
- Schriften des Deutschen Metallarbeiter-Verbandes

INDUSTRIE- UND HANDELSKAMMER FRANKFURT/MAIN (IHKFfm)
- Bestand XIII
- Firmengeschäftsberichte

INSTITUT FüR MARXISMUS-LENINISMUS BEIM ZK DER SED, BERLIN OST
- Arbeiterzeitung 1929-1933

INSTITUT FüR ZEITGESCHICHTE, MÜNCHEN
- ED 93 (Nachlaß Hans Schäffer)

INTERNATIONALER SUCHDIENST AROLSEN (ITS)
- Dokumentenauszüge über einzelne KZ-Häftlinge

INTERNATIONAAL INSTITUT VOOR SOCIALE GESCHIEDENIS, AMSTERDAM
- Arbeiterzeitung 1929-1933

IMPERIAL WAR MUSEUM LONDON (IWM)
- Speer/BIOS nones various (Evaluation Reports No. 334 u. No. 335 über die Adlerwerke)

JÜDISCHES MUSEUM FRANKFURT/MAIN
- Firmenkartei

- Personenkartei

KOJER, DR. RYSZARD / KACZMARSKI, ZYGMUNT – WARSCHAU

- Zapiski z przezyc w Komandzie pracy w Fabryce Adler-Werke we Frankfurcie nad Menem (Notizen über die Erlebnisse im Arbeitskommando in den Adlerwerken in Frankfurt am Main), Typoskript, Warschau 23.11.1985

KZ-GEDENKSTÄTTE BUCHENWALD, ARCHIV (KZGBu)

- Transportverzeichnisse
- Einzelauskünfte

KZ-GEDENKSTÄTTE DACHAU, MUSEUM-ARCHIV-BIBLIOTHEK (KZGDa)

- 1042 (Transportverzeichnisse)
- Alphabetische Häftlingskartei

KZ-GEDENKSTäTTE MANNHEIM – SANDHOFEN (KZGMa)

- Häftlingsfragebogen Andrzej Branecki, Oktober 1992
- Häftlingsfragebogen Stanislaw Madej, Juli 1992

KZ-GEDENKSTÄTTE NEUENGAMME, DOKUMENTENHAUS (KZGNe)

- Dokumente KZ-Außenlager Drägerwerk

NATIONAL ARCHIVES WASHINGTON (NA)

- RG243 (Record Group U.S. Strategic Bombing Survey, 77.a.16, German Motor Vehicles Industry Report, Draft and reference material: Brief on Adlerwerke plant, Frankfurt am Main)
- RG260 (OMGUS)
- RG338 (Records of U.S. Army Commands, War Crimes Case Files, File No. 000-12-534, Adlerwerke)

PRIVATARCHIV DER AUTOREN (PA)

- KZ-Arbeitsplatzskizze von Andrzej Branecki
- KZ-Lagerskizze von Josef Jozwiak
- Teilbestand Garten- und Friedhofsamt Frankfurt/Main vor 1970
- (G)espräche mit Zeitzeugen aus dem Gallusviertel
- (G)espräche und (K)orrespondenzen mit KZ-Häftlingen 1985-1994: Heinz Aber, K/24.3.86; Andrzej Branecki, G/14.12.93/18.12.93, K/15.1.93/22.3.93; Wladyslaw Jarocki, G/14.10.90/15.10.90, K/26.9.92/3.2.93; Josef Jozwiak, G/20.11.85/18.4.89; René Kern, K/11.2.86; Henryk Kamasinski, G/15.10.90/16.10.90; Jerzy Kamasinski, G/15.10.90/16.10.90; Dr. Ryszard Kojer, G/15.10.90, K/19.9.92/11.2.93; Jan Kozlowski, G/15.12.93, K/18.1.93/17.2.94; Kajetan Kosinski, G/14.12.93, K/10.6.93; Stanislaw Madej, G/14.12.93; Heinz Meyer, G/17.2.93; Ryszard Olek, G/15.10.90/16.10.90; Kazimierz Wlodarczyk, G/15.12.93

- (G)espräche mit Werksangehörigen der Adlerwerke 1986-1992; Ria B., Tochter des Betriebsrates Kaffenberger, 1990; Dr. C. Hellriegel, Betriebsärztin, 1990; Heinrich Ickstadt, Maschinenschlosser, 1987; Karl Meyer, Mechaniker, 1987; Susanne Müller, Angestellte, 1987; Bruno N., Einrichter, 1987; Paul Schuster, Schreiner, 1986, 1987; Karl Sieben, Werkzeugmacher, 1987; Emil Teves, Einrichter, 1992; Walter Wagner, Werkzeugmacher, 1986

PRIVATARCHIV HOLKER KAUFMANN

- Landesheilanstalt Eichberg
- Landesheilanstalt Hadamar

PRIVATSAMMLUNG EINES LEITENDEN ANGESTELLTEN DER ADLERWERKE (PS-AW)

- AA (Alphabetische Ablage)
- JCH (Jahreschronik 1880-1965)

STAATSARCHIV DRESDEN (StAD)

- Bestand Auto-Union
- Bestand Dresdner Bank Filiale Chemnitz
- Zeitungsbildarchiv 283

STAATSARCHIV NÜRNBERG (StAN)

- KV Prozesse IMT (Internationales Militärtribunal Nürnberg)

STADTARCHIV FRANKFURT/MAIN (=INSTITUT FÜR STADTGESCHICHTE) (StdAFfm)

- AA (Ausgleichsamt)
- Chronik (Luftschutzkriegstagebuch)
- FA (Fürsorgeamt)
- HGH (Heiliggeisthospital)
- IHK (Industrie- und Handelskammer Frankfurt/Main)
- LS (Luftschutzakten)
- MA (Magistratsakten)
- Miszellen (u.a. KZ-Außenlager Adlerwerke)
- OP (Obdachlosenpolizei)
- PS (Personenschäden)
- SD (Wochenberichte OB)
- S1 (Nachlässe)
- S2 (Personen)
- WA (Wirtschaftsamt)

STANDESAMT FRANKFURT/MAIN – MITTE (StandAFfm)

- Sterberegister 1944/45 (Standesamtsbezirk III: Sterbebuch 1944 - Nr. 915, Sterbebuch 1945/1 – Nr. 926, Sterbebuch 1945/2 – Nr. 927; Standesamtsbezirk IV: Sterbebuch 1945/1 – Nr. 928)

STANDESAMT FRANKFURT/MAIN – HÖCHST (StandAFfmH)

- Sterberegister 1944/45
- Geburtenregister 1943-1945

STANDESAMT SCHLÜCHTERN (StandASch)

- Umbettungsprotokolle Ehrenfriedhof

THÜRINGISCHES HAUPTSTAATSARCHIV, WEIMAR (HStAWe)

- BA (KZ Buchenwald)

UNIVERSITÄTSKLINIKUM FRANKFURT/MAIN (UniKFfm)

- Sterberegister 1944/45 des Stadtkrankenhauses

ZENTRALE STELLE DER LANDESJUSTIZVERWALTUNGEN LUDWIGSBURG (ZStL)

- IV 419 AR 1754/64-67, 3 Bde. (Ermittlungsverfahren der Staatsanwaltschaft beim Landgericht Frankfurt/Main zum KZ- Außenlager Adlerwerke, AZ: 50/4 Js 1668/60)

b) Periodika (Quellen)

ADLER-CLUB-MITTEILUNGEN

ADLER-FELDPOST

ADLER-KUNDENPOST

ADLERHORST

ARBEITERZEITUNG

AUTOMOBILTECHNISCHE ZEITSCHRIFT

BERLINER BÖRSEN-ZEITUNG

BERLINER TAGEBLATT

DAS SCHWARZE KORPS

DER ARBEITSEINSATZ IM GROSSDEUTSCHEN REICH

DER SPIEGEL

DEUTSCHE BERGWERKSZEITUNG

DEUTSCHE BÖRSEN-ZEITUNG

DEUTSCHE MOTOR-ZEITSCHRIFT
DEUTSCHER REICHSANZEIGER
DIE DEUTSCHE VOLKSWIRTSCHAFT
DIE TAGESZEITUNG (TAZ)
FRANKFURTER ALLGEMEINE ZEITUNG (FAZ)
FRANKFURTER NEUE PRESSE (FNP)
FRANKFURTER RUNDSCHAU (FR)
FRANKFURTER VOLKSBLATT (FVB)
FRANKFURTER ZEITUNG (FZ)
HÖCHSTER KREISBLATT
INDUSTRIE-BIBLIOTHEK
KÖLNISCHE ZEITUNG
LAGERFÜHRER-SONDERDIENST
MAGAZIN DER WIRTSCHAFT
MANNHEIMER MORGEN
MOTOR REVUE
MOTOR-KRITIK
PREUSSISCHER REICHSANZEIGER
RHEIN-MAINISCHE ZEITUNG
SOZIAL- UND ARBEITSRECHT
TATSACHEN UND ZAHLEN AUS DER KRAFTVERKEHRSWIRTSCHAFT
TRIUMPH-ADLER-MAGAZIN
VÖLKISCHER BEOBACHTER
VOLKSSTIMME (VS)

c) Gedruckte Quellen

ADLERWERKE VORM. HEINRICH KLEYER AG (Hg.): Betriebsordnungen vom September 1934 u. Juli 1939

Dies.: Fahrräder-Automobile-Kleinautos-Luftschiffmotoren-Schreibmaschinen, o.O., o.J. (1910)

Dies.: Fünfundsiebzig Jahre Adler. 90 Jahre Tradition. Text: Hermann Schneider, Darmstadt 1970

Dies.: Geschäftsberichte 1894/95-1943

Dies.: Jahresabschluß 1944

Dies.: Satzung 1938

Dies.: Satzung und Krankenordnung der Betriebskrankenkasse vom April 1937

Dies.: Verzeichnis der Adler-Filialen und -Vertretungen, Februar 1938

ADOLF HITLER: Monologe im Führerhauptquartier 1941-1944. Die Aufzeichnungen Heinrich Heims, hg. von Werner Jochmann, Hamburg 1980

ADRESSBUCH DER DIREKTOREN UND AUFSICHTSRÄTE, 1925/26

ADRESSBUCH DER STADT FRANKFURT AM MAIN, 1935-1942

ARNAU, Frank: Gelebt, geliebt, gehaßt. Ein Leben im 20. Jahrhundert, Autobiographie, München 1972

BERICHT DES MAGISTRATES über die Verwaltung und den Stand der Gemeinde-Angelegenheiten der Stadt Frankfurt am Main im Verwaltungsjahre 1915 und 1917, Bericht über Kriegsmaßnahmen

BOBERACH, Heinz (Hg.): Meldungen aus dem Reich 1938-1945. Die geheimen Lageberichte des Sicherheitsdienstes der SS, 17 Bde., Berlin 1984

BOELCKE, Willi A.: Deutschlands Rüstung im Zweiten Weltkrieg. Hitlers Konferenzen mit Albert Speer 1942-1945, Ffm 1969

DAS DEUTSCHE FÜHRERLEXIKON 1934/1935, Berlin 1934

DAS NATIONALSOZIALISTISCHE LAGERSYSTEM (CCP), hg. von Martin Weinmann, mit Beiträgen von Anne Kaiser u. Ursula Krause-Schmitt, Ffm 1990

DER HESSISCHE MINISTER FÜR WISSENSCHAFT UND KUNST (Hg.): NS-Lager in Hessen, Auszug aus dem Protokoll der Landtagsdebatte über eine Anfrage der »Grünen« am 28.2.1985

DEUTSCHLAND-BERICHTE DER SOZIALDEMOKRATISCHEN PARTEI DEUTSCHLANDS (Sopade), 1.-7.Jg. (1934-1940), 7 Bde., neu hg. von Klaus Behnken, Ffm 1980

DIENSTALTERSLISTE DER SCHUTZSTAFFEL DER NSDAP, bearbeitet von der Personalabteilung des Reichsführers SS, 1934/35/36/37/38/43

DIENSTALTERSLISTE DER WAFFEN-SS. SS-Obergruppenführer bis SS-Hauptsturmführer. Stand vom 1.7.1944, neu hg. von Brün Meyer, Osnabrück 1987

DOKUMENTE ZUR GESCHICHTE DER FRANKFURTER JUDEN 1933-1945, hg. von der Kommission zur Erforschung der Geschichte der Frankfurter Juden, Ffm 1963

DOMARUS, Max: Hitlers Reden 1932 bis 1945. Kommentiert von einem Deutschen Zeitgenossen, Wiesbaden 1973

DRESDNER BANK AG: Geschäftsberichte 1932-1943

DROBISCH, Klaus: Dokumente zur direkten Zusammenarbeit zwischen Flick-Konzern und Gestapo bei der Unterdrückung der Arbeiter, in: Jahrbuch für Wirtschaftsgeschichte 1963, Teil III, S. 211-225

EHRHARDT, Paul G.: So entsteht ein Auto – 50 Jahre Adler 1880-1930, Ffm 1930

EIMS, Rudolf: Hungernde Häftlinge starben. Ein trübes Kapitel aus den Adlerwerken, in: Frankfurter Rundschau vom 19.9.1946

FRANKFURT-LEXIKON, hg. von W. Kramer, Ffm 1960

FRICK, Hans: Die blaue Stunde, Roman, Ffm 1981

Ders.: Henri, Roman, Darmstadt 1973

Ders.: Monolog eines Zeugen, in: Frankfurter Rundschau Nr. 30 vom 5.2.1966

FRIEDHOFS- UND BESTATTUNGSAMT FRANKFURT/MAIN (Hg.): Wegweiser zu den Grabstätten bekannter Persönlichkeiten auf Frankfurter Friedhöfen, Ffm 1985

GESETZ ÜBER DIE AKTIENGESELLSCHAFTEN UND KOMMANDITGESELLSCHAFTEN MIT AKTIEN (AKTIENGESETZ) VOM 30. JANUAR 1937, in: Adler/Düring/ Schmaltz (Hg.), Rechnungslegung und Prüfung der Aktiengesellschaft, Stuttgart 1957

HAGEMEIER, Ernst: Absatzgestaltung und Rationalisierung in der Automobilindustrie, in: Industrie- und Handelskammer Ffm, Bericht über das Jahr 1930, Ffm 1931, S. 32-33

Ders.: Jedem das Seine! Förderung der Kraftverkehrswirtschaft durch generelle Ermäßigung der Pauschalsteuer und des Kraftstoffpreises, in: Deutsche Motor-Zeitschrift, 10(1933)4, S. 72

Ders.: Rede auf der Automobilausstellung am 18.2.1936, in: Schrittmacher der Wirtschaft. Vier Reden zur Internationalen Automobil- und Motorrad-Ausstellung Berlin 1936, überreicht durch den Reichsverband der Automobilindustrie, Berlin-Charlottenburg 1936, S. 22-26

HANDBUCH DER DEUTSCHEN AKTIENGESELLSCHAFTEN (HBDAG), 1933-1949

HANDBUCH DES AUFBAUS DER GEWERBLICHEN WIRTSCHAFT, Bd. I-III, hg. von Hermann Teschemacher, Leipzig 1936

HAUSER, Heinrich: Umgang mit Maschinen, hg. von Frank Arnau im Auftrag der Adlerwerke vorm. Heinrich Kleyer AG, Ffm o.J. (1926/27)

HEIBER, Helmut (Hg.): Goebbels Reden 1939-1945, Bd. 2, Düsseldorf 1972

HIMMLER, Heinrich: Geheimreden 1935 bis 1945 und andere Ansprachen, hg. von

Bradly F. Smith und Agnes F. Peterson mit einer Einführung von Joachim C. Fest, Ffm 1974.

HEINZE, Erich: 100 Jahre Adler 1880-1980. Heinrich Kleyer. Ein Pionier der Technik im 19. und 20. Jahrhundert, hg. vom Adler-Motorveteranen-Club, o.O., o.J. (1980)

HEMPEL, K.: Der Arbeitseinsatzingenieur. Sammlung aller Bestimmungen und Richtlinien in laufender Folge, hg. vom Rüstungsamt-Reichsarbeitseinsatzingenieur unter Mitwirkung des Zentralamtes des Reichsministers für Rüstung und Kriegsproduktion, Leipzig 1944

HESSISCHER LANDTAG (Hg.): Hessischer Landtag. Antwort der Landesregierung auf die Große Anfrage der Fraktion der Grünen betreffend Konzentrationslager und andere Lager des NS-Regimes in Hessen, Drucksache 11/2581, Wiesbaden 1984

HITLER, Adolf: Mein Kampf, München 1936

HITLERS LAGEBESPRECHUNGEN. Die Protokollfragmente seiner militärischen Konferenzen 1942-1945 (=Quellen und Darstellungen zur Zeitgeschichte Bd. 10), hg. von Helmut Heiber, Stuttgart 1962

HÖSS, Rudolf: Kommandant in Auschwitz. Autobiographische Aufzeichnungen, hg. von Martin Broszat, München 1981

INTERNATIONAL TRACING SERVICE HQ: Catalogue of camps and prisons in germany and german-occupied territories 1939-1945, Arolsen 1949

INTERNATIONALER MILITÄRGERICHTSHOF NÜRNBERG (IMT): Der Prozeß gegen die Hauptkriegsverbrecher vor dem Internationalen Militärgerichtshof Nürnberg 14.11.1945-1.10.1946, Amtlicher Text in deutscher Sprache, Verhandlungsniederschriften, Urkunden und anderes Beweismaterial, 42 Bde., Nürnberg 1947-1949

INTERNATIONALER SUCHDIENST AROLSEN: Verzeichnis der Haftstätten unter dem Reichsführer SS (1933-1945). Konzentrationslager und deren Außenkommandos sowie andere Haftstätten unter dem Reichsführer-SS in Deutschland und deutschbesetzten Gebieten, Arolsen 1979

Ders.: Vorläufiges Verzeichnis der Konzentrationslager und deren Außenkommandos sowie anderer Haftstätten unter dem Reichsführer SS in Deutschland und deutschbesetzten Gebieten (1933-1945), Arolsen 1969

J.H. STEIN. Werden und Wachsen eines Kölner Bankhauses in 150 Jahren, dargestellt von Prof. Dr. Chr. Eckert, Berlin 1940

JURTHE, Emil: Die Rationalisierung der Lackierverfahren des Automobilbaues der Adlerwerke, in: Automobiltechnische Zeitschrift 34(1931)27, S. 601-604

KL AUSCHWITZ IN DEN AUGEN DER SS. Bearbeiter Jadwiga Bezwinska und Danuta Czech, Katowice 1981

KLEIN, Thomas (Hg.): Die Lageberichte der Geheimen Staatspolizei über die Provinz Hessen-Nassau 1933-1936, Köln/Wien 1986

KLEYER, Heinrich: Die Geschichte des Fahrrades, Berlin 1917

KÜPPERS, Hans/BANNIER, Rudolf: Einsatzbedingungen der Ostarbeiter sowie der sowjetischen Kriegsgefangenen (=Sonderveröffentlichungen des Reichsarbeitsblattes), Berlin 1943

LANG, Alexander: Die Adler Fahrradwerke vormals Heinrich Kleyer Frankfurt am Main 1880-1905. Rückblick in den Ursprung und Werdegang eines industriellen Großbetriebes. Festschrift zur Feier des 25jährigen Jubiläums der Firma, Berlin 1905

MASON, Timothy W.: Arbeiterklasse und Volksgemeinschaft. Dokumente und Materialien zur deutschen Arbeiterpolitik 1936-1939, Opladen 1975

METALLGESELLSCHAFT AG: Geschäftsberichte 1936/37 u. 1938/39

MUSTAFA, Akhara Jussuf (Pseudonym für Jozef Marcinkowski): pamietnik Jasnowidza, Autobiographie, Warszawa 1976

OFFICE OF MILITARY GOVERNMENT FOR GERMANY (OMGUS): Ermittlungen gegen die Dresdner Bank (1946), bearbeitet von der Hamburger Stiftung für Sozialgeschichte des 20. Jahrhunderts, Nördlingen 1986

OFFICE OF MILITARY GOVERNMENT FOR GERMANY (OMGUS): Ermittlungen gegen die Deutsche Bank (1946/47), bearbeitet von der Dokumentationsstelle zur NS-Politik Hamburg, Nördlingen 1985

PICKER, Henry: Hitlers Tischgespräche im Führerhauptquartier, Stuttgart 1976

POHL, Hans/HABETH, Stephanie/BRÜNINGHAUS, Beate: Die Daimler-Benz AG in den Jahren 1933 bis 1945. Eine Dokumentation (=Zeitschrift für Unternehmensgeschichte, Beiheft 47), Stuttgart 1986

REICHSHANDBUCH DER DEUTSCHEN GESELLSCHAFT. Das Handbuch der Persönlichkeiten in Wort und Bild, Bd. 1, Berlin 1930

ROTH, Karl Heinz/SCHMID, Michael: Die Daimler-Benz AG 1916-1948. Schlüsseldokumente zur Konzerngeschichte, hg. von der Hamburger Stiftung für Sozialgeschichte des 20. Jahrhunderts, Nördlingen 1987

RUNDERLASSE für die Arbeitseinsatz-, Reichstreuhänder- und Gewerbeaufsichtsverwaltung (nur für den Dienstgebrauch), Berlin 1939-1944

SCHLAG NACH! Wissenswerte Tatsachen aus allen Gebieten, hg. von den Fachschriftleitungen des Bibliographischen Instituts, Leipzig 1941

SCHMITT, Heinrich: Adlerwerke vorm. Heinrich Kleyer Aktiengesellschaft. Abriss der Werks- und Fabrikationsgeschichte 1880-1926, Ffm 1926

SCHUSTER, Paul: Die »rote Abteilung« in den Frankfurter Adlerwerken, in: Hessische Gewerkschafter im Widerstand, Gießen 1983, S. 166-170

SÖDERSTRÖMS PHOTO-TAGEBUCH 1927-1929. Die erste Autofahrt einer Frau um die Welt, hg. von Michael Kuball und Clärenore Söderström, Ffm 1981

SPEER, Albert: Der Sklavenstaat. Meine Auseinandersetzungen mit der SS, Ffm/Berlin/Wien 1984

Ders.: Erinnerungen, Ffm 1969

TESSIN, Georg: Verbände und Truppen der deutschen Wehrmacht und Waffen-SS im Zweiten Weltkrieg 1939-1945, Bd. 11, Osnabrück 1975

THE UNITED STATES STRATEGIC BOMBING SURVEY (USSBS), Volume I, With An Introduction By David MacIsaac, New York/London 1976

THOMAS, Georg: Geschichte der deutschen Wehr- und Rüstungswirtschaft (1918-1943/45), hg. von Wolfgang Birkenfeld, Boppard a. Rh. 1966

TRIUMPH-ADLER AG: Triumph-Adler. Werk Frankfurt: Modernste Schreibmaschinenfertigung hinter historischer Fassade, Werbeprospekt, Nürnberg o.J. (1986)

TUBERKULOSE-LEXIKON für Ärzte und Behörden, hg. vom Reichs-Tuberkulose-Ausschuß, Leipzig 1943

VOM WERDEN UND WIRKEN DER ADLERWERKE VORM. HEINRICH KLEYER A.-G., in: Industrie-Bibliothek. Deutschlands Großbetriebe. Die illustrierte Zeitschrift der Deutschen Wirtschaft, Bd. 9, Berlin 1926

WAR CRIMES TRIALS, Vol.V: The Natzweiler Trial, London/Edinburgh/ Glasgow 1949

WER LEITET ? Die Männer der Wirtschaft und der einschlägigen Verwaltung, einschließlich Adreßbuch der Direktoren und Aufsichtsräte, 1941/42, hg. von Paul C. W. Schmidt, Berlin 1942

WIRTSCHAFTSGRUPPE FAHRZEUGINDUSTRIE: Satzung 1935, Ffm 1935

WIRTSCHAFTSGRUPPE MASCHINENBAU (Hg.): Die Maschinen-Industrie im Deutschen Reich, Berlin 1939/40

d) Literatur

ACHTERBERG, Erich: Weitere fünfzig Jahre IHK Frankfurt. 1908-1958, Ffm 1960

AM RANDE DER STRASSEN. Kriegsgräber in der Bundesrepublik Deutschland, hg. vom Volksbund Deutscher Kriegsgräberfürsorge, Kassel o.J.

ANATOMIE DES SS-STAATES. Gutachten des Instituts für Zeitgeschichte, 2 Bde., hg. von Hans Buchheim, Martin Broszat, Hans-Adolf Jacobsen und Helmut Krausnick, München 1967

AUSGEWÄHLTE PROBLEME AUS DER GESCHICHTE DES KL AUSCHWITZ, hg. vom Staatlichen Auschwitz-Museum, Warschau 1978

BAADER, Gerhard/SCHULTZ, Ulrich: Medizin und Nationalsozialismus, tabuisierte Vergangenheit – ungebrochene Tradition?, Berlin 1980

BAIER, Lothar: Posaunen der Vergeßlichkeit. Frankreichs Revolution und die Jubiläumskultur, in: Freibeuter, Vierteljahreszeitschrift für Kultur und Politik, 1989

BARKAI, Avraham: Vom Boykott zur Entjudung. Der wirtschaftliche Existenzkampf der Juden im Dritten Reich 1933-1943, Ffm 1988

BAUCHE, Ulrich u.a.: Arbeit und Vernichtung. Das Konzentrationslager Neuengamme 1938-1945. Katalog zur ständigen Ausstellung im Dokumentenhaus der KZ-Gedenkstätte Neuengamme 1938-1945, Hamburg 1986

BAUDIS, Dieter/NUSSBAUM, Helga: Wirtschaft und Staat in Deutschland vom Ende des 19. Jahrhunderts bis 1918/19, Vaduz/ Liechtenstein 1978

BECKER, Achim: Absatzprobleme der deutschen Pkw-Industrie 1925-1932, Diss. Regensburg 1979

BECKERT, Sven: Bis zu diesem Punkt und nicht weiter. Arbeitsalltag während des Zweiten Weltkriegs in einer Industrieregion Offenbach-Frankfurt, Ffm 1990

BEIER, Gerhard: Arbeiterbewegung in Hessen. Zur Geschichte der hessischen Arbeiterbewegung durch einhundertfünfzig Jahre (1834-1984), Ffm 1985

BEMBENEK, Lothar: Außenkommando Geisenheim, in: Hessen hinter Stacheldraht, Ffm 1984, S. 50-56

BETTELHEIM, Bruno: Aufstand gegen die Masse. Die Chance des Individuums in der modernen Gesellschaft, München 1980

BIOGRAPHISCHES HANDBUCH DER DEUTSCHSPRACHIGEN EMIGRATION NACH 1933, Bd. 1, München/New York/London/Paris 1980

BOBERACH, Heinz: Die Überführung von Soldaten des Heeres und der Luftwaffe in die SS-Totenkopfverbände zur Bewachung von Konzentrationslagern 1944, in: Militärgeschichtliche Mitteilungen, 2/1983, S. 186-191

BÖCKLE, Bärbel: Das Arbeits- und Krankenlager Vaihingen (Enz), in: Nationalsozialistische Konzentrationslager im Dienst der totalen Kriegführung, Stuttgart 1978, S. 175-224

BOEHLING, Rebecca: Die politischen Lageberichte des Frankfurter Oberbürgermeisters Blaum an die amerikanische Militärregierung 1945/1946, in: Archiv für Frankfurts Geschichte und Kunst, (1985)59, S. 484-537

BOELCKE, Willi A.: Die deutsche Wirtschaft 1930-1945, Düsseldorf 1983

BÖHM, Klaus: Die Organisation Todt im Einsatz 1939-1945, dargestellt nach Kriegsschauplätzen auf Grund der Feldpostnummern, Osnabrück 1987

BRACHER, Karl Dietrich/FUNKE, Manfred/JACOBSEN, Hans-Adolf (Hg.): Nationalsozialistische Diktatur 1933-1945. Eine Bilanz (=Schriftenreihe der Bundeszentrale für politische Bildung Bd. 192), Bonn 1986

BRENNER, Hans: Zur Frage der Ausbeutung von KZ-Häftlingen durch den Osram-Konzern 1944/45, in: Zeitschrift für Geschichtswissenschaft, 27(1979)10, S. 952-965

Ders.: Zur Rolle der Außenkommandos des KZ Flossenbürg im System der staatsmonopolistischen Rüstungswirtschaft des faschistischen deutschen Imperialismus und im antifaschistischen Widerstandskampf 1942-1945, Diss. Dresden 1982

BROSZAT, Martin: Nationalsozialistische Konzentrationslager 1933-1945, in: Anatomie des SS-Staates, Bd. 2, München 1967, S. 11-124

BRUNN, Johann Heinrich von: Ein Mann macht Auto-Geschichte. Der Lebensweg des Robert Allmers, Stuttgart 1972

BUCHHEIM, Hans: Befehl und Gehorsam, in: Anatomie des SS-Staates, Bd. 1, München 1967, S. 215-321

Ders.: Die SS – das Herrschaftsinstrument, in: Anatomie des SS-Staates, Bd. 1, München 1967, S. 15-201

BURGER, Oswald: Zeppelin und die Rüstungsindustrie am Bodensee, Teil 2, in: 1999. Zeitschrift für Sozialgeschichte des 20. und 21. Jahrhunderts, 2(1987)2, S. 52-87

CARLEBACH, Emil: Frankfurts Antifaschisten, in: Ulrich Schneider (Hg.), Als der Krieg zu Ende war: Hessen 1945, Ffm 1980

CLAUSEWITZ, Carl von: Vom Kriege, 1832. Jubiläumsausgabe Bonn 1980

CZECH, Danuta: Kalendarium der Ereignisse im Konzentrationslager Auschwitz-Birkenau 1939-1945, Hamburg 1989

Dies.: Konzentrationslager Auschwitz. Abriß der Geschichte, in: Auschwitz. Faschistisches Vernichtungslager, Warschau 1981

DAS DAIMLER-BENZ-BUCH. Ein Rüstungskonzern im »Tausendjährigen Reich«, hg. von der Hamburger Stiftung für Sozialgeschichte des 20. Jahrhunderts, Nördlingen 1987

DAS GROSSE LEXIKON DES ZWEITEN WELTKRIEGES, hg. von Christian Zentner und Friedemann Bedürftig, München 1988

DEGUSSA AG (Hg.): Von Frankfurt in die Welt. Aus der Geschichte der Degussa AG. Text: Mechthild Wolf, Ffm 1988

DEMPS, Laurenz: Die Ausbeutung von KZ-Häftlingen durch den Osram-Konzern 1944/45, in: Zeitschrift für Geschichtswissenschaft, 26(1978)5, S. 416-437

Ders.: Zum weiteren Ausbau des staatsmonopolistischen Apparates der faschistischen Kriegswirtschaft in den Jahren 1943 bis 1945 und zur Rolle der SS und der Konzentrationslager im Rahmen der Rüstungsproduktion – dargestellt am Beispiel der unterirdischen Verlagerung von Teilen der Rüstungsindustrie, Diss. Berlin 1970

»DEUTSCHE WIRTSCHAFT«. Zwangsarbeit von KZ-Häftlingen für Industrie und Behörden, hg. von der Hamburger Stiftung zur Förderung von Wissenschaft und Kultur, Hamburg 1991

DEUTSCHLAND IM ERSTEN WELTKRIEG, Bd. 3: November 1917 bis November 1918, hg. von einem Autorenkollektiv unter Leitung von Joachim Petzold, Berlin 1969

DEUTSCHLAND IM ZWEITEN WELTKRIEG, hg. von einem Autorenkollektiv unter Leitung von W. Schumann und Karl Drechsler, Bd. 6, Köln 1985

DIAMANT, Adolf: Gestapo Frankfurt a. M., Ffm 1988

DIDIER, Friedrich: Europa arbeitet in Deutschland. Sauckel mobilisiert die Leistungsreserven, Berlin 1943

DIE AUSCHWITZ-HEFTE. Texte der polnischen Zeitschrift »Przeglad Lekarski« über historische, psychische und medizinische Aspekte des Lebens und Sterbens in Auschwitz, 2 Bde., hg. vom Hamburger Institut für Sozialforschung, Weinheim/Basel 1987

DRESSEN, Willi: Die Zentrale Stelle der Landesjustizverwaltungen zur Aufklärung von NS-Verbrechen in Ludwigsburg, in: Dachauer Hefte. Studien und Dokumente zur Geschichte der nationalsozialistischen Konzentrationslager, 6(1990)6, S. 85-93

DROBISCH, Klaus: Der Freundeskreis Himmler. Ein Beispiel für die Unterordnung der

Nazipartei und des faschistischen Staatsapparates durch die Finanzoligarchie, in: Zeitschrift für Geschichtswissenschaft, 8(1960)2, S. 304-328

Ders.: Der Freundeskreis Himmlers. Wie sich die deutsche Finanzoligarchie die Nazipartei und den faschistischen Staatsapparat unterordnete, in: Internationale Hefte der Widerstandsbewegung, 2(1960)4, S. 135-139

ECKERMANN, Erik: Dynamik beherrschen. Teves, Ffm 1986

EICHHOLTZ, Dietrich: Geschichte der deutschen Kriegswirtschaft 1939-1945, Bd. I u. II, Berlin 1984 u. 1985

EICHMANN, Bernd: Versteinert, verharmlost, vergessen. KZ-Gedenkstätten in der Bundesrepublik Deutschland, Ffm 1985

EIN JAHRHUNDERT AUTOMOBILTECHNIK. Personenwagen, hg. von Olaf von Fersen, Düsseldorf 1986

EIN JAHRHUNDERT FRANKFURTER JUSTIZ, hg. von Horst Henrichs und Karl Stephan (=Studien zur Frankfurter Geschichte Bd. 27), Ffm 1989

EINE SCHULE ALS KZ (=Schriftenreihe Schule in Mannheim Bd. 3), hg. von Klaus Dagenbach und Peter Koppenhöfer, Mannheim 1991

EITELMANN-GRAEFF, Johanna/KRANZER, Helga: Frauenarbeitslager Walldorf. Lebensbedingungen, soziale Verhältnisse und Häftlingsschicksale in einem NS-Konzentrationslager, Diplomarbeit Ffm 1981

ELLIS, C./BISHOP, D.: Transportfahrzeuge des Ersten Weltkrieges, München 1977

ELSASS, Moritz: Untersuchungen über die Frankfurter Rüstungsindustrie unter besonderer Berücksichtigung der Arbeits- und Lohnverhältnisse und der Lebensmittelversorgung der Arbeiter, Diss. Ffm 1918

FERENCZ, Benjamin B.: Lohn des Grauens. Die verweigerte Entschädigung für jüdische Zwangsarbeiter. Ein Kapitel deutscher Nachkriegsgeschichte, Ffm/New York 1981

FERSEN, Hans Heinrich von: Autos in Deutschland 1885-1920. Eine Typengeschichte, Stuttgart 1968

FÖRSTER, Gerhard/PAULUS, Nikolaus: Abriß der Geschichte der Panzerwaffe, Berlin 1977

FORSTMANN, Wilfried: Die Frankfurter Handelskammer im Ersten Weltkrieg, in: Archiv für Frankfurts Geschichte und Kunst, (1976)55, S. 177-201

FOSS, Christopher: Panzer und andere Kampffahrzeuge von 1916 bis heute, Köln 1978

FRANKENBERG, Richard von: Die Adler-Werke und ihre erfolgreichen Automobile. Vom Velociped zum Stromlinienwagen, in: Motor Revue, Heft 72, 4/69, S. 50-59

FRANKENSTEIN, Roger: Die deutsche Arbeitskräfteaushebung in Frankreich, in: Zweiter Weltkrieg und sozialer Wandel, Göttingen 1981, S. 211-223

FRANKFURT 1933-1945. Von der NS-Machtergreifung bis zur Zerstörung der Stadt, hg. vom Presse- und Informationsamt der Stadt Frankfurt am Main, Ffm 1983

FRANKFURT AM MAIN. Die Geschichte der Stadt in neun Beiträgen, hg. von der Frankfurter Historischen Kommission, Sigmaringen 1991

FREILING, Harald u.a.: Ausländische Arbeiter und Kriegsgefangene in Kelsterbach 1933-1945, Kelsterbach 1987

FRÖBE, Rainer: Arbeit für die Mineralölindustrie. Das Konzentrationslager Misburg, in: Konzentrationslager in Hannover, Hildesheim 1985, S. 131-274

Ders.: Der Arbeitseinsatz von KZ-Häftlingen und die Perspektive der Industrie 1943-1945, in: »Deutsche Wirtschaft«, Hamburg 1991, S. 33-78

FÜLLBERG-STOLBERG, Claus: Frauen im Konzentrationslager: Langenhagen und Limmer, in: Konzentrationslager in Hannover, Hildesheim 1985, S. 277-328

GAEDE, Peter-Matthias: 100 Jahre Adlerwerke vorm. Heinrich Kleyer. Nicht irgendein Stück Frankfurter Geschichte, in: Frankfurter Rundschau vom 8.9.1981

GEDENKSTÄTTEN FÜR DIE OPFER DES NATIONALSOZIALISMUS. Eine Dokumentation. Text und Zusammenstellung Ulrike Puvogel (=Schriftenreihe der Bundeszentrale für politische Bildung Bd. 245), Bonn 1987

GENSCHEL, Helmut: Die Verdrängung der Juden aus der Wirtschaft im Dritten Reich (=Göttinger Bausteine zur Geschichtswissenschaft), Göttingen/Berlin/Frankfurt/Zürich 1966

GESCHICHTE DER HANDELSKAMMER ZU FRANKFURT AM MAIN (1707-1908). Beiträge zur Frankfurter Handelsgeschichte, hg. von der Handelskammer zu Ffm, Ffm 1908

GOLL, Günter: Bilanzen und Profite. Leitfaden für die externe Analyse der Jahresabschlüsse westdeutscher Aktiengesellschaften, Berlin 1958

GUTMANN, Christoph: KZ Ahlem: Eine unterirdische Fabrik entsteht, in: Konzentrationslager in Hannover, Hildesheim 1985, S. 331-406

HACHTMANN, Rüdiger: Industriearbeit im »Dritten Reich«. Untersuchungen zu den Lohn- und Arbeitsbedingungen in Deutschland 1933-1945 (=Kritische Studien zur Geschichtswissenschaft), Göttingen 1989

HAMANN, Mathias: Die Morde an polnischen und sowjetischen Zwangsarbeitern in deutschen Anstalten. Beispiel Hadamar, in: Beiträge zur nationalsozialistischen Gesundheits- und Sozialpolitik: 1, Aussonderung und Tod, Berlin 1985, S. 158-187

HAMBURGER STIFTUNG ZUR FÖRDERUNG VON WISSENSCHAFT UND KULTUR (Hg.): Industrie, Behörden und Konzentrationslager 1938-1945, Hamburg 1990

HEIMATGESCHICHTLICHER WEGWEISER ZU STÄTTEN DES WIDERSTANDES UND DER VERFOLGUNG 1933-1945, Bd. 1, Hessen, hg. vom Studienkreis zur Erforschung und Vermittlung der Geschichte des Widerstandes 1933-1945 und dem Präsidium der Vereinigung der Verfolgten des Naziregimes – Bund der Antifaschisten, Köln 1984

HERBERT, Ulrich: Der »Ausländereinsatz«. Fremdarbeiter und Kriegsgefangene in Deutschland 1939-1945 – ein Überblick, in: Beiträge zur NS-Gesundheits- und Sozialpolitik: 3, Berlin 1986

Ders.: Fremdarbeiter. Politik und Praxis des »Ausländer-Einsatzes« in der Kriegswirtschaft des Dritten Reiches, Berlin/Bonn 1985

Ders.: Von Auschwitz nach Essen. Die Geschichte des KZ-Außenlagers Humboldtstraße, in: Dachauer Hefte, 2(1986)2, S. 13-34

Ders.: Zur Entwicklung der Ruhrarbeiterschaft 1930-1960 aus erfahrungsgeschichtlicher Perspektive, in: Lutz Niethammer, Alexander von Plato, »Wir kriegen jetzt andere Zeiten«, Berlin/Bonn 1985, S. 19-52

HERBST, Ludolf: Der totale Krieg und die Ordnung der Wirtschaft, Stuttgart 1982

HERZOG, Bodo: 60 Jahre deutsche U-Boote 1906-1966, Ffm 1968

HERZOG, Robert: Die Volksdeutschen in der Waffen-SS (Studien des Instituts für Besatzungsfragen in Tübingen Nr. 5), Tübingen 1955

HESSEN HINTER STACHELDRAHT. Verdrängt und vergessen: KZs, Lager, Außenkommandos, hg. Die Grünen im Landtag (Hessen), Lothar Bembenek, Frank Schwalba-Hoth, Ffm 1984

HESSISCHE GEWERKSCHAFTER IM WIDERSTAND 1933-1945, hg. vom DGB-Bildungswerk Hessen und dem Studienkreis zur Erforschung und Vermittlung der Geschichte des deutschen Widerstandes, bearbeitet von Axel Ulrich, Gießen 1983

HEYDECKER, Joe/LEEB, Johannes: Der Nürnberger Prozeß, Köln 1985

HILBERG, Raul: Die Vernichtung der europäischen Juden, 3 Bde., Ffm 1990

Ders.: Täter, Opfer, Zuschauer. Die Vernichtung der Juden 1933-1945, New York 1992

HOEHNE, Thilo: Eine kritische Untersuchung der absatzfördernden Faktoren in der deutschen Automobilindustrie unter besonderer Berücksichtigung der Absatzplanung, Diss. Ffm 1936

HOHLMANN, Susanne: Pfaffenwald. Sterbe- und Geburtenlager 1942-1945, Kassel 1988

HÖHNE, Heinz: Der Orden unter dem Totenkopf. Die Geschichte der SS, München o.J.

HOLOCH, Rudi: Das Lager Schörzingen in der »Gruppe Wüste«, in: Nationalsozialistische Konzentrationslager im Dienst der totalen Kriegführung, Stuttgart 1978, S. 225-268

JACOBMEYER, Wolfgang: Vom Zwangsarbeiter zum Heimatlosen Ausländer. Die Displaced Persons in Westdeutschland 1945-1951 (=Kritische Studien zur Geschichtswissenschaft 65), Göttingen 1985

JAEGER, Hans: Unternehmer in der deutschen Politik 1890-1918, Bonn 1967

JÄGER, Herbert: Verbrechen unter totalitärer Herrschaft. Studien zur nationalsozialistischen Gewaltkriminalität, Ffm 1982

JANSSEN, Gregor: Das Ministerium Speer. Deutschlands Rüstung im Krieg, Berlin/Ffm 1969

KAIENBURG, Hermann: Kongreß. Ausländische Arbeiter, Arbeitszwang und rassistische Gesellschaftsordnung. Offene Fragen nach dem Mülheimer Symposium über die Ausländerarbeit in der deutschen Kriegswirtschaft 1939-1945, in: 1999. Zeitschrift für Sozialgeschichte des 20. und 21. Jahrhunderts, 4(1989)3, S. 171-175

Ders.: Vernichtung durch Arbeit. Der Fall Neuengamme, Bonn 1991

Ders.: Zwangsarbeit und Vernichtung im Konzentrationslager: Das Beispiel Neuengamme, in: »Deutsche Wirtschaft«, Hamburg 1991, S. 187-202

KAISER, Ernst/KNORN, Michael: Die Adlerwerke und ihr KZ-Außenlager – Rüstungsproduktion und Zwangsarbeit in einem Frankfurter Traditionsbetrieb, in: 1999. Zeitschrift für Sozialgeschichte des 20. und 21. Jahrhunderts, 7(1992)3, S. 11-42

Dies.: Unter Nachbarn war die Brutalität kein Geheimnis. Die Leidensgeschichte von Polen und Russen 1944/45 im KZ-Außenlager der Frankfurter Adlerwerke, in: Frankfurter Rundschau Nr. 256 vom 3.11.1992, S. 20

KANNAPIN, Hans Eckhard: Wirtschaft unter Zwang, Köln 1966

KARNY, Miroslaw: »Vernichtung durch Arbeit« in Leitmeritz. Die SS-Führungsstäbe in der deutschen Kriegswirtschaft, in: 1999. Zeitschrift für Sozialgeschichte des 20. und 21. Jahrhunderts, 8(1993)4, S. 37-61

Ders.: »Vernichtung durch Arbeit«. Sterblichkeit in den NS-Konzentrationslagern, in: Beiträge zur Nationalsozialistischen Gesundheits- und Sozialpolitik, (1987)5, S. 133-158.

Ders.: Das SS-Wirtschafts-Verwaltungshauptamt. Verwalter der KZ-Häftlingsarbeitskräfte und Zentrale des SS-Wirtschaftskonzerns, in: »Deutsche Wirtschaft«, Hamburg 1991, S. 153-169

KASCHULLE, Doris: »Arbeitsniederlegungen in Betrieben« – Ein Bericht des DAF-Geheimdienstes über eine Streikbewegung im Jahre 1936, in: 1999. Zeitschrift für Sozialgeschichte des 20. und 21. Jahrhunderts, 6(1991)4, S. 85-109

KASPAR, Barbara/SCHUSTER, Lothar/WATKINSON, Christoph: Arbeiten für den Krieg. Deutsche und Ausländer in der Rüstungsproduktion bei Rheinmetall-Borsig 1943-1945, Hamburg 1987

KAUFMANN, Holker/SCHULMEYER, Klaus: Die Ermordung von sowjetischen und polnischen Zwangsarbeitern in der Heil- und Pflegeanstalt Hadamar im faschistischen Deutschland unter Berücksichtigung der Methode der Deportation und der ökonomischen Verwertbarkeit durch Industrie und Landwirtschaft, Diplomarbeit Ffm 1985

Dies.: Die polnischen und sowjetischen Zwangsarbeiter in Hadamar, in: Dorothee Roer u. Dieter Henkel (Hg.), Psychiatrie im Faschismus. Die Anstalt Hadamar 1933-1945, Bonn 1986

KELLER, Rolf: Das KZ Mühlenberg: Auschwitz in Hannover, in: Konzentrationslager in Hannover, Hildesheim 1985, S. 407-491

KENS, Karlheinz/NOWARRA, Heinz J.: Die deutschen Flugzeuge 1933-1945, München 1977

KEUERLEBER-SIEGLE, Barbara: Das Lager Echterdingen, in: Nationalsozialistische Konzentrationslager im Dienst der totalen Kriegführung, Stuttgart 1978, S. 131-148

KEVAL, Susanna: Widerstand und Selbstbehauptung in Frankfurt am Main 1933-1945, Ffm/New York 1988

KIRCHBERG, Peter: Das Wachstum der Produktivkräfte in der Geschichte des Kraftfahrzeugs, untersucht am Beispiel der Entwicklung der Technik des Kraftwagens in Deutschland von den Anfängen bis zur Weltwirtschaftskrise, Diss. Dresden 1978

Ders.: Entwicklungstendenzen der deutschen Kraftfahrzeugindustrie 1929-1939. Gezeigt am Beispiel der Auto Union AG, Diss. Dresden 1964

Ders.: Typisierung in der deutschen Kraftfahrzeugindustrie und der Generalbevollmächtigte für das Kraftfahrwesen, in: Jahrbuch für Wirtschaftsgeschichte 1969/II, S. 117-142

KLEE, Ernst, Persilscheine und falsche Pässe. Wie die Kirchen den Nazis halfen, Ffm 1991

Ders.: »Euthanasie« im NS-Staat. Die »Vernichtung lebensunwerten Lebens«, Ffm 1993

KLEWITZ, Bernd: Die Arbeitssklaven der Dynamit Nobel. Ausgebeutet und vergessen. Sklavenarbeiter und KZ-Häftlinge in Europas größten Rüstungswerken im 2. Weltkrieg, Schalksmühle 1986

KLINGEL, Jürgen: Zur Funktion und Entwicklung der Konzentrationslager. Das Lager Leonberg, in: Nationalsozialistische Konzentrationslager im Dienst der totalen Kriegführung, Stuttgart 1978, S. 19-70

KLINGELSCHMITT, Klaus-Peter: Keine Einladung für Überlebende des KZ Adler-Werke. Frankfurter Magistrat verschleppt seit zwei Jahren Einladung an Zwangsarbeiter, in: Die Tageszeitung vom 19.4.1993

KOGON, Eugen: Der SS-Staat. Das System der deutschen Konzentrationslager, München 1983

KOLB, Eberhard: Bergen-Belsen. Geschichte des »Aufenthaltslagers« 1943-1945, Hannover 1962

Ders.: Vom »Aufenthaltslager« zum Konzentrationslager 1943-1945, München 1984

KONZENTRATIONSLAGER IN HANNOVER. KZ-Arbeit und Rüstungsindustrie in der Spätphase des Zweiten Weltkrieges (=Veröffentlichungen der historischen Kommission für Niedersachsen und Bremen XXXV, Quellen und Untersuchungen zur allgemeinen Geschichte Niedersachsens in der Neuzeit, Bd. 8), 2 Bde., hg. von Rainer Fröbe, Claus Füllberg-Stolberg, Christoph Gutmann, Rolf Keller, Herbert Obenaus und Hans Hermann Schröder, Hildesheim 1985

KOPPENHÖFER, Peter: »In Buchenwald war die Verpflegung besser«. KZ-Häftlinge bei Daimler-Benz Mannheim, in: Das Daimler-Benz-Buch, Nördlingen 1987, S. 514-542

Ders.: Aus dem Warschauer Aufstand ins KZ nach Mannheim, unveröffentlichtes Manuskript, Mannheim 1993

Ders.: KZ-Arbeit und Gruppenakkord bei Daimler-Benz Mannheim, in: 1999. Zeitschrift für Sozialgeschichte des 20. und 21. Jahrhunderts, 9(1994)2, S. 11-45

Ders.: Mannheim bei Nacht und Mannheim bei Tag, in: 1999. Zeitschrift für Sozialgeschichte des 20. und 21. Jahrhunderts, 5(1990)1, S. 202-205

KRANNHALS, Hans von: Der Warschauer Aufstand 1944, Ffm 1964

KREBS, Otto: Das Automobil und seine Industrie in Deutschland auf dem Weltmarkt, Diss. Ffm 1921

KROPAT, Wolf-Arno: Hessen in der Stunde Null 1945/47. Politik, Wirtschaft und Bildungswesen in Dokumenten, Wiesbaden 1979

KUBISCH, Ulrich: Borgward. Ein Blick zurück auf Wirtschaftswunder, Werksalltag und einen Automythos, Berlin 1986

KUGLER, Anita: Die Behandlung des feindlichen Vermögens in Deutschland und die »Selbstverantwortung« der Rüstungsindustrie. Dargestellt am Beispiel der Adam Opel AG von 1941 bis Anfang 1943, in: 1999. Zeitschrift für Sozialgeschichte des 20. und 21. Jahrhunderts, 3(1988)2, S. 46-78

Dies.: Von der Werkstatt zum Fließband, in: Geschichte und Gesellschaft, 13(1987)3, S. 304-339

KÜHNRICH, Heinz: Der KZ-Staat 1933-1945, Berlin 1983

LANGBEIN, Hermann: Arbeit im KZ-System, in: Dachauer Hefte, 2(1986)2, S. 3-12

Ders.: Nicht wie die Schafe zur Schlachtbank. Widerstand in den nationalsozialistischen Konzentrationslagern 1938-1945, Ffm 1980

LANZMANN, Claude: Shoa, Düsseldorf 1986

LEEB, Emil General a.D.: Aus der Rüstung des Dritten Reiches (Das Heereswaffenamt 1938-1945). Ein authentischer Bericht des letzten Chefs des Heereswaffenamtes, Beiheft 4 der Wehrtechnischen Monatshefte, hg. von der Arbeitsgemeinschaft für Wehrtechnik, Ffm 1958

LEONIDOW, A.: Die Männer hinter den Kulissen. Die internationale Rolle der englisch-amerikanischen-deutschen Schröder-Bank, Berlin 1947

LERNER, Franz (Hg.): Das Tätige Frankfurt im Wirtschaftsleben dreier Jahrhunderte (1648-1955), Ffm 1955

LEVI, Primo: Ist das ein Mensch? Erinnerungen an Auschwitz, Ffm 1979

LUCE, D'Eramo: Der Umweg, Roman, Hamburg 1984

LUDWIG, Karl-Heinz: Technik und Ingenieure im Dritten Reich, Düsseldorf 1974

LUTZ, Hans: Lehrjahre und Lehrgeld des deutschen Widerstandes, in: Arbeiterjugendbewegung in Frankfurt 1904-1945. Material zu einer verschütteten Kulturgeschichte. Eine Ausstellung im Historischen Museum Frankfurt, hg. vom Verein zur Erforschung der Geschichte der sozialistischen Jugendbewegung in Ffm, Ffm 1978, S. 172-174

MARSZALEK, Jozef: Majdanek. Geschichte und Wirklichkeit des Vernichtungslagers, Hamburg 1982

MASON, Timothy W.: Arbeiteropposition im nationlsozialistischen Deutschland, in: Detlev Peukert u. Jürgen Reulecke (Hg.): Die Reihen fast geschlossen. Beiträge zur Geschichte des Alltags unterm Nationalsozialismus, Wuppertal 1981, S. 293-314

Ders.: Die Bändigung der Arbeiterklasse im nationalsozialistischen Deutschland, in: Sachse u.a., Angst, Belohnung, Zucht und Ordnung, Opladen 1982, S. 11-53

Ders.: Sozialpolitik im Dritten Reich, Arbeiterklasse und Volksgemeinschaft, Opladen 1978

MAUSBACH-BROMBERGER, Barbara: Arbeiterwiderstand in Frankfurt am Main. Gegen den Faschismus 1933-1945, Ffm 1976

MEYER, Petra: Das Arbeitserziehungslager Heddernheim unter Berücksichtigung anderer Arbeitslager, Ffm 1986

MICHEL, Max (Hg.): Gesundheitsschäden durch Verfolgung und Gefangenschaft und ihre Spätfolgen. Referate und Ergebnisse der internationalen sozialmedizinischen Konferenz über die Pathologie der ehemaligen Deportierten und Internierten, Düsseldorf 1955

MICHELS, Claudia: Rückkehr in die Stadt ihrer Alpträume. Ehemalige Adler-Zwangsarbeiter in Frankfurt, in: Frankfurter Rundschau Nr. 291 vom 15.12.1993

MICK, Günter: Den Frieden gewinnen. Das Beispiel Frankfurt 1945-1951, Ffm 1985

MOMMSEN, Hans/WILLEMS, Susanne (Hg.): Herrschaftsalltag im Dritten Reich, Düsseldorf 1988

MOMMSEN, Hans: Geschichte des Volkswagenwerks im Dritten Reich. Forschungsergebnisse. Ruhr-Universität Bochum, Oktober 1991, Typoskript

Ders.: Zwangsarbeit und Konzentrationslager bei den Volkswagenwerken, in: »Deutsche Wirtschaft«, Hamburg 1991, S. 221-226

MÜLLER-LOEBNITZ, Wilhelm: Die Schlacht an der Katzbach, Liegnitz 1938

NATIONALSOZIALISTISCHE KONZENTRATIONSLAGER IM DIENST DER TOTALEN KRIEGFÜHRUNG. Sieben württembergische Außenkommandos des KZ Natzweiler/Elsaß (=Veröffentlichungen der Kommission für geschichtliche Landeskunde in Baden-Württemberg, Reihe B, Bd. 91), hg. von Herwart Vorländer, Stuttgart 1978

NAUMANN, Christa: Das arbeitsteilige Zusammenwirken von SS und deutschen Rüstungskonzernen 1942-45, dargestellt am Beispiel der Außenkommandos des Konzentrationslagers Buchenwald, Diss. Berlin 1973

NEEBE, Reinhard: Großindustrie, Staat und NSDAP 1930-1933 (=Kritische Studien zur Geschichtswissenschaft 45), Göttingen 1981

OBENAUS, Herbert: Die Räumung der hannoverschen Konzentrationslager im April 1945, in: Konzentrationslager in Hannover, Hildesheim 1985, S. 493-544

OSWALD, Werner: Adler Automobile 1900-1945. Geschichte und Typologie einer deutschen Automarke vergangener Jahrzehnte, Stuttgart 1981

Ders.: Kraftfahrzeuge und Panzer der Reichswehr, Wehrmacht und Bundeswehr. Katalog der deutschen Militärfahrzeuge von 1900 bis heute, Stuttgart 1990

PARKINSON, Roger: Blücher. Der Marschall »Vorwärts«, Munchen 1976

PESCH, Martin: Struktur und Funktionsweise der Kriegswirtschaft in Deutschland ab 1942 unter besonderer Berücksichtigung des organisatorischen und produktionswirtschaftlichen Wandels in der Fahrzeugindustrie (=Wirtschafts- und Rechtsgeschichte Bd. 12), Köln 1988

PETZINA, Dieter: Autarkiepolitik im Dritten Reich. Der nationalsozialistische Vierjahresplan (=Schriftenreihe der Vierteljahreshefte für Zeitgeschichte Nr. 16), Stuttgart 1968

Ders.: Soziale Lage der deutschen Arbeiter und Probleme des Arbeitseinsatzes während des Zweiten Weltkrieges, in: Zweiter Weltkrieg und sozialer Wandel, Göttingen 1981, S. 65-86

PFAHLMANN, Hans: Fremdarbeiter und Kriegsgefangene in der deutschen Kriegswirtschaft 1939-1945, Darmstadt 1968

PFLIEGENSDÖRFER, Dieter: Neue Wege in der historischen Unternehmensforschung. Ein Projektbericht, in: 1999. Zeitschrift für Sozialgeschichte des 20. und 21. Jahrhunderts, 3(1988)3, S. 56-78

PILICHOWSKI, Czeslaw: Es gibt keine Verjährung, Warschau 1980

PINGEL, Falk: Häftlinge unter SS-Herrschaft. Widerstand, Selbstbehauptung und Vernichtung im Konzentrationslager, Hamburg 1978

Ders.: Häftlingszwangsarbeit. Zum Verhältnis von Profit, Produktion und Rassenideologie in der nationalsozialistischen Wirtschaft, in: »Deutsche Wirtschaft«, Hamburg 1991, S. 141-152

PIPER, Francisek: Die Sklavenarbeit der Häftlinge, in: Ausgewählte Probleme aus der Geschichte des KL Auschwitz, Warschau 1978, S. 59-80

Ders.: Industrieunternehmen als Initiatoren des Einsatzes von KZ-Häftlingen, in: »Deutsche Wirtschaft«, Hamburg 1991, S. 97-150

POOL, James u. Suzanne: Hitlers Wegbereiter zur Macht, New York 1978

PRACHTL, Guido: Von der Reihenfertigung zur Fliessarbeit, insbesondere im deutschen Automobilbau, Diss. Darmstadt 1926

PRELLER, Ludwig: Sozialpolitik in der Weimarer Republik, Düsseldorf 1978

RAUCK, Max/VOLKE, Gerd/PATURI, Felix: Mit dem Rad durch zwei Jahrhunderte. Das Fahrrad und seine Geschichte, Stuttgart 1979

REBENTISCH, Dieter: Frankfurt am Main 1918-1945, in: Frankfurt am Main. Die Geschichte der Stadt in neun Beiträgen, Sigmaringen 1991, S. 423-520

Ders.: Frankfurt am Main und das Reich in der NS-Zeit, in: Archiv für Frankfurts Geschichte und Kunst, (1980)57, S. 243-267

RICHARDI, Hans-Günter: Der gerade Weg. Der Dachauer Häftling Karl Wagner, in: Dachauer Hefte 7/1991

RICHTER, Axel: Das Unterkommando Vechelde des KZ Neuengamme. Zum Einsatz von KZ-Häftlingen in der Rüstungsproduktion, hg. von der Gemeinde Vechelde, Vechelde 1985

RISEL, Heinz: Das Lager Neckargartach, in: Nationalsozialistische Konzentrationslager im Dienst der totalen Kriegführung, Stuttgart 1978, S. 109-130

RÖDEL, Volker: Fabrikarchitektur in Frankfurt am Main 1774-1924. Die Geschichte der Industrialisierung der Stadt Frankfurt am Main im 19. Jahrhundert, Ffm 1984

Ders.: Industrie in Frankfurt am Main (=Beiträge zum Denkmalschutz in Frankfurt am Main, Heft 4), Ffm o.J. (1992)

ROHLAND, Walter: Bewegte Zeiten, Stuttgart 1978

ROMEY, Stefan: Das KZ-Außenlager Drägerwerk, in: »Deutsche Wirtschaft«, Hamburg 1991, S. 213-220

ROSELLEN, Hanns-Peter: »Und trotzdem Vorwärts«. Die dramatische Entwicklung von Ford in Deutschland 1903 bis 1945, Ffm 1986

ROSSMANN, Witich: Panzerrohre zu Pflugscharen: Zwangsarbeit, Wiederaufbau, Sozialisierung. Wetzlar 1939-1956, Marburg 1987

ROTH, Karl Heinz: Buchbesprechung Hermann Kaienburg, »Vernichtung durch Arbeit«. Der Fall Neuengamme, in: 1999. Zeitschrift für Sozialgeschichte des 20. und 21. Jahrhunderts, 7(1992)3, S. 106-110

Ders.: Der Weg zum guten Stern des »Dritten Reichs«: Schlaglichter auf die Geschichte der Daimler-Benz AG und ihrer Vorläufer (1890-1945), in: Das Daimler-Benz-Buch, Nördlingen 1987, S. 28-373

Ders.: Die andere Arbeiterbewegung, München 1976

Ders.: Ein Spezialunternehmen für Verbrennungskreisläufe: Konzernskizze Degussa, in: 1999. Zeitschrift für Sozialgeschichte des 20. und 21. Jahrhunderts, 3(1988)2, S. 8-45

Ders.: I.G. Auschwitz. Normalität oder Anomalie eines kapitalistischen Entwicklungssprungs?, in: »Deutsche Wirtschaft«, Hamburg 1991, S. 79-96

Ders.: Nazismus gleich Fordismus? Die deutsche Autoindustrie in den dreißiger Jahren, in: 1999. Zeitschrift für Sozialgeschichte des 20. und 21. Jahrhunderts, 5(1990)4, S. 82-91

RÜCKERL, Adalbert: NS-Verbrechen vor Gericht. Versuch einer Vergangenheitsbewältigung, Heidelberg 1984

RYN, Zdzislaw/KLODZINSKI, Stanislaw: An der Grenze zwischen Leben und Tod. Eine Studie über die Erscheinung des »Muselmanns« im Konzentrationslager, in: Die Auschwitz-Hefte, Weinheim/Basel 1987, Bd. 1, S. 89-154

Dies.: Hunger im Konzentrationslager, in: Die Auschwitz-Hefte, Weinheim/Basel 1987, Bd. 1, S. 241-260

Dies.: Tod und Sterben im Konzentrationslager, in: Die Auschwitz-Hefte, Weinheim/Basel 1987, Bd. 1, S. 281-328

Dies.: Zur Psychopathologie von Hunger und Hungererleben im Konzentrationslager, in: Die Auschwitz-Hefte, Weinheim/Basel 1987, Bd. 2, S. 113-134

SACHSE, Carola/SIEGEL, Tilla/SPODE, Hasso/SPOHN, Wolfgang: Angst, Belohnung, Zucht und Ordnung. Herrschaftsmechanismen im Nationalsozialismus (Schriften des Zentralinstituts für sozialwissenschaftliche Forschung der FU Berlin 41), Opladen 1982

SCHABET-BERGER, Elke: Das Lager Hessental, in: Nationalsozialistische Konzentrationslager im Dienst der totalen Kriegführung, Stuttgart 1978, S. 71-108

SCHÄFER, Annette: Das Außenlager des Konzentrationslagers Natzweiler in Geislingen/Steige, in: 1999. Zeitschrift für Sozialgeschichte des 20. und 21. Jahrhunderts, 5(1990)3, S. 98-109

SCHELL, Adolf von: Grundlagen der Motorisierung und ihre Entwicklung im Zweiten Weltkrieg, in: Wehrwissenschaftliche Rundschau 1963, S. 210-229

SCHMID, Armin: Frankfurt im Feuersturm. Die Geschichte der Stadt im Zweiten Weltkrieg, Ffm 1984

SCHMID, Michael: »Unsere ausländischen Arbeitskräfte...« Zwangsarbeiter in den Werken und Barackenlagern des Daimler-Benz-Konzerns. Ein Überblick, in: Das Daimler-Benz-Buch, Nördlingen 1987, S. 559-591

Ders.: Goldfisch, Gesellschaft mit beschränkter Haftung: Eine Lokalhistorie zum Umgang mit Menschen, in: Das Daimler-Benz-Buch, 1987, S. 482-513

SCHMINCK-GUSTAVUS, Christoph U.: Das Heimweh des Walerjan Wróbel. Ein Sondergerichtsverfahren 1941/42, Berlin/Bonn 1986

SCHNEIDER, Ulrich (Hg.): Als der Krieg zu Ende war. Hessen 1945, Ffm 198O

SCHWARZ, Gudrun: Die nationalsozialistischen Lager, Ffm/New York 1983

SCHWERT, Hans: Netz illegaler Gewerkschaftszellen im Frankfurter Raum, in: Hessische Gewerkschafter im Widerstand, Gießen 1983, S. 104-109

SEHERR-THOSS, H.C. Graf von: Die deutsche Automobilindustrie. Eine Dokumentation von 1886 bis heute, Stuttgart 1974

SENGER UND ETTERLIN, F.M. von: Die deutschen Panzer 1926-1945, München 1968

Ders.: Die Entwicklung des Schützenpanzerwagens, in: Wehrkunde, 3(1954)3, S. 86-89

SEYFERT, Erich Otto: Die deutsche Fahrradindustrie, Diss. Leipzig 1912

SIEGEL, Tilla: Leistung und Lohn in der nationalsozialistischen »Ordnung der Arbeit« (=Schriften des Zentralinstituts für sozialwissenschaftliche Forschung der FU Berlin 57), Opladen 1989

Dies.: Lohnpolitik im nationalsozialistischen Deutschland, in: Sachse u.a., Angst, Belohnung, Zucht und Ordnung, Opladen 1982, S. 54-139

Dies.: Rationalisierung statt Klassenkampf. Zur Rolle der Deutschen Arbeitsfront in der nationalsozialistischen Ordnung der Arbeit, in: Hans Mommsen u. Susanne Willems, Herrschaftsalltag im Dritten Reich, Düsseldorf 1988, S. 97-150

SIEGFRIED, Klaus-Jörg: Das Leben der Zwangsarbeiter im Volkswagenwerk 1939-1945, Ffm/New York 1988

Ders.: Rüstungsproduktion und Zwangsarbeit im Volkswagenwerk 1939-1945, Ffm/New York 1986

SIGEL, Robert: Im Interesse der Gerechtigkeit. Die Dachauer Kriegsverbrecherprozesse 1945-1948, Ffm/New York 1992

SIMONS, Rainer: Geschichte der Automobile mit Frontantrieb, Ingolstadt 1981

SOBANSKI, Tomasz: Fluchtwege aus Auschwitz, Warschau 1980

SOFSKY, Wolfgang: Die Ordnung des Terrors: Das Konzentrationslager, Ffm 1993

SONNTAG, Werner: Oldtimergrüße, Stuttgart 1981

SÖRGEL, Werner: Metallindustrie und Nationalsozialismus. Eine Untersuchung über Struktur und Funktion industrieller Organisationen in Deutschland 1929 bis 1939

(=Beiträge zur Geschichte und Soziologie der Metallindustrie und ihrer Organisationen), Ffm 1965

SOZIALPOLITIK UND JUDENVERNICHTUNG. Gibt es eine Ökonomie der Endlösung (=Beiträge zur nationalsozialistischen Gesundheits- und Sozialpolitik: 5), Berlin 1987

SPIELBERGER, Walter J.: Der Panzerkampfwagen Tiger und seine Abarten, Stuttgart 1977

Ders.: Die gepanzerten Radfahrzeuge des deutschen Heeres 1905-1945, Stuttgart 1974

Ders.: Die Halbkettenfahrzeuge des deutschen Heeres 1909-1945, Stuttgart 1984

Ders.: Die Motorisierung der deutschen Reichswehr, Stuttgart 1979

Ders.: Spezial-Panzer-Fahrzeuge des deutschen Heeres, Stuttgart 1987

SPOHN, Wolfgang: Betriebsgemeinschaft und innerbetriebliche Herrschaft, in: Sachse u.a., Angst, Belohnung, Zucht und Ordnung, Opladen 1982, S. 140-208

STEHLE, Hansjakob: Bischof Hudal und SS-Führer Meyer. Ein kirchenpolitischer Friedensversuch 1942/43, in: Vierteljahrshefte für Zeitgeschichte, 2/1989, S. 299-322

STEPIEN, Stanislaus: Der alteingesessene Fremde. Ehemalige Zwangsarbeiter in Westdeutschland, Ffm/New York 1989

STÖHR, Volker: Die Entwicklung der deutschen Kraftfahrzeugindustrie von den Anfängen bis zur Weltwirtschaftskrise unter besonderer Berücksichtigung der kapitalistischen Rationalisierung – ein Beitrag zur Geschichte der Produktivkräfte, Diss. o.O. 1983

STREIT, Christian: Keine Kameraden. Die Wehrmacht und die sowjetischen Kriegsgefangenen 1941-1945, Stuttgart 1978

Ders.: Sozialpolitische Aspekte der Behandlung der sowjetischen Kriegsgefangenen, in: Zweiter Weltkrieg und sozialer Wandel, Göttingen 1981, S. 184-196

STRZELECKI, Andrzej: Das Nebenlager Jawischowitz, in: Hefte von Auschwitz, (1975)15, S. 183-251

STURM, Alexander: Grundbegriffe der inneren Medizin, Stuttgart 1959

SYWOTTEK, Jutta: Mobilmachung für den totalen Krieg. Die propagandistische Vorbereitung der deutschen Bevölkerung auf den Zweiten Weltkrieg, Opladen 1976

TEXTOR, Hermann: Wehrwirtschaft, Berlin 1938

TURNER, Henry A.: Die Großunternehmer und der Aufstieg Hitlers, Berlin 1985

Ders.: Hitler aus nächster Nähe, Ffm 1978

ULRICH, Axel: Solidaritätssammlung in den Adler-Werken, in: Hessische Gewerkschafter im Widerstand, Gießen 1983, S. 169-170

VIETSCH, Eberhard von: Arnold Rechberg und das Problem der politischen Westorientierung Deutschlands nach dem 1. Weltkrieg (=Schriften des Bundesarchivs 4), Koblenz 1958

VOGELSANG, Reinhard: Der Freundeskreis Himmler, Göttingen/ Zürich/Ffm 1972

VOLKMANN, Hans Erich: Die NS-Wirtschaft in Vorbereitung des Krieges, in: Das Deutsche Reich und der Zweite Weltkrieg, Bd. 1, Stuttgart 1979

Ders.: Wirtschaft im Dritten Reich, 2 Bde. (=Bibliothek für Zeitgeschichte), München 1980

VORLÄNDER, Herwart: Das Konzentrationslager Natzweiler-Struthof im Elsaß und seine Außenkommandos in Württemberg und Baden, in: Nationalsozialistische Konzentrationslager im Dienst der totalen Kriegführung, Stuttgart 1978, S. 1-18

WAGENFÜHR, Rolf: Die deutsche Industrie im Kriege 1939-1945, hg. vom Deutschen Institut für Wirtschaftsforschung, Berlin 1954

WAGNER, Anette: Decknamen der Wirtschaft während des Zweiten Weltkrieges, in: Aus der Arbeit der Archive. Beiträge zum Archivwesen, zur Quellenkunde und zur Geschichte. Festschrift für Hans Booms, hg. von Friedrich P. Kahlenberg, Boppard am Rhein 1989

WAHL, Walter: Zwischenbetrieblicher Vergleich in der deutschen Automobilindustrie, Diss. Köln 1937

WALTER-BECKER, Monika: Das Lager Hailfingen, in: Nationalsozialistische Konzentrationslager im Dienst der totalen Kriegführung, Stuttgart 1978, S. 149-174

WANDEL, Eckhard: Hans Schäffer; Steuermann in wirtschaftlichen und politischen Krisen, Stuttgart 1974

WEGER, Wolfgang: Die Auto-Biografie. Eine Momentaufnahme. 75 Jahre Verband der Automobilindustrie, Ffm 1976

WERNER, Wolfgang Franz: Bleib übrig!, Deutsche Arbeiter in der nationalsozialistischen Kriegswirtschaft (=Düsseldorfer Schriften zur Neueren Landesgeschichte 9), Düsseldorf 1983

Ders.: Die Arbeitserziehungslager als Mittel nationalsozialistischer »Sozialpolitik« gegen deutsche Arbeiter, in: Zweiter Weltkrieg und sozialer Wandel, Göttingen 1981, S. 138-147

WEYRAUCH, Walter Otto: Gestapo V-Leute. Tatsachen und Theorie des Geheimdienstes, Ffm 1992

WEYRES-VON LEVETZOW, Hans-Joachim: Die deutsche Rüstungswirtschaft von 1942 bis zum Ende des Krieges, Diss. München 1975

WICKHAM, James: Sozialfaschismus und Spaltung der Arbeiterbewegung: Arbeiter und politische Parteien im Raum Frankfurt 1929/30, in: Archiv für die Geschichte des Widerstandes und der Arbeit, (1982)5, S. 27-56

WIDERSTAND UND VERFOLGUNG UNTER DEM NATIONALSOZIALISMUS IN HESSEN. Ein Dokumentationsprojekt der hessischen Staatsarchive, hg. vom Hessischen Hauptstaatsarchiv, Wiesbaden 1993

WIPPERMANN, Wolfgang: Das Leben in Frankfurt zur NS-Zeit. Darstellung, Dokumente und didaktische Hinweise, 4 Bde., Ffm 1986

WITTICH, Rossmann: Panzerrohre zu Pflugscharen. Zwangsarbeit, Wiederaufbau, Sozialisierung. Wetzlar 1939-1956, Marburg 1987

WOLF, Werner: Luftangriffe auf die deutsche Industrie 1942-1945, München 1985

WYSOCKI, Gerd: Arbeit für den Krieg. Herrschaftsmechanismen in der Rüstungsindustrie des »Dritten Reiches«. Arbeitseinsatz, Sozialpolitik und staatspolizeiliche Repression bei den Reichswerken »Hermann Göring« im Salzgitter-Gebiet 1937/38 bis 1945, Braunschweig 1982

Ders.: Häftlinge des KZ Neuengamme bei den Reichswerken »Hermann Göring«, in: »Deutsche Wirtschaft«, Hamburg 1991, S. 203-212

Ders.: Häftlingsarbeit in der Rüstungsproduktion. Das Konzentrationslager Drütte bei den Hermann-Göring-Werken in Watenstedt-Salzgitter, in: Dachauer Hefte, 2(1986)2, S. 35-67

ZIEGLER, Jürgen: Mitten unter uns. Natzweiler-Struthof: Spuren eines Konzentrationslagers, Hamburg 1986

ZOFKA, Zdenek: Allach – Sklaven für BMW. Zur Geschichte eines Außenlagers des KZ Dachau, in: Dachauer Hefte, 2(1986)2, S. 68-78

ZUMPE, Lotte: Wirtschaft und Staat in Deutschland 1933 bis 1945, Berlin 1979

ZWEITER WELTKRIEG UND SOZIALER WANDEL. Achsenmächte und besetzte Länder (=Kritische Studien zur Geschichtswissenschaft Bd. 47), hg. von Waclaw Dlugoborski, Göttingen 1981

6. Abbildungsnachweis

Titelfoto (1986), Abb. 24, 32, 33, 34: B. Aumüller; Abb. 1, 9: Dr. Wolff & Tritschler; Abb. 2: Deutsche Bergwerkszeitung 1938 / Hamburger Weltwirtschaftsarchiv; Abb. 3: E. Achterberg, Der Bankplatz Frankfurt (Carl Goetz zum 70. Geburtstag gewidmet), o.O. 1955; Abb. 4: Jubiläumsschrift J.H. Stein-Bank 1940; Abb. 5, 7, 14: Dr. Volker Rödel; Abb. 6: Privatbesitz E. Sander; Abb. 8, 16, 20: Hessisches Hauptstaatsarchiv Wiesbaden; Abb. 10: Werner Oswald, Adler Automobile 1900-1945, Stuttgart 1981; Abb. 11: Privatbesitz Hartmut Brysch; Abb. 12: Hermann Glaser, Das Automobil – Eine Kulturgeschichte in Bildern, München 1986; Abb. 13: Deutsches Museum München; Abb. 15, 19, 29: Bundesarchiv Koblenz; Abb. 17: Privatarchiv Holker Kaufmann; Abb. 18: Bauaufsicht Frankfurt/Main-Höchst; Abb. 21: Privatbesitz Paul Schuster; Abb. 22: Privatbesitz F. Kochmann; Abb. 23: Zentrale Stelle der Landesjustizverwaltungen Ludwigsburg; Abb. 25, 30: Privatarchiv der Autoren; Abb. 26, 28: Institut für Stadtgeschichte Frankfurt/Main; Abb. 27: Garten- und Friedhofsamt Frankfurt/Main; Abb. 31: Luigi Ungarisch / Frankfurter Rundschau.

7. Abkürzungsverzeichnis

AEG	Allgemeine Elektrizitäts-Gesellschaft
AEL	Arbeitserziehungslager
AfA	Arbeitsgemeinschaft freier Angestelltenverbände
AG	Aktiengesellschaft, Amtsgericht
AGFfm	Amtsgericht Frankfurt/Main
AI	Arbeitseinsatzingenieur
AK	Armia Krajowa (Heimatarmee)
AR	Aufsichtsrat
AW	Adlerwerke
BA-MA	Bundesarchiv-Militärarchiv Freiburg
BABFfmH	Bauaufsichtsbehörde Frankfurt/Main-Höchst
BAK	Bundesarchiv Koblenz
BAP	Bundesarchiv, Abteilungen Potsdam
BDC	Berlin Document Center
BEG	Bundesentschädigungsgesetz
BIOS	British Intelligence Objectives Sub-Committee
BMW	Bayerische Motoren-Werke AG
BR	Betriebsrat
BRTA	Betriebsrat Triumph-Adler AG
CCP	Cataloque of Camps and Prisons
CDU	Christlich-Demokratische Union Deutschlands
CIC	Counter Intelligence Corps
Co.	Company
DADW	Dokumentationsarchiv deutscher Widerstand
DAF	Deutsche Arbeitsfront
Danatbank	Darmstädter Nationalbank
DAÖW	Dokumentationsarchiv österreichischer Widerstand
DBAG	Daimler-Benz Aktiengesellschaft
DEGESCH	Deutsche Gesellschaft für Schädlingsbekämpfung mbH
Degussa	Deutsche Gold- und Silberscheideanstalt AG
Demag	Deutsche Maschinenfabrik AG
DHV	Deutschnationaler Handlungsgehilfenverband
Dir.	Direktor

DKW	Dampf-Kraft-Wagen
DMV	Deutscher Metallarbeiter-Verband
DP	Displaced Person
ETOUSA	European Theater of Operations, United States Army
FAZ	Frankfurter Allgemeine Zeitung
Ffm	Frankfurt am Main
FR	Frankfurter Rundschau
Fs.	Fernschreiben
FVB	Frankfurter Volksblatt
FZ	Frankfurter Zeitung
G	Gespräch
GB	Geschäftsbericht
GBA	Generalbevollmächtiger für den Arbeitseinsatz
GenDir.	Generaldirektor
Gestapa	Geheimes Staatspolizeiamt
Gestapo	Geheime Staatspolizei
GLAKa	Generallandesarchiv Karlsruhe
GmbH	Gesellschaft mit beschränkter Haftung
GuFAFfm	Garten- und Friedhofsamt Frankfurt/Main
HA	Hauptausschuß
Hanomag	Hannoversche Maschinenbau AG
HBDAG	Handbuch der deutschen Aktiengesellschaften
Hess.	Hessisches
HJ	Hitlerjugend
HMFfm	Historisches Museum Frankfurt/Main
HSG	Hamburger Stiftung für Sozialgeschichte
HStAM	Hauptstaatsarchiv München
HStAWe	Hauptstaatsarchiv Weimar
HStAWi	Hauptstaatsarchiv Wiesbaden
I.G.	Interessengemeinschaft
IGMA	Industriegewerkschaft Metall, Archiv
IHK	Industrie- und Handelskammer
IMT	International Military Tribunal
IRO	International Refugee Organization
ISC	Intelligence and Security Command, Maryland
ITS	Internationaler Suchdienst Arolsen

IWM	Imperial War Museum, London
Jg.	Jahrgang
K	Korrespondenz
Kapo	Kameradenpolizei
Kfz	Kraftfahrzeuge
KP	Kriminalpolizei
KPD	Kommunistische Partei Deutschlands
KTB	Kriegstagebuch
KZ	Konzentrationslager
KZGBu	KZ-Gedenkstätte Buchenwald
KZGDa	KZ-Gedenkstätte Dachau
KZGMa	KZ-Gedenkstätte Mannheim-Sandhofen
KZGNe	KZ-Gedenkstätte Neuengamme
LAA	Landesarbeitsamt
LG	Landgericht
LKA	Landeskriminalamt
Lkw	Lastkraftwagen
LSAK	Luftschutz-Abschnittskommando
NA	National Archives, Washington
NAG	Nationale-Automobil-Gesellschaft
Nbg. Dok.	Nürnberger Dokument
NS-Hago	Nat.soz. Handwerks-, Handels- u. Gewerbeorganisation
NSBDT	Nationalsozialistischer Bund Deutscher Techniker
NSBO	Nationalsozialistische Betriebszellenorganisation
NSDAP	Nationalsozialistische Deutsche Arbeiterpartei
NSKF	Nationalsozialistisches Flieger-Korps
NSKK	Nationalsozialistisches Kraftfahr-Korps
NSV	Nationalsozialistische Volkswohlfahrt
OB	Oberbürgermeister
OHG	Offene Handelsgesellschaft
OKH	Oberkommando des Heeres
OKW	Oberkommando der Wehrmacht
OLG	Oberlandesgericht
OMGUS	Office of Military Government United States
OStA	Oberstaatsanwalt
PA	Privatarchiv (der Autoren)

Pak	Panzerabwehrkanone
Pg.	Parteigenosse
Pkw	Personenkraftwagen
PS-AW	Privatsammlung Adlerwerke
RAM	Reichsarbeitsministerium
RBdT	Reichsbund deutscher Techniker
RDA	Reichsverband der Automobilindustrie
RGI	Reichsgruppe Industrie
RGO	Revolutionäre Gewerkschafts-Opposition
RLB	Reichsluftschutzbund
RM	Reichsmark
RMdI	Reichsminister(ium) des Innern
RMEL	Reichsminister(ium) für Ernährung und Landwirtschaft
RMfBuM	Reichsminister(ium) für Bewaffnung und Munition
RMfRuK	Reichsminister(ium) für Rüstung und Kriegsproduktion
RP	Regierungspräsident
RSHA	SS-Reichssicherheitshauptamt
Riiln	Rüstungsinspektion
RüKo	Rüstungskommando
RWM	Reichswirtschaftsminister(ium)
S.T.O.	Service du Traivail Obligatoire
SA	Sturmabteilung
Schr.	Schreiben
SD	Sicherheitsdienst der SS
SHAEF	Supreme Headquarters Allied Expeditionary Force
SPD	Sozialdemokratische Partei Deutschlands
SPW	Schützenpanzerwagen
SS	Schutzstaffel
SS-WVHA	SS-Wirtschafts-Verwaltungshauptamt
St/Stv.	Stellvertretender
StA	Staatsanwalt(schaft)
StAD	Staatsarchiv Dresden
Stalag	Stammlager für Kriegsgefangene
StAN	Staatsarchiv Nürnberg
StandAFfm	Standesamt Frankfurt/Main
StandAFfmH	Standesamt Frankfurt/Main-Höchst

StandASch	Standesamt Schlüchtern
StdAFfm	Stadtarchiv Frankfurt/Main
StG	Strafgefängnis
StV	Stellvertretender Vorsitzender
TA	Triumph-Adler AG
Tbc	Tuberkulose
To	Tonnen
Uk	Unabkömmlich (für den Wehrdienst)
UniKFfm	Uniklinikum Frankfurt/Main
UNRRA	United Nations Relief and Restitution Administration
USFET	United States Forces European Theater
VdAR	Vorsitzender des Aufsichtsrates
VDM	Vereinigte Deutsche Metallwerke
VDMI	Verein Deutscher Motorfahrzeugindustrieller
VDO	Vereinigte »Deuta« und »Ota« AG
VdVorstand	Vorsitzender des Vorstandes
Vors.	Vorsitzender
VS	Volksstimme
VW	Volkswagen
Zgkw	Zugkraftwagen
ZStL	Zentrale Stelle der Landesjustizverwaltungen Ludwigsburg

8. Personenregister